KB065920

Basics of Abnormal Psychology

이상심리학의 기초 2판

- 이상행동과 정신장애의 이해 -

권석만 저

학지사

2판 머리말

『이상심리학의 기초』 초판을 출간한 지 어느새 9년의 세월이 흘러 개정판을 내놓게 되었다. 그동안 이상심리학 분야에는 많은 변화가 있었다. 2022년에 DSM-5의 본문 개정판(DSM-5-TR)이 출간되었다. DSM-5-TR에는 70개 이상의 정신장애에 대한 수정과 보완이 이루어졌을 뿐만 아니라 '지속성 애도장애'라는 새로운 장애가 추가되었으며 인종 및 성 차별적인 요소들이 개선되는 등 많은 변화가 있었다. 또한 2018년에는 세계보건기구(WHO)가 『국제질병분류 11판(ICD-11)』을 발표했다. ICD-11에서는 정신장애 영역의 적지 않은 변화가 있었으며 '게임장애(gaming disorder)'를 비롯한 여러 가지 새로운 장애가 추가되었다.

『이상심리학의 기초(2판)』에서는 DSM-5-TR과 ICD-11의 변화된 내용을 반영할 뿐만 아니라 지난 10여 년간 이상심리학 분야에서 이루어진 국내외의 연구성과를 반영하려고 노력했다. 또한 2판에서는 여러 정신장애의 명칭을 현재 임상현장에서 가장 널리 사용되는 것으로 채택하고자 했다. 예컨대, '정신분열증'을 '조현병'이라는 용어로 교체했으며 이밖에도 성기능부전, 변태성욕장애, 신체이형장애, 선택적 함구증, 인위성장애 등의 용어를 사용했다.

『이상심리학의 기초』가 처음 출간된 이후로 17쇄의 인쇄를 반복하도록 많은 관심을 기울여주신 독자 여러분께 감사의 마음을 전한다. 아울러 지난 25여 년간 변함없이 저술작업을 지원해 주신 학지사 김진환 사장님께도 고마움을 표한다. 특히 이번 개정작업 과정에서 복잡한 원고를 세심하게 편집해 주신 학지사 이영봉 과장님께도 깊이 감사드린다. 여전히 부족함이 많은 책이지만, 독자 여러분이 이상심리와 정신장애를 좀 더 깊이 이해하는 데 도움이 되기를 소망한다.

2023년 6월
관악캠퍼스 연구실에서
권석만

1판 머리말

우리가 살고 있는 이 시대를 '힐링'이 필요한 시대라고들 말한다. 삶이 고달프고 마음이 아픈 사람이 많다는 이야기이다. 인간은 누구나 삶 속에서 여러 가지 고난과 역경을 경험하게 된다. 성장과정에서의 상처와 좌절, 가족관계의 불화와 갈등, 학업 및 직업 활동에서의 실패와 좌절, 대인관계에서의 대립과 갈등은 자칫 우리의 삶을 일그러뜨리고 뒤틀리게 할 수 있다. 이처럼 고통과 불행 속에서 일그러진 삶의 모습이 이상행동과 정신장애로 나타나게 된다. 이상심리학은 인간의 고통과 불행에 대한 관심에서 출발하여 이상행동과 정신장애를 연구하며 인간의 행복과 성숙을 지향하는 학문이다.

이상심리학은 우리 모두의 마음속에 잠복해 있는 불행의 씨앗을 밝히는 학문이기도 하다. 인간은 누구나 조금씩 이상한 구석을 지니고 있다. 겉으로는 태연한 모습을 보이지만 속마음은 복잡하고 온갖 이상한 생각을 다 하고 있다. 또한 다른 사람 앞에서는 평범한 모습을 나타내지만 아무도 없는 곳에서는 온갖 이상한 행동을 하는 것이 인간이다. 원만하게 잘 살고 있는 듯한 사람도 깊은 대화를 나누어보면 많은 고민과 갈등을 지니고 있는 경우가 많다.

"천 길 물 속은 알아도 한 길 사람 속은 모른다"는 속담이 있듯이, 인간의 마음은 참으로 오묘하고 복잡하다. 그래서 각기 다른 개성을 지닌 사람들이 만나 인간관계를 맺으면 서로에게 실망하고 갈등을 겪는 경우가 대부분이다. 멀리서 보면 호감이 느껴지던 사람도 가까이서 겪어보면 이해하기 힘든 이상한 사람으로 여겨지는 경우도 많다. 자신의 마음속에 자리 잡고 있는 이상심리를 이해할 뿐만 아니라 다른 사람의 독특한 성격과 심리를 잘 이해하는 것은 원만한 인간관계와 행복한 삶을 영위하기 위해서 무엇보다 중요하다.

이 책의 상당 부분은 필자의 다른 저서인『현대 이상심리학(2판)』의 내용을 담고 있다. 다양한 교육장면에서『현대 이상심리학』을 교재로 사용하는 여러 교수님들로부터 책의 내용이 너무 방대하므로 좀 더 핵심적인 내용으로 압축된 책이 있으면 좋겠다는 의견을 들었다. 이 책『이상심리학의 기초』는 그러한 필요성에 부응하기 위해 저술되었으며,『현대 이상심리학』의 동생에 해당되는 책이라고 할 수 있다. 지난 20년간 변함없이 저술을 후원해주신 학지사 김진환 사장님과 매번 책을 낼 때마다 최선을 다해 편집을 맡아주신 이지혜 부장님께 깊이 감사드린다. 책의 교정작업을 도와준 대학원생 조성하, 박아름, 백소영, 박우리, 민혜원에게도 고마운 마음을 전한다. 이 책을 통해서 인간의 오묘한 마음과 복잡한 삶을 좀 더 깊이 이해하는 계기가 되기를 소망한다.

2014년 2월

권석만

총 차례

차례

제2장 불안장애 · 51

제3장 강박 관련 장애 · 85

제8장
신체증상 관련장애와 수면-각성장애 • 243

신체증상 및 관련장애

수면-각성장애

제9장
섭식장애와 물질중독장애 • 285

급식 및 섭식 장애

변태성욕장애

성별 불쾌감

제11장 신경발달장애와 기타의 정신장애 • 367

신경발달장애

제1장

이상심리학의 기본적 이해

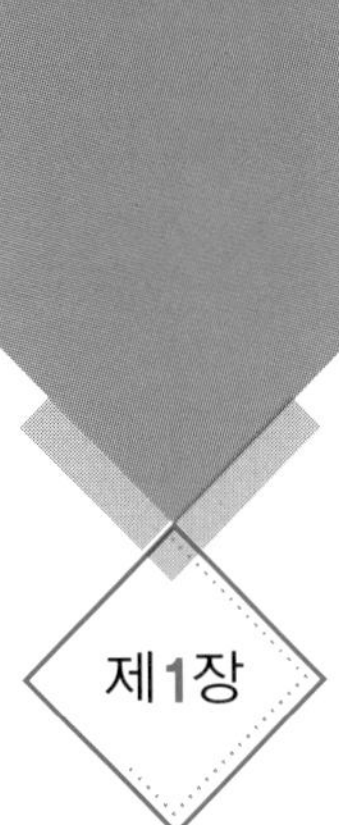

제1장 이상심리학의 기본적 이해

제1절 인생의 문제: 심리적 고통과 불행

항상 편안하고 즐겁게 살 수 있으면 좋으련만, 우리의 삶에는 필연적으로 고통과 불행이 존재한다. 평생 별 어려움 없이 평탄한 삶을 살아가는 사람도 있지만, 대부분의 사람은 삶의 과정에서 크고 작은 여러 가지 고난과 역경을 경험하게 된다. 어린 시절에 부모로부터 받은 학대나 차별, 부모의 반목과 가정의 불화, 부모의 사망이나 이혼, 형제자매 간의 갈등이나 경쟁, 학업에서의 좌절이나 실패, 이성관계에서의 상처나 실패, 육체적인 질병이나 손상, 직장에서의 좌절이나 실직, 직장동료와의 갈등, 사업의 실패나 경제적 곤란 등 수없이 많은 부정적 사건들이 우리의 삶을 고통스럽고 불행하게 만든다. 이러한 고통과 불행이 오랫동안 지속되거나 견디기 어려울 만큼 심각해지면, 사람들은 비정상적이고 부적응적인 이상행동을 나타내게 된다. 이러한 이상행동이 누적되어 부적응 상태가 지속되면 정신장애로 이어질 수 있다.

이상행동과 정신장애는 이처럼

고통스럽고 불행한 과거 경험의 산물인 동시에 삶을 더욱 고통스럽고 불행하게 만드는 원인이 되기도 한다. 이상행동과 정신장애를 나타내는 사람은 주관적으로 상당한 심리적 고통을 느끼게 될 뿐만 아니라 사회적 적응에도 심각한 어려움을 겪게 된다. 심리적인 혼란과 장애로 인하여, 학업이나 직업활동에서 자신의 능력을 충분히 발휘하지 못함으로써 부적응을 나타내게 된다. 촉망받던 유능한 학생이 학업에 매진해야 할 청년기에 정신장애로 인해 자신의 능력을 전혀 발휘하지 못하고 적절한 치료를 받지 못할 경우에는 인생의 낙오자로 전락할 수도 있다. 다른 사람들과의 관계가 위축되거나 고립되어 사회적 부적응을 나타내게 되며 때로는 자살로 인생을 마감하는 비극적 결과가 초래되기도 한다.

이상행동과 정신장애는 당사자뿐만 아니라 그의 가족, 배우자, 주변 사람과 더불어 우리 사회에 여러 가지 고통과 불행을 야기한다. 가족 중의 한 사람이 정신장애를 나타내게 되면, 가족은 정서적 충격을 겪을 뿐만 아니라 환자의 보살핌과 치료를 위한 여러 가지 부담을 안게 된다. 정신장애를 지닌 가족구성원에 대해서 슬픔과 안타까움을 느끼거나 죄책감과 책임감을 느낄 수도 있다. 때로는 정신장애에 대한 사회적 편견을 두려워하며 환자를 수치스럽게 생각하는 경우도 있다. 더구나 정신장애가 장기화될 경우에는 환자를 치료하고 돌보아야 하는 경제적 부담과 심리적 책임감으로 인해 가족의 고통이 가중된다. 또한 우리 사회에는 이상행동과 정신장애로 인하여 여러 가지 사회적 문제가 발생하기도 한다. 가정폭력, 이혼, 청소년비행, 각종 폭력과 범죄, 자살과 살인, 도박 및 다중채무, 대형사고와 같은 사회적 문제 중에는 심리적 장애에 기인하는 경우가 많다. 이 밖에도 정신장애로 인한 생산인력의 기능저하와 실직, 그리고 정신장애인의 치료와 보호를 위해 지출되는 막대한 의료비 등은 사회적인 부담이 되고 있다.

이상심리학abnormal psychology은 이러한 이상행동과 정신장애를 과학적으로 연구하는 심리학의 한 분야이다. 심리학은 근본적으로 인간의 정신세계에 대한 관심에서 출발한다. 특히 이상심리학은 인간의 심리적 고통과 불행에 대한 깊은 관심에 그 뿌리를 두고 있다. 이상심리학은 궁극적으로 "인간은 왜 불행해지며 어떻게 불행에서 벗어날 수 있는가?"라는 물음에 대한 해답을 추구하는 학문이다. 이상심리학에서 제기하는 주요한 학술적 물음들은 다음과 같다: "인간을 고통과 불행으로 몰아가는 이상행동과 심리장애에는 어떤 것들이 있는가?", "다양한 이상행동과 심리장애는 어떻게 분류될 수 있는가?", "이상행동과 심리장애는 왜 그리고 어떻게 발생하는가?", "어떤 특성을 지닌 사람들에게 이상행동과 심리장애가 더 잘 나타나는가?", "이상행동과 심리장애를 어떻게 치료하고 예방할 수 있는가?" 이러한 물음에 답하기 위해서 이상심리학은 인간이 나타내는 다양한 이상행동과 심리장애를 현상적으로 기술하고 분류하며, 그 원인을 규명하여 설명하고, 효과적인 치료와 예방 방법을 강구하는 학문이다.

이상행동 및 정신장애의 판별기준

이상심리학의 연구대상은 이상행동과 정신장애이다. 이상행동abnormal behavior은 객관적인 관찰과 측정이 가능한 개인의 부적응적인 심리적 특성을 의미하며, 정신장애mental disorder는 특정한 패턴으로 나타나는 이상행동의 집합체를 의미한다. 이상행동에는 인간의 다양한 심리적 측면, 즉 인지, 정서, 동기, 행동, 생리의 측면에서 개인의 부적응을 초래하는 모든 특성이 포함된다.

'이상행동'은 어떻게 정의되고 규정될 수 있는가? 개인의 행동이나 심리상태를 '정상적' 또는 '비정상적'이라고 판단할 때, 그 판단근거는 무엇인가? 정상행동과 이상행동은 어떤 기준에 의해서 구별될 수 있는가? 이상행동과 정신장애를 정의하는 기준은 학자에 따라 다양하게 주장되고 있지만 다음과 같이 몇 가지로 요약될 수 있다.

1. 적응 기능의 저하와 손상

이상행동과 정신장애를 정의함에 있어서 가장 중요한 개념은 적응adaptation이다. 이상행동은 개인의 적응을 저해하는 심리적 기능의 손상을 반영한다. 개인의 인지적·정서적·행동적·신체생리적 특성이 그 사람의 적응을 저해할 때, 그러한 부적응적 특성은 이상행동으로 간주될 수 있다(Wakefield, 1999). 예컨대, 주의집중력과 기억력의 현저한 저하, 과도한 불안과 우울, 무책임하거나 폭력적인 행동, 식욕과 성욕의 지속적 감퇴는 일상적인 생활뿐만 아니라 사회적·직업적 활동에 부적응을 초래하기 때문에 부적응적인 이상행동으로 간주될 수 있다. 이러한 이상행동은 가정이나 직장에서의 역할수행을 저해하고 타인과의 갈등을 유발함으로써 개인의 사회적 적응을 방해하기 때문이다.

그러나 이상행동을 적응 기능의 손상으로 판단하는 관점에는 몇 가지 문제점이 있다. 첫째는 적응과 부적응의 경계가 모호하다는 점이다. 과연 어느 정도의 부적응 상태를 초래하는 심리적 특성을 이상행동으로 보아야 하느냐는 문제점이 있다. 두 번째 문제점은 적응과 부적응을 누가 무엇에 근거하여 평가하느냐는 점이다. 개인의 적응 여부는 평가자의 입장이나 평가기준에 따라 다를 수 있기 때문이다. 마지막으로, 개인의 부적응이 어떤 심리적 특성에 의해 초래되었는지를 판단하기가 어렵다는 문제가 있다.

2. 주관적 불편감과 고통

이상행동과 정신장애를 판단하는 다른 기준은 **주관적 불편감과 고통**subjective discomfort and distress이다. 개인으로 하여금 현저한 불편감과 고통을 느끼게 하는 행동을 이상행동이라고 보는 것이다. 정신건강 전문가에게 도움을 요청하는 사람 중에는 적응의 곤란뿐만 아니라 주관적으로 경험하는 심리적 고통을 호소하는 경우가 많다. 불안, 우울, 분노, 공포, 절망과 같은 부정적 정서는 개인의 삶을 불행하게 만드는 대표적인 심리적 불편감과 고통이다.

주관적 불편감의 기준으로 이상행동을 정의하는 데에는 몇 가지 문제점이 있다. 첫째, 심리적인 고통을 경험한다고 해서 모두 비정상적이라고 할 수는 없다. 사랑하는 사람이 질병으로 괴로워하거나 사망하는 경우에 심리적 고통을 느끼는 것은 지극히 당연한 정상적 경험이라고 할 수 있기 때문이다. 개인이 처한 상황에 비해서 부적절하거나 과도한 심리적 고통을 경험하는 경우에 비정상적인 것으로 여길 수

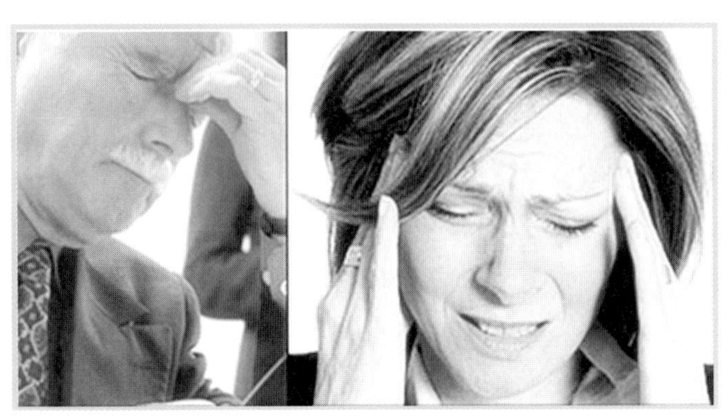

있으나, 고통의 적절성을 객관적으로 판단하기가 어렵다. 둘째, 누구나 어느 정도의 불편감과 고통은 경험하는데 얼마나 심한 고통을 비정상적인 것으로 판단하느냐는 문제점이 있다. 물론 개인이 견디기 어려울 정도로 심하게 느끼는 주관적인 고통이 중요한 기준이지만, 사람마다 고통을 체험하고 인내하며 표현하는 정도가 다르기 때문에 일관성 있는 기준을 적용하기가 어렵다. 마지막으로, 가장 큰 문제점은 매우 부적응적인 행동을 나타내면서도 전혀 주관적인 불편감과 고통을 느끼지 않는 경우가 있다는 것이다. 예컨대, 자신이 '재림 예수'라는 망상을 지니고 허황된 행동을 하지만 주관적인 불편감을 느끼지 못하는 조현병 환자나 다른 사람에게 폭력과 사기를 일삼으면서도 전혀 죄책감을 느끼지 못하는 반사회성 성격장애자도 있다.

3. 문화적 규범의 일탈

모든 사회에는 그 사회에 속한 사람들이 따라야 하는 **문화적 규범**cultural norm이 있다. 우리 사회에는 가정, 학교, 직장 등의 다양한 사회적 상황에서 자신의 역할에 따라 취해야 할 행동규범이 존재한다. 이러한 문화적 규범에 어긋나거나 일탈된 행동을 나타낼 경우에 이상행동으로 규정될 수 있다. 예를 들어, 학생은 교사에게 존댓말을 해야 하는 문화적 규범을 지닌 사회에서 학생이 교사에게 반말을 한다면 이는 이상행동으로 간주될 수 있다. 또한 처음 만난 이성에게 동의도 구하지 않은 채 포옹을 하거나 문란한 언행을 한다면 이러한 행동 역시 우리 사회의 규범으로는 용납할 수 없는 이상행동이라고 할 수 있다.

그러나 문화적 기준 역시 문제점을 지니고 있다. 첫째, 문화적 상대성의 문제이다. 문화적 규범은 시대에 따라 변화하고 문화권에 따라 다르다. 어떤 한 시대나 문화권에서 정상적인 행동이 다른 시대와 장소에서는 이상행동으로 여겨질 수 있다. 둘째, 문화적 규범이 바람직하지 못할 경우에도 이를 따라야 하느냐는 문제가 있다. 문화적 규범 중에는 권력자나 사회적 강자의 이익을 위한 것들이 많기 때문이다. 사회적 정의를 추구하거나 창조적인 사람들은 자신이 속한 사회의 잘못된 규범을 비판하고 이에 저항하는 행동을 나타내는 경우가 많다.

4. 통계적 평균의 일탈

많은 사람들의 특정한 특성(예: 키, 체중, 지능)을 측정하여 그 빈도의 분포를 그리면 종을 거꾸로 엎어 놓은 것과 같은 모양의 정상분포normal distribution를 나타내는 경향이 있다. [그림 1-1]에서 볼 수 있듯이, 평균값에 해당되는 사람은 많은 반면, 평균으로부터 멀어질수록 그 수는 감소하는 추세를 나타낸다. 이처럼 평균으로부터 멀리 일탈된 특성을 비정상적인 것으로 간주하는 것이 **통계적 기준**statistical norm이다. 이러한 통계적 기준이 적용되는 대표적인 경우가 **지적 발달장애**intellectual developmental disorder이다. 지적 발달장애는 지능검사의 결과에 의해서 판정되는데, 대부분의 지능검사는 평균이 100점이고 표준편차가 15점으로 구성되어 있다. 지능지수(IQ)가 100인 사람은 같은 또래의 평균에 해당하는 지능을 지닌 사람이다. 반면, 평균으로부터 2표준편차, 즉 30점 이상 낮은 70점 미만인 IQ를 나타낼 경우에 지적 발달장애로 판정된다.

이러한 통계적 기준도 이상행동을 판별하는 데 여러 가지 한계를 지니고 있다. 첫째, 평균으로부터 일탈된 행동 중에는 바람직한 방향으로 일탈한 경우가 있기 때문이다. 예를 들어, IQ가 130 이상인 사람은 통계적 기준으로 보면 비정상적이지만 이들의 특성을 이상행동으로 간주할 수는 없다. 둘째, 통계적인 기준을 적용하려면 인간의 심리

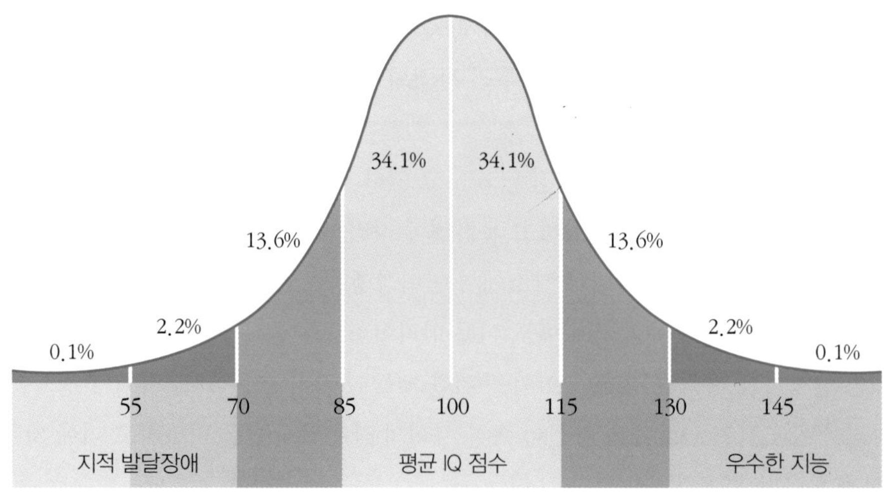

그림 1-1 통계적 기준에 의해 판정되는 지적 발달장애

적 특성을 측정하여 그 평균과 표준편차를 확인해야 한다. 그러나 인간의 모든 행동을 측정하여 이러한 통계적 기준을 적용하는 것은 현실적으로 불가능하다. 마지막으로, 흔히 평균으로부터 2표준편차만큼 일탈된 경우를 이상행동과 정상행동의 경계선으로 삼고 있지만 이러한 통계적 기준은 전문가들이 합의한 임의적인 경계일 뿐 이론적으로나 경험적으로 타당한 근거에 기초한 것이 아니다.

이상에서 살펴본 바와 같이, 이상행동을 규정하는 단일한 절대적인 기준은 없다. 모든 기준마다 장단점을 지니고 있어서 실제적으로는 여러 가지 기준을 복합적으로 고려하여 이상행동을 판별하게 된다. 이러한 정의 방식은 '가족유사성의 원리'로 설명될 수 있다. 한 가족의 구성원들이 각기 얼굴 생김새가 다르지만 한 가족임을 알 수 있는 이유는 얼굴 특성의 일부를 서로 공유하기 때문이듯이, 대부분의 이상행동은 앞에서 소개한 모든 기준에 해당하지는 않지만 몇 가지 기준을 공통적으로 충족시키고 있는 경우가 많다. 이상심리학에서는 적응 기능의 저하와 손상, 주관적 불편감과 고통, 문화적 규범의 일탈, 통계적 평균의 일탈이라는 네 가지 기준을 종합적으로 고려하여 이상행동과 정신장애를 판별하고 있다(Davison & Neale, 2001).

제3절 이상심리학의 연구주제

이상심리학은 인간을 불행으로 몰아넣는 이상행동과 정신장애를 이해하고 치료하는 경험과학empirical science이다. 이상심리학은 경험과학으로서 이상행동과 정신장애라는 현상을 기술하고 분류하는 동시에 그 원인을 밝히는 데 가장 커다란 관심을 지니고 있다. 나아가서 이상행동과 정신장애의 진행과정을 예측하고 심리적 개입을 통해서 그 과정을 긍정적으로 변화시키는 치료와 예방을 궁극적인 목표로 하고 있다.

1. 이상행동의 발견과 분류

이상심리학의 가장 일차적인 기능은 인간을 불행과 부적응 상태에 빠뜨리는 이상행동과 정신장애가 어떤 현상으로 나타나는지를 관찰하고 발견하여 기술하는 일이다. 그동안 학문적으로 주목받지 못한 이상행동을 재발견하거나 현대사회의 급격한 사회적 변화에 대한 적응과정에서 새롭게 나타나는 부적응 행동을 발견하여 관찰하고 그러한 행동적 특성을 자세히 기술하는 것이 이상심리학의 중요한 과제이다.

이상심리학의 다른 중요한 기능은 다양한 이상행동과 정신장애를 체계적으로 분류하는 일이다. 모든 경험과학은 연구대상을 그 특성에 따라 범주화하고 분류하는 작업을 통해 발전한다. 이러한 분류작업을 통해서 모호하고 복잡한 현상을 좀 더 명료하고 체계적인 방식으로 이해할 수 있기 때문이다. 특히 이상행동과 정신장애는 매우 다양하고 복잡할 뿐만 아니라 서로 밀접한 관계를 맺고 있는 경우가 많다. 따라서 이상행동을 현상적 유사성과 원인적 공통성에 따라 체계적으로 분류하는 작업은 매우 중요하다. 이러한 분류작업을 통해서 다양한 이상행동과 정신장애에 관한 체계적인 이해와 효과적인 의사소통이 가능할 뿐 아니라 그 원인을 밝히고 치료방법을 모색하는 효율적인 접근이 가능하다(Goldenberg, 1977).

이상심리학의 역사는 새로운 정신장애의 발견과정이라고 할 수 있다. 예컨대, 18세기에는 조증mania, 울증melancholia, 치매dementia, 광증idiotism의 네 가지 정신장애 유형만이 알려져 있었으나, 19세기 말에 에밀 크레펠린Emil Kraepelin은 16개 범주의 정신장애를 제시하였다. 이러한 연구결과가 축적되면서 1952년에 108개 범주로 구성된 정신장애 분류체계인 『정신장애의 진단 및 통계 편람-1판Diagnostic and Statistical Manual of Mental Disorders-1st edition(DSM-I)』이 미국정신의학회에 의해서 발간되었다. 1968년에 출간된 DSM-II에서는 정신장애 범주가 180개로 증가하였으며, 1980년에 개정된 DSM-III에서는 256개, 1994년에 개정된 DSM-IV에서는 297개로 증가했다. 그리고 2013년에 개정된 DSM-5에서는 350개 이상으로 증가했으며 2022년에 발간된 DSM-5-TR에서 일부 장애가 추가되었다. 21세기에는 컴퓨터, 인터넷, 휴대전화, 가상현실과 같은 새로운 전자기술과 정보문화가 더욱 확산됨에 따라 과거에는 발견할 수 없었던 새로운 이상행동과 정신장애가 나타나게 될 것으로 예상된다. 시대와 문화의 변화에 따라 인간의 삶을 불행과 부적응으로 몰아가는 새로운 이상행동을 발견하여 체계적으로 기술함으로써 그 원인을 규명하고 효과적인 치료방법을 강구하는 것이 가능하다.

2. 이상행동의 원인 규명

이상심리학의 가장 주된 연구관심사는 이상행동과 정신장애의 원인을 규명하는 것이다. 즉, '이상행동과 정신장애는 왜 그리고 어떻게 생겨나는가?', '이상행동을 유발하는 원인은 무엇인가?', '정신장애는 신체적 요인에 의해서 발생하는가 아니면 심리적 원인에 의해서 생겨나는가?', '이상행동은 선천적(또는 유전적) 요인에 의해 유발되는가 아니면 후천적 경험에 의해서 발생하는가?', '정신장애는 어떤 심리적·신체적 과정을 거쳐 나타나는가?', '이상행동은 어떤 선천적 요인과 후천적 경험이 어떻게 복합적으로 작용하여 유발되는가?'와 같은 여러 물음에 대한 해답을 제시하기 위한 학문이 이상심리학이다. 다양한 이상행동과 정신장애의 원인을 규명하는 일은 이상심리학의 가장 중요한 연구주제인 동시에 가장 난해한 연구과제이기도 하다.

인간의 정신세계가 그러하듯이, 이상행동과 정신장애를 유발하는 원인은 매우 다양하며 그 발생과정도 매우 복잡하다. 따라서 이상심리학에는 이상행동을 설명하려는 다양한 입장과 이론이 제기되고 있다. 이상심리학의 다양한 이론적 입장은 대부분 이상행동의 원인을 설명하는 관점과 방식의 다양성을 반영하고 있다. 예컨대, 이상행동을 개인의 성장과정과 무의식적 갈등에 의해서 설명하려는 정신분석적 입장, 환경적 영향에 의한 학습과정으로 설명하려는 행동주의적 입장, 개인의 역기능적 사고과정과 신념체계에 의해서 설명하려는 인지적 입장, 뇌와 중추신경계의 손상이나 기능이상으로 설명하려는 생물학적 입장 그리고 개인이 속한 사회환경적 요인에 의해서 설명하려는 사회문화적 입장 등이 있다. 최근에는 이러한 여러 가지 입장에서 주장하는 원인적 요인을 통합하여 이상행동을 설명하려는 생물심리사회적 입장과 체계이론적 입장도 제시되고 있다.

정신장애의 원인에 대한 이해는 정신장애를 치료하고 예방하는 방법을 개발하는 데 기초가 되기 때문에 더욱 중요한 의미를 지닌다. 지난 100여 년 동안 이상행동과 정신장애의 원인에 대한 많은 비밀이 밝혀졌다. 이 책에서는 정신장애의 원인에 대해서 현재까지 이루어진 주요한 연구결과들이 소개되고 있다. 그러나 이상행동과 정신장애의 원인에 대한 구체적이고 체계적인 이해는 아직 요원한 상태이다. 현재 이상심리학에서는 다양한 이론적 입장에서 다양한 연구방법론을 통해 다양한 이상행동과 정신장애의 원인을 규명하려는 노력이 이루어지고 있다.

3. 이상행동의 치료와 예방

이상심리학의 궁극적인 목표는 이상행동과 정신장애를 치료하고 예방하는 것이다. 우리 사회에는 이상행동과 정신장애로 심한 심리적 고통을 경험하거나 부적응 상태를 나타내며 자신의 능력을 발휘하지 못하는 사람들이 많다. 이처럼 개인을 불행과 부적응 상태로 몰아가는 이상행동과 정신장애를 치료하는 일은 시급하고도 중요한 일이다. 이상심리학은 이상행동을 수정하고 정신장애를 치료하는 효과적인 방법을 개발하는 일에도 깊은 관심을 지니고 있다. 또한 새롭게 개발된 치료방법이 특정한 정신장애를 치료하는 데 효과적인지 또는 특정한 정신장애를 치료하는 데 어떤 치료방법이 가장 효과적인지를 밝히는 것도 중요한 연구과제이다.

이상행동의 치료방법은 이상행동의 원인에 대한 이론적 이해에 근거한다. 즉, 이상행동을 유발하거나 지속시키는 요인들을 제거하거나 변화시킴으로써 이상행동을 치료하게 된다. 다양한 이론적 입장에 근거하여 이상행동과 정신장애를 치료하는 다양한 방법이 개발되고 있다. 예컨대, 개인의 무의식적 갈등을 자각하고 자아기능을 강화함으로써 부적응 행동에서 벗어나게 하는 정신분석적 치료, 학습의 원리를 이용하여 부적응 행동을 제거하거나 적응행동을 습득시키는 행동치료, 이상행동을 유발하는 역기능적인 사고과정과 신념체계의 수정에 초점을 맞추는 인지치료, 향정신성 약물을 투여함으로써 뇌의 화학적 변화를 통해 정신장애의 증상을 완화시키는 약물치료가 제시되고 있다. 그러나 현재 적용되고 있는 치료방법들은 다양한 정신장애를 치료하는 데 많은 한계를 지니고 있기 때문에, 더욱 효과적이고 구체적인 치료방법의 개발이 필요한 상황이다.

이상심리학은 이상행동과 정신장애의 예방에도 깊은 관심을 가진다. 심리치료가 이미 정신장애를 지니고 있는 사람을 정상적인 적응상태로 회복시키는 일이라면, 예방은 정신장애가 나타나지 않도록 미리 방지하는 일이다. 이상행동과 정신장애의 예방은 개인의 고통을 줄여줄 뿐만 아니라 치료비를 경감할 수 있다는 점에서 국가적으로도 매우 중요한 일이다. 정신장애의 예방은 그 원인으로 밝혀진 요인들을 사전에 차단하거나 특정한 정신장애에 취약한 사람들을 미리 찾아내어 정신장애로 발전하지 않도록 개입하는 등 다양한 방법을 통해 이루어진다.

제4절 이상심리학의 역사

심리학의 과거는 길지만 역사는 짧다. 인간의 마음을 이해하려는 노력은 인류의 문명과 함께 시작되었다고 할 수 있다. 그러나 과학적인 방법을 통해 인간의 마음을 체계적으로 이해하게 된 현대 심리학은 19세기 후반에야 시작되었다. 이상심리학도 마찬가지이다. 먼 옛날부터 인간은 이해하기 힘든 이상한 행동을 나타내는 사람들에 대해서 호기심과 의문을 갖게 되었으며 나름대로 그 원인을 설명하고 치료방법을 제시하고자 했다. 동서고금을 막론하고 모든 문화권에는 이상행동의 원인에 대한 설명체계가 존재하며 그에 대한 치료방법이 제시되고 있다.

1. 고대의 귀신론

동서양을 막론하고 고대사회에서는 정신장애를 초자연적인 현상으로 이해하였다. 고대인들은 정신장애를 귀신에 씌었거나 혹은 다른 사람의 저주를 받은 것으로 보았다. 또는 별자리나 월식의 영향 때문에 정신장애가 생긴다고 여기기도 하였다. 샤머니즘에서는 죽은 사람의 영혼에 사로잡혀서 정신이상이 된다고 믿기도 하였다. 이러한 고대의 귀신론적 정신장애관이 매우 원시적이고 미신적이며 비과학적인 것임에도 불구하고, 아직도 우리 사회의 일부 종교나 무속에는 이러한 미신적인 정신장애관이 남아 있다.

2. 그리스 시대의 신체적 원인론

그리스 문명이 발전하면서 정신장애를 종교나 미신과 분리시켜 의학적 문제로 보려는 시도가 나타나기 시작했다. 기원전 4세기경 히포크라테스Hippocrates(B.C. 460~370?)는 정신장애를 조증, 우울증, 광증의 세 가지 유형으로 분류하고 그 원인을 신체적 요인의 불균형으로 간주했다. 그는 인간의 몸이 네 가지 체액, 즉 점액, 혈액, 황담즙, 흑담즙으로 구성되어 있는데 이러한 체액들의 균형이 깨지면 정신장애가 나타난다고 여겼다. 혈액이 과도하게 많으면 기분이 쉽게 변하고, 황담즙이 많으면 초조함과 공격성이 높아지며, 흑담즙이 지나치면 우울해진다고 보았다. 이러한 설명방식은 매우 단순한 것이지만 오늘날 주장되고 있는 정신장애에 대한 신체적 원인론의 시초라고 할 수 있다. 히포크라테스는 정신장애의 치료를 위해서 주술적인 방법을 지양하고 식이요법, 심리적 안정, 성행위의 자제 등과 같은 방법을 제시하면서 정신장애는 종교인보다는 의료인이 다루어야 하는 문제라고 주장하였다.

3. 중세의 귀신론

모든 학문 영역이 그러했듯이, 서양의 중세시대는 이상심리학의 암흑기였으며 정신병자의 수난시대였다. 중세에는 그리스·로마시대에 발전한 정신장애에 대한 의학적 이해가 억압되고 고대의 귀신론적 정신장애관으로 회귀하였다. 종교적 입장에 근거하여 인간의 삶을 사탄과 악령에 대항하는 영적인 전쟁으로 보았으며 정신병자는 사탄과 악령에 사로잡힌 사람으로 규정되었다. 즉, 정신병자는 죄를 지어 하나님으로부터 벌을 받는 것이거나 마귀의 수족 역할을 하는 자로 규정되었다. 따라서 정신병자는 종교재판의 대상이 되었으며 마귀를 쫓기 위한 다양한 형태의 고문이나 심지어 화형을 당하기도 했다. 중세 말기에는 정신병자를 마녀에 사로잡힌 사람이라고 보는 귀신론이

극에 달하여 마녀사냥이 이루어졌고 정신병자는 온몸이 묶인 채 물속에 오랫동안 담기는 고문을 당하거나 화형으로 희생되기도 했다. 이처럼 정신병자에게 족쇄를 채워 감금하고 가혹한 고문을 가하는 중세의 비인간적인 태도는 르네상스 시대에 이르기까지 천여 년 동안 지속되었다.

4. 근대의 인도주의적 치료

중세의 귀신론에 근거한 비인간적인 처우를 받던 정신병자에게 인도주의적인 치료를 해 주어야 한다는 주장이 17~18세기부터 제기되기 시작했다. 프랑스의 내과 의사였던 필리페 피넬Philippe Pinel(1745~1826)은 정신병자에게 인도주의적인 대우를 해 주어야 한다고 주장한 최초의 사람이다. 1793년 프랑스 대혁명이 휘몰아치던 시기에, 파리에 있는 한 정신병자 수용소의 소장으로 부임한 피넬은 정신병자에게 채워졌던 쇠사슬을 제거하고 어두운 감방 대신 햇살이 들어오는 방에 기거하게 했으며 수용소의 뜰에서 운동을 할 수 있도록 허용하였고 직원이 정신병자를 구타하지 못하도록 하였다. 피넬의 인도주의적 치료가 놀라운 성과를 거두게 되자 이러한 치료적 움직임이 서양사회에 확산되기 시작했다.

정신병자에 대한 인도주의적 대우를 주장한 피넬

영국에서는 윌리엄 튜크William Tuke(1732~1822)가 요크 요양소를 만들어 정신병 환자를 수용하면서 인도적으로 치료하였다. 미국에서는 도로시아 딕스Dorothea Dix(1802~1887)가 정신병 환자들을 인도적으로 대우해야 한다고 호소하여 많은 호응을 얻었으며 오늘날의 정신병원 형태를 갖춘 병원이 여러 주에 세워지게 되었다. 이처럼 정신장애를 일종의 질병으로 보고 정신장애자에게 인도주의적인 치료를 해주어야 한다는 근대적인 정신장애관이 인류역사에 나타나게 된 것은 약 200년 전의 일이다.

5. 현대 이상심리학의 발전

19세기 후반부터 정신장애에 대한 과학적 이해가 급격히 발전하면서 현대 이상심리학의 기초가 마련되었다. 19세기에 이르기까지 정신장애의 원인에 대한 이해는 초보적인 수준이었다. 귀신론적 정신장애관이 일반인에게 널리 퍼져 있었으며, 의료인들도 주로 초보적인 신체적 원인론에 기초하여 정신장애를 이해하고 치료하였다.

19세기 후반에 지그문트 프로이트Sigmund Freud가 **정신분석이론**을 주장하면서 정신장애가 심리적 원인에 의해서 발생할 수 있다는 **심리적 원인론**psychogenesis이 급격하게 발전하기 시작했다. 프로이트는 히스테리와 같은 정신장애를 지닌 환자들과의 심층적 면담에 근거하여 무의식 속에 억압되어 있는 아동기의 충격적 경험이 신경증의 원인이며 이러한 억압된 기억을 의식 속으로 떠올려 자각하게 하면 증상이 사라진다고 보았다. 프로이트는 1900년에『꿈의 해석Die Traumdeutung』이라는 저서를 발간하면서 정신장애는 무의식적인 갈등이라는 심리적 원인에 의한 것이며 자유연상이나 꿈 해석과 같은 심리적인 방법을 통해 치료될 수 있다고 주장하였다. 프로이트가 주장한 정신분석적 이론과 치료는 정신장애에 대한 다양한 심리학적 이론과 심리치료 방법이 급격하게 발전하는 토대가 되었다.

한편, 20세기 초반에 미국에서는 엄격한 과학적 방법에 근거한 **행동주의 심리학**이 발전하였다. 행동주의 심리학자들은 인간의 모든 행동을 환경에 의해서 학습된 것으로 간주했으며 다양한 학습의 원리를 밝히는 데 주력하였다. 그 결과, 학습의 원리를 적용하여 이상행동이 형성되고 유지되는 과정을 설명하는 정교한 이론이 발전했을 뿐만 아니라 행동치료라는 새로운 심리적 치료방법이 제시되었다.

아울러 실험적 연구방법을 강조하는 현대 심리학의 발전과 더불어 이상심리학의 분야에서도 과학적인 실험적 접근이 이루어지기 시작했다. **실험 정신병리학**experimental psychopathology은 실험심리학적인 연구방법을 사용해서 이상행동과 정신장애를 연구하는 학문이다. 여러 가지 실험 방법과 과제를 통해서 정신장애를 지닌 환자들의 정신병리를 좀 더 정확하게 이해하기 위한 많은 연구를 시행하였다. 20세기 중반 이후 실험심리학이 급격히 발전하면서 다양한 정신장애에 대한 정신병리학적 연구가 활발해졌다. 이러한 실험 정신병리학의 발전을 통해서 정신장애 환자들이 지니는 심리적인 특성을 지각, 인지, 정서, 동기, 행동의 다양한 측면에서 정교하게 이해할 수 있게 되었다.

19세기 말에는 인간의 심리적 특성을 객관적인 방법으로 측정하려는 시도가 이루어졌다. 1905년에는 프랑스 심리학자인 알프레트 비네Alfred Binet에 의해 최초의 아동용 지능검사가 개발되어 지적 발달장애를 객관적으로 진단하는 획기적인 방법이 마련되었다. 1915년경에는 미국심리학자들에 의해 제1차 세계대전에 참전하는 군인의 선발과 배치를 위한 최초의 집단용 지능검사와 성격검사가 개발되었다. 이후 1921년에는 최초의 투사법 검사인 로르샤흐 검사가 개발되었고, 1940년에는 스타크 해서웨이Starke Hathaway와 조비안 맥킨리Jovian McKinley에 의해 다양한 정신장애를 평가할 수 있는 **다면적 인성검사**MMPI가 개발되었다. 이러한 여러 가지 심리검사가 개발됨으로써 이상행동과 정신병리를 보다 더 객관적으로 평가할 수 있게 되었으며 정신장애의 진단과 치료효과의 측정에도 커다란 진전이 이루어졌다.

20세기 중·후반부에는 정신분석과 행동치료 외에도 인간중심치료, 합리적 정서치료, 인지치료, 게슈탈트치료와 같은 다양한 심리치료가 개발되었다. 또한 심리학 분야의 **인지혁명**cognitive revolution으로 인해 정신장애에 영향을 미치는 인지적 구조와 내용을 밝히는 연구들이 급증하였다. 신경과학과 뇌영상술이 발전함에 따라 정신장애에 대한 뇌과학적 연구 또한 활발하게 이루어졌다. 이상심리학은 20세기에 놀라운 발전을 거듭하여 이상행동과 정신장애를 설명하고 치료하는 다양한 이론적 입장을 구축하게 되었다.

이상심리학의 이론적 입장

현대의 이상심리학에는 이상행동의 원인을 설명하는 두 가지 입장, 즉 심리적 원인론과 신체적 원인론이 존재한다. 현재 이상행동의 원인을 심리적 측면에서 찾으려는 심리적 원인론에는 정신분석이론과 인지행동이론이 있다. 반면, 정신장애의 원인을 신체적 측면에서 찾으려는 신체적 원인론에는 유전적 요인, 뇌의 구조적 결함, 뇌의 생화학적 이상 등을 중심으로 설명하는 생물학적 이론이 있다(권석만, 2013, 2023).

1. 정신분석적 입장

지그문트 프로이트

정신분석이론은 이상행동을 심리적 원인에 의해 설명하는 최초의 체계적 이론이라는 점에서 커다란 의미를 지닌다. 지그문트 프로이트Sigmund Freud에 의해 시작된 정신분석이론은 이상행동을 비롯하여 정상행동과 문화현상까지 설명하는 광범위한 이론체계를 갖추고 있다. 프로이트는 인간의 다양한 행동을 설명할 수 있는 심리적 구조와 과정을 밝히고자 했다.

정신분석적 입장은 이상행동의 근원적 원인을 어린 시절의 경험에 그 뿌리를 둔 무의식적 갈등으로 설명한다. 프로이트는 인간의 다양한 행동이 원초아, 자아, 초자아에 의해서 설명될 수 있다는 **삼원구조 이론**tripartite theory을 제시했다. 인간의 성격은 원초적 욕구로 구성된 원초아Id, 환경을 고려하며 현실적인 적응을 담당하는 자아Ego, 사회의 도덕적 가치와 윤리적 규범이 내면화된 초자아Superego로 구성되며 이들 간의 역동적 관계에 의해 행동이 결정된다. 프로이트는 인간의 심리적 세계 속에서 이러한 세 가지 심리적 구조와 기능이 서로 경합하고 조정되는 역동적 과정이 펼쳐진다고 보았다. 환경에 잘 적응하는 성숙한 성인은 자아가 잘 발달되어 주도적이고 지배적인 역할을 하는 가운데 원초아적 욕구와 초자아적 윤리의식을 적절하게 타협하여 해소한다. 그러나 자아가 미숙하여 지배적인 역할을 제대로 수행하지 못하거나 원초아와 초자아의 적절한 타협이 이루어지지 못하면 내면적 갈등으로 인한 심리적 불안과 부적응적 행동이 나타나게 된다.

정신분석이론은 어린 시절의 경험이 성격형성에 매우 중요한 영향을 미친다고 본다. 프로이트는 어린아이들이 감각적 쾌락을 추구하는 성욕을 지니고 있다는 유아성욕설infantile sexuality을 주장하면서 쾌락을 추구하는 신체부위가 나이에 따라 변천하며 이러한 욕구충족 경험이 성격형성에 중요하다고 보았다. 즉, 어머니를 위시한 양육자와의 상호작용 속에서 어린아이는 입, 항문, 성기 등의 신체부위를 중심으로 성적 욕구를 충족하려는 구강기, 항문기, 남근기, 잠복기, 성기기의 **심리성적 발달**psychosexual development을 거치게 된다. 이러한 발달과정에서 경험하게 되는 욕구의 과잉충족이나 과잉좌절은 모두 아이의 성격형성에 부정적 영향을 미치게 되어 성인기에 성격적 문제나 갈등의 근원이 될 수 있다.

현실적 적응을 잘 하는 사람은 환경적 요구에 맞추어 자아를 중심으로 세 심리적 구조 간의 균형을 잘 유지하는 사람이라고 할 수 있다. 그러나 환경적 충격이 강하게 주어지면, 세 심리적 구조 간의 역동적 균형이 흔들리거나 불안정해질 수 있다. 더구나 심리성적 발달과정의 문제로 인하여 어떤 심리적 구조가 지나치게 미약하거나 강한 사람의 경우에는, 이러한 역동적 균형이 더욱 심하게 불안정해질 수 있다. 특히 원초아적 욕구가 강해지거나 이를 통제할 수 있는 자아의 기능이 약화된 경우에, 개인은 원초아적 욕망이 표출되는 것에 대한 두려움을 느끼게 되는데 이를 **신경증적 불안**neurotic anxiety이라고 한다. 자아는 이러한 불안을 감소시키기 위해 여러 가지 방어적 책략을 사용하게 되는데, 이를 **방어기제**defense mechanism라고 한다. 즉, 성욕이나 공격욕과 같이 사회적으로 용납되기 어려운 원초아적 욕구나 상상내용이 의식에 떠오르는 것을 막기 위해 억압, 부인, 반동형성, 합리화, 대치, 투사, 분리, 신체화, 퇴행, 승화와 같은 다양한 방어기제를 사용한다. 미숙한 유형의 방어기제를 과도하게 사용하게 되면 이상행동이나 정신장애가 나타날 수 있다. 정신장애의 증상은 개인이 사용하는 이러한 부적응적인 방이기제와 밀접하게 관련되어 있다.

정신분석이론은 대부분의 이상행동이 어린 시절의 좌절경험에서 연유한 무의식적 갈등에 의한 것이라고 본다. 따라서 무의식적 갈등을 파악하여 자각하게 함으로써 이상행동이 치유될 수 있다고 본다. 정신분석치료의 목표는, '원초아가 있는 곳에 자아가 있게 하라Where Id was, Ego is.'라는 말처럼 충동적이고 미숙한 원초아의 영향력을 약화시키고 대신에 현실적이고 성숙한 자아의 기능을 강화시키는 것이라고 할 수 있다. 정신분석치료는 자유연상, 꿈의 분석, 전이분석, 저항분석 등의 방법을 통해 내담자가 자신의 무의식적 갈등을 통찰하고 현실생활에서 통찰내용을 실천하게 하는 훈습의 과정으로 구성된다.

2. 인지행동적 입장

인지행동적 입장은 실증적인 자료에 근거한 과학적 접근을 강조하는 현대 이상심리학의 주요한 입장이다. 20세기 초반에 강력한 영향을 미쳤던 행동주의적 입장과 20세기 후반에 급격히 발전한 인지적 입장이 결합되어 현대의 인지행동적 입장으로 발전하였다.

행동주의는 정신분석의 비과학성을 통렬히 비판하면서 심리학을 엄밀한 경험과학으로 발전시켜야 한다는 신념에 근거하고 있다. 따라서 심리학은 정신분석이론과 같이 개인 내부에서 일어나는 모호한 현상에 대한 연구를 지양하고 객관적으로 관찰하고 측정할 수 있는 행동만을 연구해야 한다고 주장한다. 행동주의에 따르면, 인간의 모든 행동은 환경과의 상호작용 속에서 학습된 것이다. 이상행동이 형성되고 유지되는 과정을 고전적 조건형성, 조작적 조건형성, 사회적 학습 등의 심리학적 원리로 설명한다. **고전적 조건형성**은 무조건자극과 조건자극을 짝지어 반복적으로 제시함으로써 조건자극에 대한 조건반응이 학습되는 과정이며, **조작적 조건형성**은 어떤 행동의 결과가 보상적이면 그 행동이 증가하는 반면, 그 결과가 처벌적이면 행동의 빈도가 감소하는 학습과정을 의미한다. 특히 인간의 경우에는 사회적 상황에서 다른 사람의 행동에 대한 관찰과 모방을 통해 새로운 행동을 학습하는 **사회적 학습**이 중요하다. 행동치료는 이러한 학습원리를 적용해서 이상행동을 수정하는 치료기법으로서 부적응적인 이상행동을 제거시키는 방법으로는 소거, 처벌, 혐오적 조건형성, 상호억제, 체계적 둔감법 등이 있으며 적응행동을 학습시키는 방법으로는 행동조성법, 환표이용법, 모방학습법, 사회적 기술훈련 등이 있다.

엄격한 경험과학을 지향하는 행동주의 심리학자들은 주로 동물을 사용한 실험을 통해서 학습이론을 발전시켰다. 인간은 다른 동물과는 달리 지적인 존재로서 복잡한 심리적 판단과 결정을 통해 행동하기 때문에 동물실험의 결과에서 도출된 원리를 인간에게 무리하게 적용시켰다는 비판도 제기되고 있다. 근래에는 심지어 동물의 행동도 단순히 자극과 반응의 연합이 아니라 인지적 과정에 의해 매개된다는 증거들이 제시되고 있다. 1950년대 이후 인간의 인지적 구조와 과정을 측정하는 연구방법론이 개발되면서 인간의 사고, 기억, 추론, 판단 등과 같은 심리적 과정을 연구하는 인지심리학이 발전하였다.

1960년대에 인지적 입장을 선구적으로 주장한 사람은 합리적 정서치료를 주장한 앨버트 엘리스Albert Ellis와 인지치료를 창안한 아론 벡Aaron Beck이다. 인지적 입장은 인간을 자신과 세상에 대해 의미를 부여하는 능동적인 존재로 보며 인간이 고통받는 주된

앨버트 엘리스

아론 벡

이유는 객관적 환경 자체보다는 그에 부여한 의미 때문이라는 가정에 근거하고 있다. 이상행동과 정신장애는 자신과 세상에 대해서 부정적이고 왜곡된 의미를 부여하는 부적응적인 인지적 활동에 기인한다. 따라서 인지적 입장은 정신장애를 유발하는 **부적응적 인지도식**, **역기능적 신념**, **인지적 오류**, **부정적인 자동적 사고**에 초점을 맞추고 있다. 특히 정신장애는 인지적 기능의 편향이나 결손과 밀접하게 연관되어 있다. 세계를 주관적 현실로 구성하는 인지적 과정에서의 왜곡과 결손이 정신장애를 유발하는 주요한 원인이라는 생각이다.

인지적 입장에서 제시하는 심리치료의 기본원리는 정신장애의 유발과 지속에 영향을 미치는 부적응적 인지를 변화시키는 것이다. 인지적 심리치료에서는 내담자의 이상행동을 초래하는 부적응적인 사고내용을 포착하여 그러한 사고의 타당성, 현실성, 유용성을 내담자와 함께 다각적으로 평가함으로써 보다 더 현실적이고 적응적인 사고로 전환시키는 구체적인 작업이 이루어진다.

1970년대에 들어서 인지적 입장이 발전하면서 행동주의적 입장과 통합되어 **인지행동이론**cognitive behavior theory이라고 불리기도 한다. 인지행동적 입장은 현재 이상심리학 영역에서 가장 강력한 이론적 입장이다. 인지행동적 입장은 과학적인 방법론을 적용하여 다양한 심리장애의 발생기제를 설명하는 구체적인 이론을 제시하고 있다. 또한 이러한 이론적 토대 위에서 특정한 정신장애를 유발하고 지속시키는 인지적 또는 행동적 요인을 변화시키는 다양한 구체적 기법으로 구성된 **인지행동치료**cognitive behavior therapy를 적용하고 있다.

3. 생물학적 입장

생물학적 입장은 신체적 원인론의 전통에 뿌리를 두고 있으며 모든 정신장애는 신체질환과 마찬가지로 신체적 원인에 의해서 생겨나는 일종의 질병이라고 본다. 정신장애의 생물학적 원인에 대한 관심은, 19세기 말 '진행성 마비'로 불리는 심한 정신적 퇴화가 매독균의 감염으로 유발된다는 것이 발견되면서 고조되었다. 이러한 생물학적 입장은 아직 모든 정신장애의 원인이 발견되지는 않았지만 진행성 마비처럼 생물학적 원인에 의해 결국에는 설명될 수 있다고 믿는다. 오늘날 이러한 입장의 연구자들은 정신장애를 유발할 수 있는 주요한 생물학적 원인으로 유전적 요인, 뇌의 구조적 결함, 뇌의 생화학적 이상에 초점을 맞추고 있다.

유전적 이상은 뇌의 구조적 결함이나 신경생화학적 이상을 초래하여 정신장애를 유발할 수 있다. 생물학적 입장에서는 어떤 정신장애가 유전적 영향을 얼마나 받는지를 밝히기 위해서 가계연구, 쌍둥이 연구, 입양아 연구를 하고 있다. 또한 정신장애를 지닌 사람이 나타내는 **뇌의 구조적 또는 기능적 이상**을 발견하기 위해서 전산화된 단층촬영술CT, 자기공명 영상술MRI, 양전자방출 단층촬영술PET과 같은 다양한 뇌영상술brain imaging을 통한 연구가 활발하게 이루어지고 있다.

또한 생물학적 입장에서는 정신장애가 뇌의 생화학적 이상에 의해서 유발될 수 있다고 본다. 150억 개의 신경세포로 구성된 인간의 뇌는 **신경전달물질**neurotransmitter에 의해서 정보가 전달된다. 지금까지 50여 종의 신경전달물질이 발견되었는데, 정신장애와 관련하여 주목을 받고 있는 주요한 신경전달물질로는 도파민, 세로토닌, 노르에피네프린 등이 있다. 이러한 물질의 과잉분비나 결핍이 정신장애를 유발할 수 있다는 것이 생물학적 입장이다. 정신장애를 치료하는 생물학적 방법으로는 약물치료, 전기충격치료, 뇌절제술 등이 있다. 가장 흔히 사용되는 약물치료는 특정한 신경전달물질의 수준을 높이거나 낮추는 약물을 투여함으로써 증상을 완화시키는 방법이다.

이상심리학과 다른 정신건강분야와의 관계

이상행동과 정신장애를 다루는 정신건강분야에는 여러 학문분야와 전문가들이 있다. 예컨대, 임상심리학, 상담심리학, 정신병리학, 정신의학, 사회복지학, 간호학 등에서도 정신장애의 연구와 치료에 관여하고 있다. 이상심리학이 이러한 학문분야와 어떤 관계에 있으며 어떻게 구분되는지를 살펴보기로 한다. 여러 분야의 정신건강 전문가들은 그들의 교육 및 훈련 배경에 따라 구분되는 경우가 많으나 활동영역이 중첩되는 경우가 많아서 명쾌한 구분이 쉽지 않다.

이상심리학abnormal psychology과 가장 밀접한 관계를 맺고 있는 학문분야는 임상심리학이다. **임상심리학**clinical psychology은 이상행동과 정신장애에 대한 평가 및 진단, 치료와 예방, 연구를 수행하는 심리학의 한 분야로서, 임상심리학자는 과학자적 연구활동과 동시에 실천가적 임상활동을 수행하는 정신건강 전문가이다. 임상심리학자들이 수행하는 연구활동 중에 가장 중요한 것은 이상심리학적 연구이다. 이런 점에서 이상심리학이 임상심리학의 하위영역이라고 보는 사람도 있으나, 여러 다른 심리학 분야(예: 인지심리학, 발달심리학, 생물심리학 등)의 학자들도 이상심리학적 연구를 수행하는 경우도 흔하다.

상담심리학counseling psychology은 정상적인 적응을 하고 있는 사람들이 생활 속에서 직면하는 다양한 적응문제(예: 진로 및 직업문제, 학업문제, 경미한 심리적 문제 등)의 해결을 도와주는 심리학의 한 분야이다. 근래에는 이상행동과 관련된 부적응 문제를 연구하고 치료하는 일에 깊은 관심을 지닌 상담심리학자들이 늘어나고 있다. **정신병리학**psychopathology은 정신장애를 과학적으로 연구하는 다학문적 접근을 의미하며, 정신병리학자는 심리학, 정신의학, 사회사업학, 간호학 등과 같은 다양한 학문적 배경을 지니고 정신장애를 전문적으로 연구하는 사람들을 뜻한다.

정신의학psychiatry은 의학적 모델에 근거하여 정신장애를 연구하고 치료하는 의학의 한 전문분야로서 주로 생물의학적 관점에서 정신장애의 원인을 규명하고 약물치료를 위시한 물리적 치료방법을 통해 정신장애를 치료하고자 한다. 정신의학자 중에는 정신장애에 대한 심리사회적 원인과 심리치료에 관심을 갖는 이들도 있다. **정신과 사회복지사**psychiatric social worker는 주로 정신장애를 유발하는 사회환경적 요인에 관심을 지니며 치료과정에서도 가족과 지역사회의 사회환경적 개입을 하는 정신건강 전문가를 지칭한다. **정신과 간호사**psychiatric nurse는 주로 정신병동에서 정신장애 환자들을 돌보고 간호하는 일을 담당하는 전문적 간호사이다. 서양 선진제국의 대부분의 정신병원과 우리나라의 일부 정신병원에서는 정신장애 환자의 진단과 치료를 위해서 정신과의사, 임상심리학자, 정신과 사회복지사, 정신과 간호사가 치료팀을 이루어 운영되고 있다.

제6절 이상행동의 분류와 평가

인간이 나타내는 이상행동과 정신장애는 매우 다양할 뿐만 아니라 개인마다 매우 독특하다. 이상심리학은 이렇게 다양하고 독특한 이상행동을 정확하게 관찰하고 유사한 특성에 따라 분류하는 작업에서부터 출발한다. 분류 작업은 복잡한 현상을 좀 더 이해하기 쉬운 단순한 형태로 정리하는 과정이다. 과학의 가장 기본적인 작업은 현상을 객관적으로 기술하고 분류하는 것이다. 연구대상이 되는 특정한 현상들을 공통점이나 유사성에 근거하여 집단화하여 분류한 후, 그러한 집단적 현상의 원인이나 통제 방법을 연구하는 단계로 나아가게 된다.

1. 분류의 장점과 단점

이상심리학에서도 인간이 나타내는 다양한 이상행동과 심리적 장애를 분류하기 위한 노력이 이루어져 왔다. 이상행동의 분류 작업은 여러 가지 유용성을 지니고 있다. 골든버그(Goldenberg, 1977)는 정신장애 분류를 통한 세 가지 유용성, 즉 효과적 의사소통, 체계적 연구, 원인의 이해증진을 지적하였다. 또한 블래쉬필드와 드래건스(Blashfield & Draguns, 1976)는 분류가 정신장애 환자를 이해하고 연구하는 기본적 틀을 제공하며 과학에 필수적인 분류의 다섯 가지 기능을 하게 된다고 지적하였다. 첫째, 분류는 해당 분야의 연구자나 종사자들이 일관성 있게 공통적으로 사용할 수 있는 용어를 제공한다. 이를 통해 효과적인 의사소통이 가능해지고 불필요한 혼란과 모호함이 감소된다. 둘째, 분류는 연구자나 임상가에게 효과적인 정보를 제공한다. 즉, 분류체계에 따라 축적된 연구결과와 임상적 지식을 체계적으로 정리하고 전달할 수 있게 된다. 셋째, 분류는 정신장애에 대한 과학적 연구와 이론개발을 위한 기초를 제공한다. 객관적인 기준에 의한 신뢰로운 분류체계는 과학적 연구에 필수적이며, 이에 근거하여 장애의 공통적 특성과 원인에 대한 연구가 가능해진다. 넷째, 분류는 심리장애를 지닌 환자들 간의 유사성과 차이점을 인식하는 데에 도움을 준다. 진단diagnosis은 어떤 증상을 나타내는 환자를 분류체계에 따라 특정한 장애에 할당하는 분류작업이다. 이러한 진단을 통해서 임상가는 그 환자의 다른 특성들(주요 증상, 진전과정, 가정된 원인들, 치료법 등)을 쉽게 추정할 수 있게 된다. 마지막으로, 치료효과를 예상하고 장애의 진행과정을 예측하는 것은 분류의 중요한 기능이다. 진단은 환자의 이해를 도울 뿐만 아니라 앞으로 어떤 경과를 나타낼 가능성이 높고 어떤 치료가 가장 효과적인지를 판단하는 중요한 근거가 된다.

그러나 이상행동의 분류는 여러 가지 단점과 위험성도 지니고 있다. 첫째, 분류나 진단을 통해서 환자의 개인적 정보가 유실되고 환자에 대한 고정관념이 형성될 수 있다. 환자 개인은 진단된 장애의 속성 외에도 독특한 증상과 특성을 지니고 있을 수 있으나, 진단을 통해 이러한 개인의 특수성이 소홀히 취급될 수 있다. 둘째, 진단은 환자에 대한 낙인이 될 수 있다. 환자에게 어떤 진단명이 붙여지게 되면, 환자에 대한 주변 사람들의 편견이 형성될 수 있을 뿐만 아니라 환자도 자신에 대한 태도가 달라진다. 랭(Laing, 1967)은 진단명이 치료자나 환자의 행동에 영향을 미쳐 환자를 그 진단명에 맞도록 변화시켜 나가는 자기충족적 예언self-fulfilling prophecy의 결과가 초래될 수 있음을 지적하였다. 셋째, 진단은 환자의 예후나 치료효과에 대한 선입견을 줄 수 있다. 치료방법이 환자가 지닌 실제적 증상보다는 진단에 의해 결정되는 경우가 많다. 사즈(Szasz, 1961)는 진단이 개인을 비인격화하고 사회적 제약과 통제를 가하는 수단이라고 비난하고 있다. 아울러 현재의 분류체계는 의학적 모델로서 환경적 영향을 무시하고 있으며, 창조적 사고를 억제한다는 비판도 있다. 이상행동의 분류에 대한 이러한 비판은 분류체계를 사용하는 사람들이 항상 유념해야 할 점들이다.

2. 범주적 분류와 차원적 분류

이상행동에 대한 분류체계는 '이상행동과 정상행동의 구분을 양적인 문제로 보는가 아니면 질적인 문제로 보는가'에 따라 범주적 분류와 차원적 분류로 나눌 수 있다. 범주적 분류categorical classification는 이상행동이 정상행동과는 질적으로 구분되며 흔히 독특한 원인에 의한 것이기 때문에 정상행동과는 명료한 차이점을 지니고 있다는 가정에 근거한다. 범주적 분류는 [그림 1-2]에 예시되어 있듯이 흑백논리적인 분류의 특성을 지니고 있으므로 "A라는 환자의 증상이 우울장애인가, 아닌가?"라는 물음만이 가능하다.

반면에 차원적 분류dimensional classification는 정상행동과 이상행동이 부적응 정도에 차이가 있을 뿐 질적으로는 다르지 않다는 가정에 근거한다. 따라서 차원적 분류에서는 어떤 심리적 증상을 나타내는 사람을 특정한 장애범주에 포함시키기보다는 부적응을 평가하는 몇 가지 차원 상에 위치시킬 수 있다. 예컨대, 우울장애의 증세는 미약한 형태로 일반인들에게도 흔히 나타날 뿐 아니라 우울장애를 지닌 사람들은 증세의 심한 정도가 각기 다르다. 또한 우울장애 환자들은 흔히 불안 증세를 함께 나타내기도 한다.

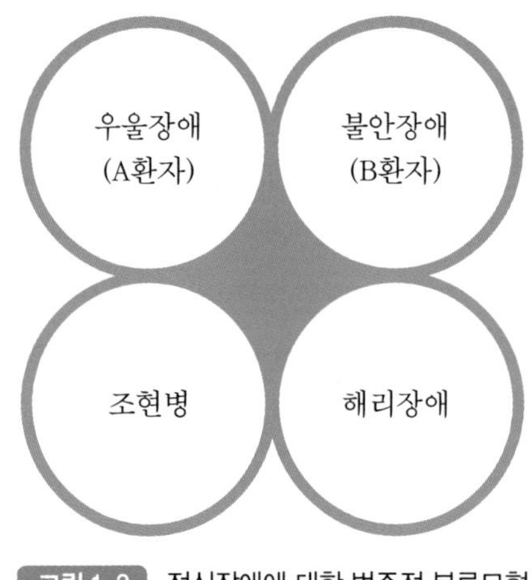

그림 1-2 정신장애에 대한 범주적 분류모형

따라서 차원적 분류에서는 한 환자(A)의 증세를 우울 차원(예: 7점)과 불안 차원(예: 8점)에서 평가하고, [그림 1-3]처럼 우울 차원과 불안 차원을 각각 X축과 Y축으로 하는 좌표 상에 환자를 놓을 수 있다.

그러나 평가 차원의 수에 따라 다차원적 공간상에 환자를 위치시키기 때문에, 환자

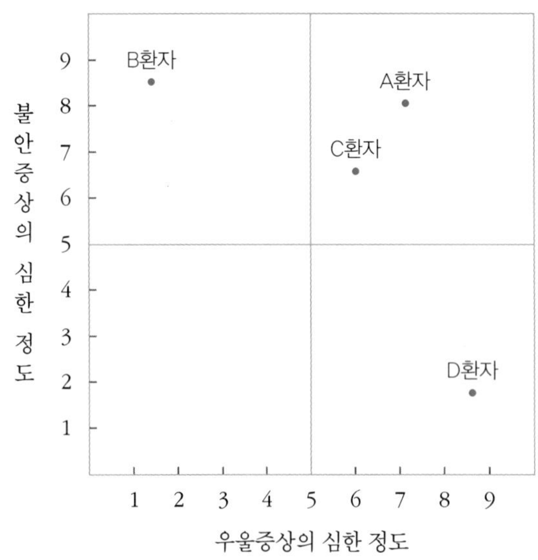

그림 1-3 정신장애에 대한 차원적 분류모형의 예

를 이해하는 과정이 복잡해질 수 있다. 물론 차원적 분류에서는 양적인 차원 위에 구분점을 가정하여 장애여부를 판별할 수 있다. 예컨대, 우울 차원에서 부적응의 정도가 심하게 나타나는 7점을 기준으로 그 이상의 점수를 얻으면 우울장애라고 진단할 수 있다. 여러 정신장애, 즉 우울장애, 불안장애, 성격장애 등은 이러한 차원적 분류방식이 더 적절한 방법일 수 있다. 그러나 이상행동을 차원적 방식으로 분류하느냐 또는 범주적 방식으로 분류하느냐의 문제는 간단하지가 않다. 예컨대, 신체적 문제인 고혈압의 경우, 혈압의 수준은 연속적이기 때문에 차원적 분류가 적절할 수 있지만, 고혈압의 원인과 치료방법을 연구하기 위해서는 특정한 수준 이상의 혈압을 나타내는 사람들로 범주화하는 것이 유용하다. 정신장애도 이와 유사한 경우가 많다. 즉, 장애의 실제적인 특성은 차원적 분류를 적용하는 것이 적절하지만 현실적 실용성의 측면에서는 범주적 차원이 유용한 경우가 많기 때문에, 현재 널리 사용되고 있는 정신장애의 분류체계는 주로 범주적 분류방식을 따르고 있는 실정이다.

3. 정신장애의 분류체계

현재 연구와 임상 장면에서 가장 널리 사용되고 있는 정신장애 분류체계는 DSM-5-TR과 ICD-11이다. DSM은 미국정신의학회에서 발간하는 『정신장애의 진단 및 통계 편람Diagnostic and Statistical Manual of Mental Disorders』으로서 특정한 이론적 입장에 치우치지 않고 심리적 증상과 증후군을 위주로 하여 정신장애의 분류체계와 진단기준을 제시하고 있다. 1952년에 DSM-I이 처음 발행된 이후 임상적 유용성과 진전된 연구결과를 반영하여 여러 차례의 개정과정을 거쳤으며 2013년에 DSM-5가 발행되었고 2022년에 본문 개정판인 DSM-5-TR이 발행되었다.

ICD는 세계보건기구(WHO)에서 발간하는 『국제질병분류International Classification of Diseases』로서 그 안에 정신장애의 분류와 진단기준이 포함되어 있으며 1992년에 ICD-10이 발간되었고 2018년에 ICD-11이 출간되었다. DSM-5-TR은 ICD-11의 정신장애와 분류체계와 조화를 이루도록 개정되었다. DSM-5-TR은 정신장애를 22개의 주요한 범주로 나누고 그 하위범주로 350여 개 이상의 장애를 포함하고 있다. DSM-5-TR에 제시되어 있는 정신장애 범주와 하위장애를 소개하면 〈표 1-1〉과 같다.

DSM-5-TR과 과거의 DSM 개정판

표 1-1 **DSM-5-TR에 제시된 정신장애 범주의 핵심증상과 하위장애**

장애 범주	핵심증상	하위장애
불안장애	불안과 공포, 회피행동	범불안장애, 특정공포증, 광장공포증, 사회불안장애, 공황장애, 분리불안장애, 선택적 함구증 등
강박 및 관련 장애	강박적인 집착, 반복적인 행동	강박장애, 신체이형장애, 저장장애, 털뽑기장애, 피부뜯기장애 등
외상 및 스트레스 관련 장애	외상이나 스트레스 사건 후에 나타나는 부적응 증상	외상후 스트레스장애, 급성 스트레스장애, 지속성 애도장애, 반응성 애착장애, 탈억제성 사회적 접근장애, 적응장애 등
우울장애	우울하고 슬픈 기분, 의욕과 즐거움의 감퇴	주요우울장애, 지속성 우울장애, 월경전 불쾌감장애, 파괴적 기분조절부전장애 등
양극성장애	기분이 고양된 조증 상태와 우울증 상태의 주기적 반복	제1형 양극성장애, 제2형 양극성장애, 순환감정장애 등
조현병 스펙트럼 장애 및 기타 정신병적 장애	망상, 환각, 혼란스러운 언어와 행동, 둔마된 감정과 사회적 고립	조현병, 조현정동장애, 조현양상장애, 망상장애, 조현형 성격장애, 약화된 정신병적 증후군 등
성격장애	부적응적인 사고, 감정 및 행동 패턴으로 나타나는 성격적 문제	A군 성격장애: 편집성, 조현성, 조현형 B군 성격장애: 반사회성, 연극성, 자기애성, 경계선 C군 성격장애: 강박성, 의존성, 회피성

신체증상 및 관련장애	원인이 불분명한 신체증상의 호소, 건강에 대한 과도한 염려	신체증상장애, 질병불안장애, 기능성 신경학적 증상장애, 인위성장애 등
해리장애	의식, 기억, 자기정체감 및 환경 지각의 급격한 변화	해리성 정체감장애, 해리성 기억상실증, 이인증/비현실감 장애 등
수면-각성장애	수면의 양이나 질의 문제로 인한 수면-각성에 대한 불만과 불평	불면장애, 과다수면장애, 기면증, 호흡관련 수면-각성장애, 일주기리듬 수면-각성장애, 수면이상증 등
급식 및 섭식 장애	부적절한 섭식행동으로 인한 신체적 건강과 적응기능의 손상	신경성 식욕부진증, 신경성 폭식증, 폭식장애, 이식증, 되새김장애, 회피적/제한적 음식섭취장애 등
물질관련 및 중독장애	알코올, 담배, 마약과 같은 물질이나 도박과 같은 행위에 대한 중독	물질관련장애(물질 사용장애, 물질유도성장애, 물질중독, 물질금단), 비물질관련장애(도박장애) 등
성기능부전	원활한 성행위를 저해하는 성기능의 문제	남성 성욕감퇴장애, 발기장애, 조기사정, 사정지연, 여성 성적관심/흥분장애, 여성 극치감장애, 성기-골반 통증/삽입장애 등
변태성욕장애	성적인 욕구를 부적절한 대상이나 방식에 의해서 해소하는 행위	관음장애, 노출장애, 마찰도착장애, 성적 피학장애, 성적 가학장에, 소아성애장애, 물품음란장애, 복장도착장애 등
성별 불쾌감	생물학적 성별에 대한 심리적 불쾌감과 고통	아동의 성별 불쾌감, 청소년과 성인의 성별 불쾌감 등
신경발달장애	뇌의 발달 지연이나 손상과 관련된 아동·청소년기의 장애	지적 발달장애, 의사소통장애, 자폐스펙트럼장애, 주의력결핍 과잉행동장애, 특정 학습장애, 운동장애 등
파괴적, 충동조절 및 품행장애	충동조절의 곤란으로 인한 타인의 권리 침해와 사회적 규범의 위반 행위	적대적 반항장애, 품행장애, 반사회성 성격장애, 간헐적 폭발장애, 병적 도벽, 병적 방화 등
배설장애	소변이나 대변을 부적절한 장소에서 반복적으로 배설	유뇨증, 유분증 등
신경인지장애	뇌의 손상으로 인한 인지기능의 심각한 저하나 결손	주요 신경인지장애, 경도 신경인지장애, 섬망 등
기타 정신장애	위의 범주에 해당되지 않지만 개인의 적응을 저하시키는 심리적 문제들	다른 질병으로 인한 달리 명시된 정신장애 등

약물치료 부작용	약물치료로 유발된 운동장애와 기타의 약물치료 부작용	약물에 의한 근육긴장, 좌불안석, 종종걸음 등
임상적 주의가 필요한 기타 상태	정신장애에 영향을 미칠 수 있는 여러 가지 문제 상태	가족에 의한 학대와 방임, 교육과 직업 문제 등

4. 심리평가와 심리진단

이상심리학에서는 개인이 나타내는 이상행동을 평가하기 위해서 다양한 평가방법을 사용하고 있다. 임상현장에서는 개인이 호소하는 문제와 증상을 평가하여 어떤 정신장애에 해당되는지를 판별하는 진단이 이루어진다. 이처럼 개인의 다양한 심리적 속성(지능, 성격, 이상행동, 정신병리 등)을 심리학적 전문지식에 근거하여 면접, 행동관찰, 심리검사 등의 방법을 통해 단기간에 평가하는 작업을 **심리평가**psychological assessment라고 한다. 나아가서 개인의 이상행동과 증상에 대한 심리평가 자료를 통합하여 특정한 정신장애로 분류하는 작업을 **심리진단**psychodiagnosis이라고 한다. 임상적 심리평가와 진

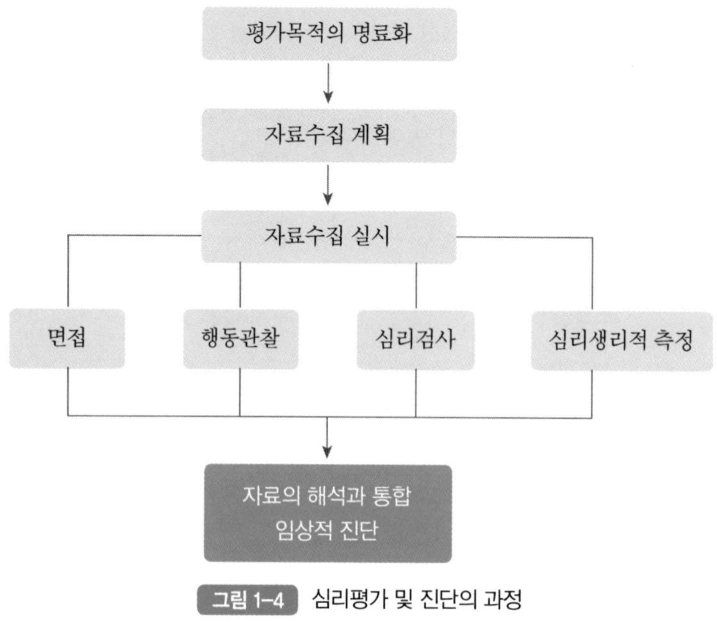

그림 1-4 심리평가 및 진단의 과정

단을 위해서 주로 사용하는 방법은 면접법, 행동관찰법, 심리검사법, 심리생리적 측정법, 뇌영상술 등이다.

임상적 심리평가는 [그림 1-4]에 제시되어 있듯이 다음과 같은 몇 가지 과정을 거쳐서 이루어진다. 첫째, 심리평가에 앞서서 평가의 목적을 명료화하는 일이 필요하다. 심리평가를 하는 목적은 매우 다양할 수 있는데, 일반적으로 (1) 진단을 위한 평가, (2) 치료를 위한 평가, (3) 기타의 구체적 목적을 위한 평가(예: 성격특성의 평가, 지능수준의 평가, 뇌손상 여부의 평가) 등이 있다. 예컨대, 다양하고 모호한 증상을 호소하는 환자의 진단을 위해 심리평가를 하는 경우도 있고 심리치료를 위해서 환자의 핵심적 갈등이나 대인관계 패턴을 평가하는 경우도 있다.

이렇게 평가목적이 명료해지면, 그에 적절한 평가 방법과 절차를 계획하는 과정이 뒤따른다. 면접, 행동관찰, 심리검사, 심리생리적 측정 등의 다양한 평가방법 중에서 평가목적의 달성을 위해 필요한 평가방법을 선택하여 그 평가절차를 신중히 계획하는 일이 그러한 과정이다. 예컨대, 환자의 무의식적 갈등을 파악하는 것이 평가목적일 경우에는 면접과 투사적 심리검사가 포함되어야 하며, 뇌손상 여부와 그로 인한 심리적 기능의 저하를 평가할 경우에는 신경심리검사나 뇌영상술을 사용하게 된다.

세 번째 단계에서는 평가계획에 따라 환자로부터 직접 평가자료를 수집하게 된다. 임상가는 선택된 평가방법을 계획된 순서에 따라 환자에게 적용하며 다양한 평가자료를 수집한다. 이렇게 수집된 자료는 체계적으로 정리되거나 채점되는 과정을 거쳐 그 심리적 의미가 해석된다. 평가자료를 해석하고 통합하는 과정은 매우 전문적인 작업이다. 이상행동과 정신장애에 관한 전문적 지식과 경험은 물론 심리학 전반에 대한 지식, 평가도구에 대한 이해, 치료방법에 대한 구체적 지식 등을 필요로 한다. 이러한 평가자료의 해석과 통합 과정을 거쳐서 개인의 심리적 특성과 정신병리에 대한 평가가 이루어진다. 진단을 목적으로 하는 경우에는 최종적인 평가내용에 근거하여 여러 정신장애의 진단기준과 비교한 후에 가장 적합한 정신장애로 진단된다. 이러한 심리평가와 심리진단의 결과는 환자의 치료계획을 수립하고 실제적 치료를 수행하는 기초자료가 된다.

요약

1. 이상심리학은 이상행동과 정신장애를 과학적으로 연구하는 분야로서 인간이 나타내는 다양한 이상행동과 심리장애를 현상적으로 기술하고 분류하며, 그 원인을 규명하여 설명하고, 치료 방법 및 예방 방법을 개발하고 검증하는 일이다. 이상행동의 주된 판별기준에는 적응 기능의 저하와 손상, 주관적 불편감과 고통, 문화적 규범의 일탈, 통계적 평균의 일탈이 있다.
2. 고대의 원시사회에서는 정신장애를 초자연적 현상(예: 귀신 빙의, 신의 저주)으로 이해하였으며 서양의 중세에는 귀신론적 정신장애관이 널리 퍼져 있었다. 17~18세기부터 정신병자에게 인도주의적인 대우와 치료를 해 주어야 한다는 주장이 제기되었으며 19세기 후반부터 정신장애에 대한 과학적 이해가 급격히 발전하였다. 현대 이상심리학의 발전에 기여한 주요한 변화는 (1) 정신장애의 심리적 원인론을 제기한 정신분석학의 대두, (2) 과학적 심리학에 근거한 실험 정신병리학의 발전, (3) 지능검사와 성격검사를 비롯한 다양한 심리검사의 개발, (4) 이상행동에 대한 학습이론과 행동치료의 발달이다.
3. 현대 이상심리학의 주요한 이론적 입장으로는 정신분석적 입장, 인지행동적 입장, 생물의학적 입장이 있다. 정신분석적 입장은 이상행동의 근원을 어린 시절의 경험에 그 뿌리를 둔 무의식적 갈등으로 보고 있으며 원초아, 자아, 초자아의 불균형, 심리성적 발달과정의 갈등, 부적절한 방어기제의 사용에 의한 것으로 보고 있다. 인지행동적 입장은 이상행동과 정신장애가 자신과 세상에 대한 부적응적인 인지활동과 행동방식에 기인하는 것으로 이해한다. 생물학적 입장은 정신장애가 유전적 요인, 뇌의 구조적 결함, 신경전달물질이나 내분비계통의 신경화학적 이상 등에 의해 발생하는 것으로 보고 있었다.
4. 세계적으로 가장 널리 사용되고 있는 정신장애 분류체계는 『정신장애의 진단 및 통계 편람(DSM)』이다. 2022년에 발간된 DSM-5-TR에는 22개 범주에 속하는 350여 개의 정신장애가 소개되어 있으며 주요한 정신장애 범주로는 불안장애, 강박 및 관련

장애, 외상 및 스트레스 관련 장애, 우울장애, 양극성 및 관련 장애, 조현병 스펙트럼 및 기타 정신병적 장애, 성격장애 등이 있다.

5. 이상심리학에서 개인의 이상행동을 평가하고 정신장애를 진단하기 위해서 사용하는 주요한 평가방법에는 면접법, 행동관찰법, 심리검사법, 심리생리적 측정법, 뇌영상술이 있다. 이러한 평가방법을 사용하여 개인의 다양한 심리적 속성(지능, 성격, 적성, 정신병리 등)을 단기간에 평가하는 심리학적 작업을 심리평가라고 하며, 이러한 심리평가의 자료에 근거하여 개인의 부적응 상태를 특정한 정신장애에 할당하는 작업을 심리진단이라고 한다.

제2장

불안장애

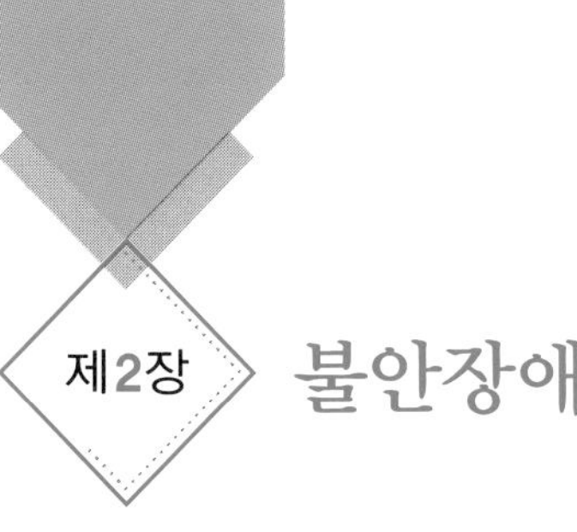

제2장 불안장애

불안은 누구나 일상생활에서 흔히 경험하는 불쾌한 감정이다. 많은 사람 앞에서 발표를 해야 하거나 중요한 시험을 앞두고 있을 때 우리는 불안감을 느낀다. 뱀이나 지네와 같은 위험한 동물을 만나게 되거나 가파른 산을 오를 때 우리는 두려움을 느끼고 긴장을 한다. 이처럼 위험한 상황에서 우리가 경험하는 정서적 반응이 불안이다. 불안을 느끼면 우리는 부정적 결과가 발생하지 않도록 긴장을 하며 조심스러운 행동을 하게 된다. 그래서 위험한 상황을 벗어나게 되면 안도감을 느끼고 긴장을 풀며 편안한 기분으로 되돌아간다. 이처럼 불안은 불쾌하게 느껴지지만 우리에게 도움이 되는 감정이다. 위험한 상황에서 불안을 느끼는 것은 자연스럽고 적응적인 심리적 반응이며 정상적 불안normal anxiety이라고 할 수 있다.

불안은 위험한 상황에 직면하면 내려지는 심리적인 경계경보와 같은 것이다. 실제적인 위험이 발생할 경우 그에 대비하도록 울리는 경계경보는 우리의 안전을 위해 도움이 된다. 그러나 만약 경계경보 장치가 너무 민감하거나 잘못되어 수시로 경계음을 낸다면 우리는 불필요한 경계태세를 취하게 되고 과도하게 긴장하게 되며 혼란상태에 빠지게 될 수 있다. 이처럼 불안반응이 부적응적인 양상으로 작동하는 경우를 병적 불안pathological anxiety이라고 할 수 있다. 병적 불안은 다음과 같은 점에서 정상적 불안과 구별될 수 있다. 첫째, 현실적인 위험이 없는 상황이나 대상에 대해서 불안을 느낀다. 둘째, 현실적인 위험의 정도에 비해 과도하게 심한 불안을 느낀다. 마지막으로, 불안을 느끼게 한 위협적 요인이 사라졌음에도 불구하고 불안이 과도하게 지속된다. 이처럼 위험가능성이 거의 없거나 대부분의 사람이 위험을 느끼지 못하는 상황에서 자주 불안을 느낀다면 병적 불안이라고 할 수 있다. 이러한 병적 불안으로 인하여 과도한 심리적 고통을 느끼거나 현실적인 적응에 심각한 어려움을 겪는 경우를 **불안장애**Anxiety Disorders라고 한다.

불안장애는 불안과 공포를 주된 증상으로 나타내는 다양한 장애를 포함하며 불안 증상과 회피 대상에 따라 여러 하위유형으로 구분된다. DSM-5-TR에서는 불안장애를 크게 일곱 가지의 하위유형, 즉 범불안장애, 특정공포증, 광장공포증, 사회불안장애, 공황장애, 분리불안장애, 선택적 함구증으로 구분하고 있다.

표 2-1 **불안장애의 하위유형과 핵심증상**

하위장애	핵심증상
범불안장애	미래에 발생할지 모르는 다양한 위험에 대한 과도한 불안과 걱정
특정공포증	특정한 대상(예: 뱀, 개, 거미)이나 상황(예: 높은 곳, 폭풍)에 대한 공포
광장공포증	다양한 장소(예: 쇼핑센터, 극장, 운동장, 엘리베이터, 지하철)에 대한 공포
사회불안장애	다른 사람으로부터 평가받는 사회적 상황에 대한 과도한 불안과 공포
공황장애	갑작스럽게 엄습하는 죽을 것 같은 강렬한 불안과 공포
분리불안장애	중요한 애착대상과 떨어지는 것에 대한 과도한 불안
선택적 함구증	특수한 사회적 상황에서 지속적으로 말을 하지 않는 행동

제1절 범불안장애

30대 주부인 P씨는 항상 불안하고 초조하다. 무언가 불길한 일이 벌어질 것 같은 불안감에 자주 휩싸이며 일상생활에서 발생할 수 있는 다양한 일에 대한 걱정이 많다. 예를 들면, 자녀가 학교에서 싸우거나 따돌림을 당하지 않을까, 가족들이 병들어 아프거나 사고를 당하지 않을까, 남편이 직장에서 실직하지 않을까, 시집식구나 주변 사람들이 자신을 싫어하지 않을까, 도둑이나 강도가 들지 않을까 하는 걱정을 비롯하여 사소하게는 자신이 만든 음식이 맛이 없으면 어떡하나, 가전제품이 고장 나면 어떡하나, 물건을 비싸게 사면 어떡하나 등등 일상생활 전반에 대해서 크고 작은 걱정이 많다. P씨는 이러한 걱정이 지나친 것이라는 것을 알고 있지만 막연한 불안감에 걱정을 멈출 수가 없다. 그래서 늘 초조하고 안절부절못하며 긴장상태에 있게 되어, 특별히 힘든 일을 하지 않아도 저녁시간이 되면 몹시 피곤하다.

1. 주요증상과 임상적 특징

범(汎)불안장애Generalized Anxiety Disorder는 P씨의 경우처럼 다양한 상황에서 만성적 불안과 과도한 걱정을 나타내는 경우를 말한다. 범불안장애를 지닌 사람들은 일상생활 속에서 겪게 되는 여러 가지 사건이나 활동에 대해서 지나치게 걱정함으로써 지속적인 불안과 긴장을 경험한다. 이런 상태가 계속되면 개인은 몹시 고통스러울 뿐만 아니라 일상생활의 적응에도 심각한 어려움을 겪게 된다.

범불안장애를 지닌 사람들은 늘 불안하고 초조해하며 사소한 일에도 잘 놀라고 긴장한다. 항상 예민한 상태에 있으며 짜증과 화를 잘 내고 쉽게 피로감을 느낀다. 때로는 지속적인 긴장으로 인한 근육통과 더불어 만성적 피로감, 두통, 수면장애, 소화불량, 과민성 대장 증후군 등의 증상이 함께 나타나기도 한다. 이처럼 범불안장애를 지닌 사람은 불필요한 걱정에 집착하기 때문에 우유부단하고 꾸물거리는 지연행동을 나타내어 현실적인 업무를 잘 처리하지 못하는 경향이 있다. DSM-5-TR에 제시되어 있는 범불안장애의 진단기준을 소개하면 다음과 같다.

범불안장애의 진단기준

A. 다양한 사건이나 활동(예: 직업이나 학업 수행)에 대한 과도한 불안과 걱정이 나타난다. 이러한 불안과 걱정이 적어도 6개월 동안 50% 이상의 날에 나타나야 한다.

B. 개인은 이러한 걱정을 통제하기가 어렵다고 느낀다.

C. 불안과 걱정은 다음의 6개 증상 중 3개 이상과 관련된다(아동의 경우는 1개 이상).
   (1) 안절부절못함 또는 가장자리에 선 듯한 아슬아슬한 느낌
   (2) 쉽게 피로해짐
   (3) 주의집중의 곤란이나 정신이 멍해지는 느낌
   (4) 화를 잘 냄
   (5) 근육의 긴장
   (6) 수면장해(수면의 시작과 지속의 곤란 또는 초조하거나 불만족스러운 수면)

D. 불안, 걱정, 또는 신체적 증상이 심각한 고통을 유발하거나 사회적, 직업적 또는 다른 중요한 영역의 활동에 현저한 손상을 초래한다.

E. 이러한 장해는 물질(예: 남용하는 약물, 치료약물)이나 다른 의학적 상태(예: 부신피질호르몬 과다증)의 생리적 효과에 기인한 것이 아니다.

F. 이러한 장해는 다른 정신장애에 의해서 더 잘 설명되지 않는다(예컨대, 다음과 같은 것에 대한 불안이 아니어야 한다: 공황장애에서 공황발작이 일어나는 것에 대한 불안이나 걱정, 사회불안장애에서 부정적 평가, 강박장애에서 오염 또는 다른 강박사고, 분리불안장애에서 애착대상과의 이별, 외상후 스트레스장애에서 외상사건 회상 촉발자극, 신경성 식욕부진증에서 체중 증가, 신체증상장애에서 신체적 호소, 신체이형장애에서 지각된 외모 결함, 질병불안장애에서 심각한 질병 또는 조현병이나 망상장애에서 망상적 신념의 내용).

특정한 정신장애에 대한 DSM-5-TR의 진단기준이 이 책에서 처음으로 소개되고 있으므로 각 진단기준이 의미하는 바를 좀 더 자세하게 살펴보기로 한다. DSM-5-TR은 범불안장애의 임상적 특징뿐만 아니라 그로 인한 부정적 영향의 정도나 다른 장애와의 구별점을 진단기준에 포함시키고 있다.

진단기준 A항은 범불안장애의 핵심증상과 최소한의 지속기간을 명시하고 있다. 즉, 다양한 상황에서의 과도한 불안과 걱정은 범불안장애의 핵심증상이며 이러한 증상이

최소한 6개월 이상 지속되어야 범불안장애를 고려할 수 있다. B항은 이 장애의 핵심증상인 걱정의 특성을 좀 더 구체적으로 부연하여 규정하고 있다. 즉, 개인이 걱정에 대해서 통제하기 어렵다고 인식해야 범불안장애로 볼 수 있다는 것이다. 많은 걱정을 하더라도 개인이 스스로 잘 통제할 수 있다고 느낀다면 범불안장애의 증상으로 간주하지 않는다. 아울러 C항은 범불안장애에 흔히 동반되는 여러 증상을 열거하고 이들 중 3개 이상이 나타나야 함을 제시하고 있다. 불안과 걱정(A, B항)은 범불안장애로 진단되기 위한 필수적 증상인 반면, C항에 제시된 6개의 증상은 부수적인 증상들로서 사람마다 각기 달리 나타날 수 있으므로 적어도 3개 이상의 증상을 수반한다면 범불안장애로 고려할 수 있다는 견해가 이러한 진단방식에 반영되어 있다.

D항은 앞의 진단기준에서 제시한 증상들이 개인에게 미치는 부정적 영향에 대해서 언급하고 있다. 즉, 이러한 증상으로 인해서 개인이 심각한 고통을 경험하거나 일상생활에 현저한 장해를 받고 있을 때에만 범불안장애라고 할 수 있다. 달리 말하면, A, B, C항의 진단기준을 충족시킨다 하더라도, 그러한 증상으로 인해 심각한 고통이나 부적응을 나타내지 않는다면 범불안장애로 진단할 수 없다. 이러한 D항의 진단기준은 정상행동과 이상행동을 판별하는 일반적인 기준으로서 대부분의 정신장애에 공통적으로 적용되는 진단기준이다.

E항은 앞에서 언급된 불안증상이 약물이나 신체질병과 같은 의학적 상태로 인해 유발된 것이 아니어야 한다는 점을 제시하고 있다. 만약 불안증상이 약물과 신체적 질병에 의해 나타난 것이라면, DSM-5-TR의 다른 장애범주인 '물질 또는 다른 의학적 상태에 의한 불안장애'로 진단된다. 즉, 범불안장애는 심리적 원인이나 그 밖에 아직 알려지지 않은 다른 원인에 의한 것이어야 한다는 것을 뜻한다.

F항은 범불안장애가 다른 정신장애와 구별되는 점을 명시하고 있다. 다른 장애(예: 공황장애, 사회불안장애 등)에서도 불안과 걱정의 증상이 유사하게 나타날 수 있다. 예컨대, 공황장애에서는 공황발작이 나타나는 것에 대한 불안, 사회불안장애에서는 부정적 평가를 받는 것에 대한 불안, 신경성 식욕부진증에서는 체중이 증가하는 것에 대한 불안이 나타날 수 있다. 이러한 장애에서는 불안의 초점이 특정한 주제에 제한되어 있는 반면, 범불안장애는 다양하고 광범위한 주제의 불안을 포함한다. 다른 정신장애에 의해서 더 잘 설명될 수 없는 다양한 불안과 걱정을 호소하는 경우에 범불안장애로 진단

될 수 있다는 것이다. 범불안장애로 진단되기 위해서는 A~F에 이르는 여섯 가지 진단 항목을 모두 충족시켜야 한다.

범불안장애의 핵심증상은 과도한 걱정이라고 할 수 있다. 이 장애를 지닌 사람들이 걱정하는 주된 주제는 가족, 직업적 또는 학업적 무능, 재정문제, 미래의 불확실성, 인간관계, 신체질병에 관한 것으로 보고되고 있다(Sanderson & Barlow, 1990; Tallis et al., 1992). 범불안장애는 남성보다 여성에게 약간 더 흔하게 나타난다. 흔히 10대 중반부터 20대 초반에 발생하여 대체로 만성적인 경과를 나타내며 스트레스가 많은 시기에 증세가 악화되는 경향이 있다. 범불안장애를 지닌 사람들은 비관주의, 완벽주의, 불확실성에 대한 인내력 부족, 문제해결에 대한 자신감 부족과 같은 성격적 특성을 지니는 것으로 보고되고 있다(유성진, 2000).

2. 원인과 치료

정신분석적 입장에서는 무의식적 갈등이 불안을 유발한다고 주장한다. 범불안장애를 지닌 사람들은 "이유를 모르겠는데 왠지 늘 불안하고 초조하며 무언가 불길한 일이 벌어질 것 같은 느낌을 지울 수가 없다"고 호소한다. 이처럼 불안의 원인이 무의식적 갈등에 있기 때문에 환자 자신은 불안의 이유를 자각하기 어렵다. 정신분석적 입장에서는 성격구조 간의 불균형에 의해 경험되는 **부동불안**free-floating anxiety이 범불안장애의 핵심적 증상이라고 본다. 부동불안은 무의식적으로 억압된 원초아의 충동이 강해져서 자아가 이를 통제하기 어려운 상태에서 나타나는 심리적 현상이다. 과거에 처벌받은 적이 있었던 충동들이 자아의 통제를 넘어 계속적으로 표출되고자 하기 때문에 불안을 경험하게 되는데, 이러한 불안을 감소시키기 위해 특정한 방어기제를 사용하게 되면 다른 형태의 장애로 발전될 수 있다. 이런 점에서 범불안장애는 무의식적 갈등이 방어기제에 의해 변형되지 않은 비교적 순수한 형태의 불안을 반영하는 것으로 여겨지고 있다.

인지행동적 입장의 연구자들은 범불안장애를 지닌 사람들의 독특한 사고경향에 주목한다. 만성적인 불안을 지닌 사람들은 위험과 위협에 관한 생각과 심상을 보고하며 다음과 같은 인지적 특성을 나타낸다(Beck, 1976; Beck & Emery, 1985; Butler & Mathews,

1987). 첫째, 일상적인 생활환경 속에 존재하는 잠재적인 위험에 예민하다. 이들은 위험한 사고와 위협적인 사건에 관한 정보에 관심이 많으며, 일상생활 속에서 부정적 결과를 초래할 가능성이 있는 위험한 단서를 예민하게 포착하는 경향이 있다. 둘째, 불안한 사람들은 잠재적인 위험이 실제로 위험한 사건으로 발생할 확률을 과도하게 높이 평가한다. 예컨대, 자신이나 가족이 교통사고를 당할 확률, 집에 화재가 날 확률, 질병에 걸릴 확률 등을 일반적인 경우보다 높게 평가한다. 셋째, 위험한 사건이 실제로 발생할 경우에 나타날 수 있는 부정적인 결과를 지나치게 치명적인 것으로 평가한다. 예컨대, 교통사고가 날 경우에는 경미한 접촉사고나 신체적 상해보다는 정면충돌이나 사망과 같은 치명적인 결과를 예상한다. 마지막으로, 이들은 위험한 사건이 발생할 경우 자신이 대처할 수 있는 능력을 과소평가한다. 즉, 위험한 사건이 발생하면 자신은 그 상황에서 아무것도 할 수 없다고 생각하면서 미래의 위험에 대한 걱정을 많이 하게 되는 것이다.

불안한 사람들이 이러한 인지적 특성을 나타내는 이유는 위험에 관한 **인지도식**schema이 발달되어 있기 때문이다. 인지도식은 과거경험의 축적에 의해서 형성된 기억체계로서 특정한 환경적 자극에 선택적으로 주의를 할당하며 자극의 의미를 특정한 방향으로 해석하게 한다. 불안한 사람들은 위험과 위협에 관한 인지도식이 남달리 발달되어 있어서 일상생활 속에서 위험에 관한 자극에 주의를 많이 기울이고 그 의미를 위협적인 것으로 해석한다. 범불안장애 환자들이 애매한 생활사건을 다른 사람보다 더 위협적으로 지각하는 경향이 있고(Butler & Mathews, 1983), 중립적인 단서보다 위협적인 단서에 주의집중을 더 잘 하는 인지적 편향성을 나타낸다(Mathew & Macleod, 1986)는 연구결과들은 인지도식에 관한 이론을 경험적으로 지지하고 있다.

범불안장애를 지닌 사람들은 불확실성에 대한 인내력이 부족하여 '만일 ~하면 어떡하지?(What if…?)'라는 내면적 질문을 계속해서 던지는 경향이 있다(Dugas et al., 1997). 이러한 질문과 대답을 반복하는 연쇄적인 사고과정 속에서 점점 더 부정적인 결과를 예상하게 되는데, 이를 **파국화**catastrophizing라고 한다(정지현, 2000; Davey & Levy, 1998). 이처럼 사소한 위험에 대한 의문이 꼬리를 물고 확산될 뿐만 아니라 파국적인 결과가 예상되기 때문에 불안과 걱정이 만연하게 된다.

범불안장애의 원인은 현재 다양한 측면에서 연구되고 있다. 범불안장애가 직계가족 간에 흔히 나타나고 이란성 쌍둥이보다 일란성 쌍둥이에서 공병률이 높다는 연구결과에 근거하여 유전적 요인이 관여한다는 주장이 제기되었다. 그러나 이러한 연구결과는 범불안장애 자체보다 일반적인 불안 기질이 유전되는 것으로 받아들여지고 있다(Kendler et al., 1995). 현재 생물학적 입장에서 불안의 뇌생리학적 기제를 밝히려는 연구들이 활발하게 이루어지고 있다. 벤조디아제핀Benzodiazepine 계열의 약물이 불안을 감소시킨다는 사실이 발견되면서, 이와 관련된 신경전달물질인 가바GABA에 대한 연구가 활발하게 진행되고 있다. 이 밖에도 불안과 관련된 신경전달물질로 노르에피네프린Norepinephrine, 글루타메이트Glutamate 등이 주목받고 있다.

범불안장애는 쉽게 치료되지는 않지만 다양한 치료방법이 제시되고 있다. 그 하나가 약물치료로서 벤조디아제핀 계열의 약물이 흔히 사용된다. 이러한 약물은 불안 민감성을 저하시키는 진정 효과를 나타내지만 모든 사람에게 효과적인 것은 아니며 다량으로 복용하면 인지적·행동적 기능을 저하시켜 직업적 활동, 공부, 운전 등과 같은 일상적 활동을 곤란하게 만든다. 또한 장기간 복용하는 경우에는 신체적·심리적 의존이 생겨 약물을 중단하기 어려우며 복용을 중단하면 여러 가지 금단현상이 나타난다.

최근에는 범불안장애에 대한 인지행동적 치료방법이 개발되어 적용되고 있다. 일반적으로 인지행동치료자는 환자에게 걱정과 관련된 인지적 요인들을 이해시킨 후 걱정이라는 내면적인 사고과정을 자각하여 관찰하도록 격려한다. 즉, 자신이 언제, 어떤 내용의 걱정을 얼마나 오랫동안 하는지를 관찰하여 '걱정사고 기록지'에 기록하게 한다. 흔히 경험하는 주된 걱정의 내용을 치료시간에 떠올리게 하여 이러한 걱정이 과연 현실적이며 효율적인지에 대해 구체적인 논의를 한다. 이 과정에서 환자가 걱정의 비현실성과 비효율성을 인식하게 하는 동시에 걱정에 대한 긍정적 신념 역시 수정하게 한다. 아울러 걱정이 떠오를 경우에 이를 조절하고 대처하는 방법을 습득시킨다. 예컨대, 걱정의 사고내용에 반대되는 대응적 생각을 되뇌는 방법, 하루 중 '걱정하는 시간'을 정해놓고 다른 시간에는 일상적 일에 집중하는 방법, 불안을 유발하는 걱정의 사고나 심상에 반복적으로 노출시켜 걱정에 대한 인내력을 증가시킴으로써 걱정의 확산을 방지하는 방법, 고통을 유발하는 사고나 감정을 회피하려 하기보다는 이를 수용하도록 하는 방법 등을 활용한다. 이러한 과정을 통해서 환자로 하여금 걱정을 조절하고 통제하는 능력을 향상시킨다. 이 밖에도 불안을 조절할 수 있는 다양한 방법들(예: 복식호흡, 긴장이완, 심상법, 명상 등)을 함께 사용하기도 한다. 이러한 인지행동치료가 범불안장애의 치료에 효과적이라는 연구가 보고되고 있다(Mathews et al., 1995; Roemer et al., 2002).

제2절 특정공포증

30대 후반의 주부인 L씨는 바닷가나 수영장에 놀러 가면 가족과 함께 물에 들어가지 못한 채 항상 밖에서 그들이 노는 것을 바라볼 뿐이다. 물에 대한 공포증이 있기 때문이다. 어린 시절에 해변가에서 놀다가 파도에 휩쓸려 하마터면 죽을 뻔한 적이 있다. 그 이후로 L씨는 물에 들어가는 일을 피했다. 중·고등학교 시절에도 수영을 해야 하는 체육시간이 두려웠다. 발이 닿는 낮은 곳이라도 출렁이는 물속에 몸을 담그면 공포가 밀려왔다. 결혼한 후 바닷가로 가족여행을 가더라도 자녀와 함께 물에 들어가 즐기지 못하고 모든 걸 남편에게 맡긴 채 그저 밖에서 바라볼 수밖에 없다.

1. 주요증상과 임상적 특징

공포증Phobia은 어떤 대상이나 상황에 대한 강렬한 공포와 회피행동을 뜻한다. 공포증은 범불안장애보다 훨씬 심한 강도의 불안과 두려움을 경험할 뿐만 아니라 다양한 상황에서 만성적인 불안을 느끼는 범불안장애와 달리 특정한 대상이나 상황에 한정된 공포와 회피행동을 나타낸다. 공포증은 공포를 느끼는 대상과 상황에 따라 특정공포증, 광장공포증, 사회공포증(또는 사회불안장애)으로 구분된다.

특정공포증Specific Phobia은 L씨의 경우처럼 특정한 대상이나 상황에 대한 비합리적 두려움과 회피행동을 지속적으로 나타내는 경우를 말한다. DSM-5-TR에 제시된 진단기준에 따라 특정공포증의 주요증상을 살펴보면 다음과 같다. 첫째, 특정한 대상이나 상황(비행, 높은 곳, 동물, 주사 맞기, 피를 보는 것)에 대한 현저한 공포나 불안을 경험한다. 아동의 경우에는 공포나 불안이 울기, 떼쓰기, 얼어붙기, 칭얼거리기로 표현될 수 있다. 둘째, 공포를 유발하는 대상이나 상황에 노출되면 거의 예외 없이 즉각적인 공포 반응이 유발된다. 셋째, 특정공포증을 지닌 사람은 공포를 느끼는 대상과 상황을 회피하려고 한다. 그러나 때로는 심한 공포나 불안을 느끼면서 고통 속에서 이러한 공포자극을 참아내는 경우도 있다. 넷째, 특정한 대상이나 상황에 의한 실제적인 위험과 사회문화적 맥락을 고려할 때, 이러한 공포나 불안은 지나친 것이어야 한다. 이러한 공포와 회피행동이 6개월 이상 지속되어 심한 고통을 경험하거나 사회적·직업적 활동에 현저한 방해를 받을 경우 특정공포증으로 진단된다.

DSM-5-TR에서는 특정공포증을 공포대상의 종류에 따라 크게 네 가지 하위유형으로 구분하고 있다. 첫째 유형은 **동물형**animal type으로서 뱀, 개, 거미, 바퀴벌레 등과 같은 동물이나 곤충을 두려워하는 경우이다. 둘째 유형은 **자연환경형**natural environment type으로서 천둥, 번개, 높은 장소, 물이 있는 강이나 바다 등과 같은 자연에 대한 공포이다. 셋째 유형은 피를 보거나 주사를 맞거나 상처를 입는 등의 신체적 상해나 고통을 두려워하는 **혈액-주사-상처형**blood-injection-injury type이 있다. 마지막 유형은 **상황형**situational type으로서 비행기, 엘리베이터, 폐쇄된 공간 등과 같은 상황을 두려워하고 피하는 경우이다. 임상적 장면에 찾아오는 성인들이 호소하는 공포증은 상황형이 가장 많고 다음으로 자연환경형, 혈액-주사-상처형, 동물형의 순서로 흔하다. 한 가지 이상의 공포증 유형을 지니는 경우도 많다.

특정공포증은 흔한 심리적 문제로서 일반인의 경우 평생 유병률이 10~11.3%이며 1년 유병률은 약 9%로 보고되고 있다. 여성이 남성보다 2배 정도 더 많이 특정공포증을 경험하며, 10대 중반에 발생하는 경향성이 높다.

2. 원인과 치료

특정공포증은 학습이론에 의해서 잘 설명되고 있다. 왓슨과 레이노(Watson &

Raynor, 1920)는 공포반응이 고전적 조건형성에 의해 학습될 수 있음을 보여주었다. 그들은 생후 11개월 된 남자아이인 어린 앨버트little Albert가 하얀 쥐 인형에게 다가갈 때마다 커다란 쇳소리를 내어 깜짝 놀라게 했다. 이러한 5회의 경험만으로 앨버트는 하얀 쥐 인형을 보면 쇳소리가 없음에도 불구하고 공포반응을 나타냈다. 즉, 공포반응(무조건 반응)을 유발하는 쇳소리(무조건 자극)를 하얀 쥐(조건 자극)와 짝지어 제시함으로써 앨버트는 쥐에 대한 공포반응(조건 반응)을 학습하게 된 것이다.

어린 앨버트의 경우처럼 다양한 중성적인 자극이 공포를 유발하는 자극과 반복적으로 짝지어 제시되면 공포반응이 유발될 수 있다. 그러나 모든 자극에 공포반응이 조건형성되는 것은 아니며, 어떤 자극은 다른 자극에 비해 더 쉽게 공포반응이 조건형성된다. 이러한 현상에 근거하여 셀리그먼(Seligman, 1971)은 공포학습에 **준비성**preparedness이라는 개념을 도입하였다. 인간은 오랜 진화과정을 통해서 생존을 위협하는 특정한 자극에 대해서는 공포반응을 더 쉽게 학습하는 생물학적인 성향을 지니고 있다는 것이다. 즉, 생존에 위협적인 자극(예: 뱀, 높은 곳)은 그렇지 않은 자극(예: 빵, 책상)보다 더 쉽게 공포반응이 학습될 뿐만 아니라, 이러한 위협적 자극에 일단 공포반응이 형성되면 소거도 잘 되지 않는 경향이 있다.

특정공포증은 조건형성뿐만 아니라 대리학습과 정보전이에 의해서도 형성될 수 있다(Rachman, 1977). 공포증은 다른 사람이 특정한 대상을 두려워하며 회피하는 것을 관찰함으로써 그에 대한 두려움을 학습하는 관찰학습에 의해서도 습득될 수 있다. 예를 들어, 개를 무서워하는 어머니의 자녀는 어머니의 공포반응을 관찰하면서 개에 대한 두려움을 학습하게 된다. 또한 이러한 어머니는 자녀에게 "개는 위험하다, 가까이 가면 물린다, 피해라"라는 정보를 언어적 또는 비언어적 소통수단을 통해 전달하게 되고, 그 결과 자녀는 개에 대한 공포를 지니게 된다.

이처럼 다양한 경로를 통해 형성된 공포증은 회피반응에 의해서 유지되고 강화된다. 공포증이 형성되면 공포자극을 회피하게 되는데, 회피행동은 두려움을 피하게 하는 부적 강화 효과를 지니기 때문에 지속된다. 또한 이러한 회피행동으로 인하여 공포자극이 위험하지 않다는 것을 학습할 기회를 얻지 못하므로 공포반응은 소거되지 않은 채 유지된다. 이러한 과정은 모우러(Mowrer, 1939, 1950)의 **2요인 이론**two-factor theory에 의해서 잘 설명되고 있다. [그림 2-1]에 제시되어 있듯이, 공포증이 형성되는 과정에는

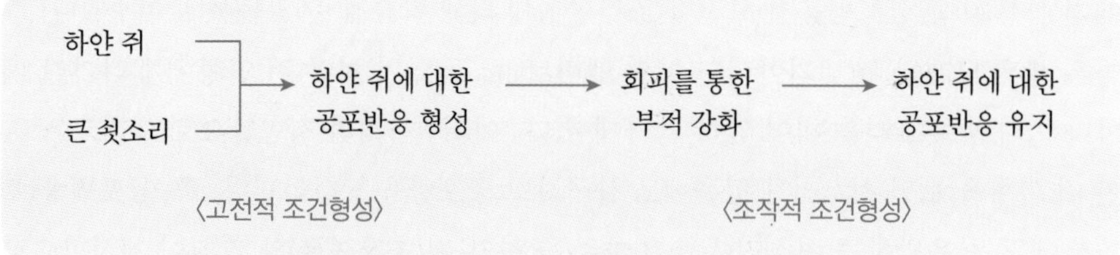

그림 2-1 공포반응이 형성되고 유지되는 학습과정

고전적 조건형성의 원리가 관여하는 반면, 일단 형성된 공포증은 조작적 조건형성의 원리에 의해서 유지되고 강화된다.

행동치료는 특정공포증을 치료하는 가장 효과적인 방법으로 알려져 있다. 특히 체계적 둔감법과 노출치료가 효과적이며 참여적 모방학습법과 이완훈련도 환자에게 도움을 주는 것으로 알려져 있다. 체계적 둔감법systematic desensitization은 긴장을 이완시킨 상태에서 약한 공포자극부터 시작하여 점차 강한 공포자극에 노출시키는 방법이다.

참여적 모방학습법participant modeling은 다른 사람이 공포자극을 불안 없이 대하는 것을 관찰함으로써 공포증을 치료하는 방법이다. 예컨대, 뱀에 대한 공포증을 지닌 사람은 뱀을 만지고 목에 두르며 가지고 노는 사람을 관찰하면서 그와 함께 뱀에 대한 접근행동을 학습하여 공포증을 극복하게 된다. 이러한 방법을 접촉 둔감법contact desensitization이라고 칭하기도 한다. 이 밖에 공포증의 치료에는 불안과 공존할 수 없는 신체적 이완상태를 유도하는 기술을 가르치는 이완훈련relaxation training이 활용되기도 한다.

제3절 광장공포증

1. 주요증상과 임상적 특징

광장공포증Agoraphobia은 특정한 장소나 상황에 대한 공포를 나타내는 경우를 말한다. DSM-5-TR에 따르면, 광장공포증을 지닌 사람은 다음의 다섯 가지 상황 중 적어도 두 가지 이상의 상황에 대한 현저한 공포와 불안을 나타낸다: (1) 대중교통수단(예: 자동차, 버스, 기차, 배, 비행기)을 이용하는 것, (2) 개방된 공간(예: 주차장, 시장, 다리)에 있는 것, (3) 폐쇄된 공간(예: 쇼핑몰, 극장, 영화관)에 있는 것, (4) 줄을 서 있거나 군중 속에 있는 것, (5) 집 밖에서 혼자 있는 것. 또한 이러한 상황을 두려워하거나 회피하는 이유가 공황과 유사한 증상이나 무기력하고 당혹스러운 증상(예: 노인의 경우 쓰러질 것 같은 공포, 오줌을 지릴 것 같은 공포)이 나타날 경우에 그러한 상황을 회피하기 어렵거나 도움을 받을 수 없다는 생각 때문이어야 한다. 이들은 이러한 공포유발 상황에 노출되면 거의 예외 없이 공포와 불안을 경험하게 되며 이러한 상황을 회피하고자 한다. 그러나 때로는 동반자가 있으면 공포나 불안을 느끼면서도 공포상황을 참아낼 수 있다. 공포유발 상황의 실제적인 위험과 사회문화적 맥락을 고려할 때, 이러한 공포는 지나친 것이어야 한다. 이러한 공포와 회피행동이 6개월 이상 지속되어 심한 고통을 경험하거나 사회적·직업적 활동에 현저한 방해를 받을 경우 광장공포증으로 진단된다.

광장공포증은 갑작스럽게 강렬한 불안이 엄습하는 공황발작과 함께 나타나는 경우가 흔하다. 공황발작은 어지러움, 흉부통증, 질식할 것 같음, 토할 것 같음, 죽거나 미칠

특정한 장소나 상황에 대한 두려움을 느끼는 광장공포증

것 같음 등과 같은 신체적 · 심리적 증상을 수반한다. 광장공포증을 나타내는 사람들은 탈출이 어렵거나 곤란한 장소(예: 승강기, 다리 위, 비행기, 전철 등)나 공황발작과 같이 갑작스러운 곤경에 빠질 경우 도움을 받을 수 없는 장소(예: 집 밖에 혼자 있는 것, 백화점, 영화관 등과 같이 많은 사람 속에 있는 것 등)에 대한 불안이 있으며 이러한 특성을 지닌 여러 장소나 상황을 회피한다. 이런 점에서 광장공포증은 한 가지 특정한 상황에만 공포를 지니는 특정공포증의 상황형이나 자신이 당황해하는 것과 관련된 사회적 상황에만 국한하여 공포를 나타내는 사회불안장애와는 다르다.

광장공포증은 미국인의 경우 1년 유병률이 1.7%로 보고되고 있다. 광장공포증은 청소년기 후기나 성인기 초기에 발병률이 높으며 남성보다 여성에게 2~4배 정도 더 흔하게 나타난다(Sheikh et al., 2002). 한국인의 경우, 광장 공포증을 지닌 환자들이 가장 많이 피하는 상황은 대중교통수단(26.2%), 폐쇄된 공간(13.8%), 쇼핑센터(8.7%)의 순서로 보고되고 있다(최영희, 2007).

2. 원인과 치료

정신분석이론가들은 광장공포증을 어린아이가 어머니와 이별할 때 나타내는 분리불안separation anxiety과 관련된 것으로 해석하기도 한다. 사람들이 많은 넓은 장소에 혼자 있는 상황은 부모로부터 버림받은 것을 의미하는 것으로서 어린 시절의 분리불안을 재현한다는 것이다. 광장공포증 환자의 약 42%가 어린 시절에 부모나 양육자에 대한 분리불안을 지녔다는 연구결과가 이러한 주장을 뒷받침한다. 일부 학자들(Bowlby, 1988; Liotti, 1996)은 광장공포증이 애정 결핍과 관련되어 있다고 주장한다. 부모라는 안전기지secure base로부터의 일시적인 공간적 분리를 참아내는 능력이 부족한 사람이 광장공포증에 걸리기 쉽다는 것이다(Jacobson, 2004).

인지행동적 입장에서 골드스타인과 챔블리스(Goldstein & Chambless, 1978)는 광장공포증을 유발하는 심리적 기제를 분석하면서 **공포에 대한 공포이론**fear of fear theory을 주장하였다. 이들은 광장공포증을 유발하는 두 가지 심리적 요인을 제시하고 있다. 그 첫째 요인은 공포에 대한 공포이다. 이는 공포의 결과로 유발되는 당혹감과 혼란감, 통제상실, 졸도, 심장발작, 정신이상에 대한 두려움을 뜻한다. 광장공포증 환자들은 그들이 두려워하는 상황이 실제로 위험하지 않다는 것을 잘 알면서도 그러한 상황에서 경험할 지도 모르는 공포감으로 인한 여러 가지 당혹스러운 경험을 두려워한다. 즉, 이들은 사실상 특정한 장소 자체를 두려워하는 것이 아니라 그러한 장소에서 경험하게 될 공포를 두려워하는 것이다. 이러한 공포에 대한 공포는 (1) 공포와 관련된 신체감각에 대한 두려움과 (2) 공포의 결과에 대한 부적응적인 사고(예: 불안한 모습을 보이면 다른 사람들이 나를 경멸할 것이다)로 구성되어 있다. 광장공포증을 유발하는 다른 요인은 불안을 유발한 선행사건을 잘못 해석하는 경향성이다. 예를 들어, 대인관계의 갈등으로 어떤 사람과 심하게 다투고 난 후 넓은 길거리에 혼자 서 있을 때 불안을 경험한 사람이 자신의 불안이 대인관계의 갈등 때문이 아니라 넓은 길거리라는 상황 때문이라고 잘못 생각함으로써 넓은 길거리를 두려워하게 된다는 것이다.

광장공포증의 통합모델을 제시한 바로우(Barlow, 2002)에 따르면, 광장공포증을 나타내는 사람은 생물학적 · 심리적 취약성을 모두 지니고 있어서 쉽게 불안을 경험하는 경향이 있다. 이러한 사람이 스트레스 사건을 통해 과장된 생리적인 공포반응을 경험하게 되면서, 설명할 수 없는 모호한 신체감각을 위험한 것으로 해석하며 신체내적인 단서를 두려워하게 된다. 이러한 두려움은 미래에 다양한 상황에서 원치 않는 신체감각이 발생할 것을 예상하게 만들고 그 결과로서 여러 상황을 회피하게 한다. 이러한 상황의 회피로 인해서 원치 않는 신체감각에 대한 두려움이 지속되고 이러한 감각이 정말로 해로운 것이라는 믿음이 강화된다. 이러한 악순환을 통해서 광장공포증 환자는 특정한 상황을 두려워하면서 회피하게 되는 결과를 초래하게 된다.

광장공포증은 인지행동치료를 통해서 가장 효과적으로 치료될 수 있는 것으로 알려져 있다(McLean & Woody, 2001). 인지행동치료자는 교육을 통해 환자들에게 광장공포증의 심리적 원인을 설명해준 다음 그들이 불안에 대처할 수 있도록 긴장이완법과 복식호흡법을 훈련하는 동시에 불안을 느끼는 상황에 점진적으로 노출시킨다. 이러한 노출 경험에 근거하여 광장공포를 유발하는 인지적 요인들, 즉 신체감각에 대한 파국적 해석과 잘못된 귀인을 수정하고 대처행동과 대안적 사고를 제시한다. 광장공포증을 치료하기 위해서는 두려운 신체감각에 대한 노출뿐만 아니라 공포유발 상황에 대한 **실제적 노출치료**in vivo exposure가 필수적이다. 두려워하는 공포유발 상황에 대한 위계를 작성한 후 점진적인 노출을 통해서 광장공포증은 현저하게 완화될 수 있다.

광장공포증은 주로 항우울제를 사용하는 약물치료를 통해서 호전될 수 있다. 그러나 이러한 약물치료는 효과가 빨리 나타나는 대신 약물치료를 중단하면 재발률이 높다. 광장공포증은 약물치료와 더불어 인지행동치료를 함께 시행했을 때 가장 큰 치료효과가 나타나는 것으로 보고되었다(Gelder et al., 2005).

제4절 사회불안장애

평소에 내성적이고 수줍음이 많던 K군은 대학에 입학한 후 동아리 모임에 가입하고 첫 모임에서 자신을 소개해야 했을 때 심한 불안을 경험했다. 자기소개를 해야 할 순서가 다가오면서 불안과 긴장이 심해지고 심장이 빨리 뛰었으며, 막상 자기소개를 하기 위해 일어났을 때는 얼굴이 붉어지고 손발이 떨렸으며 정신이 멍해져 어떤 말을 해야 할지 몰라 말을 더듬고 횡설수설하게 되었다. 이런 일이 있고 나서 K군은 여러 사람이 모이는 자리에 가기만 하면 심한 불안을 느끼게 되어 가능하면 이러한 자리를 기피하게 되었을 뿐만 아니라 발표를 해야 하는 수업은 수강할 자신이 없었다. 이처럼 K군은 여러 사람이 자신을 주시하거나 자신이 평가받게 되는 상황에 대한 불안이 심하여 인간관계가 위축되고 대학생활에 많은 어려움을 겪고 있다.

1. 주요증상과 임상적 특징

사회불안장애Social Anxiety Disorder는 다른 사람들과 상호작용하는 사회적 상황을 두려워하여 회피하는 장애로서 **사회공포증**Social Phobia이라고 불리기도 한다. 이 장애에 대한 DSM-5-TR의 진단기준을 살펴보면 다음과 같다. 첫째, 개인이 다른 사람들에 의해서 관찰되고 평가될 수 있는 한 가지 이상의 사회적 상황에 대해서 현저한 공포나 불안을 지닌다. 이들이 두려워하는 주된 사회적 상황은 일상적인 상호작용 상황(예: 다른 사람과 대화를 하거나 낯선 사람과 미팅하는 일), 관찰 당하는 상황(예: 다른 사람이 보는 앞에서 음료를 마시거나 음식을 먹는 일), 다른 사람 앞에서 수행을 하는 상황(예: 연설이나 발표를 하는 일)이다. 둘째, 이러한 사회적 상황에서 다른 사람들로부터 부정적인 평가를 받을 수 있는 행동을 하거나 불안증상을 나타내게 될 것을 두려워한다. 즉, 부적절한 행동을 통해서 다른 사람들로부터 모욕과 경멸을 받거나 거부를 당하거나 타인에게 피해를 주게 될 것을 두려워한다.

사회불안장애를 지닌 사람은 이러한 사회적 상황에 노출되면 거의 예외 없이 심한 불안을 경험하게 되며 이러한 상황을 회피하고자 한다. 사회적 상황의 실제적인 위험과 사회문화적 맥락을 고려할 때 과도한 것으로 판단되는 사회적 불안과 회피행동이 6개월 이상 지속되어 심한 고통을 경험하거나 사회적·직업적 활동에 현저한 방해가 초래될 경우에 사회불안장애로 진단된다.

사회불안장애는 매우 흔한 심리적 문제이다. 사회적 불안이나 수줍음은 대학생의 약 40%가 지닌다고 보고될 만큼 매우 흔하다(Pilkonis & Zimbardo, 1979). 사회불안장애의 평생 유병률은 3~13%로서 조사방법에 따라 상당한 차이를 보이고 있으나, 다른 불안장애에 비해 유병률이 높은 장애로 알려져 있다. 사회불안장애는 다른 불안장애와 함께 수반되는 경향이 있으며, 이러한 장애를 지닌 사람들은 치료기관을 찾지 않고 사회적 관계를 피하며 살아가는 경우가 많다.

2. 원인과 치료

사회불안장애를 지닌 사람의 친척 중에는 유사한 증상을 나타내는 사람들이 많은 것으로 나타나고 있다(Reich & Yates, 1988). 이러한 연구결과는 사회불안장애가 유전적인 요인과 관련되어 있음을 시사한다. 사회불안장애를 지닌 사람들은 자율신경계 활동이 불안정하여 다양한 자극에 쉽게 흥분하는 경향이 있을 뿐만 아니라 수줍음, 사회적 불편감, 사회적 위축과 회피, 낯선 사람에 대한 두려움과 같은 기질적 특성을 지니는 경향이 있다(Bruch, 1989; Plomin & Daniels, 1986).

정신분석적 입장에서는 사회불안장애 역시 무의식적인 갈등이 사회적 상황에 투사된 것으로 본다. 의식적인 수용이 불가능한 공격적 충동을 타인에게 투사하여 타인이 자신에게 공격적이거나 비판적일 것이라고 느끼게 됨으로써, 타인 앞에 나서기가 두려워지는 것이다. 정신분석적 입장의 한 부류인 대상관계이론은 생의 초기에 아이를 양육하는 어머니와의 관계가 사회불안장애에 영향을 미친다고 주장한다. 이러한 이론에 따르면, 아동은 생의 초기에 어머니와 상호작용하는 경험을 통해 자신과 주요한 타인에 대한 내면적 표상을 형성하게 되며 이는 성장 후의 대인관계에 영향을 미치게 된다. 어린 시절에 어머니와 불안정하거나 거부적인 관계를 경험하게 되면, 부적절한 자기상과 비판적인 타인상을 형성하여 성인이 된 후의 대인관계에서도 과도한 불안을 경험하는 사회불안장애를 나타낼 수 있다는 주장이다.

인지적 입장의 연구자들은 사회불안장애를 지닌 사람들이 공통적으로 나타내는 인지적 특성을 제시하고 있다(김은정, 1999, 2000; 조용래, 1998; Beck & Emery, 1985; Clark & Arkowitz, 1975). 첫째, 사회불안장애를 지닌 사람들은 자신이 다른 사람에게 호감을 주지 못하는 사람이라는 뿌리 깊은 믿음을 지니고 있다. 즉, 사회적 자기에 대한 부정적 개념을 가지고 있다. 둘째, 다른 사람에게 자신에 관한 좋은 인상을 심어 주어야 한다는 강한 동기가 있다. 이들은 다른 사람의 평가를 중요하게 여기며 그들로부터 호감과 인정을 받기 위해 완벽한 모습을 보여주려고 하는 동시에 부정적 평가를 받는 것을 재난적인 것으로 여기는 경향이 있다. 셋째, 이들은 다른 사람들이 비판적이어서 자신이

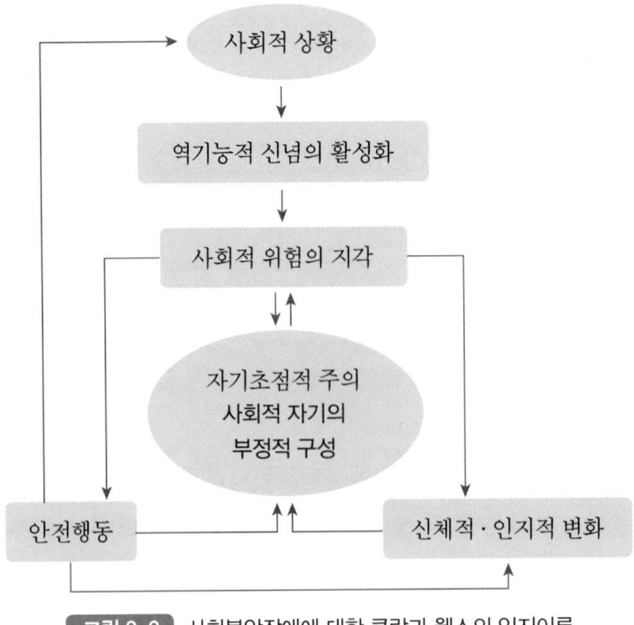

그림 2-2 사회불안장애에 대한 클락과 웰스의 인지이론

사소한 실수라도 하면 자신을 싫어하고 멀리할 것이라고 믿는다. 넷째, 이들은 사회적 상황에서 자신이 한 행동을 부정적으로 평가하는 경향이 있다. 따라서 사회적 상황에서 반복적으로 불안과 좌절감을 경험하게 되며 결국 사회적 상황을 회피하는 것이 최선이라는 회피적 대처방식을 선택하게 된다.

현재 사회불안장애를 설명하는 대표적인 이론은 클락과 웰스(Clark & Wells, 1995)의 **인지이론**이다. 이 이론에 따르면, 사회불안장애를 지닌 사람들은 과거경험에 근거한 세 가지 주제의 역기능적 신념, 즉 (1) 사회적 수행에 대한 과도한 기준의 신념(예: "나는 모든 사람으로부터 인정과 칭찬을 받아야 한다", "약한 모습을 조금이라도 드러내서는 안 된다", "내가 불안해하는 모습을 다른 사람이 눈치 채서는 안 된다"), (2) 사회적 평가에 대한 조건적 신념(예: "내가 실수를 하면, 다른 사람들은 나를 무시할 것이다", "나의 진짜 모습을 알면, 다른 사람들은 나를 싫어할 것이다"), (3) 자기와 관련된 부정적 신념(예: "나는 다른 사람보다 열등하다", "나는 매력이 없다")을 지니고 있다.

어떤 사회적 상황(예: 여러 사람 앞에서 발표를 하는 상황)에 처하게 되면, 이러한 역기능적 신념이 활성화되어 그 상황을 부정적으로 해석하여 사회적 위험을 지각하게 된다. 예컨대, 다른 사람이 하품을 하면 자신의 이야기가 지루해서 하품하는 것이라고 생각한다. 이렇게 사회적 위험을 지각하면, 서로 연결된 세 가지 변화가 거의 자동적으로 일어나며 불안을 강화하게 된다.

그 첫째는 신체적 또는 인지적 변화가 나타난다. 즉, 얼굴이 붉어지거나 가슴이 두근거리고 목소리가 떨리거나 주의집중이 되지 않고 정신이 멍해진다. 두 번째로 안전행동이 나타나는데, 이는 불안을 줄이고 남들로부터 부정적 평가를 받지 않기 위한 방어적 행동을 말한다. 예컨대, 손 떨림을 막기 위해 마이크를 꽉 붙잡거나 타인의 시선을 피하거나 말이 중단되는 것을 막기 위해 빨리 말하는 행동을 하게 된다. 그러나 이러한 안전행동은 오히려 타인에게 부정적인 인상을 주거나 불안을 증가시키는 역효과를 나타낸다.

마지막으로 가장 중요한 세 번째 변화로서 주의가 자신에게 향해지는 **자기초점적 주의** self-focused attention가 나타나서 불안해하는 자신을 관찰하게 된다. 이러한 자기관찰(예: 진땀을 흘리고 손을 떨며 말을 더듬고 있는 모습)에 근거하여 다른 사람들도 마찬가지로 자신을 부정적으로 볼 것이라고 생각한다. 즉, 타인의 눈에 비치게 될 사회적 자기

social self의 모습을 부정적으로 구성하게 된다. 이 과정에서 현실의 왜곡이 일어나는데, 예를 들어 자신의 손이 미세하게 떨린다고 느끼면 다른 사람들도 이러한 사실을 자신처럼 알고 자신을 부정적으로 평가할 것이라는 잘못된 판단을 하는 것이다. 이처럼 세 가지 변화가 악순환적 과정을 통해 불안을 강화하게 됨으로써 심한 사회적 공포를 느끼게 된다.

라피와 하임버그(Rapee & Heimberg, 1997; Heimberg et al., 2010, 2014)는 청중의 부정적 평가에 초점을 맞추는 **사회불안장애의 인지행동모델**을 제시했다. 이 모델에 따르면, 사회불안장애를 지닌 사람은 청중을 의식하고 그들의 눈에 비쳐진 자신의 모습이 그들의 기대에 못 미쳐 부정적인 평가를 받았을 것이라고 판단한다. 여기에서 청중은 자신이 수행을 하는 상황뿐 아니라 모든 사회적 상황에게 자신을 관찰하는 사람을 의미한

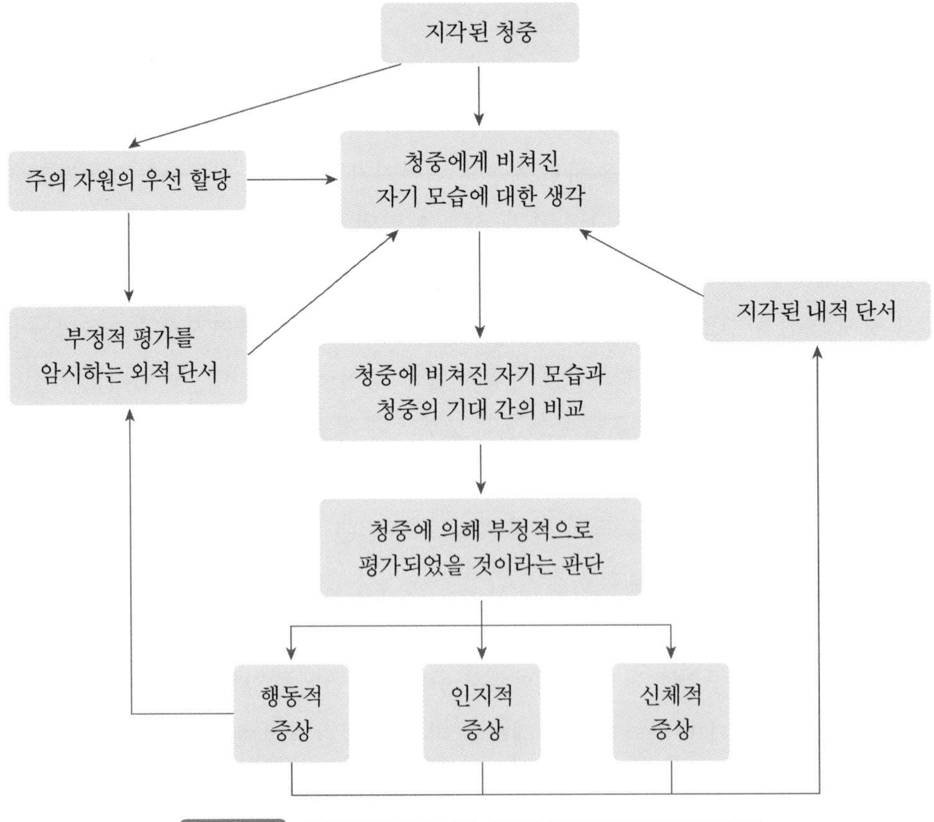

그림 2-3 사회불안장애에 대한 라피와 하임버그의 인지행동모델

다. [그림 2-3]에 제시되어 있듯이, 사회불안이 높은 사람은 청중을 지각하면 주의 자원을 그들에게 우선적으로 할당하고 자신에 대한 부정적 평가를 암시하는 청중의 외적 단어에 선택적으로 주목한다. 이와 함께 자신이 경험하는 내면적 단서(몸의 떨림, 갈증, 심리적 혼란 등)에 근거하여 청중에게 비쳐진 자신의 모습에 대한 정신적 표상을 형성한다.

사회불안장애를 지닌 사람들은 자신의 모습에 대해 부정적으로 왜곡된 정신적 표상을 지니게 된다. 그리고 이러한 자신의 모습을 청중의 기대와 비교하고, 그 결과 청중이 자신을 부정적으로 평가했다는 판단과 함께 불안이 증가하여 행동적, 인지적, 신체적 증상을 나타내게 된다. 이 모델은 여러 요인 간의 상호작용을 강조하는 좀 더 복잡한 형태로 확장되었으며 현재 사회불안장애를 설명하는 가장 유력한 인지행동모델로 여겨지고 있다.

사회불안장애는 인지행동적 집단치료가 가장 효과적인 것으로 알려지고 있다. 이러한 인지행동치료는 사회적 상황에서 갖게 되는 부정적 사고와 신념을 수정하는 인지적 재구성, 여러 집단 구성원 앞에서 발표를 하는 등 두려운 사회적 상황에의 반복적 노출, 발표자와 청중의 역할을 번갈아하는 역할 연습, 그리고 불안을 이완시키는 긴장이완 훈련 등으로 구성된다. 이러한 집단 인지행동치료는 사회불안장애의 치료에 매우 효과적이며 치료효과가 5년 이후에도 지속되었다는 보고가 있다(Heimberg et al., 1993). 국내에서도 사회불안장애를 위한 집단 인지행동치료 프로그램이 권정혜 등(1997, 1998), 조용래(1998), 김은정(1999)에 의해 개발되어 사용되고 있다. 사회불안장애에는 약물치료가 적용되기도 하는데 항우울제인 세로토닌 재흡수 억제제가 불안완화에 효과적인 것으로 알려져 있다.

공황장애

40대 회사원인 Y씨는 3개월 전에 상사와 심한 말다툼을 하고 기분이 몹시 상하여 폭음을 하고 집에 돌아와 잠자리에 들었을 때, 자신의 심장이 평소와 달리 매우 강하고 불규칙하게 뛰고 있음을 자각하게 되었다. 자신의 심장박동에 주의를 기울여보니 심장이 점점 더 강하고 불규칙하게 뛰었으며 가슴에 뻐근한 통증이 느껴져 심장마비 증세로 생각되었다. 극도로 불안해진 Y씨는 가족을 깨워 119구급차를 불러 병원응급실로 달려갔다. 신체검사 결과, 심장에는 특별한 이상이 없다는 것을 확인하고 다소 불안이 가라앉았다. 그러나 그 이후 Y씨는 거의 매일 밤 자신의 심장박동이 비정상적으로 느껴져서 잠들기가 어려울 뿐만 아니라 평소에도 심장에 이상감각이 느껴질 때마다 심한 불안을 느끼곤 하여 매우 괴롭다.

1. 주요증상과 임상적 특징

공황장애Panic Disorder는 Y씨의 경우처럼 갑자기 엄습하는 강렬한 불안, 즉 공황발작을 반복적으로 경험하는 장애를 말한다. **공황발작**panic attack은 예상하지 못한 상황에서 갑작스럽게 밀려드는 극심한 공포, 곧 죽지 않을까 하는 강렬한 불안을 의미한다. DSM-5-TR에 따르면, 공황발작이라고 진단되기 위해서는 갑작스럽게 치솟는 강렬한 공포와 더불어 다음의 13개 증상 중 4개 이상이 나타나야 한다: (1) 심장박동이 빨라지고 강렬하거나 심장박동수가 점점 더 빨라짐, (2) 진땀을 흘림, (3) 몸이나 손발이 떨림, (4) 숨이 가쁘거나 막히는 느낌, (5) 질식할 것 같은 느낌, (6) 가슴의 통증이나 답답함, (7) 구토감이나 복부통증, (8) 어지럽고 몽롱하며 기절할 것 같은 느낌, (9) 한기를 느끼거나 열감을 느낌, (10) 감각이상증, (11) 비현실감이나 자기 자신과 분리된 듯한 이인증, (12) 자기통제를 상실하거나 미칠 것 같은 두려움, (13) 죽을 것 같은 두려움. 이러한 증상은 갑작스럽게 나타나며 10분 이내에 그 증상이 최고조에 도달하여 극심한 공포를 야기한다. 흔히 첫 공황발작은 피곤, 흥분, 성행위, 정서적 충격 등을 경험한 후에 나타나는 경향이 있으나 대부분의 경우 예측하기가 어렵고 갑작스럽게 나타난다. 이런 공황발작을 경험하게 되면 환자는 죽을 것 같은 공포로 인해 흔히 응급실을 찾게 되며 진찰 시에 같은 말을 되풀이하거나 더듬는 등 몹시 당황하는 행동을 보인다. 그러나 대부분 이러한 공포가 10~20분간 지속되다가 빠르게 또는 서서히 사라진다.

이처럼 공황장애는 예기치 못한 공황발작과 더불어 그에 대한 예기불안을 주된 특징으로 한다. 공황장애를 지닌 사람들은 공황발작이 없는 시기에도 그런 일이 또 생기지 않을까 하는 **예기불안**anticipatory anxiety을 지닌다. 즉, 공황발작이 다시 일어나는 것에 대한 계속적인 걱정과 더불어 공황발작의 결과에 대한 근심(예: 심장마비가 오지 않을까, 미치지 않을까 하는 걱정)을 나타내며 부적응적인 행동변화(예: 심장마비가 두려워서 일체의 운동을 중지하거나 직장을 그만두거나 또는 응급실이 있는 대형병원 옆으로 이사를 가는 것)를 수반하게 된다.

공황장애는 평생 유병률이 1.5~3.5%로서 남자보다 여자에게 2~3배 흔한 것으로 알려져 있다. 공황장애 환자 중 30~50%가 광장공포증을 동반한다. 공황장애는 만성화되는 경향이 있는데, 환자의 약 50%는 경미한 증상을 지니고 살아가며 10~20%는 상당한 증상을 지닌 채 고통스럽게 살아가게 된다. 만성화된 환자의 40~80%는 우울증을 경험하게 되고 자살의 가능성도 높다.

2. 원인과 치료

공황장애는 매우 극심한 불안증상과 다양한 신체적 증상을 수반하는 불안장애이기 때문에 생물학적 원인이 깊이 관련된 것으로 생각되었다. 클라인(Klein, 1981, 1993)은 공황장애가 다른 불안장애와 달리 독특한 생화학적 기제에 의해 유발된다는 **질식오경보 이론**suffocation false alarm theory을 제안하였다. 즉, 공황장애 환자는 혈액 속의 CO_2 수준에 과도하게 예민한 생화학적 취약성을 지니고 있으며 락테이트, 카페인, 이산화탄소의 흡입과 같은 생화학적 변화가 공황장애를 일으킬 수 있다는 주장이다. 뇌중추에는 혈액 내의 CO_2 수준이 높아지면 질식할 수 있다는 경보를 내려 과잉호흡을 하게 만드는 생리적 기제인 질식감찰기suffocation monitor가 있는데, 이 질식감찰기가 CO_2 수준의 변화에 대해서 잘못된 질식경보를 내림으로써 환자들이 순간적으로 호흡곤란을 느끼고 과잉호흡과 공황발작을 경험하게 된다는 것이다. 그러나 공황장애에는 이러한 생리적 요인 외에 심리적 요인이 중요한 역할을 하는 것으로 알려져 있다.

인지적 입장에서 공황장애를 가장 설득력 있게 설명하고 있는 이론은 클락Clark의 **인지이론**이다. 클락(Clark, 1986)은 공황발작이 신체감각을 위험한 것으로 잘못 해석하는 **파국적 오해석**catastrophic misinterpretation에 의해 유발된다고 보았다. 공황장애 환자들은 평소보다 강하거나 불규칙한 심장박동이나 흉부통증을 심장마비의 전조로, 호흡곤란을 질식 가능성으로, 현기증과 몸 떨림을 자신이 미치거나 통제불능상태로 빠지는

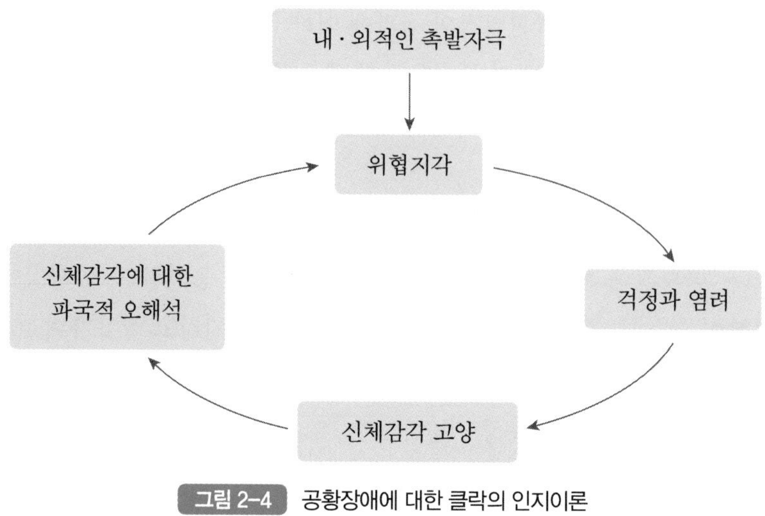

그림 2-4 공황장애에 대한 클락의 인지이론

것으로 파국적인 해석을 하는 경향이 있다. 공황발작이 일어나는 과정에 대한 클락의 설명이 [그림 2-4]에 제시되어 있다.

다양한 자극들이 공황발작을 촉발할 수 있는데, 외적 자극으로는 특정한 유형의 장소(예: 광장공포증과 관련된 다양한 장소)가 있으며 내적인 자극으로는 불쾌한 기분, 생각이나 심상, 신체감각 등이 있다. 이러한 자극들이 위협적인 것으로 지각되면 경미한 걱정과 염려를 하게 되고 이러한 상태는 다양한 신체감각을 유발한다. 이때 공황장애 환자는 이러한 신체감각(예: 평소보다 다소 불규칙하고 강하다고 느껴지는 심장박동)을 파국적으로 해석(혹시 심장마비는 아닐까?)하고 이러한 해석으로 인해 염려와 불안이 강화되어 신체감각이 더욱 증폭(더욱 강해진 심장박동과 흉부통증)되며 이에 대해서 더 파국적인 해석(심장마비가 틀림없어, 이러다가 죽는 것 아니야?)을 하게 되는 악순환으로 치달아 결국에는 극심한 공황발작에 이르게 된다. 이러한 파국적 해석과정은 반드시 의식적이지는 않다. 반복적으로 공황발작을 경험하는 경우, 이러한 해석과정은 빠르고 자동화되어 자각되지 않을 수 있다. 특별한 단서 없이 갑자기 나타나는 공황발작이나 수면 중에 나타나는 공황발작은 환자가 인식하지 못하는 사이에 자동적으로 이루어진 파국적 해석의 결과라고 설명될 수 있다.

최근에 사딘과 동료들(Sadin et al., 2015)은 공황장애가 불안 민감성, 파국적 오해석,

공황적 자기-효능감의 세 요인에 의해서 유발된다는 **3요인 인지모델**tripartite cognitive model을 주장했다. **불안 민감성**anxiety sensitivity은 공포/불안 경험이 해로운 신체적, 심리적, 사회적 결과를 초래한다는 믿음으로서 불안 증상을 두려워하는 기질적 요인을 의미한다. 파국적 오해석은, 클락이 강조했듯이 신체의 내적 감각에 대한 부정적 인지를 의미한다. **공황적 자기-효능감**panic self-efficacy은 공황발작과 관련된 위험에 대처하거나 그러한 위험을 통제할 능력이 부족하다는 인식을 의미하며 공황장애를 유발하는 핵심적 요인 중 하나이다. 3요인 인지모델에 따르면, 불안 민감성, 파국적 오해석, 공황적 자기-효능감은 서로 독립적이며 각각 공황장애의 심각도에 영향을 미친다.

공황장애에는 크게 약물치료와 심리치료가 적용되고 있다. 공황장애에는 벤조디아제핀 계열의 항불안제와 세로토닌 재흡수 억제제와 같은 항우울제가 처방되고 있으며 그 치료효과는 비슷한 것으로 알려져 있다. 공황장애에는 인지행동치료가 매우 효과적인 것으로 보고되고 있다. 일반적으로 인지행동치료는 불안을 조절하는 복식호흡 훈련과 긴장이완훈련, 신체적 감각에 대한 파국적 오해석의 인지적 수정, 광장공포증과 관련된 공포상황에의 점진적 노출 등과 같은 치료적 요소로 구성된다. 특히 바로우와 크리스키(Barlow & Craske, 1989)에 의해 발전된 공황통제치료panic control treatment에서는 환자에게 과잉호흡을 하게 하거나 회전의자를 빨리 돌려 어지러움을 유발하는 등 여러 가지 방법으로 '작은 공황발작'을 경험하게 함으로써 고양된 신체감각에 노출시켜 익숙해지도록 하고 다양한 불안통제기술을 적용시키며 파국적 오해석을 방지하는 훈련을 하게 한다. 이러한 방법은 공황장애의 치료에 매우 효과적이었으며 그 효과가 2년 후에도 지속되었다고 보고되고 있다(Barlow & Lehman, 1996).

제6절 분리불안장애

1. 주요증상과 임상적 특징

분리불안장애Separation Anxiety Disorder는 어머니를 위시한 애착대상과 떨어지는 것에 대해서 심한 불안을 나타내는 정서적 장애를 뜻한다. 이런 아동은 어머니가 시장을 가거나 유치원에서 어머니와 떨어지게 될 때 극심한 불안과 공포를 나타내게 된다.

대부분의 어린아이는 특히 엄마와 떨어지는 것을 두려워한다. 그러나 적당한 연령이 되면, 아동은 엄마와 떨어져도 커다란 불안을 느끼지 않을 뿐만 아니라 자발적으로 엄마를 떠나 또래친구들과 어울린다. 아동이 애착대상과의 분리에 대해서 발달단계를 고려했을 때 부적절하고 과도한 불안과 공포를 나타낸다면 분리불안장애라고 할 수 있다(김기환, 2017).

분리불안장애는 다양한 증상으로 나타날 수 있다. 다음과 같은 증상 중 세 가지 이상을 6개월 이상 나타낼 때, 분리불안장애로 진단될 수 있다: (1) 주요 애착대상이나 집을 떠나야 할 때마다 심한 불안과 고통을 느낀다; (2) 주요 애착대상을 잃거나 그들에게 질병, 부상, 재난 혹은 사망과 같은 해로운 일이 일어나지 않을까 지속적이고 과도하게 걱정한다; (3) 애착대상과 분리될 수 있는 사건들(예: 길을 잃음, 납치 당함, 사고를 당함, 죽음)에 대해 지속적이고 과도하게 걱정한다; (4) 분리에 대한 불안 때문에 밖을 나가거나, 집을 떠나거나, 학교나 직장 등에 가는 것을 지속적으로 꺼리거나 거부한다; (5) 혼자 있게 되거나 주요 애착대상 없이 집이나 다른 장소에 있는 것에 대해 지속적으로 과도한 공포를 느끼거나 꺼린다; (6) 집을 떠나 잠을 자거나 주요 애착대상이 근처에 없이 잠을 자는 것을 지속적으로 꺼리거나 거부한다; (7) 분리의 주제를 포함하는 반복적인 악몽을 꾼다; (8) 주요 애착대상으로부터 분리되거나, 분리가 예상될 때 반복적인 신체 증상(예: 두통, 복통, 메스꺼움, 구토 등)을 호소한다.

분리불안장애는 아동 및 청소년 집단에서 약 4%의 유병률을 나타내는 것으로 알려져 있다. 분리불안장애는 남아보다 여아에게서 더 흔하게 나타난다. 연령이 증가하고 청소년기에 가까워질수록 유병률이 낮아진다. 나이가 많아질수록 아동은 부모와 떨어지는 것보다 납치나 강도와 같은 특정한 위험에 대한 공포나 걱정으로 분리불안을 표현하는 경향이 있다.

2. 원인과 치료

분리불안장애는 아동의 유전적 기질, 부모의 양육행동, 아동의 인지행동적 요인들이 복합적으로 작용하여 발생하는 심리적 장애로 여겨지고 있다. 분리불안장애를 나타내는 아동의 부모는 어린 시절에 그와 유사한 장애를 나타낸 경우가 많으며, 쌍둥이 연구에서도 어머니와 딸 사이에 유전적인 영향이 더 강하게 나타나는 것으로 보고되었다(Manicavasagar et al., 2001).

부모의 부적절한 양육행동은 분리불안장애를 유발하는 중요한 요인으로 알려져 있다. 부모와 불안한 애착유형을 지닌 아동은 부모와 떨어져 혼자 있는 것에 대한 두려움을 지닐 뿐만 아니라 스스로 나약하다는 인식과 만성적인 불안을 나타낸다. 또한 부모의 과잉보호적인 양육행동은 아동의 독립성을 약화시킴으로써 부모에 대한 의존성을 강화해 분리불안을 증가시키게 된다(Ehrenreich et al., 2008). 이처럼 분리불안장애는 지나치게 밀착된 가족, 과잉보호적인 양육태도의 부모, 의존적인 성향의 아이에게서 나타날 수 있다.

인지행동적 입장의 연구자들은 분리불안장애가 애착대상에 대한 인지적 왜곡에 의해서 유발될 수 있다고 주장한다. 한 연구(Bell-Dolan et al., 1993)에 따르면, 분리불안장애를 지니는 아동들은 주요한 애착대상을 갑자기 상실하게 될지 모른다거나 애착대상과 떨어져 헤어지게 될지 모른다는 비현실적인 왜곡된 생각을 지니고 있었으며 이러한 인지적 왜곡이 강한 불안을 유발했다. 또한 분리불안장애를 가진 아동들은 건강한 아동들에 비해 모호한 상황을 더 위험한 것으로 해석하였으며 그러한 위험에 대처할 수 있는 자신들의 능력은 더 낮게 평가했다(Bogels & Zigterman, 2000).

분리불안장애는 행동치료, 인지행동치료, 놀이치료 등을 통해서 호전될 수 있다. 행동치료에서는 아동을 부모와 떨어지는 상황에 점진적으로 노출시키며 불안이 감소되도록 유도하는 다양한 기법을 사용한다. 또한 아동이 부모와 떨어져 혼자 있는 행동에 대해서 다양한 강화물을 제공하는 방법이 함께 적용된다. 이처럼 체계적 둔감법, 감정적 심상기법, 모델링, 행동강화법과 같은 행동치료는 분리불안장애의 증상을 감소시키는 데 효과적인 것으로 보고되고 있다(Masi et al., 2001).

제7절 선택적 함구증

1. 주요증상과 임상적 특징

선택적 함구증Selective Mutism은 말을 할 수 있음에도 불구하고 특정한 상황에서 지속적으로 말을 하지 않는 장애로서 주로 아동에게서 나타난다. 이러한 장애를 지닌 아동은 다른 상황에서는 말을 잘 하면서도 말하는 것이 기대되는 사회적 상황(예: 학교, 친척 또는 또래와의 만남)에서 지속적으로 말을 하지 않는다. 이러한 아동들은 다른 사람과 함께 있을 때 먼저 말을 시작하지 않거나 다른 사람이 말을 해도 반응하지 않는다. 선택적 함구증을 지닌 아동들은 가정에서 가까운 직계가족과 함께 있을 때만 말하고, 조부모나 사촌과 같은 친인척이나 친구들 앞에서는 말을 하지 않는 경우가 흔하다.

선택적 함구증을 지닌 아동들은 흔히 학교 가기를 거부하여 학업적 곤란을 초래하게 된다. 또한 학교에서 말을 하지 않기 때문에 교사가 읽기 능력을 평가할 수 없으므로 부진한 학업성적을 나타내게 된다. 또래아동들과도 친밀한 사회적 관계를 맺기도 어려울 뿐만 아니라 친구들로부터 놀림을 받거나 왕따를 당할 수 있다. 이처럼 여러 가지 부적응 문제를 초래하는 함구증 증상이 1개월 이상(입학 후 처음 1개월은 제외) 지속될 경우에 선택적 함구증으로 진단된다.

선택적 함구증은 상당히 드문 장애로서 아동의 경우 시점 유병률이 0.03~1%인 것으로 보고되고 있고, 학교장면에서의 발병률은 0.71%인 것으로 추산되고 있다(Bergman et al., 2002). 보통 5세 이전에 발병하며 여아에게서 더 흔하게 나타난다. 이러한 함구증은 몇 달 정도 지속되는 경우가 많지만 때로는 더 오래 지속되기도 하며 심지어 몇 년 동안 계속되는 경우도 있다.

2. 원인과 치료

선택적 함구증은 사회적 상황에서의 심한 불안에 의해 유발되는 것으로 여겨지고 있다(Sharp et al., 2007). 선택적 함구증을 지닌 대부분의 사람이 사회불안장애를 함께 지니는 것으로 보고되고 있기 때문이다(Vecchio & Kearney, 2005). 선택적 함구증이 불안장애의 한 하위유형으로 분류되는 이유이기도 하다.

선택적 함구증을 지닌 아동들은 선천적으로 불안에 민감한 기질을 지니고 있으며 어린 시절부터 심한 수줍음을 나타내는 것으로 알려져 있다. 또한 이들이 지니는 불안의 근원은 애착대상과의 분리불안이며 어머니와 분리되었을 때 함구증을 나타낸다는 주장도 있다. 선택적 함구증을 지닌 아동의 20~30%가 말더듬을 비롯한 언어적 장애를 지니는 것으로 보고되고 있으며 이로 인해서 사회적 상황에서의 불안이 더욱 증폭될 수 있다(Cohan & Chavira, 2008).

선택적 함구증은 아동의 나이가 많아진다고 해서 자연적으로 개선되지 않는다. 아동의 적절한 발달을 위해서는 조속히 치료를 받는 것이 중요하다. 치료를 받지 않을 경우 만성적 우울증, 심한 불안, 다른 사회적 문제를 초래할 수 있기 때문이다. 선택적 함구증의 치료에는 행동치료를 비롯하여 놀이치료, 가족치료, 약물치료가 적용되고 있다.

요약

1. 불안은 위험하고 위협적인 상황에서 느끼는 적응적인 정서반응이다. 그러나 실제적인 위험이 거의 없는 상황에서 과도하고 지속적인 불안을 경험한다면 **병적 불안**이라고 할 수 있다. 불안장애는 이러한 병적 불안과 공포를 주된 증상으로 하며 범불안장애, 특정공포증, 광장공포증, 사회불안장애, 공황장애, 분리불안장애, 선택적 함구증으로 분류되고 있다.
2. **범불안장애**는 다양한 상황에서 만성적 불안과 과도한 걱정을 나타내는 경우를 말한다. 정신분석적 입장에서는 성격구조 간의 역동적 불균형에 의해 경험되는 부동불안이 범불안장애의 핵심적 증상이라고 본다. 인지행동적 입장에서는 다양한 자극상황에 대한 공포반응의 조건형성과 더불어 위험에 예민한 인지도식에 의해 범불안장애가 유발되는 것으로 보는 반면, 생물학적 입장에서는 가바, 노르에피네프린과 같은 신경전달물질이 영향을 미치는 것으로 본다.
3. 공포증은 특수한 대상이나 상황에 대한 심한 공포와 회피행동을 주된 증상으로 하는 불안장애로서 특정공포증, 광장공포증, 사회불안장애(또는 사회공포증)로 구분된다. **특정공포증**은 특정한 동물, 상황, 자연적 환경에 대한 공포증을 말한다. 광장공포증은 특정한 장소나 상황에 대한 공포를 나타내는 경우를 말한다. 이러한 **광장공포증**은 특정한 장소에서 경험하게 될지 모르는 공포에 대한 공포에 의해 유발되며 기질적 취약성과 환경적 요인의 상호작용에 의해 영향을 받는 것으로 여겨지고 있다. **사회불안장애**는 다른 사람과 상호작용하는 사회적 상황을 두려워하는 공포증이다. 인지적 입장에서는 사회불안장애를 부정적인 자기개념, 대인관계에 대한 역기능적 신념, 자신의 사회적 행동에 대한 부정적 평가, 자기초점적 주의에 의해 유발되는 것으로 설명한다.
4. **공황장애**는 갑자기 엄습하는 강렬한 불안을 뜻하는 공황발작을 반복적으로 경험하는 장애를 말한다. 불안으로 인한 증폭된 신체감각을 재난적인 것으로 잘못 해석하는 파국적 오해석이 공황발작을 유발한다고 여겨지고 있다. **분리불안장애**는 어머니

를 비롯한 애착대상과 떨어지는 것에 대해서 심한 불안을 나타내는 정서적 장애를 뜻하며 아동의 유전적 기질, 부모의 양육행동, 아동의 인지행동적 요인들이 복합적으로 작용하여 발생하는 것으로 보인다. **선택적 함구증**은 말을 할 수 있음에도 불구하고 특정한 상황에서 지속적으로 말을 하지 않는 장애로서 사회적 상황에서의 심한 불안에 의해 유발되는 것으로 알려져 있다.

제3장

강박 관련 장애

- 제1절 강박장애
- 제2절 신체이형장애
- 제3절 저장장애
- 제4절 털뽑기장애
- 제5절 피부뜯기장애
- 요약

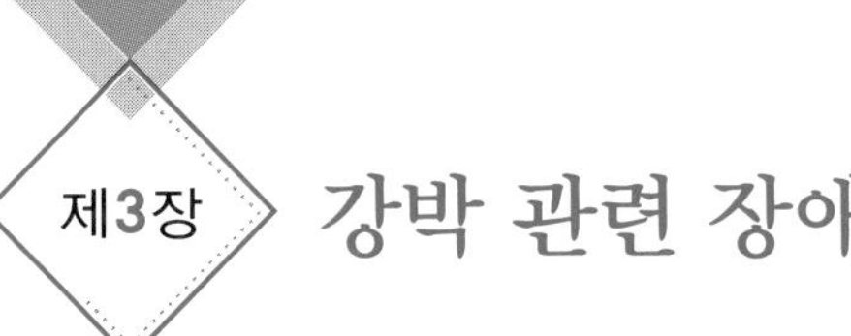

제3장 강박 관련 장애

우리의 일상적인 삶은 다양한 활동의 연속이다. 하나의 활동에 집중하다 그 목적을 달성하면 다음의 활동으로 옮겨가며 일상생활의 과제를 수행한다. 그런데 어떤 생각이나 행동에 강박적으로 지나치게 집착하여 다른 생활과제를 수행하지 못할 경우에는 부적응 문제가 발생하게 된다.

강박强迫은 '강한 압박'을 의미하며 무언가에 집착하여 어찌할 수 없는 심리상태를 뜻한다. 강박 및 관련 장애Obsessive-Compulsive and Related Disorders는 개인의 의지와 상관없이 어떤 생각이나 충동이 자꾸 의식에 떠올라 그것에 집착하며 그와 관련된 행동을 반복하게 되는 부적응 문제를 뜻한다. 강박 및 관련 장애는 강박적 집착obsessive preoccupation

표 3-1 강박 및 관련 장애의 하위유형과 핵심증상

하위장애	핵심증상
강박장애	불안을 유발하는 강박사고(예: 성적인 생각, 오염이나 실수에 대한 생각)에 대한 집착과 강박행동(예: 손 씻기, 확인하기, 숫자세기)의 반복
신체이형장애	자신의 신체 일부가 기형적이라는 생각(예: 코가 비뚤어짐, 턱이 너무 길)에 대한 집착
저장장애	다양한 물건을 과도하게 수집하여 저장하는 것에 대한 집착
털뽑기장애	자신의 몸에 있는 털을 뽑는 행동의 반복
피부뜯기장애	자신의 피부를 뜯거나 벗기는 행동의 반복

과 반복적 행동repetitive behaviors을 주된 특징으로 나타내는 여러 정신장애를 포함한다. 〈표 3-1〉에 제시되어 있듯이, DSM-5-TR에서는 강박장애를 위시하여 신체이형장애, 저장장애, 털뽑기장애, 피부뜯기장애를 강박 및 관련 장애에 포함하고 있다.

강박장애

30대의 직장여성인 J씨는 하루에도 손을 수십 번씩 씻어야 한다. 화장실 손잡이든 버스 손잡이든 많은 사람이 만졌던 물건을 만지고 나면 무언가 불결한 물질이나 병균이 자신의 손에 묻었을 것이라는 불쾌한 생각을 지울 수 없기 때문이다. 그때마다 비누칠을 하며 손을 여러 번 씻어야 불쾌감이 해소된다. J씨는 손으로 어떤 물건을 만져야 할 때마다 주저하며 다른 사람과의 악수도 가능하면 피하려 한다. 그뿐만 아니라 직장에서도 서류작업이나 이메일 처리에 지나치게 많은 시간을 투여하여 능률이 오르지 않고 있다. 자신이 작성한 서류에 무언가 중대한 실수가 있을 것이라는 생각이 들기 때문에 매우 사소한 점까지 여러 번 확인해야 한다. 자신이 보낸 이메일이 상대방에게 제대로 전달되지 않거나 엉뚱한 사람에게 전달되었을지 모른다는 생각 때문에 수시로 수신여부를 확인해야 한다. 독신여성인 J씨는 퇴근 후에도 자신의 몸에 불결한 것이 묻은 것 같아 손을 비롯하여 몸을 씻는 일에 많은 시간을 보낼 뿐만 아니라 책상이나 부엌을 정리하는 일에 몰두하느라 주말에도 다른 사람들과 함께하는 여가 활동에 참여하지 못하고 있다. J씨는 자신이 청결, 확인, 정리정돈을 위해서 지나치게 많은 시간을 쓰고 있다는 점을 잘 인식하고 있으나 무언가 불결하거나 무질서하다고 느끼면 그러한 문제를 완전히 해소할 때까지 신경이 쓰여서 다른 일에 집중할 수가 없다.

1. 주요증상과 임상적 특징

강박장애Obsessive-Compulsive Disorder는 J씨의 경우처럼 원하지 않는 불쾌한 생각이 자꾸 떠올라 그것을 제거하기 위한 행동을 반복하게 되는 장애이다. 강박장애의 주된 증상은 강박사고와 강박행동이다. 강박사고obsession는 반복적으로 의식에 침투하는 고통

청결, 확인, 질서정연함에 과도하게 집착하는 강박장애

스러운 생각, 충동 또는 심상을 말한다. 이러한 강박사고는 매우 다양한 주제를 포함하는데, 흔한 예로는 음란하거나 근친상간적인 생각, 공격적이거나 신성 모독적인 생각, 오염에 대한 생각(악수할 때 손에 병균이 묻지 않았을까?), 반복적 의심(자물쇠를 제대로 잠갔나?), 물건을 순서대로 정리하려는 충동이 있다. 이러한 생각이 부적절하다는 것을 인식하지만 잘 통제되지 않고 반복적으로 의식에 떠올라 고통스럽게 한다. 따라서 이러한 사고를 없애기 위해서 여러 가지 노력을 하게 되는데, 흔히 강박행동으로 나타난다.

강박행동compulsion은 불안을 감소시키기 위해서 반복적으로 하는 행동을 말한다. 이러한 강박행동은 씻기, 청소하기, 정돈하기, 확인하기와 같이 외현적 행동으로 나타날 수도 있고 숫자세기, 기도하기, 속으로 단어 반복하기와 같이 내현적 활동으로 나타나는 경우도 있다. 강박행동이 지나치고 부적절하다는 것을 잘 알지만, 이러한 행동을 하지 않으면 심한 불안을 느끼기 때문에 이러한 행동을 반복하지 않을 수 없다. 강박장애를 지닌 사람들은 이러한 강박적 사고와 행동으로 인해서 심한 심리적 고통을 겪을 뿐만 아니라 이러한 생각과 행동에 많은 시간을 허비하기 때문에 현실적 적응에 어려움을 겪게 된다. 이러한 강박사고나 강박행동이 많은 시간(하루에 1시간 이상)을 소모하게 하거나 현저한 고통을 유발하거나 사회적·직업적 기능 또는 다른 중요한 영역의 기능에 심각한 손상을 초래할 경우에 강박장애로 진단된다.

강박장애는 매우 다양한 형태의 강박적 사고나 행동으로 나타나는데, 크게 세 가지의 하위유형으로 구분되기도 한다. 첫째는 **순수한 강박사고형**으로서 외현적인 강박행동이 나타나지 않고 내면적인 강박사고만 지니는 경우이다. 예컨대, 원치 않는 성적인 생각, 난폭하거나 공격적인 충동, 도덕관념과 배치되는 비윤리적인 심상 등과 같은 불편한 생각이 자꾸 떠올라 무기력하게 괴로워하거나 마치 내면적 논쟁을 하듯이 대응하는 경우가 이에 해당한다.

둘째는 **내현적 강박행동형**으로서 강박적 사고와 더불어 겉으로 관찰되지 않는 내면적 강박행동만을 나타낸다. 숫자를 세거나 기도를 하거나 어떤 단어를 반복적으로 외우는 내현적 강박행동을 하며 이는 불편한 강박사고를 없애거나 감소시키기 위한 경우가 대부분이다.

마지막으로 강박사고와 더불어 분명히 겉으로 드러나는 강박행동을 나타내는 **외현적 강박행동형**이 있다. 이러한 외현적인 강박적 행동은 매우 다양한데, 더러운 것(예: 병균, 벌레, 오염물질)에 오염되었다는 생각과 더불어 이를 제거하려는 반복적 행동을 나타내는 청결행동washing, 실수(예: 중요한 서류에 잘못 기재함, 자물쇠를 잠그지 않음)나 사고(예: 담뱃불을 끄지 않아 화재가 남, 자동차 브레이크가 풀려 사람을 다치게 함)에 대한 의심과 더불어 이를 피하기 위한 확인행동checking, 무의미하거나 미신적인 동일한 행동(예: 옷을 수십 번씩 입었다 벗었다 반복함, 성경책을 계속 몇 쪽씩 앞으로 뒤로 넘김)을 의식처럼 나타내는 반복행동repeating, 주변의 사물을 질서정연하게 정돈하거나 대칭과 균형을 중시하여 수시로 주변을 재정리하는 정돈행동arranging, 낡고 무가치한 쓸모없는 물건을 버리지 못하고 모아두는 수집행동hoarding, 지나치게 꼼꼼하고 세부적인 것에 과도하게 신경을 쓰게 되어 어떤 일을 처리하는 속도를 느리게 만드는 지연행동slowness이 있다.

강박장애의 1년 유병률은 미국의 경우 1.2%이며 한국을 포함한 여러 국가에서 이와 유사한 것으로 보고되고 있다(American Psychiatric Association, 2022). 이 장애는 흔히 청소년기나 초기 성인기에 시작되지만, 아동기에 시작되는 경우도 있다. 강박장애는 청소년기에는 남성에게 더 흔하지만 성인기에는 여성에게서 약간 더 높은 비율로 나타나는 경향이 있다. 일반적으로 발병 연령은 남성이 여성보다 더 빠르다. 남자는 6~15세 사이에 가장 많이 발병하는 반면, 여자는 20~29세에 흔히 발병한다. 대부분의 경우, 강박장애는 서서히 발생하며 만성적 경과를 나타낸다. 스트레스를 받으면 증세가 심해지고 그렇지 않으면 호전되는 경향을 보이는데, 약 15%의 경우는 점점 더 악화되어 직업 및 사회적 적응에 심각한 어려움을 겪기도 한다. 강박장애를 지닌 사람은 흔히 우울장애, 불안장애, 강박성 성격장애, 섭식장애, 투렛장애 등을 함께 나타내는 경향이 있다.

2. 원인과 치료

인간은 누구나 전혀 예상치 못한 이상한 생각이 의식에 떠오르는 경험을 하게 된다. 매우 음란하거나 잔인한 생각이 떠오르기도 하며 실제로 일어날 가능성이 거의 없는 일에 대한 걱정을 하기도 한다. 하지만 이러한 생각들은 잠시 우리의 의식에 떠올랐다가 사라지는 경우가 대부분이다. 그러나 이처럼 우연하게 떠오르는 불쾌한 생각이나 충동에 잘못 대처하게 되면 강박장애로 발전할 수 있다.

인지행동적 입장을 지닌 심리학자인 살코프스키(Salkovskis, 1985)는 강박장애가 발생하는 인지적 과정을 분석하여 침투적 사고와 자동적 사고로 구분하였다. **침투적 사고** intrusive thought는 우연히 의식에 떠오르는 원치 않는 불쾌한 생각(예: 근친상간적 상상, 오염이나 실수에 대한 생각)을 의미하며 대부분의 사람이 흔히 경험하는 것이다. 이러한 침투적 사고는 일종의 내면적 자극으로서 그에 대한 의미를 부여하는 자동적 사고(예: 이런 생각은 나쁜 것이다. 이런 생각은 다시 떠오르지 않도록 억제해야 한다)를 유발한다. **자동적 사고** automatic thought는 침투적 사고에 대한 사고를 말하는데, 거의 반사적으로 발생하고 매우 빨리 지나가서 잘 의식되지 않는다. 자동적 사고는 침투적 사고와 달리, 개인이 불편감을 느끼지 않고 당연한 것으로 여기는 자아동조적인 속성을 지니고 있으며 결과적으로 강박사고를 유발하는 역할을 한다. 이러한 자동적 사고를 통해서 침투적 사고를 억제하려는 노력을 기울이게 되는데, 역설적이게도 이러한 노력은 침투적 사고가 더 자주 의식에 떠오르게 하는 결과를 초래한다.

강박장애가 유발되는 심리적 과정에는 다양한 인지적 요인들이 관련되어 있다(Obsessive Compulsive Cognition Working Group, 1997). 첫째, 강박장애 환자는 침투적 사고에 대한 위협을 과대평가할 뿐만 아니라 자신의 책임감을 과도하게 평가한다. 둘째, 강박장애 환자는 침투적 사고를 과도하게 중요한 것으로 인식하는데 그 과정에 사고-행위 융합이라는 인지적 오류가 개입된다. **사고-행위 융합** thought-action fusion은 생각한 것이 곧 행위한 것과 다르지 않다는 믿음을 뜻한다. 예컨대, 다른 남자의 아내와 간음하는 생각을 하는 것은 그러한 행위를 한 것과 같다는 생각이 이에 속한다. 사고-행위 융합에는 두 가지 유형이 있는데, 비윤리적 생각을 하는 것은 그러한 행위를 한 것과 도덕적으로 다르지 않다는 **도덕성 융합** moral fusion과 비윤리적 생각을 하게 되면 실제로 그러한 행위를 하게 될 가능성이 높아진다는 **발생가능성 융합**likelihood fusion이 바로 그것이다. 강박장애를 지닌 사람들은 사고-행위 융합이라는 인지적 특성을 지니고 있어서 침투적 사고에 대해서 과도한 책임감을 느끼기 때문에 사고억제를 시도하게 된다(이순희, 2000; Salkovskis et al., 1999). 셋째, 강박장애 환자들은 불확실성이나 불완전함(예: 실수나 오류)을 참지 못하며 완벽함과 완전함을 추구하는 특성을 지닌다. 이들에게는 부정적인 결과가 발생하지 않을 것이라는 100%의 절대적인 확신을 갖는 것이 중요하다. 또한 이들은 그러한 절대적 확신을 갖는 것이 가능하다는 잘못된 신념을 가지고 있다.

라크만(Rachman, 1998)은 강박장애를 유발하는 핵심적 인지요인은 침투사고에 대한 평가과정에서 나타나는 파국적 해석이라고 주장했다. 그에 따르면, 처음에는 중립적 자극이던 침투사고에 대해서 파국적 해석을 하게 되면 침투사고는 개인에게 중요한 의미를 지니는 동시에 더욱 빈번하게 나타나고 통제하기도 어려워진다. 예를 들어, "많은 사람이 드나드는 화장실의 손잡이를 만졌다"는 사건에 대해서 "내 손이 위험한 병균에 오염되었을지 모른다"는 파국적 해석을 하게 되고 이러한 생각이 침투적 사고의 형태로 의식에 떠오른다. 이러한 사고가 "그렇다면 내가 사랑하는 사람에게 병균을 오염시킬지 모른다", "사랑하는 사람이 심각한 질병에 걸릴지 모른다"와 같은 파국적인 내용의 생각으로 확대되면서 심한 불안을 경험하게 된다. 그리고 이러한 불안을 감소시키고 미래의 부정적인 사건을 미연에 방지하기 위해서 반복적으로 손을 씻는 행동을 나타내는 것이다.

강박장애 환자들은 불안을 유발하는 침투적 사고를 억제하거나 제거하려는 노력을 기울이게 되는데, 이러한 노력은 역설적이게도 침투적 사고가 자꾸 의식에 떠오르는 결과를 초래한다. 웨그너와 그의 동료(Wegner et al., 1987)는 어떤 생각을 억제하려고 하면 할수록 그 생각을 더 자주 하게 되는 현상을 실험적으로 보여주었다. 그는 피험자에게 하얀 북극곰의 사진을 보여주고 난 후, 한 피험자 집단에게는 이 곰에 대해서 생각하지 말라고 지시하였고 다른 집단에게는 아무런 지시도 주지 않았다. 얼마간 시간이 흐른 후에 확인해본 결과, 사고억제를 지시받은 피험자들이 아무런 지시도 받지 않은 피험자들보다 하얀 북극곰에 대한 생각을 더 많이 했다고 보고하였다. 이처럼 어떤 생각을 억제하려 할수록 그 생각이 더 잘 떠오르는 현상을 **사고억제의 역설적 효과**ironic

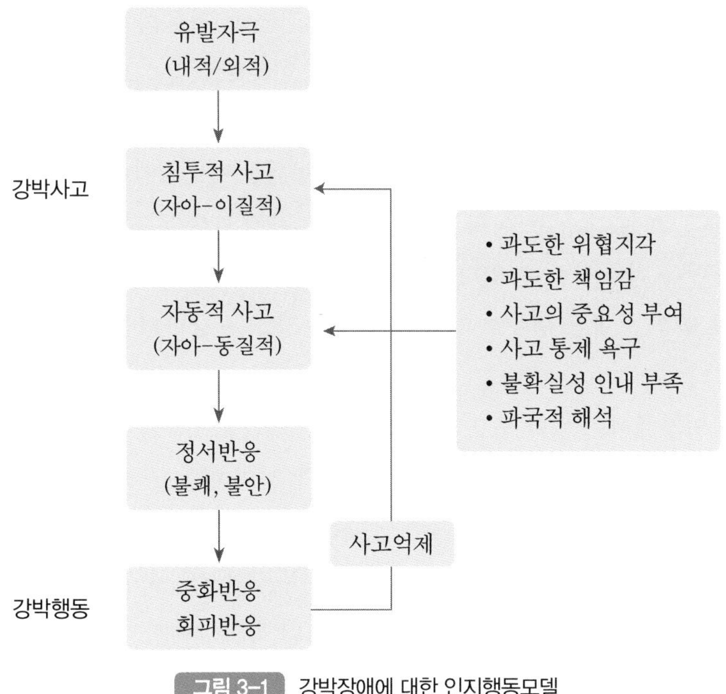

그림 3-1 강박장애에 대한 인지행동모델

effect of thought suppression라고 한다. 즉, 강박장애를 지닌 사람들은 우연히 떠오른 불쾌한 침투적 사고에 대해서 과도한 책임감을 느끼고 이러한 사고를 억제하려고 노력하지만, 사고억제의 역설적 효과에 의해서 오히려 침투적 사고는 더 빈번하게 떠오르게 된다. 따라서 더욱 강하게 사고억제를 시도하고 그 결과 더 자주 침투적 사고가 의식에 떠오르게 되는 악순환이 반복되면서 병적인 강박사고로 발전하게 되는 것이다. 강박장애가 발생하고 유지되는 인지적 과정을 요약하여 제시하면 [그림 3-1]과 같다.

정신분석적 입장에서는 특정한 방어기제를 통해 무의식적 갈등으로 인한 불안에 대처하려 할 때 강박장애가 나타날 수 있다고 본다. 프로이트는 강박 증상을 항문기에 억압된 욕구나 충동이 재활성화되어 나타난 것으로 간주했다. 이러한 충동이 의식에 떠오르게 되면 불안을 경험하게 되며 이를 통제하기 위해 주로 네 가지의 방어기제인 격리, 대치, 반동형성, 취소가 사용된다. 격리isolation는 사고와 그에 수반되는 감정을 단절시키는 방어기제로서 공격적인 강박사고를 지닌 사람은 사고내용에만 집착함으로써 그에 수반되는 분노감정을 경험하지 않게 한다. 대치displacement는 본래의 욕구를 다른 것으로 대체하여 위장함으로써 불안을 감소시키는데, 자물쇠 잠그는 일에 집착함으로써 부부갈등이라는 위협을 피할 수 있게 한다. **반동형성**reaction formation은 자신의 실제 욕구에 반대되는 방식으로 행동하는 것으로서 난폭한 강박사고에서 상징적으로 나타나는 공격적 충동과 달리 평소에는 매우 친절한 행동으로 일관하는 강박장애 환자가 이에 해당한다. **취소**undoing는 이미 벌어진 일을 어떤 행위로 무효화하려는 시도로서 죄의식이나 불안을 감소시킬 수 있다. 신성모독적인 강박사고를 지닌 사람이 마치 성수세례를 통해 죄의 사함을 받듯이 물속에 머리를 담그는 강박행동을 나타내는 경우가 이에 해당한다.

생물학적 입장에서는 뇌의 구조적 결함으로 인한 기능이상이 강박장애를 초래할 수 있다고 본다. 강박장애 환자들이 융통성 없이 반복적인 행동을 하고 이러한 행동을 잘 통제하지 못하는 것은 전두엽의 기능손상 때문이라는 주장이 제기되었다. 일부 연구(예: Baxter et al., 1988; Nordahl et al., 1989)에서 전두엽의 기능손상과 강박증상 간에 밀접한 관계가 있다는 것이 밝혀지기도 했다. 아울러 강박장애가 기존의 항불안제나 항우울제로는 잘 치료되지 않지만 세로토닌 재흡수 억제제를 사용할 경우 우수한 치료효과를 나타낸다는 점에 근거하여, 강박장애가 세로토닌과 관련되어 있다는 주장이 제기되고 있다(Thoren et al., 1980). 이 밖에도 강박장애 환자들이 뇌의 여러 영역에 구조적 또는 신경화학적 이상을 나타낸다는 연구가 다양하게 보고되고 있으나 아직 강박장애에 대한 일관성 있는 생물학적 이론이 확립되어 있지는 않다.

강박장애에 대한 심리적 치료방법으로는 **노출 및 반응방지법**Exposure and Response Prevention이 효과적이라고 알려져 있다. 이는 학습이론에 근거한 행동치료적 기법으로서 강박장애 환자를 그들이 두려워하는 자극(더러운 물질)이나 사고(손에 병균이 묻었다는 생각)에 노출시키되 강박행동(손 씻는 행동)을 하지 못하게 하는 방법이다. 노출에는 실제의 불안 상황에 직접 맞닥뜨리는 실제적 노출(공중화장실의 문손잡이를 실제로 만지는 것)과 불안상황을 상상하게 하는 심상적 노출(화장실의 손잡이나 변기를 만지는 상상)이 있다. 노출은 일반적으로 약한 불안을 느끼는 자극에서부터 시작하여 점차 강한 불안을 느끼는 자극으로 진행된다. 노출 및 반응방지법을 통해서 강박장애 환자의 60~85%가 유의미한 증상개선이 이루어졌다고 보고되고 있다(Foa & Rauch, 2004; Foa & Rothbaum, 1998).

최근에는 강박장애의 인지적 이론에 근거한 인지적 치료기법이 활용되고 있다. 강박장애의 인지치료는 치료자가 치료의 원리, 즉 침투적 사고는 위험하지도 중요하지 않은 정상적인 경험이라는 점을 설명하면서 시작한다. 침투적 사고는 그 내용이 아무리 비윤리적이고 위협적인 것이라 하더라도 누구나 경험하는 보편적 현상이므로 자연스러운 것으로 받아들이면서 통제하려 들지 않으면 저절로 사라진다. 문제는 침투적 사고에 대해서 과도한 책임감과 통제의무감을 느끼게 만드는 자동적 사고이다. 치료자는 자동적 사고의 중요성을 강조하면서 환자가 지니는 자동적 사고를 찾아내어 변화시킴으로써 강박적 사고와 행동을 감소시킨다. 아울러 사고에 대해 과도한 중요성을 부여하고 사고를 통제하려는 욕구, 불확실성을 견디지 못하는 완벽주의와 같은 역기능적 신념을 확인하고 변화시킨다. 강박장애에 대한 약물치료로는 클로미프라민Clomipramine이나 세로토닌 재흡수 억제제가 주로 사용되고 있다. 이러한 약물은 많은 강박장애 환자의 증상완화에 도움이 되고 있으나 그 치료효과가 제한적이고 약물을 중단할 경우 증상이 재발된다는 문제점을 지니고 있다.

제2절 신체이형장애

1. 주요증상과 임상적 특징

신체이형장애Body Dysmorphic Disorder는 자신의 외모가 기형적이라고 잘못된 집착을 하는 경우를 말하며 **신체변형장애** 또는 **신체추형장애**라고 불리기도 한다. DSM-5-TR에 따르면, 신체이형장애는 신체적 외모에 대해서 한 개 이상의 주관적 결함에 과도하게 집착하는 것이 주된 증상이다. 주관적 결함이란 함은 그러한 결함이 다른 사람에 의해서는 인식되지 않거나 경미한 것으로 여겨지기 때문이다. 아울러 신체이형장애를 지닌 사람은 반복적인 외현적 행동(예: 거울 보며 확인하기, 지나치게 몸단장하기, 피부 벗기기, 안심 구하기)이나 내현적 행위(예: 자신의 외모를 다른 사람과 비교하기)를 나타낸다. 이러한 증상으로 인해 심각한 고통을 받거나 중요한 삶의 영역에서 현저한 장해를 나타낼

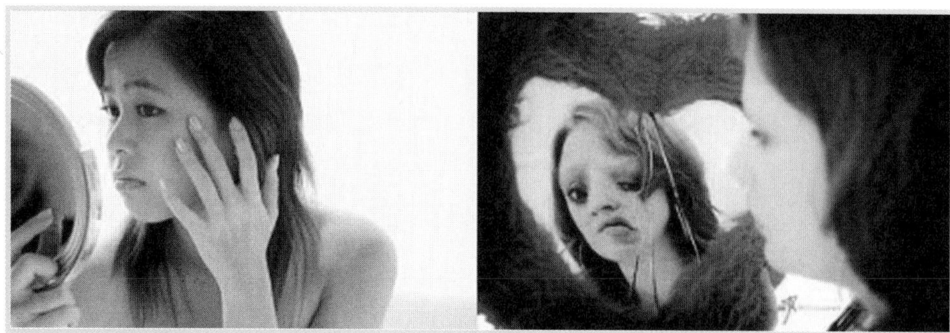

자신의 외모가 기형적이라고 생각하는 신체이형장애

경우 신체이형장애로 진단된다.

신체이형장애 환자들은 얼굴의 특성(예: 비뚤어진 코, 긴 턱, 옥니, 튀어나온 광대뼈, 비대칭적 얼굴특성, 지나치게 짙은 눈썹이나 얼굴의 털, 두꺼운 입술, 거친 피부, 검은 피부, 좁은 이마, 얼굴의 점, 주름살 등)에 대해서 기형적이라고 생각하는 경우가 많으며 대부분 성형수술을 통해 이러한 모습을 바꾸고자 한다. 그러나 성형수술 후에도 결과에 불만족하거나 다른 신체적 특징에 대해서 집착하는 경향이 있다. 얼굴 외에 유방, 엉덩이, 손, 발, 성기 등과 같은 다른 신체 부위도 관심의 초점이 될 수 있다.

신체이형장애를 지닌 사람은 신체적 기형에 대한 믿음 때문에 심한 열등감을 지니거나 자신감을 상실하고 대인관계에서 위축되는 경우가 많다. 또한 이들은 빈번하게 거울을 보거나 확대경을 사용하여 신체적 결함을 세심하게 관찰하거나 자신의 외모를 과도하게 치장하는 행동에 많은 시간을 보내게 된다. 이처럼 외모에 대한 과도한 집착으로 인하여 많은 시간을 허비하거나 사회적 또는 직업적 적응에 심각한 장해를 겪을 수 있다.

일반인 중에도 자신의 외모나 얼굴의 특정 부위에 문제가 있다고 생각하며 불만스럽게 느끼는 사람들이 많다. DSM-5-TR에 따르면, 미국 성인의 경우 신체이형장애의 현재 시점 유병률은 2.4%였으며 다른 나라의 경우에 1.7~2.9%로 보고되고 있다. 남성과 여성의 유병률에는 차이가 없는 것으로 알려져 있다. 대부분의 신체이형장애 환자는 피부과나 성형외과를 찾는 경향이 있다. 이 장애는 흔히 15~20세 사이의 사춘기에 많이 발생하고, 남자보다 여자에게 약간 흔하며 미혼 여성에게 더 자주 발생한다. 증상의 시작은 갑작스러울 수도 있고 점진적일 수도 있는데, 흔히 외모에 대한 다른 사람의 언급(예: '눈썹이 참 진하네요', '코가 아버지를 닮았군요')에 의해서도 촉발될 수 있다.

2. 원인과 치료

신체이형장애의 원인은 아직 잘 알려져 있지 않다. 정신분석적 입장에서는 어린 시절의 심리성적 발달과정에서 특수한 경험을 하게 되고 이러한 경험과 상징적인 연관성을 지닌 특정한 신체부위에 집착하게 되는 것이라고 보고 있다. 즉, 무의식적인 성적 또는 정서적 갈등이 신체부위에 대치되어 나타난다는 것이다.

인지행동적 입장의 연구자들은 신체이형장애를 지닌 사람들이 나타내는 인지적 특성에 주목하고 있다. 신체이형장애 환자들은 신체적 외모의 매력을 일반인들보다 더 민감하게 느끼는 경향이 있다. 아울러 모호한 사회적 상황이나 외모와 관련된 평가를 일반인들보다 더 부정적이고 위협적인 것으로 해석한다. 신체이형장애의 인지행동모델을 제시한 비일(Veale, 2004)에 따르면, 신체이형장애 환자가 나타내는 사고의 가장 핵심적 특징은 자신의 신체상에 대한 부정적 평가이다. 이러한 부정적 신체상에 집착하게 되는 최초의 유발요인은 우연히 거울을 보면서 자신의 외모에서 특이한 점을 발견하거나 자신의 외모에 대한 다른 사람의 논평을 접하는 일이다. 이러한 우연한 사건을 통해서 자신의 신체적 특성에 주목하게 되면서 자신의 외모를 미적 대상으로 바라보며 평가하게 된다. 신체이형장애를 지닌 사람들은 외모에 대한 높은 **미적 민감성** aesthetic sensitivity을 지니고 있어서 자신의 외모를 균형과 조화 또는 성적인 매력의 측면에서 비판적으로 평가할 뿐만 아니라 자기 얼굴의 미묘한 비대칭성이나 사소한 결함을 발견하게 된다(Lambrou et al., 2011). 이렇게 미적으로 민감한 특성은 신체이형장애를 유발하는 위험요소 중 하나이다.

신체이형장애 환자들은 대부분 심리적 원인을 받아들이지 않으며 심리적 치료를 거부한다. 때로는 신체적 기형에 대한 집착이 매우 강하여 망상적 수준인 경우도 있다. 극히 정상적인 외모에 대해서 전혀 비현실적인 근거로 자신의 외모가 기형이라는 확신을 지니며, 그 내용이 상식적으로 이해하기 어렵고 기괴한 것일 경우에는 신체적 망상을 고려해 보아야 한다.

신체이형장애 환자는 자신의 외모를 바꿀 수 있는 성형수술을 원하는 경향이 있다. 그러나 성형수술은 도움이 되지 않으며 대부분 새로운 수술을 받고자 한다(Phillips et al., 2001). 최근에 신체이형장애의 치료에 효과적인 두 가지 치료방법이 보고되고 있다. 첫째는 세로토닌 재흡수 억제제를 사용한 약물치료로서 망상적 수준의 신체이형장애를 지닌 일부 환자의 증상을 완화시켰다는 보고가 있다(Phillips et al., 1998). 둘째는 인지행동적 치료방법의 하나인 노출 및 반응억제법으로서 비교적 경미한 증상을 지닌 신체이형장애 환자의 치료에 매우 효과적이었다(Rosen et al., 1995; Wilhelm et al., 1999). 이러한 치료방법은 흔히 강박장애의 치료에 적용되는 것으로서 신체이형장애가 강박장애의 하위유형이라는 주장도 제기되고 있다. 이러한 주장을 하는 연구자들(Zimmerman & Mattia, 1998)은 신체이형장애가 흔히 강박장애를 동반하며 자신의 외모가 기형이라는 불쾌한 생각이 지속적으로 침투하고 이를 확인하거나 교정하려는 반복적 행동을 보인다는 점에서 강박장애와 유사하다는 점을 근거로 제시하고 있다.

제3절 저장장애

중년 남성인 M씨는 평소에도 근검절약을 중시하며 물건을 잘 버리지 못하는 사람이었다. 그런데 실직을 하게 된 3년 전부터 신문지, 광고지, 헌 신발 등과 같이 불필요한 물건을 일체 버리지 않고 모아두기 시작했다. 그뿐만 아니라 길거리에 버려진 물건들까지 주워와 집안에 쌓아놓았다. 재활용이 가능한 것이라면 무엇이든 수집하여 집안에 차곡차곡 보관해 두었다. 점차 수집물품이 증가하면서 거실을 비롯하여 안방까지 물건들로 가득하게 되었다. 가족들의 반대와 저항에도 불구하고 M씨는 언젠가 쓰임새가 있을지 모르는 물건들의 소중함을 모르는 처사라고 일축하면서 불필요한 물건들을 보물이라도 된 듯 보관하고 있다. 이로 인해서 다른 가족들은 가정생활에 커다란 불편을 겪고 있으며 M씨와의 갈등이 심화되고 있다.

1. 진단기준과 임상적 특징

저장장애Hoarding Disorder는 M씨의 경우처럼 언젠가는 필요할지 모른다는 생각으로 버려야 할 물건들을 집안에 산더미처럼 쌓아두는 장애를 뜻하며 수집광이라고 지칭하기도 한다. 이렇게 쌓아놓은 물건들은 생활공간을 심각하게 제한하고 안전이나 건강의 문제를 야기하게 된다. 그 결과, 자신뿐만 아니라 주변 사람들이 심한 불편을 겪거나 일상생활에 심각한 문제가 발생한다(유성진, 2017).

저장장애의 주된 진단기준은 불필요한 물건을 버리지 못하는 것이다. 물건을 보관하고자 하는 강한 충동을 느끼며 물건을 버리는 것을 고통으로 여긴다. 물건을 버려야 할지 말아야 할지에 대한 우유부단성 때문에 명백히 쓸모가 없거나 무가치한 물건을 버리지 못한다. 이러한 증상으로 인해서 집, 직장, 개인적 공간(예: 사무실, 차, 마당)을 수많은 물건들로 채우고 어지럽혀 공간을 정상적인 용도로 사용하지 못한다.

저장장애의 문제행동은 불필요한 물건을 버리지 못하고 보관하는 강박적 저장compulsive hoarding과 불필요한 물건을 집안으로 끌어들이는 강박적 수집compulsive collecting으로 구분될 수 있다. 강박적 저장은 물건을 없애는 것에 대한 어려움으로 인해서 쓸모없는 낡은 것들을 버리지 못할 뿐만 아니라 다른 사람에게 주거나 팔지도 못하고 보관하게 된다. 이렇게 버리지 못하는 대표적인 물건은 옷과 신문이다.

물건을 버리지 못하고 쌓아두는 저장장애

2. 원인과 치료

정신역동적 입장에서 보면, 수집행동은 항문기적 성격의 3대 특성 중 하나인 인색함을 반영하는 것이다. 또한 항문기에 고착되어 항문기적 성격을 형성한 사람이 보이는 반항적 공격성으로서 저장장애를 나타낼 수 있다. 대상관계 이론가들은 전이대상이라는 개념을 통해 저장장애를 설명한다. **전이대상**transitional object은 어린아이가 독립성을 발달시키는 과정에서 부모를 대신하여 과도하게 집착하는 애착대상(예: 인형, 담요)을 의미한다. 성인의 경우에도 다양한 물건에 심한 정서적 애착을 느낌으로서 물건을 버리지 못하는 저장장애를 나타낼 수 있다는 주장이다.

인지행동적 입장에서는 저장장애 환자의 정보처리 경험에 주목하고 있다. 저장행동은 다음의 네 가지 인지기능의 결함으로 나타난다. 그 첫째는 의사결정에 어려움을 나타내는 우유부단함indecisiveness으로 강박적 저장장애 환자의 대표적인 특성이다(Warren & Ostrom, 1988). 이러한 사람들은 무엇을 모으고 무엇을 버릴지에 대한 결정(어떤 물건을 버려야 할지 말아야 할지, 훗날 쓸모가 있을지 없을지, 물건을 버리고 나서 후회를 하게 될지, 버린 물건으로 인해 손해를 보게 될지)뿐만 아니라 일반적인 의사결정(아침에 무엇을 입을지, 식당에서 무엇을 주문할지, 다음으로 어떤 과제를 수행할지)에도 어려움을 겪는다.

둘째는 범주화/조직화categorization/organization의 결함이다. 저장장애 환자들은 범주의 경계를 지나치게 좁게 정의하여 한 범주에 너무 적은 물건들이 속하게 한다. 따라서 개인의 물건을 분류하기 위해서는 수많은 범주가 필요하다. 이들에게는 각각의 물건이 하나의 범주에만 포함될 수 있고, 각각의 물건이 고유하고 복잡하기 때문에 물건의 분류를 결정하기 어려울 수 있으며, 다른 물건들과 함께 분류될 수 없어 정리가 불가능할 수 있다. 또한 이들은 물건의 상대적인 중요성을 평가하기 어려워하기 때문에 중요하고 중요하지 않은 물건들을 뒤섞게 된다.

셋째는 기억의 결함이다. 저장장애 환자들은 자신의 기억에 대한 확신이 부족하기 때문에 물건을 보관해 두어야 자신의 기억과 정보가 잊혀지지 않는다고 믿는다. 또한 이들은 정보를 기억하고 기록하는 것을 매우 중요하게 여긴다. 이들에게는 기억을 위한 시각적 단서가 중요하기 때문에 언제든지 기억을 되살릴 수 있는 단서를 제공하는 물건의 보관이 중요해진다.

마지막으로, 손실의 과장된 평가이다. 저장행동은 이렇게 과장된 손실을 회피하기 위한 행동인 것이다. 강박적 저장장애 환자들은 물건을 보관함으로써 언젠가 필요할 수 있고 다른 사람이 사용할 수도 있으며 미적으로도 보기에 좋은 물건이 손실되는 것을 막을 수 있다.

저장장애의 치료에는 인지행동치료와 약물치료가 적용되고 있다. 인지행동치료는 강박적 저장의 치료에 주로 적용되고 있으며 다른 치료들보다 효과적인 것으로 알려져 있다. 인지행동치료에서는 강박적 저장을 하는 사람들로 하여금 왜 그렇게 많은 물건을 수집하게 되는지 그 이유를 발견하여 자각하게 하는 동시에 그들에게 소유물을 가치와 유용성에 따라 정리하는 방법을 가르친다. 특히 소유물 중 어떤 것을 보관하고 버릴 것인지를 명료하게 결정할 수 있도록 의사결정 기술을 향상시키는 것이 중요하다. 때로는 치료자나 정리전문가가 가정방문을 하여 소유물 정리를 직접 도와주거나 격려한다. 강박장애에 처방되는 삼환계 항우울제나 선택적 세로토닌 재흡수 억제제와 같은 항우울제가 강박적 저장증상을 완화하는 데 도움을 줄 수 있다.

제4절 털뽑기장애

1. 진단기준과 임상적 특징

털뽑기장애Hair-Pulling Disorder는 자신의 몸에 있는 털을 반복적으로 뽑게 되는 경우를 말하며 **발모광**Trichotillomania이라고 불리기도 한다. 이러한 장애를 지닌 사람은 머리카락을 반복적으로 계속해서 뽑기 때문에 대머리가 되는 것이 눈에 띌 정도로 확연하게 보인다. 머리카락을 뽑는 행동을 하기 직전이나 그러한 행동을 하지 않으려고 할 때는 긴장감이 높아지고, 머리카락을 뽑을 때마다 쾌락, 만족감, 해방감을 느낀다. 머리카락을 뽑는 행동이 다른 정신장애에 의한 것이 아니고 사회적·직업적 적응에 심각한 고통이나 장해를 초래해야 한다.

털뽑기장애를 지닌 사람들은 모발뿐만 아니라 신체 중 모든 부위의 털(눈썹, 겨드랑이 털, 음모 등)을 뽑을 수 있으며 가장 흔한 부위는 머리카락, 눈썹, 속눈썹이다. 발모행위는 하루 동안 산발적으로 나타날 수도 있고 때로는 몇 시간 동안 지속적으로 일어날 수도 있다. 보통 다른 사람들 앞에서는 머리카락을 뽑는 행동을 잘 나타내지 않지만 많은 시간을 함께 지내는 가족들은 이러한 행동을 쉽게 관찰할 수 있다. 대개의 경우, 이들은 머리카락을 뽑는 자신의 행동을 부인하며 모발 뽑기로 인해 생긴 탈모 부분을 가발이나 모자로 감추거나 위장하려고 한다.

일반적으로 발모행위는 스트레스를 받으면 증가하지만 책을 읽거나 텔레비전을 볼 때처럼 이완된 상태에서도 흔히 나타난다. 머리카락을 뽑아서 모근을 검사하거나 머리카락을 비틀거나 만지작거리고 때로는 머리카락을 입에 넣어 잘근잘근 씹는 행동을 하는 경우도 있다. 심지어 다른 사람의 머리카락까지 뽑으려고 하는 충동을 느끼는 경우도 있으며 애완동물이나 인형, 그리고 스웨터나 카펫의 털을 뽑는 행동을 나타낼 수도 있다.

2. 원인과 치료

정신분석적 입장에서는 발모증을 어린 시절 정서적 결핍경험과 관련되어 있다고 본다. 발모증을 지닌 사람들은 흔히 자신의 어머니를 거부적이고 가학적인 성격의 소유자로 묘사하는 반면, 자신의 아버지는 무능하고 유약한 사람으로 묘사한다. 이들은 다른 사람의 애정과 신체접촉에 대한 강한 욕구를 지니고 있으며 미숙하고 부적응적인 방식으로 이러한 욕구를 충족시키고자 노력한다. 머리카락을 뽑는 행동은 그러한 욕구 충족 과정에서 나타나는 것으로서 처벌적인 어머니와 다시 결합하고자 하는 상징적 의미를 지니고 있다. 머리카락을 뽑는 행동은 혼자 남겨지는 것에 대한 두려움을 감소시킬 뿐만 아니라 자기에 대한 증오심, 자기를 없애고자 하는 마음 또는 자기가 사랑하는 대상의 상실에 대한 보상감을 상징하는 것으로 여겨지고 있다.

발모행동을 보이는 사람들의 대다수가 심한 스트레스를 받았을 때 증상이 시작되었다고 보고하고 있으며, 스트레스 상황에서 발모행위가 증대하는 경향이 있다. 이러한 사실은 스트레스가 발모증의 유발과 관련되어 있다는 점을 보여준다. 또한 정신지체자들이 머리카락을 뽑는 행동을 자주 보이는데, 이는 뇌기능의 이상과 발모증이 관련되어 있을 가능성을 시사한다.

발모증의 치료에는 행동치료적 방법이 효과적인 것으로 알려져 있다. 발모증을 위한 행동치료에서는 환자 스스로 자신이 머리카락을 뽑는 행동을 조사하고 주의를 기울이게 하는 자기관찰법self-monitoring과 더불어 머리카락을 뽑고자 하는 충동이 들 때 머리카락을 뽑는 대신 다른 행동(예: 독서할 때는 두 손을 책 위에 올려놓기, TV를 볼 때는 아령을 잡고 있기)을 하게 하는 습관반전법habit reversal을 훈련시킨다. 이 밖에도 발모행동을 멈추어야 하는 이유의 목록을 작성하여 반복적으로 읽게 하는 동기 향상법motivation enhancement, 발모행동을 하면서 나타내는 내면적 언어(예: 몇 개는 뽑아도 괜찮아, 역시 느낌이 좋단 말이야)를 순기능적인 속말(예: 이번에 지면 안 돼, 해낼 수 있어! 잘 참아냈어!)로 변화시키는 내면적 독백 변화시키기changing the internal monologue가 적용될 수 있다. 털뽑기장애의 치료에 리튬이나 항불안제, 선택적 세로토닌 재흡수 억제제와 같은 항우울제가 효과적이라는 보고도 있다.

제5절 피부뜯기장애

1. 진단기준과 임상적 특징

피부뜯기장애Skin-Picking Disorder는 반복적으로 피부를 뜯거나 벗김으로써 피부를 손상시키는 행동을 하는 경우를 뜻한다. 피부뜯기장애는 심각하지만 잘 알려져 있지 않은 문제로서 DSM-5에서 처음 강박 관련 장애의 하위장애로 포함되었다.

피부뜯기장애를 지닌 사람들은 반복적으로 피부를 만지며 문지르거나 긁거나 뜯거나 쑤신다. 이러한 행동으로 인해서 피부가 손상되고 변색되거나 흉터가 생긴다. 심각한 경우에는 피부조직이 훼손되어 흉한 모습이 될 수 있다. 이러한 장애를 지닌 사람들은 피부를 뜯는 행동을 줄이거나 그만두기 위해 노력하지만 매번 실패하게 된다. 이러한 문제로 인해서 심각한 고통을 받거나 일상생활의 적응에 현저한 장해가 발생할 경우 피부뜯기장애로 진단된다.

피부 뜯기 행동은 불안과 긴장이 높아지거나 스트레스를 받으면 증가한다. 이런 경우에 피부 표면을 벗기거나 물거나 긁고 싶은 강박적 충동을 경험하게 된다. 주된 신체 부위는 얼굴이지만 팔, 다리, 입술, 허벅지, 가슴, 손톱이나 발톱도 그 대상이 될 수 있다. 대부분의 경우, 피부 뜯기가 집중되는 부위가 있지만 그 부위의 상처가 낫는 동안 다른 부위로 옮겨가기도 한다.

2. 원인과 치료

피부뜯기장애의 원인은 아직 잘 알려져 있지 않다. 정신역동적 입장에서는 피부뜯기장애가 미해결된 아동기의 정서적 문제와 관련되어 있다고 주장한다. 대체로 털뽑기장애와 유사한 정신적 역동에 의해서 발생하는 것으로 제안되고 있으며 특히 권위적인 부모에 대한 억압된 분노의 표현이라고 주장되고 있다.

인지행동적 입장에서는 피부 뜯기 행동을 스트레스에 대한 일종의 대처방식으로 간주한다(Lang et al., 2010). 피부 뜯기 행동은 자기-진정하기self-soothing와 자극하기stimulating의 양면적 효과를 통해서 적정한 수준의 각성을 유지하는 것과 관련된 행동으로 추정되고 있다. 피부뜯기장애를 지닌 사람들은 심한 스트레스를 받았을 때 피부뜯기를 통해서 기분이 나아진다고 보고한다. 피부 뜯기 행동은 자기-진정하기의 효과를 통해서 스트레스로 인한 흥분된 각성 수준을 감소시킨다. 이와 반대로, 반복적인 활동을 하거나 지루함을 느낄 때에도 피부 뜯기 행동이 증가한다. 이러한 경우에는 피부뜯기를 통해 신경계를 자극함으로써 각성 수준을 높이는 효과를 지닐 수 있다. 여드름과 같은 피부의 문제를 겪으면서 피부를 만지고 벗기는 행동이 습관화되는 것에서 시작하여 이와 같이 자기-진정하기와 자극하기의 보상을 통해 강박적인 피부 뜯기 행동으로 발전할 수 있다.

완벽주의적 성향도 피부 뜯기 행동에 영향을 미칠 수 있다. 피부뜯기장애를 지닌 사람은 거울 앞에서 자신의 얼굴이나 피부를 몇 시간씩 세밀하게 살펴보는 경향이 있다. 이러한 행동은 아주 미세한 피부의 문제를 찾아 고침으로써 완벽한 상태를 이루기 위한 것이다. 그러나 피부 뜯기를 통해서 입힌 상처로 인해 더욱 심하게 피부에 문제가 발생하는 역설적인 결과가 나타난다. 따라서 더욱 피부 문제에 강렬하게 집착하면서 이를 개선하기 위해 피부 뜯기 행동을 하는 악순환을 나타내게 된다.

피부뜯기장애에는 주로 약물치료와 행동치료가 적용되고 있다. 피부뜯기장애의 치료를 위해서는 대체로 강박장애의 치료약물이 사용되며 흔히 선택적 세로토닌 재흡수 억제제 계열의 항우울제가 처방된다. 이러한 약물을 통해서 증상이 호전될 수 있으나 행동치료와 병행하는 것이 바람직하다. 행동치료에서는 우선 환자로 하여금 자기관찰을 통해서 피부 뜯기 행동이 나타나는 횟수나 상황을 기록함으로써 자신의 증상을 자각하게 한다. 아울러 습관반전법을 통해 피부를 벗기는 충동이 일어날 때 다른 행동을 하도록 가르친다. 특히 피부 뜯기와 동시에 할 수 없는 경쟁반응(예: 장난감 만지작거리기, 뜨개질하기, 구슬 꿰기, 다른 손을 바쁘게 움직이도록 하는 행동)을 하도록 학습시킨다. 또한 자극통제stimulus control를 통해서 환자가 피부 뜯기 충동을 느끼게 되는 자극(상황이나 심리상태)을 확인하여 그러한 자극을 회피하도록 돕는다.

요약

1. **강박 및 관련 장애**는 과도한 집착과 반복적 행동을 특징으로 나타내는 일군의 장애를 의미한다. DSM-5-TR은 강박 및 관련 장애의 하위장애로 강박장애, 신체이형장애, 저장장애, 털뽑기장애, 피부뜯기장애를 제시하고 있다.
2. **강박장애**는 반복적으로 의식에 침투하는 강박사고와 그에 따른 강박행동을 주된 증상으로 하는 장애이다. 인지적 입장에서는 누구나 경험하는 침투적 사고에 대해서 과도하게 중요성, 책임감, 통제필요성을 부여하는 인지적 평가와 사고억제를 위한 부적절한 대처행동이 강박장애의 유발에 관여한다고 본다. 정신분석적 입장에서는 격리, 대치, 반동형성, 취소와 같은 방어기제를 통해 무의식적 갈등과 불안에 대처할 경우 강박증상을 나타낼 수 있다고 설명한다. 아울러 뇌의 전두엽이나 기저핵의 기능이상과 같은 생물학적 요인이 강박장애와 관련된다는 연구보고가 있다. 강박장애에 대한 심리적 치료방법으로는 노출 및 반응방지법, 인지적 치료 및 약물치료가 적용되고 있다.
3. **신체이형장애**는 자신의 외모나 신체의 일부가 기형적이라고 생각하며 집착하는 장애를 말한다. 신체이형장애는 자신의 신체상에 대한 부정적 평가와 외모에 대한 높은 미적 민감성에 의해 유발될 수 있다. 신체이형장애의 치료를 위해서는 세로토닌 재흡수 억제제를 사용한 약물치료와 노출 및 반응억제법이 효과적인 것으로 알려져 있다.
4. **저장장애**는 언젠가는 필요할지 모른다는 생각으로 버려야 할 물건들을 집안에 산더미처럼 쌓아두는 장애를 뜻한다. 저장장애를 지닌 사람들은 어떤 물건을 보관하거나 버려야 할지에 대한 의사결정의 곤란, 소유물을 지나치게 세분하여 분류하는 문제, 자신의 기억에 대한 자신감 부족, 미래의 손실에 대한 과장된 평가와 같은 인지적 결함을 나타낸다. 저장장애의 치료에는 주로 의사결정과 물건정리 기술을 습득시키는 인지행동치료와 항우울제를 사용한 약물치료가 사용되고 있다.
5. **털뽑기장애**는 자신의 몸에 있는 털을 반복적으로 뽑게 되는 경우를 말하며 이러한 장

애를 지닌 사람은 머리카락을 반복적으로 계속해서 뽑기 때문에 대머리가 되는 것이 눈에 띌 정도로 확연하게 보인다. 털뽑기장애는 어린 시절의 정서적 결핍경험과 관련되어 있을 뿐만 아니라 스트레스에 대처하는 독특한 방식의 부적응적 행동으로 여겨지고 있다.

6. **피부뜯기장애**는 반복적으로 피부를 뜯거나 벗김으로써 피부를 손상시키는 행동을 하는 경우를 뜻한다. 피부뜯기장애의 원인은 아직 잘 알려져 있지 않다. 정신역동적 입장에서는 피부뜯기장애가 미해결된 아동기의 정서적 문제와 관련된 것으로 보는 반면, 인지행동적 입장에서는 스트레스에 대한 일종의 대처방식으로 간주하고 있다.

제4장

외상 관련 장애와 해리장애

제4장 외상 관련 장애와 해리장애

외상 및 스트레스 관련 장애

인간의 삶은 크고 작은 생활사건의 연속이다. 매일 발생하는 사건에 대처하며 적응하는 과정이 우리의 인생이다. 부정적인 사건을 겪게 되면 우리는 고통을 경험하지만 곧 회복하여 일상적인 생활로 되돌아간다. 그런데 어떤 사건들은 너무 강력하고 충격적이어서 우리의 마음에 극심한 고통과 혼란을 유발할 뿐만 아니라 오랜 세월이 지난 후에도 고통스러운 심리적 상처를 남기기도 한다. 이처럼 외부로부터 주어진 충격적인 사건에 의해서 입은 심리적 상처가 바로 외상外傷, 즉 트라우마trauma이다.

외상은 대인관계 관여도에 따라 인간 외적인 외상, 대인관계적 외상, 애착 외상으로 구분된다(Allen, 2005). 대인관계 요소가 관련되는 정도에 따라서 외상의 성격과 결과가 크게 달라질 수 있다. 누가 어떤 의도로 어떤 피해를 주었느냐에 따라 피해자의 심리적 충격은 크게 달라질 수 있기 때문이다. 인간 외적인 외상impersonal trauma은 지진, 태풍, 산사태, 홍수, 화산폭발과 같이 인간이 개입되지 않은 자연재해를 의미하며 자연의 작용에 의해서 우발적으로 일어난다. 대인관계적 외상interpersonal trauma은 타인의 고의적 행동에 의해 입은 상처와 피해를 뜻한다. 전쟁, 테러, 살인, 폭력, 강간, 고문 등은 이러한 인간 간 외상에 속한다. 부주의에 의한 화재나 음주운전자가 낸 자동차 사고는 인간과 무관한 외상과 인간 간 외상의 경계에 속하는 외상 사건이라고 할 수 있다. 애착 외상

많은 사람에게 마음의 상처를 남기는 충격적인 외상 사건들

attachment trauma은 부모나 양육자와 같이 정서적으로 매우 긴밀하고 의존도가 높은 관계에서 입은 심리적 상처를 의미한다. 애착 외상은 크게 학대와 방임으로 구분될 수 있으며 가정 내의 가까운 사람에 의해 이루어지는 신체적 학대, 가정폭력, 정서적 학대나 방임, 성폭행과 성적 학대 등이 해당된다. 특히 어린 시절에 입은 애착 외상은 다른 사람과의 신뢰관계를 형성할 수 있는 능력을 훼손하여 지속적인 영향을 미치게 된다.

어떠한 경우든 외상 사건을 경험한 사람은 그 충격과 후유증으로 인해 심각한 부적응 증상을 나타내는 경우가 흔하다. DSM-5-TR은 외상 사건을 비롯한 다양한 스트레스 사건의 경험으로 인해 발생하는 심리적 문제들을 **외상 및 스트레스 관련 장애**Trauma-and Stressor-Related Disorders라는 독립된 장애범주로 분류하여 제시하고 있다. 이 장애범주의 주된 특징은 외부세계에서 주어진 환경적인 스트레스 사건과 그에 대한 개인의 부적응적 반응이다. 외상 및 스트레스 관련 장애에는 외상후 스트레스장애, 급성 스트레스장애, 지속성 애도장애, 반응성 애착장애, 탈억제성 사회적 접근장애, 적응장애가 포함되어 있다.

표 4-1 외상 및 스트레스 관련 장애의 하위유형과 핵심증상

하위장애	핵심증상
외상후 스트레스장애	충격적인 외상 사건을 경험한 이후에 1개월 이상 지속되는 재경험 증상과 회피 행동
급성 스트레스장애	외상 사건을 경험한 이후에 1개월 이내로 나타나는 재경험 증상과 회피 행동
지속성 애도장애	친밀했던 사람이 사망한 12개월 이후에 나타나는 과도하게 심한 애도 반응
반응성 애착장애	부적절한 양육환경에서 애착 외상을 경험한 아동이 나타내는 정서적 위축과 대인관계 회피
탈억제성 사회적 접근장애	부적절한 양육환경에서 애착 외상을 경험한 아동이 부적절하게 나타내는 과도한 친밀함과 무분별한 대인관계 행동
적응장애	주요한 생활사건에 대한 적응실패로 나타나는 정서적·행동적 문제

제1절 외상후 스트레스장애

29세의 여성인 K씨는 그날의 기억을 잊지 못한다. 1년 전 더운 여름의 저녁시간에 다세대 주택에 살고 있던 K씨는 문을 두드리는 노크소리를 들었다. 택배가 왔다는 말에 무심코 문을 열자 마스크를 쓴 한 남자가 뛰어 들어오며 K씨의 입을 막고 목에 칼을 들이댔다. 저항하려고 발버둥 쳤지만 남자의 강한 완력과 생명의 위협 앞에서 공포에 질린 채 성폭행을 당할 수밖에 없었다. 입이 틀어막히고 손발이 묶인 채로 한 시간여 동안 굴욕적인 성폭행을 당했다. 그 남자가 떠나간 후에도 K씨는 한동안 가만히 누워있었다. 조금 전에 있었던 일들이 실재가 아니라 마치 꿈을 꾼 것처럼 느껴졌기 때문이다. 그러나 현실을 깨닫게 되자 온몸이 사시나무처럼 떨리기 시작하며 공포와 굴욕감이 밀려오기 시작했다. 너무 수치스러워 경찰에 신고하지도 못했을 뿐만 아니라 다른 사람에게 말할 수도 없었다. 그런 사건이 있은 후부터 K씨의 삶이 현저하게 변했다. 길거리나 직장에서 만나는 모든 남자가 무서웠다. 모든 남자의 눈빛이 그날 밤 마스크를 한 그 사람의 눈빛처럼 느껴져서 두려웠다. 직장생활을 하면서도 집중할 수가 없

었다. 직장동료가 어깨를 두드리면 화들짝 놀라는 일이 빈발했다. 자신의 비밀을 알게 될까봐 사람들을 멀리하게 되었다. 그날 죽음의 위협 앞에서도 소리를 지르며 저항하지 못한 자신에 대한 자책감과 자괴감으로 고통스러웠다. 성폭행을 당한 몸으로 이성을 만나 결혼을 할 수 있을지 깊은 회의에 시달리게 되었다. 그런 사건이 있은 후 다른 곳으로 이사를 했지만 여전히 집에 혼자 있는 시간이 두렵다. 이중 삼중으로 자물쇠를 잠그고 있지만 밤마다 두려움과 불면으로 고통스럽고 악몽에 시달리고 있다.

1. 주요증상과 임상적 특징

외상후 스트레스장애 Posttraumatic Stress Disorder는 K씨의 경우처럼 충격적인 외상 사건을 경험하고 난 후에 다양한 심리적 부적응 증상이 나타나는 경우를 말한다. 여기에서 외상 사건traumatic event은 죽음 또는 죽음의 위협, 신체적 상해, 성폭력과 같이 개인에게 심각한 충격을 주는 다양한 사건들(예: 지진이나 화산폭발과 같은 자연재해, 전쟁, 살인, 납치, 교통사고, 화재, 강간, 폭행)을 의미한다. 생명의 위협이나 심각한 신체적 상해의 위협을 느낄 만큼 충격적인 사건들을 경험하게 되면 그 사건이 종료되었음에도 불구하고 그러한 충격적 경험이 커다란 심리적 상처가 되어 오랜 기간 피해자의 삶에 영향을 미치게 된다. 이러한 외상경험은 개인이 그러한 외상 사건을 직접 경험한 경우뿐만 아니라 타인에게 일어난 외상 사건을 가까이에서 목격하거나 친밀한 사람(가족이나 친구)에게 그러한 사건이 발생했음을 알게 된 경우에도 발생할 수 있다.

외상후 스트레스장애는 이러한 외상 사건을 경험한 후에 다음과 같은 네 가지 유형의 심리적 증상을 특징적으로 나타낸다. 그 첫째는 침투 증상intrusion symptoms으로서 외상 사건과 관련된 기억이나 감정이 자꾸 의식에 침투하여 재경험되는 것을 말한다. 즉, 과거가 현재 속으로 끊임없이 침습하는 것이다. 외상 사건에 대한 고통스러운 기억이 자꾸 떠오르거나 꿈에 나타나기도 한다. 외상 사건과 관련된 자극을 접하게 되면, 그 사건이 실제로 발생하고 있는 것 같은 재현경험flashback을 하거나 강렬한 심리적 고통이나 과도한 생리적 반응을 나타낸다.

둘째, 외상 사건과 관련된 자극을 회피한다. 외상 사건의 재경험이 매우 고통스럽기 때문에 그와 관련된 기억, 생각, 감정을 떠올리지 않으려고 노력한다. 외상 사건과 관련된 생각이나 대화를 피할 뿐만 아니라 그와 관련된 사람이나 장소를 회피한다. 고통스러운 외상경험을 떠올릴 수 있는 모든 자극이나 단서(사람, 장소, 대화, 활동, 대상, 상황)를 회피하려고 노력한다.

셋째, 외상 사건과 관련된 인지와 감정에 있어서 부정적인 변화가 나타난다. 예컨대, 외상 사건의 중요한 일부를 기억하지 못하거나 외상 사건의 원인이나 결과를 왜곡하여 받아들임으로써 자신이나 타인을 책망한다. 또는 자신, 타인 및 세상에 대한 과도한 부정적 신념(예: 나는 나쁜 놈이야. 아무도 믿을 수 없어. 세상은 완전히 위험천지야. 내 뇌는 영원히 회복될 수 없어.)을 나타내기도 한다. 공포, 분노, 죄책감이나 수치심과 같은 부정 정서를 나타내거나 다른 사람에게서 거리감과 소외감을 느끼기도 한다.

마지막으로, 각성과 반응성의 현저한 변화가 나타난다. 평소에도 늘 과민하며 주의집중을 잘 하지 못하고 사소한 자극에 크게 놀라는 반응을 보인다. 사소한 일에도 크게 짜증을 내거나 분노를 폭발하기도 한다. 잠을 잘 이루지 못하거나 쉽게 잘 깨는 등 수면의 곤란을 나타낸다.

외상 사건을 경험하고 난 후 이러한 네 가지 유형의 증상들이 1개월 이상 나타나서 일상생활에 심각한 장해를 받게 될 때 외상후 스트레스장애로 진단된다. 이러한 장애는 외상 사건을 경험한 직후에 나타나는 경우가 대부분이지만 사건을 경험한 후 한동안 잘 지내다가 몇 개월 또는 몇 년 후 뒤늦게 이러한 증상이 나타나는 경우도 있다.

외상후 스트레스장애의 유병률은 평가방법, 선정된 대상, 외상 사건의 유형에 따라 다양하게 보고되고 있다. 미국인의 경우, 성인의 평생 유병률은 6.8%이며 청소년의 평생 유병률은 5.0~8.1%로 알려져 있다(American Psychiatric Association, 2013). 2021년에 보건복지부에서 시행한 정신건강 실태조사에 따르면, 한국인의 경우 외상후 스트레스장애의 평생 유병률은 1.5%(남성 1.3%; 여성 1.6%)로서 미국보다 현저하게 낮은 것으로 나타났다.

외상후 스트레스장애는 2차 세계 대전 이후 참전했던 퇴역군인들이 다양한 부적응 문제를 나타내면서 체계적인 연구가 이루어지기 시작했다. 그 이후에도 강간이나 범죄와 같은 치명적인 사건, 댐 붕괴 사건, 9·11 테러사건을 겪은 많은 사람이 외상후 스트레스장애를 나타냈다. 우리나라에서도 5·18 광주민주화운동, 대구지하철 화재사건, 세월호 침몰사고, 이태원 압사사고과 같은 충격적 사건이 발생한 후에 생존자나 목격자 중의 일부가 외상후 스트레스장애로 진단되었다.

일반적으로 여성은 남성에 비해 외상후 스트레스장애의 유병률이 높다. 여성은 남성에 비해 외상후 스트레스장애에 걸릴 가능성이 3배 정도 더 높다(Kessler et al., 2005). 이러한 경향은 여성이 강간이나 성폭행과 같은 특정한 외상에 노출될 위험성이 높은 것 외에도 여성과 관련된 생물학적, 심리적, 사회적 요인에 의한 것으로 여겨지고 있다.

외상후 스트레스장애는 아동기를 포함한 어느 연령대에서도 발생 가능한 장애로서 증상은 대부분 사건 발생 후 3개월 이내에 일어나며 증상이 지속되는 기간은 몇 개월에서 몇 년까지도 지속될 수 있다. 외상후 스트레스장애는 다른 정신장애와의 공병률이 상당히 높다. 가장 높은 공병률을 나타내는 정신장애는 주요우울장애로서 약 50%의 외상후 스트레스장애 환자에게서 나타나며 다음으로는 범불안장애로서 38%의 공병률을 나타낸다(Kessler et al., 1997).

2. 원인과 치료

외상은 충격적 사건으로 인한 심리적 상처로서 개인의 삶에 지속적인 파급효과를 미치게 된다. 객관적인 관점에서 외상은 죽음이나 신체적 손상을 유발할 수 있는 매우 위협적인 사건에 노출되는 것을 뜻한다. 그러나 주관적인 측면에서 외상은 이러한 사건에 노출된 사람이 경험하는 심리적 충격, 즉 공포, 무력감, 분노, 죄책감의 반응을 의미한다. 동일한 외상 사건에 노출된 사람들의 심리적 반응은 각기 다르다. 외상후 스트레스장애의 이해를 위해서는 동일한 사건이 왜 어떤 사람에게는 외상으로 작용하고 다른 사람에게는 그렇지 않은지를 밝히는 것이 중요하다.

외상후 스트레스장애는 외상 사건이라는 분명한 촉발요인이 존재하기 때문에 연구의 초점이 이러한 장애에 취약한 사람들의 특성을 밝히는 데에 모아지고 있다. 동일한 외상 사건을 경험했더라도 어떤 사람들은 잘 이겨내고 적응하는 반면, 다른 사람들은 외상후 스트레스장애를 나타내기 때문이다. 데이비슨과 포아(Davidson & Foa, 1991)는 외상후 스트레스장애를 유발할 수 있는 위험요인을 외상 사건의 전, 중, 후의 세 요인으로 나누어 제시하고 있다.

외상 전 요인pretraumatic factors으로는 정신장애에 대한 가족력, 아동기의 다른 외상경

외상후 스트레스장애: 외상경험으로 인한 마음의 깊은 상처

험, 의존성이나 정서적 불안정성과 같은 성격특성, 자신의 운명이 외부요인에 의해 결정된다는 통제소재locus of control의 외부성 등이 있다. 외상 중 요인peritraumatic factors은 외상경험 자체의 특성을 의미한다. 외상 사건의 강도가 심하고 외상 사건에 자주 노출되었을수록 외상후 스트레스장애가 나타날 가능성이 높다. 또한 외상 사건이 타인의 악의에 의한 것일 때 그리고 외상 사건이 가까운 사람에게 일어났을 때, 외상후 스트레스장애의 증상이 심하고 오래 지속된다(Kessler et al., 1997). 외상 후 요인posttraumatic factors으로는 사회적 지지체계나 친밀한 관계의 부족, 추가적인 생활 스트레스, 결혼과 직장생활의 불안정, 심한 음주와 도박 등이 있다. 이러한 외상후 요인들은 외상경험자의 심리적 적응을 저해함으로써 외상후 스트레스장애를 유발하거나 악화시키게 된다.

생물학적 입장에서는 유전적 요인이 외상후 스트레스장애에 대한 취약성과 연관되어 있다는 주장이 제기되고 있다. 아울러 외상후 스트레스장애를 지닌 환자들이 특정한 신경전달물질의 이상을 나타낸다는 연구결과도 보고되고 있다. 정신분석적 입장에서는 외상후 스트레스장애를 외상적 사건이 유아기의 미해결된 무의식적 갈등을 다시 불러일으킨 것으로 본다. 그 결과 퇴행이 일어나고 억압, 부인, 취소의 방어기제가 동원되어 이 장애의 증상이 초래된다는 설명이다. 행동주의적 입장에서는 조건형성의 원리를 통해 이 장애를 설명하고 있다. 즉, 외상 사건이 무조건 자극이 되고 외상과 관련된 단서들이 조건 자극이 되어, 불안반응이 조건형성된 것이다. 아울러 외상 사건의 단서를 회피하는 행동이나 무감각한 감정반응은 불안을 감소시키는 부적 강화 효과를 지닌다고 본다.

최근에는 외상후 스트레스장애를 유발하고 지속하게 만드는 심리적 과정을 이해하기 위한 많은 연구가 진행되고 있다. 호로위츠(Horowitz, 1976, 1986)는 외상 정보가 어떤 과정을 통해 인지적으로 처리되어 기존의 사고체계에 통합되는지를 설명하는 **스트레스 반응 이론**stress response theory을 제시했다. 그에 따르면, 외상 사건을 경험한 사람은 일반적으로 5단계의 과정을 나타낸다. 그 첫째는 절규outcry의 단계로서 외상 피해자는 심한 충격 속에서 극심한 고통과 스트레스를 느낀다. 이러한 고통 속에서 외상 피해자는 자신에게 일어난 외상 사건을 기존의 기억체계에 통합하려고 시도한다. 그러나 외상 사건은 피해자에게 엄청나게 많은 양의 내적·외적 정보를 던져 줄 뿐만 아니라 이러한 정보의 대부분은 일상적인 경험과 너무 동떨어진 것이기 때문에 개인의 인지체계에 의해 잘 수용되지 않는다. 피해자는 정보 과부하에 시달릴 뿐만 아니라 수용할 수 없는 외상경험으로 인해 심한 고통과 불안을 겪게 되면서 방어기제를 통해서 자신의 외상경험을 부인하거나 억압하게 된다. 이러한 과정이 두 번째의 회피 단계로서 외상경험을 떠올리는 모든 자극을 회피하려 할 뿐만 아니라 외상 사건을 잘 기억하지 못한다. 그러나 새로운 사건의 경험을 기존의 사고체계에 통합하려는 인지적 경향성으로 인해서 외상 기억이 수시로 의식에 침투하게 된다. 플래시백이나 악몽과 같은 침투증상은 인지적으로 처리되지 못한 외상경험이 원래의 형태로 활성화된 채 의식에 침투하게 되는 것이다. 이처럼 외상 정보가 기존의 인지체계에 통합되지 못한 채 회피 증상과 침투 증상이 함께 나타나는 고통스러운 과정이 동요의 단계이다. 외상후 스트레스장애는 동요의 단계에서 나타나는 부적응 상태를 의미하며 적절한 치료를 받지 못하면 오랫동안 지속될 수 있다. 그러나 이러한 장애를 극복하기 위해 개인적인 노력을 기울이거나 심리치료를 받게 되면, 외상 정보가 조금씩 인지적으로 처리되면서 기존 신념체계와의 통합으로 진행되는 전이 단계가 나타난다. 마지막으로 통합의 단계에서는 외상경험의 의미가 충분히 탐색되어 기존의 신념체계에 통합된다. 그 결과로서 비교적 담담하게 외상경험을 회상할 수 있을 뿐만 아니라 기존의 신념체계가 더욱 확대되고 정교화됨으로써 자신과 세상을 바라보는 확장된 안목을 갖게 된다.

인지적 입장에서 야노프-불만(Janoff-Bulman, 1989, 1992)은 외상후 스트레스장애를 경험하는 사람들의 신념 특성에 주목하여 **박살난 가정 이론**theory of shattered assumptions

을 제안했다. 우리는 세상과 자신에 대한 가정 또는 신념 위에서 매일의 일상생활을 영위하고 미래에 대한 계획을 세우며 살아간다. 외상경험은 이러한 신념체계를 파괴함으로써 외상후 스트레스장애를 유발한다. 야노프-불만은 특히 외상경험에 대한 반응에 영향을 미치는 세 가지의 기본적 신념, 즉 (1) 세상의 우호성에 대한 신념("세상은 안전하고 살기 좋은 곳이다." "사람들은 따뜻하고 우호적이다."), (2) 세상의 합리성에 대한 신념("세상은 합리적으로 움직이는 공정한 곳이다. 모든 일은 이해 가능할 뿐만 아니라 예측 가능하다."), (3) 자신의 가치에 대한 신념("나는 소중한 존재이다." "나는 무가치하게 희생되지 않을 것이다.")을 제시했다. 외상경험은 이러한 신념과 정면으로 배치되는 것으로서 그 근간을 흔들어 파괴함으로써 심각한 혼란과 무기력감을 유발하게 된다. 박살난 가정 이론에 따르면, 이러한 긍정적 신념을 지닌 사람일수록 외상 사건에 의해 강한 충격을 받게 된다.

외상후 스트레스장애의 치료와 관련하여 가장 영향력이 높은 이론은 포아와 동료들(Foa et al., 1989; Foa & Riggs, 1993; Foa & Rothbaum, 1998)이 제시한 **정서적 처리 이론** emotional processing theory이다. 이 이론은 특히 강간이나 성폭행과 관련된 외상을 설명하기 위한 것으로서 외상 사건의 정서적 정보들이 기존의 기억구조와 통합되기 위한 조건을 제시하고 있다. 외상 피해자는 외상경험과 관련된 부정적 정보들(외상 사건에 관한 정보, 외상 사건에 대한 자신의 인지적·행동적·생리적 반응에 대한 정보, 사건과 자신의 반응의 관련성에 대한 정보)의 연결망으로 이루어진 공포 기억구조를 형성하게 된다. 외상경험과 관련된 사소한 단서들은 이러한 공포 기억구조의 연결망을 활성화시켜 침투 증상을 유발하게 된다. 그러한 공포 기억구조의 활성화를 회피하고 억압하려는 시도 역시 회피 증상을 형성하여 부적응 상태를 초래하게 된다. 이러한 딜레마를 벗어나는 해결방법은 반복적 노출을 통해서 공포 기억구조의 정보들을 기존의 기억구조와 통합시키는 것이다. 이러한 통합을 위해서는 공포 기억구조가 반복적으로 활성화되도록 하되 그와 불일치하는 정보를 제공함으로써 공포 기억구조가 수정되도록 유도해야 한다. 외상경험의 반복적 노출을 통해서 외상과 관련된 공포가 둔감화되고 그에 따라 외상 기억을 회피하려는 시도가 감소하게 된다. 아울러 반복적 노출을 경험하면서 피해자는 자신을 위험의 도전 앞에서 유능하고 용기 있게 대처하는 존재로 경험하게 된다. 외상경험으로 인해 자신은 무능하고 세상은 예측할 수 없는 두려운 곳이라고 인식하고 있던 외상 피해자들은 이러한 치료적 경험을 통해서 자기 유능감을 회복하는 동시에 세상은 예측 가능하고 통제 역시 가능하다는 기존의 신념체계로의 통합이 가능해진다.

외상후 스트레스장애의 치료에는 다양한 방법이 적용되고 있다. 외상후 스트레스장애에 대한 정신역동적 치료에서는 방어기제에 초점을 맞추어 카타르시스를 통해 외상 사건을 재구성하여 외상경험으로부터 발생하는 심리 내적 갈등을 해소시켜주는 것을 목적으로 한다. 치료자는 지지적인 관계를 통해 환자로 하여금 외상 사건을 생생하게 이야기하면서 정서적 충격을 정화시키도록 돕는다. 이 과정에서 외상경험이 개인의 성격 구조에 어떤 변화를 일으켰는지 탐색하고, 해결되지 못한 무의식적 갈등을 풀어버리고, 좀 더 건강한 자아의 기능을 회복하며, 혼란스러운 자아정체감으로부터 벗어나도록 돕는다. 약물치료에서는 환자의 증상에 따라 세로토닌 재흡수 억제제나 삼환계 항우울제가 사용되고 있으나 아직 그 치료효과가 확립되지는 않은 상태이다.

외상후 스트레스장애의 치료에는 지속적 노출 치료가 효과적인 것으로 보고되고 있다(Foa et al., 2009). **지속적 노출법**Prolonged Exposure은 특히 강간 피해자의 치료를 위해서 포아와 리그스(Foa & Riggs, 1993)가 제시한 방법이다. 이 치료의 원리는 외상 사건을 단계적으로 떠올리게 하여 불안한 기억에 반복적으로 노출시킴으로써 궁극적으로 외상 사건을 큰 불안 없이 직면할 수 있도록 유도하는 것이다. 외상경험의 반복적 노출을 통해서 외상과 관련된 공포가 둔감화되고 그에 따라 외상 기억을 회피하려는 시도가 감소하게 된다. 그뿐만 아니라 안전한 이완상태에서 외상 자극에 반복적으로 노출하는 것은 공포 기억구조를 활성화시키되 그와 불일치하는 정보를 제공함으로써 공포 기억구조가 수정되고 기존의 인지체계와 통합되는 것을 촉진하게 된다. 지속적 노출법의 첫 단계에서는 외상에 대한 일반적인 반응에 관한 교육을 실시한 후에 긴장이완이나 호흡 훈련을 통해 안정된 심리상태를 유도한다. 이러한 상태에서 외상경험과 관련된 자극이나 상황에 점진적으로 노출시킨다. 외상 사건에 대한 노출은 실제적 노출과 더불어 심상에 의한 상상적 노출을 통해서 이루어질 수 있다. 이러한 노출 상황에 상당기간 머물게 함으로써 공포를 느꼈던 외상 기억에 대한 둔감화가 일어날 뿐만 아니라 이러한 기억이 외상 사건 자체와 동일하지 않음을 인식하게 되어 이를 불안 없이 수용할 수 있게 된다. 외상후 스트레스장애에 대한 지속적 노출법의 치료효과는 많은 연구(예: Cigrang et al., 2005; Foa & Rauch, 2004)를 통해서 검증된 바 있다.

급성 스트레스장애

급성 스트레스장애Acute Stress Disorder는 외상 사건을 직접 경험했거나 목격하고 난 직후에 나타나는 부적응 증상들이 3일 이상 1개월 이내의 단기간 동안 지속되는 경우를 뜻한다. 급성 스트레스장애는 증상의 지속 기간이 짧다는 점 이외에는 주요 증상과 진단기준이 외상후 스트레스장애와 매우 유사하다.

충격적인 외상 사건을 경험하면 누구나 혼란스러운 부적응 증상을 일시적으로 나타낼 수 있다. 그러나 이러한 부적응 증상이 3일 이상 지속되면 일단 급성 스트레스장애로 진단된다. 1개월이 지나도록 이러한 증상이 개선되지 않은 채로 지속되거나 악화되면 외상후 스트레스장애로 진단된다. 급성 스트레스장애를 지닌 사람들의 약 50%가 외상후 스트레스장애로 진전되는 것으로 알려져 있다(Creamer et al., 2004).

급성 스트레스장애의 유병률은 외상 사건의 종류에 따라 상당히 다르다. DSM-5-TR에 따르면, 강간이나 가족폭력 또는 총기사고의 목격과 같은 대인관계적 외상 사건을 경험한 경우에 가장 높은 유병률을 나타내며 피해자의 19~50%가 급성 스트레스장애를 나타내는 것으로 보고되었다.

급성 스트레스장애는 외상후 스트레스장애의 한 변형으로 이해되고 있다. 따라서 급성 스트레스장애는 외상후 스트레스장애와 유사한 원인에 의해서 유발될 수 있다. 급성 스트레스장애는 특히 심한 무력감을 느끼게 한 외상 사건에 대한 단기적인 신체적·심리적 반응으로 여겨지고 있다. 외상경험의 부정적인 결과를 과장하는 파국적 평가와 그로 인한 무력감, 죄책감, 절망감이 급성 스트레스장애를 유발할 수 있다.

급성 스트레스장애의 특징 중 하나는 해리증상을 나타낸다는 점이다. 해리는 기억이나 의식의 통합적 기능이 교란되거나 변질된 상태로서 현실의 부정을 통한 비현실감, 자신을 낯설게 여기는 이인증, 정서적 마비나 기억상실 등을 나타낼 수 있다. 이러한 해리증상은 강력한 외상에 노출되었을 때 일시적으로 자신을 보호하기 위한 기능을 할 수 있다. 외상경험을 한 사람들은 자신에게 일어난 일이 실재가 아니라 한바탕의 꿈이었기를 바라며 이러한 악몽에서 깨어나기를 바란다. 이처럼 현실을 부정하려는 해리기능에 의해서 평소의 자신뿐만 아니라 다른 사람과 주변 환경이 낯설게 느껴지거나 중요한 기억을 상실하는 증상을 나타내게 된다. 이런 점에서 해리증상은 외상의 스트레스에 대한 주요한 심리적 반응이라고 할 수 있다. 급성 스트레스장애는 외상 사건으로부터 자신을 보호하기 위한 해리 반응으로서 점차적으로 현실을 수용함에 따라 해리가 해소되면서 증상도 완화되는 단기적인 장애로 이해되고 있다.

그러나 급성 스트레스장애를 치료하지 않은 채 방치하면 증상이 더욱 악화되면서 더 심각한 외상후 스트레스장애로 발전할 수 있다. 급성 스트레스장애를 나타내는 모든 사람이 외상후 스트레스장애로 진전되는 것은 아니지만, 외상 사건에 대한 침투 증상과 각성 증상이 두드러진 사람들이 외상후 스트레스장애로 진전되는 경향이 있다(Creamer et al., 2004). 급성 스트레스장애에는 노출과 인지적 재구성을 중심으로 한 인지행동치료가 증상을 완화시킬 뿐만 아니라 외상후 스트레스장애로 진행되는 것을 예방하는 데 효과적인 것으로 알려져 있다.

지속성 애도장애

50대 여성인 A씨는 오늘도 딸의 무덤이 있는 ○○묘지로 향하고 있다. A씨의 딸은 2년 전 교통사고로 갑작스럽게 사망했다. A씨는 애지중지하던 딸의 죽음을 받아들일 수 없었으며 시신의 화장을 반대하여 ○○묘지에 매장했다. 장례를 치른 후에도 A씨는 깊은 밤이 되면 딸이 묘지에서 홀로 외로움과 무서움에 괴로워할까 봐 거의 매일 딸의 무덤 옆에 텐트를 치고 밤을 보냈다. 2년이 지난 지금도 딸의 죽음을 슬퍼하고 있으며 남편과 아들에 대한 돌봄을 방치한 채 고인이 된 딸의 죽음에 집착하고 있다.

지속성 애도장애 Prolonged Grief Disorder는 A씨의 경우처럼 친밀했던 사람의 죽음을 경험한 이후에 오랜 기간 부적응적인 애도반응을 나타내는 경우를 말하며 **지속적 비탄장애**라고 불리기도 한다. 지속성 애도장애는 DSM-5-TR에서 처음으로 공식적인 정신장애에 포함되었으며 진단기준은 〈표 4-2〉와 같다.

표 4-2 지속성 애도장애의 진단기준

A. 친밀했던 사람이 12개월 전에 사망한 사건(아동과 청소년의 경우에는 적어도 6개월 전)

B. 사망 이후에, 다음의 애도반응 중 하나 또는 모두가 임상적으로 유의미한 정도로 대부분의 날에 지속적으로 나타난다. 또한 이러한 증상(들)이 최소한 지난달에는 거의 매일 나타나야 한다.

1. 고인에 대한 강렬한 그리움과 갈망
2. 고인에 대한 생각이나 기억에의 집착(아동과 청소년의 경우, 집착의 초점은 사망 상황이 될 수 있다.)

C. 사망 이후에, 다음 증상 중 3개 이상이 대부분의 날에 임상적으로 유의미한 정도로 나타나야 한다. 또한 이러한 증상(들)이 최소한 지난달에는 거의 매일 나타나야 한다.

1. 사망 이후에 나타나는 정체감의 혼란(예: 자신의 일부가 죽은 것처럼 느낌)
2. 죽음을 믿지 못하겠다는 현저한 느낌
3. 고인의 죽음을 떠올리게 하는 것의 회피(아동과 청소년의 경우, 고인의 죽음을 떠올리게 하는 것을 회피하려고 애쓰는 노력이 나타난다.)
4. 죽음과 관련된 강렬한 정서적 고통(예: 분노, 아픔, 슬픔)
5. 개인이 참여해온 관계와 활동을 죽음 이후에 회복하는 것의 어려움(친구와 어울리는 것, 흥미를 추구하는 것, 또는 미래를 계획하는 것과 관련된 문제)
6. 죽음의 결과로 나타나는 정서적 무감각(정서적 경험의 현저한 감소나 결여)
7. 죽음의 결과로 나타나는 삶의 무의미감
8. 죽음의 결과로 나타나는 강렬한 외로움

사랑하는 친밀한 사람(예: 가족, 연인, 친구, 직장동료)의 죽음을 겪고 나서 슬픔을 느끼며 고인을 그리워하는 것은 정상적인 애도반응이다. 그러나 사별 이후에 지나치게 심각한 강도의 애도반응을 장기간 나타낼 경우에는 병적인 것이라고 할 수 있다. 지속성 애도장애는 사별을 겪은 사람의 애도반응이 지나치게 심각할 뿐만 아니라 12개월 이상 지속되어 개인을 부적응 상태에 빠뜨리는 경우를 말한다. 이러한 애도반응은 개인이 속한 사회에서 나타나는 정상적인 애도반응보다 그 강도와 지속기간이 분명하게 지나친 것이어야 한다.

사랑하는 사람의 죽음을 슬퍼하는 모습

DSM-5-TR에 따르면, 사별한 사람의 9.8%가 사별 후 6개월 이내에 지속성 애도장애과 유사한 애도반응을 나타냈다. 지속성 애도장애는 생후 1년 된 아동부터 어떤 연령대에서도 나타날 수 있으며 남자보다 여자에게 더 흔한 것으로 알려져 있다. 일반적으로 부적응적인 애도반응이 사별 이후 몇 달 이내에 나타나지만 몇 년에 걸쳐 나타날 수도 있다. 지속성 애도장애는 주요우울장애, 외상후 스트레스장애, 물질 사용장애와 함께 나타날 수 있다.

지속성 애도장애를 나타내는 사람들은 두 가지의 특징을 지닌다(권석만, 2019; Stroebe & Schut, 1999). 첫째, 이들은 사랑하는 사람의 죽음과 그로 인한 고통을 수용하지 못하고 부정, 억압, 회피의 반응을 나타낸다. 둘째, 이들은 이미 고인이 된 사랑하는 사람을 계속 붙잡고 그리워하며 놓지 못한다. 사별에 건강하게 대처하기 위해서는 사랑하는 사람의 죽음에 대한 슬픔을 충분히 경험하고 표출하는 애도작업이 필요할 뿐만 아니라 사랑하는 사람이 존재하지 않는 상황에서 새로운 삶에 적응하며 일상생활로 돌아오는 회복과정이 필요하다.

사별의 연구자인 란도(Rando, 1993, 1999)는 지속성 애도장애를 유발할 수 있는 7개의 위험요인을 제시했다. 이 중 4개는 죽음과 관련된 요인으로서 (1) 갑작스럽고 예상하지 못한 죽음, 특히 외상적, 폭력적, 신체 절단적, 무의미한 죽음, (2) 오랜 기간 지속된 질병으로 인한 죽음, (3) 어린 자녀의 죽음, (4) 사별자가 생각하기에 미리 방지할 수 있었다고 여기는 죽음이다. 나머지 3개 요인은 사별자에 관한 것으로서 (1) 사별자와 고인의 관계가 매우 의존적이거나 적대적인 경우, (2) 사별자가 해결하지 못한 상실 경험, 심한 스트레스, 정신건강 문제를 지니고 있는 경우, (3) 사별자가 생각하기에 주변 사람들의 사회적 지지가 부족하다고 여기는 경우이다.

사별한 사람을 돕는 가장 대표적인 애도치료는 **복합적 애도치료**complicated grief treatment이다. 복합적 애도치료는 애도작업에 대한 심리교육을 제공할 뿐만 아니라 상실의 고통을 좀 더 생생하고 강렬하게 체험하도록 도움으로써 애도과정을 촉진하는 다양한 치료기법으로 구성되어 있다(Shear et al., 2005). 인지행동치료에서는 노출과 인지적 재구성을 통해서 사별자가 내면적 경험과 외부적 자극에 직면하도록 도움으로써 상실과 관련된 고통을 감내하는 것이 가능하다는 것을 깨닫도록 촉진한다. 이 밖에도 암과 같은 질병으로 사별한 가족을 대상으로 실시되는 가족-초점적 애도치료family focused grief therapy가 있다(Kissane & Block, 2002).

제4절 반응성 애착장애

반응성 애착장애 Reactive Attachment Disorder는 양육자와의 애착 외상으로 인하여 과도하게 위축된 대인관계 패턴을 나타내는 경우를 말한다. 이러한 애착장애는 생후 9개월 이상부터 만 5세 이전의 아동에게 주로 발생한다. 반응성 애착장애를 지닌 아동은 부모를 비롯하여 타인과의 접촉을 두려워하고 회피하며 사회성 발달에 어려움을 겪게 된다.

생애 초기의 아동은 정상적인 심리적 발달을 위해서 특정한 양육자와 일관성 있는 안정적 애착을 형성하는 것이 매우 중요하다. 안정 애착을 형성하기 위해서 부모(특히 어머니)는 아동에게 충분한 애정과 관심을 기울이는 동시에 아동이 고통을 느낄 때 이를 적절하게 위로하고 해소해주는 역할을 해주어야 한다. 그러나 부모의 이혼이나 가정불화, 우울증을 비롯한 어머니의 정신장애, 고아원 생활 등으로 생애 초기에 양육자로부터 충분한 애정을 받지 못했을 뿐만 아니라 학대 또는 방임 상태로 양육되면서 **애착 외상**attachment trauma을 겪는 아동들이 있다. 이러한 애착 외상을 겪는 아동들이 나타내는 애착장애는 크게 두 가지의 유형, 즉 다른 사람과의 관계를 두려워하거나 회피하는 억제형inhibited type과 누구에게나 부적절하게 친밀함을 나타내는 탈억제형disinhibited type으로 구분된다. DSM-5-TR에서는 애착장애의 억제형을 반응성 애착장애로 지칭하고 있으며 탈억제형은 탈억제성 사회적 접근장애로 지칭되고 있다.

반응성 애착장애의 유병률은 잘 알려져 있지 않지만 매우 드문 것으로 보고되고 있다. 심각한 방임 상태에서 양육된 아동의 경우에서도 10% 이하의 아동에게서만 이러한 장애가 나타나는 것으로 알려져 있다. 신생아기 초기부터 아동은 양육자로부터 부적절한 양육을 받을 수 있지만 반응성 애착장애는 흔히 생후 9개월부터 5년 사이에 비슷한 양상으로 나타난다. 이러한 아동에게 적절한 양육환경이 주어지거나 치료적 개입이 이루어지지 못하면, 반응성 애착장애는 여러 해 동안 지속될 수 있다.

반응성 애착장애는 애착 외상이라는 비교적 분명한 환경적 촉발요인을 지니고 있다. 그러나 애착 외상을 경험한 모든 아동이 반응성 애착장애를 나타내는 것은 아니기 때문에 부모의 양육행동과 아동의 기질적 특성이 어떻게 상호작용하여 이러한 장애가 발생하는지에 관심이 모아지고 있다.

대상관계 이론에 따르면, 아동은 부모의 학대 또는 무관심에 저항하다가 나중에는 실망과 좌절 상태에 빠지고 그 후로는 애착의 노력을 중단하는 경향을 나타내는데 이를 **탈애착**detachment이라고 한다. 어머니와 정서적으로 탈애착된 상태에서는 비록 어머니가 다시 돌아오더라도 아동은 어머니에 대한 분노를 지니게 되며 다시 거부당하는 일이 일어날까 두려워한다. 그러면서 어머니에 대해 양가감정을 갖게 되고 마치 낯선 사람을 대하듯이 무관심하거나 회피적인 반응을 나타내게 된다. 이러한 아동은 부모에 대한 접근 욕구와 회피 욕구 간의 갈등에서 벗어나기 위해 관심을 다른 곳으로 돌리게 된다.

아동의 기질이 반응성 애착장애에 영향을 미칠 수 있다는 주장도 제기되고 있다. 특히 동일한 애착 결핍을 경험한 아동들이 억제형 또는 탈억제형 애착장애와 같이 다른 반응을 나타내는 것은 선천적인 기질의 차이 때문인 것으로 추정되고 있다. 반응성 애착장애의 경우 기질적인 과민성과 관련된 것으로 추정되고 있다(Lemelin et al., 2002). 선천적으로 과민성을 지니고 태어난 아동은 양육자의 학대나 방임을 유발할 수 있고 애착결핍에 대해서 과도한 좌절을 겪으며 위축된 회피적 행동을 나타낼 수 있다. 그러나 아동의 기질과 어머니의 양육태도가 어떻게 상호작용하여 애착장애를 유발하는지에 대해서는 충분히 알려져 있지 않다.

반응성 애착장애를 치료하고 예방하는 주된 방법으로 아동과 양육자의 애착관계를 개선하는 데에 초점이 맞춰지고 있다(Newman & Mares, 2007). 애착장애의 치료와 예방은 양육자(부모)의 정서적 감수성과 반응성을 증진시켜 아동과의 상호작용을 긍정적으로 변화시키는 데에 초점을 맞추고 있다. 만약 부모가 자녀양육에 대한 교육을 받더라도 아동과 건강한 애착관계를 형성하기 어려운 문제를 지니고 있다면, 새로운 양육자를 제공하는 것이 바람직하다. 애착장애의 치료를 위해서는 아동에게 정서적으로 애정과 관심을 기울일 수 있는 한 명의 양육자를 제공하는 것이 필수적이다. 아울러 아동을 안전하고 안정된 양육환경으로 옮긴 후, 아동이 양육자와 긍정적인 상호작용을 통해서 신뢰로운 관계를 형성하도록 유도해야 한다. 반응성 애착장애의 치료에는 아동이 흥미를 느끼며 쉽게 몰입할 수 있는 놀이치료가 효과적이다(이숙, 이현정, 2006).

제5절 탈억제성 사회적 접근장애

탈억제성 사회적 접근장애 Disinhibited Social Engagement Disorder는 양육자와의 애착 외상을 경험한 아동이 누구든지 낯선 성인에게 아무런 주저 없이 과도한 친밀감을 표현하며 접근하는 경우를 뜻한다. 앞에서 소개한 반응성 애착장애와 마찬가지로 양육자로부터 학대나 방임을 당한 동일한 경험을 지니고 있지만, 탈억제성 사회적 접근장애를 지닌 아동은 위축된 반응 대신 무분별한 사회성과 과도한 친밀감을 나타내는 부적응 행동을 나타낸다.

DSM-5-TR에 따르면, 탈억제성 사회적 접근장애의 핵심 증상은 친밀하지 않은 낯선 성인에게 자발적으로 접근하여 그들과 상호작용하려는 다음과 같은 행동패턴을 나타내는 것이다: (1) 낯선 성인에게 접근하거나 그들과 상호작용하는 데에 주저함이 없다; (2) 지나치게 친밀한 언어적 또는 신체적 행동을 나타낸다; (3) 낯선 상황에서도 주변을 탐색하고 난 후에 성인 양육자의 존재를 확인하지 않는다; (4) 낯선 성인을 아무런 망설임이나 주저 없이 기꺼이 따라나선다. 생후 9개월 이상 된 아동이 애착 외상에 해당하는 경험을 하고 난 후 이러한 증상을 나타낼 경우에 탈억제성 사회적 접근장애로 진단된다.

탈억제성 사회적 접근장애의 원인은 아직 잘 알려져 있지 않으며 대체로 반응성 애착장애의 원인과 유사한 것으로 추정되고 있다. 동일한 애착 결핍을 경험한 아동들이 억제형 또는 탈억제형 애착장애와 같이 다른 반응을 나타내는 것은 선천적인 기질의 차이 때문인 것으로 추정되고 있다. 반응성 애착장애를 지닌 아동들은 선천적으로 내향성과 과민한 기질을 타고나서 애착 결핍에 대해 회피적인 반응을 나타내는 반면, 탈억제성 사회적 접근장애를 나타내는 아동들은 선천적으로 외향성과 자극추구 기질을 타고나서 애착 결핍에 대해서 무분별한 사회성과 충동적 행동을 통해 반응하는 것으로 추정되고 있다(Lemelin et al., 2002).

탈억제성 사회적 접근장애를 치료하는 방법은 반응성 애착장애의 경우와 거의 동일하다. 특히 탈억제성 사회적 접근장애를 지닌 아동의 경우에는 한 명의 양육자와 친밀한 애착관계를 형성하는 데 초점을 맞춘다(Newman & Mares, 2007). 반응성 애착장애는 우울 정서와 밀접히 관련되어 있으며 향상된 양육환경이 주어지면 증상이 호전되는 반면, 탈억제성 사회적 접근장애는 우울 정서보다 부주의나 과잉행동과 관련성이 더 높으며 양육환경이 향상되어도 증상이 잘 개선되지 않는 경향이 있다(Zeanah & Smyke, 2008).

제6절 적응장애

적응장애Adjustment Disorder는 주요한 생활사건에 대한 적응실패로 나타나는 정서적 또는 행동적 증상을 말한다. 적응장애의 첫째 조건은 분명히 확인될 수 있는 심리사회적 스트레스 사건에 대한 반응으로 부적응 증상이 나타나야 하며, 부적응 증상이 스트레스 사건이 발생한 3개월 이내에 나타나야 한다. 둘째, 그러한 부적응 증상이 환경적 맥락과 문화적 요인을 고려할 때 스트레스 사건의 강도에 비해서 현저하게 심한 것이어야 한다. 셋째, 이러한 적응문제로 인하여 개인이 심각한 고통을 느끼거나 중요한 삶의 영역에서 기능장해가 나타나야 한다. 마지막으로, 개인이 나타내는 부적응 증상이 다른 정신장애의 진단기준에 해당되지 않아야 한다. 달리 말하면, 적응장애는 주요한 생활사건에 대한 적응의 실패로 나타난 부적응 증상으로서 다른 정신장애에 해당될 만큼 심각하지 않은 경우라고 할 수 있다.

적응장애에서 가장 흔히 나타내는 부적응 증상은 우울한 기분, 불안 증상과 품행 문제이다. 스트레스 사건에 대한 반응으로 우울한 침체된 기분과 무력감을 나타내거나 심한 불안감과 신경과민이 나타날 수 있다. 또는 과도한 음주나 폭력적 행동을 비롯하여 청소년의 경우에는 비행 행동(무단결석, 거짓말, 폭행 등)이 나타날 수 있다. 때로는 우울, 불안, 품행 문제가 복합적으로 나타날 수도 있다. 이러한 부적응 문제로 인해서 상당한 고통을 느끼거나 직업 및 학업에서의 수행저하나 대인관계에서의 갈등이 초래될 경우에 적응장애에 해당된다.

적응장애의 연구자들은 동일한 스트레스 사건에 대해서 개인마다 적응 능력이 다른 이유에 주목하고 있다. 정신분석적 입장의 연구자들은 생후 초기의 어머니 역할과 양육환경이 아동이 성장한 후의 스트레스 반응에 중요한 영향을 미친다고 주장한다. 특히 유아기에 양육자가 유아의 욕구를 충분히 충족시켜주고 지지해주는 것이 이후의 삶에서 겪게 될 좌절을 인내할 수 있는 능력을 길러준다고 주장한다. 역경과 좌절을 견뎌내고 회복하는 심리적 탄력성resilience도 어린 시절에 경험한 부모와의 관계에 의해서 크게 영향을 받게 된다.

스트레스 사건에 대한 심리적 반응과 대처 방식은 개인의 다양한 특성에 의해서 영향을 받는다. 개인의 성격특성, 자존감과 자신감, 문제해결능력, 자신과 세상에 대한 신념내용 등의 심리적 특성이 적응장애에 영향을 미칠 수 있다. 또한 스트레스 사건으로 인해 겪게 되는 자신의 역기능이나 어려움에 대한 개인의 인식이 적응장애에 영향을 줄 수 있다. 즉, 불안해하거나 당황해하는 자신의 부적응적 반응을 수용하지 못할 경우, 자신을 비난하거나 실망하게 되고 이러한 평가가 새로운 좌절을 초래하는 악순환 과정을 통해 증상이 악화될 수 있다.

적응장애의 치료를 위해서는 심리치료가 가장 널리 사용된다. 심리치료에서는 스트레스 사건에 대한 내담자의 심리적 고통과 충격을 공감하며 심리적인 지지를 제공할 뿐만 아니라 내담자의 대처행동을 좀 더 효과적으로 변화시키도록 돕는다. 적응장애는 스트레스 요인이 사라지면 증상이 감소하는 경우가 대부분이므로 일반적으로 지지적인 심리치료가 가장 많이 사용된다.

해리장애

우리는 하나의 자아自我를 지니며 그 자아에 의해서 자신의 행동을 일관성 있게 선택하여 행동한다. 우리가 접하게 되는 다양한 경험들은 자아를 중심으로 통합된 기억을 형성하게 된다. 즉, 우리는 '나'라는 하나의 자기정체감self-identity을 지니며 모든 경험은 '나'의 체험으로 기억되고 모든 행동은 '나'의 결정에 의해 선택된다. 이러한 자기정체감에 의해서 우리는 시간적 흐름과 상황적 변화 속에서도 하나의 통합된 자기의식을 지속적으로 지닐 수 있을 뿐만 아니라 타인과의 관계에서도 일관성 있는 개인으로 활동하게 된다.

해리장애Dissociative Disorders는 의식, 기억, 행동 및 자기정체감의 통합적 기능에 갑작스러운 이상을 나타내는 장애이다. **해리**dissociation란 자기자신, 시간, 주위환경에 대한 연속적인 의식이 단절되는 현상을 말한다. 해리 현상은 일상생활에서 누구나 겪을 수 있는 정상적인 경험(예: 책에 몰두하여 주변을 완전히 잊는 것, 최면 상태, 종교적 황홀경 등)으로부터 심한 부적응을 유발하는 병리적 해리장애까지 광범위한 연속적인 심리적 현상이다. 해리는 감당하기 어려운 충격적 경험으로부터 자신을 보호하는 기능을 지니고 있으며 진화론적으로 적응적 가치가 있는 기능으로 여겨지고 있다. 그러나 이러한 해리 현상이 지나치거나 부적응적인 양상으로 나타날 경우를 해리장애라고 한다. DSM-

표 4-3 **해리장애의 하위유형과 핵심증상**

하위장애	핵심증상
해리성 정체감장애	한 사람의 내면에 두 개 이상의 독립적인 정체감과 성격의 존재
해리성 기억상실증	자기의 과거(전부 또는 특정 기간의 기억)에 대한 망각
이인증/비현실감 장애	평소와 달리 자신과 주변 환경에 대해 반복적인 낯선 느낌

5-TR에서는 해리장애를 해리성 정체감장애, 해리성 기억상실증, 이인증/비현실감 장애로 구분하여 제시하고 있다.

제1절 해리성 정체감장애

1. 주요증상과 임상적 특징

해리성 정체감장애Dissociative Identity Disorder는 한 사람 안에 둘 이상의 각기 다른 정체감을 지닌 인격이 존재하는 경우를 말한다. 과거에는 다중성격장애multiple personality disorder라고 불리기도 했다. 해리성 정체감장애의 진단기준은 다음과 같다. 첫째, 두 개 이상의 다른 성격 상태를 특징적으로 나타내는 정체감의 분열을 보이며 일부 문화에서는 빙의possession 경험으로 기술되기도 한다. 이러한 정체감의 분열은 자기감 및 자기 주체감의 뚜렷한 비연속성을 포함하며 정서, 행동, 의식, 기억, 지각, 인지와 감각운동 기능의 변화를 수반한다. 이러한 징후와 증상들은 다른 사람들에 의해 관찰되거나 본인에 의해 보고될 수 있다. 둘째, 일상적인 사건, 중요한 개인정보, 외상적 사건을 기억함에 있어 공백이 반복적으로 나타나는데, 이러한 기억의 실패는 일상적인 망각으로는 설명할 수 없는 것이다. 셋째, 이러한 증상으로 인해서 현저한 고통을 겪거나 사회적, 직업적, 중요한 기능에서 손상이 초래되어야 한다. 넷째, 이러한 장해는 널리 수용되는 문화적 또는 종교적 관습의 정상적인 일부가 아니어야 한다. 마지막으로, 이 장애는 물질(예: 알코올중독 기간의 망각)이나 신체적 질병(예: 간질발작)의 생리적 효과로 인한 것이 아니어야 한다.

해리성 정체감장애는 한 사람 안에 서로 다른 정체성과 성격을 지닌 여러 사람이 존재하면서 상황에 따라 각기 다른 사람이 의식에 나타나서 말과 행동을 하는 것 같은 모습을 나타낸다. 각각의 인격은 각기 다른 이름, 과거경험, 자아상과 정체감을 갖고 있는 것처럼 행동한다. 대개의 경우, 개인의 원래 이름을 그대로 유지하는 일차적 인격은 수동적이고 의존적이며 우울하거나 죄책감을 지니고 있다. 교체되는 인격들은 다른 이름을 지니고 있고 일차적 인격과는 대조적인 성격을 지니는 경우가 많다. 이들은 자신의 연령, 사용하는 어휘나 상식, 주된 정서, 심지어 목소리에서도 서로 차이를 나타내기도 한다. 교체되는 인격들은 번갈아 지배권을 갖게 되는데, 한 인격이 다른 인격의 의견을 부정하기도 하고 서로 비판적이기도 하며 공공연하게 갈등을 표출하기도 한다. 이 장애를 지닌 사람들은 기억에 있어서 빈번한 공백을 경험한다. 즉, 한 인격이 의식에 나타나 경험한 것을 다른 인격이 기억하지 못하는 경우가 많다. 의식에 나타나는 인격의 변화는 보통 심리사회적 스트레스에 의해 일어난다. 하나의 인격에서 다른 인격으로 바뀌는 데 소요되는 시간은 대개 몇 초 범위이지만 서서히 진행되는 경우도 있다. 인격의 수는 2~100개 이상 보고되고 있으나 보고된 사례들의 반 이상이 10개 이하의 인격을 나타낸다.

해리성 정체감장애의 1년 유병률은 미국의 경우 1.5%로 보고되고 있으며 남자(1.6%)와 여자(1.4%)가 비슷한 유병률을 나타내고 있다(American Psychiatric Association, 2013). 미국의 경우 최근 이 장애에 대한 사례보고가 급격히 증가하고 있다. 이러한 현상은 정신건강 전문가들이 이 장애의 진단기준을 잘 인식하여 숨겨져 있던 환자들이 발견된 결과라는 해석이 있는 반면, 전문가의 물음에 피암시성이 높은 사람들이 증상을 과장함으로써 진단이 남발되고 있기 때문이라는 지적도 있다.

2. 원인과 치료

해리성 정체감장애는 아동기의 외상경험과 관련되어 있다는 주장이 많다. 이 장애의 환자들은 아동기에 신체적·성적 학대를 경험한 경우가 매우 많다. 푸트남과 동료들(Putnam et al., 1986)이 100명의 사례에 대한 분석을 한 결과에 따르면, 86%가 성적 학대를 받은 과거 경험이 있었고 75%가 반복되는 신체적 학대를 보고했으며 45%는 아동기에 폭력에 의한 죽음을 목격했다. 단지 3%만이 의미 있는 아동기 외상의 과거력이 없었다.

해리성 정체감장애를 설명하는 **외상 모델**trauma model은 주로 아동기의 외상경험과 해리적 방어에 초점을 맞추고 있다. 아동기의 고통스러운 외상경험을 회피하기 위한 방어로서 나타난 해리현상이 아동의 발달과정을 통해서 점차 정교해지면서 해리성 정체감장애로 발전하게 된다는 설명이다. 스피겔과 카데나(Spiegel & Cardena, 1991)에 따르면, 해리적 방어 책략은 고통스러운 외상경험을 한 사람들에게 다양한 이득을 제공한다. 우선, 외상 사건이 일어나고 있는 도중에는 외상의 충격으로부터 분리될 수 있고, 외상 사건 이후에도 그에 관한 기억을 다루고 해결해야 하는 고통에서 벗어날 수 있다. 또한 해리 증상을 나타냄으로써 무력감을 느끼는 사건 도중에도 통제력을 유지할 수 있다. 어린 시절, 특히 5세 이전에 많은 외상경험을 하게 된 아동들은 통합된 자기정체감을 확립하지 못한 채 해리적 방어 책략을 통해서 대체 인격을 형성하게 된다. 아동기를 지나 청소년기와 성인기로 성장해감에 따라 대체 인격의 수, 복잡성, 분리된 정도가 변화하게 된다. 요컨대, 해리는 아동기의 외상경험으로부터 살아남기 위한 대처 방략으로서 감당할 수 없는 외상 기억과 감정을 묻어두는 역할을 하게 된다. 삶의 초기에 나타나는 해리는 심각한 정신적 붕괴를 방지하는 자기보호적 기능을 지니고 있으나 이후의 성장과정에서 통합된 자기정체감을 형성하지 못할 경우에 해리성 정체감장애로 발전할 수 있다.

클러프트(Kluft, 1984)는 해리성 정체감장애를 유발하는 네 가지 요인을 제시했다. 첫째는 해리능력으로서 외상에 직면했을 때 현실로부터 해리될 수 있는 내적 능력이 있어야 한다. 둘째는 외상경험으로서 신체적·성적 학대와 같이 아동의 일상적 방어능력을 넘어서는 압도적인 외상경험들이 있어야 한다. 셋째는 응집력 있는 자아의 획득 실패이다. 해리에 의한 대체 인격(예: 상상 속의 친구)의 증가와 발달로 인해서 하나의 응집력 있는 자아를 형성할 수 없을 때 해리성 정체감장애로 발전하게 된다. 마지막으로, 진정 경험의 결핍이다. 외상경험은 타인이 달래주고 위로해주고 진정시켜줌으로써 그 충격으로부터 회복될 수 있다. 이러한 위로와 진정 기능을 해줄 수 있는 타인의 부재는 해리 방어를 강화시켜 해리성 정체감장애를 유발하는 조건을 제공하게 된다. 외상경험을 했다고 해서 모두 해리성 정체감장애를 나타내는 것은 아니다. 외상경험은 해리성 정체감장애의 필요조건일 뿐 충분조건은 아니다. 네 가지의 조건을 모두 갖췄을 때 해리성 정체감장애가 발생할 수 있다. 예컨대, 앞의 세 요인을 모두 갖췄다 하더라도 마지막 네 번째 요인이 결여된다면, 즉 아동의 심리적 상처를 위로하고 진정시킬 수 있는 타인이 존재할 경우에는 해리성 정체감장애로 발전하지 않을 수 있다. 이러한 **4요인 모델** four factors model은 최근에도 해리성 정체감장애의 발달과정을 이해하고 심리치료를 시행하는 데 널리 사용되고 있다.

블리스(Bliss, 1984, 1986)는 해리성 정체감장애 환자들이 다른 장애집단보다 피암시성 또는 피최면성이 높다는 것을 발견하고 이러한 특성을 이 장애의 소인이라고 지적하였다. 브라운과 삭스(Braun & Sachs, 1985)는 선천적인 해리 능력, 평균 이상의 지능과 창의력, 학대받은 과거력이 해리성 정체감장애의 소인이라고 주장하였다. 학대의 외상경험은 아동으로 하여금 방어를 위해 자신을 해리시키도록 하고, 외상경험이 지속될 경우 다른 인격의 형성을 유도할 수 있다는 주장이다. 푸트남(Putnam, 1989)에 따르면, 다중 인격을 위한 선천적 경향성이 강한 아동에게 외상경험이 주어지면 현실로부터 도피하고, 외상 기억을 의식에서 배제하며, 자신에 대한 고통스러운 감정의 방어로서 자기 경험을 해리시키게 된다. 그 후에 아동은 상상이나 환상을 통해 해리된 경험에 정체감을 부여하고 여러 가지 신체적 · 심리적 속성을 추가시킴으로써 점차 정교화된 인격이 형성된다고 본다.

행동주의적 입장에서 해리장애는 학습에 의해서 습득된다고 본다. 특히 해리성 정체감장애는 개인이 스트레스가 심할 때 평소와 다른 사회적 역할을 선택하여 행동하고 그 결과가 보상적이면 유사한 스트레스 상황에서 새로운 역할의 행동을 하게 되는 것이라고 본다(Ullmann & Kransner, 1975). 새로운 역할이나 정체감은 관찰학습에 의해서 습득될 수 있다. 다른 사람의 성격을 모방함으로써 의식적으로 감당하기 어려운 고통을 회피하거나 욕구발산으로 인한 책임을 면제받으며 다른 사람의 주의를 끌게 되는 것이 보상으로 작용할 수 있다. 이런 역할 연기의 학습은 의도적인 것은 아니며, 특정한 상황에서 그런 역할에 몰두하게 되는 것이라고 보고 있다(Spanos et al., 1985).

해리성 정체감장애의 주된 치료목적은 여러 인격 간의 통합을 통한 적응기능의 향상이다. 여러 인격의 통합은 가장 중심적이고 적응적인 인격을 중심으로 이루어지는 것이 바람직하다. 클러프트(Kluft, 1991)는 해리성 정체감장애의 심리치료를 성공적으로 이끌기 위한 세 가지 지침을 다음과 같이 제시하고 있다. 첫째, 환자와 치료자 간의 견고한 치료적 관계가 형성되어야 한다. 환자의 주된 인격뿐 아니라 다른 인격들과도 긴밀한 관계를 형성해야 한다. 둘째, 과거의 외상경험을 드러내고 정화시킬 수 있도록 도와주어야 한다. 각 인격이 지니고 있는 과거의 고통스러운 경험을 그 인격이 견딜 수 있는 방법으로 드러내고 감정을 표현하도록 도와주어야 한다. 마지막으로, 인격들 간의 원활한 협동을 이루도록 유도한다. 인격들이 치료자와 안전한 관계를 체험하고 외상경험을 정화하게 되면 하나의 인격으로 통합되도록 돕는다. 효과적인 심리치료는 그동안 상실된 것을 회복시켜주며 환자로 하여금 조각난 것을 모아서 새롭게 형성된 자기를 위해 기초가 되는 연대기적 이야기나 자서전을 만들어낼 수 있도록 도와주어야 한다.

제2절 해리성 기억상실증

시골의 작은 마을에 살고 있던 30대 초반의 주부 P씨는 '존속유기 살해죄'로 구속되어 정신감정을 받게 되었다. P씨는 시골로 시집을 와서 시집살이와 경제적 궁핍으로 어려움을 겪고 있던 어느 날, 남편과 심한 말다툼을 벌이고 나서 생후 10개월 된 아들을 업고 나간 후 나흘 동안 행방불명이 되었다가 동네사람에 의해서 발견되었다. 그러나 아이를 어디에 두었는지 P씨 혼자의 몸으로 발견되었다. 동네사람의 말에 따르면, P씨가 산속을 헤매었는지 헝클어진 머리에 얼굴에는 나뭇가지가 스친 상처자국이 많이 나 있었으며 발견 당시에 넋이 나간 모습이었다고 한다. 그러나 업고 나간 아이를 어떻게 했느냐는 가족의 물음에 P씨는 자신이 지난 나흘 동안 어디에서 무엇을 했는지 아무런 기억이 없다고 말했으며 남편을 비롯한 가족을 알아보지 못했다. 동네사람들이 아이를 찾기 위해 동네 근처의 산을 뒤진 결과, 어린아이는 산속에서 싸늘한 시체로 발견되었다. 엄마인 P씨가 아이를 산에 버려 죽게 했다는 객관적 사실로 인해 존속유기 살해죄로 구속되었으나, 당시 P씨가 정상적인 의식과 판단력을 지닌 상태가 아니었다는 정황적 증거로 인해 판결을 위한 정신감정이 의뢰된 것이다.

1. 주요증상과 임상적 특징

해리성 기억상실증 Dissociative Amnesia은 P씨의 경우처럼 결코 잊을 수 없는 중요한 과거 경험을 기억하지 못하여 부적응을 겪게 되는 경우를 말한다. DSM-5-TR에 따르면, 해리성 기억상실증의 핵심증상은 중요한 자서전적 정보를 기억하지 못하는 것이다. 흔히 기억하지 못하는 자서전적 정보는 외상적인 것이나 스트레스를 주는 것으로서 이러한 기억상실은 일상적인 망각으로는 설명할 수 없는 것이어야 한다. 대부분의 경우, 해리성 기억상실증은 특정한 사건에 대한 부분적 또는 선택적 기억상실증으로 나타나지만 자기정체감과 생애 전체에 대한 전반적 기억상실증으로 나타나는 경우도 있다. DSM-5-TR에서는 해리성 기억상실증을 해리성 둔주가 함께 나타나는 유형과 그렇지 않은 유형으로 구분하고 있다. **해리성 둔주**dissociative fugue는 기억상실과 더불어 주거지를 이탈하여 떠돌거나 방황하는 행동을 의미한다. 앞의 사례에서 제시된 P씨는 해리성 기억상실증의 해리성 둔주 유형에 속하는 경우라고 할 수 있다.

해리성 기억상실증을 지닌 사람들은 중요한 개인적 정보를 몇 시간 또는 드물게는 몇 년 동안 지속적으로 기억하지 못하는데, 특정한 사건에 국한된 제한적인 기억상실일 수도 있고 자신의 생애에 관한 전반적 정보를 기억하지 못하는 경우도 있다. 그러나 일반적 상식이나 지식과 같은 비개인적인 정보의 기억에는 손상이 없으며 언어 및 학습 능력과 같은 일반적 적응기능은 유지되는 경우가 대부분이다.

기억하지 못하는 경험내용은 심리적 고통을 야기하는 정보이거나 충격적이었던 사건과 관련된 것일 경우가 많다. 이러한 기억상실은 단순한 건망증이나 망각으로 설명하기에는 그 정도가 심하거나 광범위하며, 일반적으로 충격적인 사건이나 내면적 고통을 경험한 후에 나타나는 경우가 많다. 이러한 기억상실은 뇌 손상이나 뇌 기능장애로 유발된 것이 아니어야 한다. 이러한 기억상실로 인해 개인의 적응에 현저한 고통과 장해를 초래할 경우에, 해리성 기억상실증이라고 진단된다. 과거에는 **심인성 기억상실증**psychogenic amnesia이라고 불리기도 했다. 해리성 기억상실증은 기억장애가 특징적 증상이지만 의식의 혼란이나 현실감각의 장애 등이 수반될 수도 있다. 기억상실은 갑작스럽게 나타나고 대부분 일시적으로 지속되다가 역시 갑작스럽게 회복되는 경우가 많다.

해리성 기억상실증은 그 유병률이 잘 알려져 있지 않으나 해리장애 중에서는 가장 흔하다. 미국 성인의 경우, 1년 유병률이 1.8%로 보고되고 있다. 이 장애는 남자보다 여자에게 더 흔하게 나타나며 사춘기와 청년기에 흔히 발병하고 노인기에는 드물다. 전쟁이나 천재지변이 발생했을 때 발병률이 높아지는 경향이 있다. 가정에서 일어나는 불행한 사건(예: 배우자 학대나 아동 학대)도 해리성 기억상실증을 유발하는 주요한 촉발 요인으로 알려져 있다.

2. 원인과 치료

인간에게는 의식에 의해 조절되지 않는 생각이나 행동 양식이 존재하는데 해리현상은 이러한 사고나 행동이 의식적 자각과 수의적 통제 밖에서 일어난 것이라고 할 수 있다. 정신분석적 입장에서는 해리현상을 능동적인 정신과정으로 본다. 즉, 불안을 일으키는 심리적 내용을 능동적으로 방어하고 억압함으로써 이러한 심리적 내용이 의식되지 못하게 할 뿐 아니라 행동에 영향을 주지 못하게 한다. 해리성 기억상실증은 억압과 부인의 방어기제를 통해 경험내용이 의식에 이르지 못하게 된 상태이다.

행동주의적 입장에서는 기억상실행동은 학습에 의해 습득된다고 본다. 해리성 기억상실증은 고통스러운 환경 자극을 회피하기 위한 것이다. 즉, 불안이나 죄책감을 유발하는 혼란스러운 행동이나 생각을 잊어버림으로써 스트레스를 주는 사건으로부터 자신을 보호할 수 있다는 점이 보상으로 작용하고, 불안이나 죄책감에서 벗어나는 것이 강화되어 해리증상이 지속된다고 본다.

해리성 기억상실증은 상태의존적 학습이론에 의해서 설명되기도 한다. 특별한 정서적 또는 신체적 상태에서 학습되고 경험된 정보는 원래의 상태를 재경험하는 동안 보다 쉽게 회상된다는 것이 상태의존적 학습state-dependent learning의 골자이다. 따라서 고통스러운 사건 당시의 감정상태는 너무나 예상 밖이어서 그러한 상태에서 학습되었던 정보들을 기억하기가 어렵다. 즉, 해리성 기억상실증 환자들은 고통스럽고 상처받은 사건의 기억을 회상하지 못하게 되는 것이다(Braun, 1989). 그러나 망각된 기억은 일상적인 상태에서는 기억되지 않지만, 충격적 사건 당시와 유사한 각성이나 정서상태에서는 부분적인 기억이 의식에 침투되어 회상될 수도 있다. 이러한 원리는 외상후 스트레스장애처럼 충격적 경험을 한 후에 외부적 단서나 심리적 정서상태에 의해 외상사건의 생생한 장면과 감정이 재경험되는 현상을 설명할 수도 있다. 그러나 외상후 스트레스장애가 외상 사건과 관련된 충격적 경험이 재경험되어 불안이 지속되는 장애라면, 해리성 기억상실증은 그와 반대로 외상 사건에 관한 기억을 상실하여 고통을 회피하는 장애라고 할 수 있다.

해리장애는 대부분 충격적인 스트레스 사건이 계기가 되어 나타나기 때문에 해리장애를 외상후 스트레스장애의 한 형태로 간주하고 이 장애와의 관련성 속에서 설명하려는 학자들이 있다. 외상후 스트레스장애에 대한 최근의 연구들은 정보처리모델을 강조하고 있는데, 외상 사건을 경험한 후에 사람들은 외상경험을 기존의 자기와 세계에 대한 인지도식에 통합시키고 동화시키려 한다고 본다. 이러한 통합과정은 외상경험에 대해서 재경험과 둔감화의 현상이 교차되어 나타나면서 점진적으로 진행된다. 한 연구에 따르면, 피험자에게 최면을 통해 외상적 심상을 떠올리게 하면 뇌의 좌반구에서 활발한 반응이 나타나는 반면, 정서적인 둔감화 상태에서는 우반구의 반응이 활발해졌다. 이는 외상사건의 재경험과 둔감화 과정이 각기 다른 뇌반구에서 일어나며 두 과정이 지속적으로 교체되면서 일어난다는 것을 시사한다. 즉, 정서적 둔감화나 기억상실과 같은 해리증상은 외상 사건의 재경험으로 인한 심리적 고통을 줄이고 새로운 평형상태를 유지하기 위한 심리적, 신경생리학적 기제에 의해 생겨나는 것이라고 주장되고 있다.

해리성 기억상실증의 치료를 위해서는 우선 상실된 기억을 회복시키는 것이 중요하다. 이를 위해서 약물치료를 할 경우에는 빨리 효과가 나타나는 바비튜레이트 barbiturate 계열의 약물을 정맥주사로 투여한다. 또는 최면치료가 적용되기도 하며 심리치료를 통해 환자의 정신적 충격과 정서적 갈등을 완화시켜 주면 기억이 회복되는 경우가 많다.

제3절 이인증/비현실감 장애

1. 주요증상과 임상적 특징

우리는 우리가 보고 느끼고 생각하는 것들을 우리의 생생한 사실적 경험으로 인식하고 타인이나 주변 환경 역시 실재하는 외부 현실로 경험한다. 그런데 자신의 경험이 평소와 달리 매우 낯선 것으로 느껴지는 이질감을 경험하거나 외부 세계가 예전과 달라졌다고 느껴지는 비현실감을 지속적으로 경험한다면, 이인증/비현실감 장애의 가능성을 고려해야 한다.

DSM-5-TR에 따르면, 이인증/비현실감 장애Depersonalization/Derealization Disorder의 첫 번째 진단기준은 이인증이나 비현실감을 지속적으로 또는 반복적으로 경험하는 것이다. 이인증depersonalization이란 자신의 생각, 감정, 감각, 신체 또는 행위를 생생한 현실로 느끼지 못하고 그것과 분리되거나 외부 관찰자가 된 경험(예: 지각경험의 변화, 시간감각의 이상, 자신이 낯설거나 없어진 듯한 느낌, 정서적 또는 신체적 감각의 둔화)을 뜻한다. 비현실감derealization은 주변 환경이 비현실적인 것으로 느껴지거나 그것과 분리된 듯한 느낌을 갖게 되는 경험(예: 사람이나 물체가 현실이 아닌 것으로 인식되거나 꿈이나 안개 속에 있는 것처럼 느껴지거나 생명이 없거나 왜곡된 모습으로 보이는 경험)을 뜻한다.

둘째, 이인증이나 비현실감을 경험하는 동안에 현실검증력은 손상되지 않은 채로 양호하게 유지된다. 예컨대, 자신이 기계가 된 듯한 이인증의 경험을 하는 동안에도 그런 느낌을 받을 뿐 자신이 실제로 기계가 아니라는 것을 인식한다. 셋째, 이러한 증상으로 인해서 임상적으로 심각한 고통이나 사회적, 직업적 또는 다른 중요한 기능 영역에서 심한 장해를 초래해야 한다. 이인증이나 비현실감은 흔한 경험이므로 증상이 명백한 고통이나

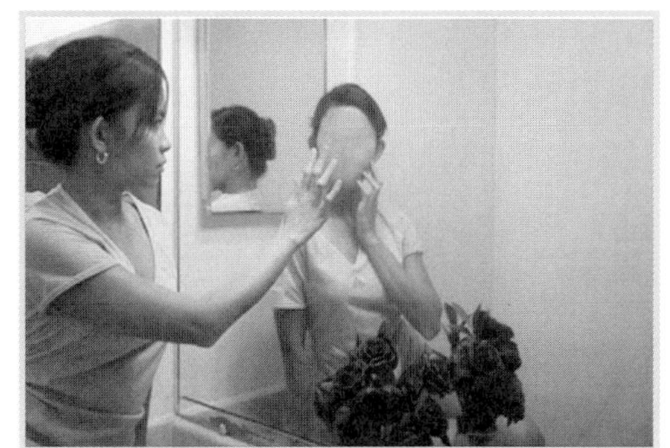

기능의 장해를 초래할 정도로 충분히 심한 경우에만 이인증/비현실감 장애로 진단될 수 있다. 마지막으로, 이인증이나 비현실감은 어떤 물질이나 신체적 질병에 의한 것이 아니어야 한다. 또한 이러한 증상은 다른 정신장애의 부수적 증상으로 흔히 나타나기 때문에, 만약 다른 정신장애(예: 조현병, 공황장애, 급성 스트레스장애 또는 다른 해리장애)의 경과 중에만 발생하면 이인증/비현실감 장애의 진단을 내리지 않는다.

이인증과 비현실감은 자기 또는 세상과 유리된 듯한 주관적인 경험으로서 지각적 통합의 실패를 의미하는 전형적인 해리증상이다(Simeon et al., 2003). 이인증/비현실감 장애는 자신과 세상과 관련하여 평소와 전혀 다른 변화된 지각경험을 하게 됨으로써 현실감각이 일시적으로 손상되는 장애이다. 이러한 상태에서는 자신이 자아와 분리되고 생명력이 없으며 기이하고 친숙하지 못한 낯선 느낌을 가질 뿐만 아니라 마치 자신이 기계적으로 행동하는 '기계장치automaton'인 듯한 느낌을 갖게 되어 매우 불쾌하며 혐오스럽게 느껴진다.

이인증/비현실감 장애의 평생 유병률은 국가에 따라 0.8~2.8%이며 평균적으로 약 2%로 보고되고 있다. 이 장애에 대한 남자와 여자의 유병률은 대체로 비슷한 것으로 알려져 있다. 성인의 거의 절반은 일생 동안 심한 스트레스에 의해 촉발된 단기적인 이인증을 한 번 정도 경험한다. 이인증의 경험은 매우 짧은 시간(몇 초)으로부터 지속적인 기간(몇 년)까지 다양하다. 이처럼 이인증이나 비현실감은 누구나 일시적으로 경험할 수 있는 정상적인 경험이다. 그러나 이러한 경험이 심각한 형태로 자주 반복되어 나타날 경우에는 병리적인 것으로 간주될 수 있다. 병리적인 이인증은 정상적인 이인증에 비해서 증상의 강도가 강할 뿐만 아니라 그 지속기간이 길고 잦은 빈도로 나타난다.

2. 원인과 치료

정신분석적 입장에서는 이인증/비현실감의 경험을 일종의 방어기제로 간주하고 있다. 꿈속에서 불안한 내용의 꿈을 꾸다가 "이건 꿈일 뿐이야"라고 생각하는 것은 실제가 아님을 지각하게 함으로써 꿈과 연합된 불안을 경감시킬 수 있듯이, 이인증/비현실감은 자신과 현실을 실제가 아닌 낯선 것으로 느낌으로써 불안을 유발하는 소망이 의식에 들어오는 것을 막는 방어적 기능을 한다고 본다.

이인증은 자기정체감의 갈등을 반영한다는 주장도 있다. 제이콥슨(Jacobson, 1959)은 자기의 바람직하지 않은 부분을 부인함으로써 수용할 수 없는 자기정체감을 방어하려는 노력이라고 보았다. 사린(Sarlin, 1962)은 갈등적인 부모의 심리적 특성이 각각 아동에게 내면화되어 성인이 된 후에도 자기정체성의 통합에 갈등을 초래하며 이러한 갈등이 이인증의 현상으로 나타난다고 보았다. 아로(Arlow, 1966)에 따르면, 자기는 '행동하는 자기'와 '관찰하는 자기'로 구분되고 일상적인 상황에서는 두 가지 자기가 통합적으로 기능하지만, 불안하고 공포스러운 상황에서는 이러한 두 가지 자기가 별개로 기능하게 되는데 이때 이인증 경험이 유발된다. 즉, 위험하거나 갈등적인 상황에서 경험되는 충동을 '행동하는 자기'에게 귀인시킴으로써 '관찰하는 자기'는 마치 다른 사람의 경험처럼 낯선 것으로 느끼게 되는데, 이러한 이인증을 통해 불안을 방어하게 된다. 현대 정신분석학의 한 학파인 자아심리학에서는 이인증이 항상 방어의 형태로 생기는 것은 아니라고 본다. 이인증은 일관되고 안정된 자기인식을 견고히 하는 데에 어려움이 있음을 반영하는 것으로서 자기통합의 어려움, 즉 자신이 쪼개어지는 것에 대한 공포를 반영하는 것이라고 본다.

미첼과 그의 동료들(Michal et al., 2006)은 이인증/비현실감이 자존감을 유지하려는 자기애적 노력의 실패에 의한 것이라고 주장한다. 자신을 특별한 존재로 여기는 동시에 타인의 인정을 중시하는 자기애적 성향을 지닌 사람에게는 자신을 스스로 통제할 수 없다는 통제상실감이 자존감의 심각한 위협으로 작용하게 된다. 즉, 통제상실의 위협에 대한 자기애적 민감성은 이인증을 유발하는 취약성으로 작용하게 된다. 이인증 장애 환자들 중에서는 어린 시절에 정서적 학대를 경험한 경우가 상당수 있었다(Michal et al., 2007; Simeon et al., 2001). 정서적 학대와 더불어 중요한 타인과 신뢰로운 관계를 경험하지 못하면 건강한 자기애를 형성하지 못한 채 통제상실에 대한 과도한 민감성을 지니게 된다. 정서적 학대 경험이 없는 이인증 환자들의 경우에는 성취가 과도하게 강조되거나 자기애적 만족감을 제공하는 가족 분위기에서 독자나 재능 있는 아동으로 자란 사람들이 많았다(Torch, 1987). 이 두 가지의 경우 모두 개인은 자기애를 유지하기 위해서 과도하게 외부의 인정에 의존하게 된다. 타인의 인정을 중시하게 되면, 아동은 자신을 1인칭의 관점에서 인식하기보다 3인칭(중요한 타인)의 관점에서 바라보는 평가의 대상으로 인식하게 된다. 타인에 의해 부여된 이상화된 자기의 기준을 충족시키려고 노력하기 때문이다. 이러한 과정 속에서 자신을 1인칭에서 바라보는 주관적 경험을 지속적으로 부정하게 되면서 점진적으로 부적절감과 통제상실감을 경험하게 된다. 이러한 통제상실감은 자신을 낯설게 느끼거나 마치 기계가 되어 행동하는 것같이 느끼게 되는 이인증을 촉발하게 된다. 이인증은 이처럼 자존감에 대한 자기애적 조절narcissistic regulation of self-esteem의 실패에 의한 것이라는 설명이다.

정신분석적 심리치료는 이인증을 지닌 사람들이 이러한 증상에 대한 통제를 할 수 있도록 돕기 위해 외상적 기억들을 정화시키는 데에 중점을 둔다(Steinberg, 1991; Torch, 1987). 어떤 무의식적 갈등이 이인증을 일으키는지에 대한 이해가 증가되면 그에 대한 통제감과 통제능력도 향상된다. 흔히 이인증 환자들이 지니는 낮은 자존감과 그에 대한 과잉 보상의 노력은 부모의 과도한 요구를 충족시키지 못한 것일 수 있으므로 치료과정에서는 자존감의 문제를 우선적으로 다룬다. 아울러 낮은 자존감과 무능감을 지니게 만든 부모와의 아픈 경험을 재경험하는 동시에 그와 관련된 감정들을 표출하여 정화하도록 돕는다.

헌터와 그의 동료들(Hunter et al., 2005)은 자신의 인지행동모델에 따른 치료적 개입방법을 제시했다. 우선, 심리적 교육을 통해서 이인증/비현실감 증상에 대한 정확한 정보를 제공하는 동시에 그에 대한 파국적 귀인을 하지 않도록 돕는다. 또한 일기쓰기를 통해서 자신의 증상을 관찰하면서 예측이 가능하도록 해준다. 아울러 이인증 증상이 흔히 나타나는 사회적 상황에 대한 불안과 회피행동을 줄이고 자신의 내면적 상태에 과도하게 주의를 기울이는 자기초점적 주의 성향을 변화시키도록 돕는다. 이러한 인지행동적 치료방법은 이인증 환자의 치료에 효과적인 것으로 나타났다.

요약

1. 인간의 생명과 안녕을 위협하는 충격적인 외상사건들(지진, 해일, 전쟁, 건물 붕괴, 치명적 교통사고, 살인 및 강간, 납치 등)을 경험한 사람들은 그 충격과 후유증으로 인해 심각한 부적응 증상을 나타내게 된다. 외상 및 스트레스 관련 장애는 외상 사건을 비롯한 다양한 스트레스 사건의 경험으로 인해 발생하는 부적응적 문제를 포함하며 그 하위장애로는 외상후 스트레스장애, 급성 스트레스장애, 지속성 애도장애, 반응성 애착장애, 탈억제성 사회적 접근장애, 적응장애가 있다.
2. 외상후 스트레스장애는 네 가지 유형의 특징적 증상, 즉 (1) 외상 사건을 재경험하는 침투 증상, (2) 외상 사건과 관련된 것에 대한 회피 증상, (3) 외상 사건에 대한 생각과 감정의 부정적 변화, (4) 잘 놀라는 과민한 각성 반응을 나타낸다. 외상후 스트레스장애를 설명하기 위해서 인지행동적 입장에서는 외상 정보가 인지적으로 처리되어 기존의 사고체계에 통합되는 과정을 설명하는 스트레스 반응 이론, 외상 사건으로 심한 충격과 혼란을 경험하는 사람들의 신념 특성에 주목하는 박살 난 가정 이론, 외상 사건의 정서적 정보가 기존의 기억구조에 통합되기 위한 조건을 제시하는 정서적 처리 이론 등이 제시되고 있다. 외상후 스트레스장애의 치료에는 지속적 노출 치료가 가장 효과적인 것으로 보고되고 있다.
3. 급성 스트레스장애는 외상 사건을 경험한 직후에 나타나는 부적응 증상들이 3일 이상 1개월 이내의 단기간 동안 지속되는 경우를 뜻하며. 지속성 애도장애는 친밀했던 사람과 사별한 12개월 이후에 과도하게 심한 애도반응을 나타내는 경우에 진단된다. 반응성 애착장애는 부모로부터 학대나 방임을 당한 애착 외상으로 인하여 부적절하게 위축된 대인관계 행동을 나타내는 경우를 뜻하며, 탈억제성 사회적 접근장애는 애착 외상을 경험한 아동이 낯선 성인에게 아무런 주저 없이 과도한 친밀감을 표현하며 접근하는 경우를 말한다. 적응장애는 분명한 스트레스 사건에 대한 적응의 실패로 인해 나타나는 우울, 불안 또는 부적응 행동을 뜻하며 이러한 증상이 다른 정신장애에 해당될 만큼 심각하지 않은 경우에 진단된다.

4. **해리장애**는 의식, 기억, 행동 및 자기정체감의 통합적 기능에 갑작스러운 이상을 나타내는 장애로서 충격적인 경험을 한 이후에 발생하는 경향이 있다. DSM-5-TR에서는 해리장애를 해리성 정체감장애, 해리성 기억상실증, 이인증/비현실감 장애로 나누어 제시하고 있다.
5. **해리성 정체감장애**는 한 사람 안에 둘 이상의 각기 다른 정체감을 지닌 인격이 존재하여 번갈아 나타나는 장애로서 다중성격장애라고 불리기도 한다. 외상 모델은 아동기에 경험한 외상경험을 회피하기 위한 방어로서 나타난 해리현상이 아동의 발달과정을 통해서 점차 정교해지면서 해리성 정체감장애로 발전하게 된다고 설명한다. 4요인 모델에서는 해리성 정체감장애가 유발되기 위해서는 네 요인, 즉 (1) 해리능력, (2) 아동기의 외상경험, (3) 응집력 있는 자아의 획득 실패, (4) 진정 경험의 결핍이 필요하다고 주장한다.
6. **해리성 기억상실증**은 중요한 자서전적 정보를 기억하지 못하는 경우를 말한다. 정신분석적 입장에서는 해리성 기억상실증을 억압과 부인의 방어기제에 의한 것으로 설명하고 있다. 인지행동적 입장에서는 기억상실행동이 학습에 의해 습득된 것으로 망각을 통해 스트레스를 감소시키기 때문에 강화되어 해리증상이 지속된다고 본다.
7. **이인증/비현실감 장애**는 자신을 낯설게 느끼는 이인증과 주변 환경을 생소한 것으로 경험하는 비현실감을 반복적으로 나타내는 장애이다. 정신분석적 입장에서는 자기의 바람직하지 않은 부분을 부인함으로써 수용할 수 없는 자기정체감들을 방어하려는 노력이라고 주장하는 반면, 인지적 입장에서는 정상적인 이인증/비현실감의 경험을 정신이상이나 통제 상실과 같은 파국적인 것으로 잘못 귀인함으로써 불안이 증폭되어 병리적인 이인증/비현실감 장애로 발전한다고 제안한다.

제5장

우울장애와 양극성장애

제5장 우울장애와 양극성장애

우울장애

우울장애Depressive Disorders는 슬픔, 공허감, 짜증스러운 기분과 그에 수반되는 신체적·인지적 증상으로 인해 개인의 기능이 현저하게 저하되는 부적응 증상을 의미한다. 우울장애는 삶을 매우 고통스럽게 만드는 정신장애인 동시에 '심리적 독감'이라고 부를 정도로 매우 흔한 장애이기도 하다.

우울장애는 개인의 능력과 의욕을 저하시켜 현실적 적응을 어렵게 만드는 주요한 요인으로 알려져 있다. 한 조사자료(Lopez & Murray, 1998)에 따르면, 우울장애는 전 세계적으로 직업적 부적응을 초래하는 가장 중요한 원인으로 보고되고 있다. 그뿐만 아니라 우울장애는 흔히 자살에 이르게 한다는 점에서 치명적인 심리적 장애이기도 하다. 전문가들은 우울장애가 앞으로 점점 더 심각한 문제가 될 것으로 예상하고 있다. 젊은 세대가 그 전 세대보다 더 높은 우울장애 빈도를 나타내고, 우울장애에 걸리는 연령도 점점 더 낮아지고 있다(Burke & Regier, 1996). 우울장애는 우울증상의 심한 정도나 지속기간 등에 따라 다양하게 구분된다. DSM-5-TR에서

표 5-1 우울장애의 하위유형과 핵심증상

하위장애	핵심증상
주요우울장애	지속적인 우울한 기분 및 의욕과 즐거움의 감퇴를 비롯하여 주의집중력과 판단력의 저하, 체중과 수면패턴의 변화, 무가치감과 죄책감, 죽음이나 자살에 대한 사고의 증가
지속성 우울장애	2년 이상 장기간 나타나는 만성적 우울증상
월경전 불쾌감장애	여성의 경우 월경 전에 나타나는 우울증상
파괴적 기분조절부전장애	불쾌한 기분을 조절하지 못하는 분노폭발의 반복

는 우울장애의 하위유형으로 주요우울장애, 지속성 우울장애, 월경전 불쾌감장애, 파괴적 기분조절부전장애를 제시하고 있다.

주요우울장애

대학생인 P군은 요즘 아침에 눈을 뜨자마자 무거운 마음이 밀려온다. 학교에 가서 하루하루 생활하는 것이 너무 괴롭고 힘들기 때문이다. P군은 고등학교 시절까지만 해도 학교에서 주목받는 우수한 모범생이었다. 그러나 대학에 진학하고 나서, P군은 자신이 인간적 매력도 없고 능력도 없는 못난 열등한 존재라는 생각을 지울 수가 없었다.

다소 내성적인 P군은 입학 초기에 친구를 사귀는 데 적극적이지 못했다. 고등학교 때에는 특별히 노력하지 않아도 늘 주변에 친구들이 있었고 공부를 잘하는 P군 주변으로 친구들이 먼저 다가오곤 했었다. 그러나 대학에서는 아무도 P군에게 주목하고 다가오는 친구가 없었고 P군 역시 친구를 사귀기 위해 적극적인 노력을 기울이지 않았다. 이렇게 몇 달을 생활하다보니 P군은 외톨이가 되었다. 다른 학생들은 삼삼오오 어울려 다니며 강의를 듣고 점심식사도 같이하고 함께 공부도 하는데, P군은 어울릴 친구가 없어 늘 혼자 다니게 되었다. P군의 하루는 학교에 나와 혼자 강의 듣고 캠퍼스와 도서관을 배회하다 집에 돌아가는 외롭고 재미없는 생활의 반복이었다. 학교에 나오면 자신을 반겨주고 함께 어울릴 친구가 없었다. 또 P군은 자신이 혼자 다니는 모습을 같은 학과 학생들이 보면 이상하게 생각할 것 같아 그들을 늘 피해 다녔다.

이런 상태에서 생활하는 P군에게 학교에 오는 일은 고통스럽고 괴로운 일이었다. 따라서 P군이 학교에 오지 않는 날들이 늘어났고 학업성적도 나빠졌으며 대인관계는 점점 위축되어 갔다. 그 결과, P군은 자신이 무능할 뿐만 아니라 다른 사람과 어울리지도 못하는 한심한 존재라는 생각에 휩싸이게 되었고 급기야 이렇게 대학을 다닐 바에는 차라리 자퇴를 하는 것이 낫다고 생각하게 되었다.

1. 주요증상과 임상적 특징

주요우울장애Major Depressive Disorder는 우울장애 중에서 가장 심한 증세를 나타내는 하위장애로서 그 진단기준은 다음과 같다. 첫째, 〈표 5-2〉에 제시되는 아홉 가지의 증상 중 5개 이상의 증상이 거의 매일 연속적으로 2주 이상 나타나야 난다. 이러한 5개 증상 중 (1)항의 지속적인 우울한 기분이나 (2)항에 제시된 홍미나 즐거움의 현저한 저하를

표 5-2 주요우울장애의 핵심증상

(1) 하루의 대부분, 그리고 거의 매일 지속되는 우울한 기분이 주관적 보고나 객관적 관찰을 통해 나타난다.
(2) 거의 모든 일상활동에 대한 홍미나 즐거움이 하루의 대부분 또는 거의 매일같이 뚜렷하게 저하되어 있다.
(3) 체중조절을 하고 있지 않은 상태에서 현저한 체중감소나 체중증가가 나타난다. 또는 현저한 식욕감소나 증가가 거의 매일 나타난다.
(4) 거의 매일 불면이나 과다수면이 나타난다.
(5) 거의 매일 정신운동성 초조나 지체를 나타낸다. 즉, 안절부절못하거나 축 처져 있는 느낌을 주관적으로 경험할 뿐만 아니라 다른 사람에 의해서도 관찰된다.
(6) 거의 매일 피로감이나 활력상실이 나타난다.
(7) 거의 매일 무가치감이나 과도하고 부적절한 죄책감을 느낀다.
(8) 거의 매일 사고력이나 집중력의 감소, 또는 우유부단함이 주관적 호소나 관찰에서 나타난다.
(9) 죽음에 대한 반복적인 생각이나 특정한 계획 없이 반복적으로 자살에 대한 생각이나 자살 기도를 하거나 자살하기 위한 구체적 계획을 세운다.

반드시 하나 이상 포함해야 한다.

둘째, 이러한 우울증상으로 인하여 임상적으로 심각한 고통이나 사회적, 직업적, 기타 중요한 기능영역의 손상이 초래되어야 한다. 셋째, 우울증상이 물질(남용하는 물질이나 치료약물)이나 일반적 의학적 상태(예: 갑상선 기능저하증)의 직접적인 생리적 효과에 의한 것이 아니어야 한다. 마지막으로, 우울증상은 양극성장애의 삽화로 나타나는 것이 아닐 뿐만 아니라 다른 정신장애에 의해서 더 잘 설명되는 것이 아니어야 한다. 우울장애는 가장 많은 사람이 고통받는 정신장애로 알려져 있다. 주요우울장애의 경우, 평생 유병률이 여자는 10~25%이며 남자는 5~12%로 보고되고 있다. 시점 유병률은 여자의 경우 5~9%이며 남자의 경우는 2~3%이다. 역학연구마다 사용한 방법에 따라 유병률의 차이를 보이고 있지만, 우울장애는 정신장애 중에서 가장 유병률이 높은 장애이다. 경미한 우울장애를 포함하여 우울장애의 유병률을 조사한 한 연구에 따르면, 한 시점에서 5~10%의 사람들이 우울장애로 고통받고 있으며 일생 동안 20~25%의 사람들이 한 번 이상 우울장애를 경험한다고 한다(Kessler et al., 2005).

우울장애는 남자보다 여자에게서 더 흔한 장애이다. 특히 청소년과 성인에 있어서 여성들이 우울장애에 걸리기 더 쉽다. 주요우울장애의 시점 유병률이 남자의 경우 2~3%인 데 비해 여자는 5~9%였다. 또한 평생 유병률 역시 남자가 5~12%인 데 비해 여자는 10~25%에 달하였다. 2021년에 보건복지부가 실시한 정신장애 실태조사에 따르면, 한국인의 경우 주요우울장애의 평생 유병률은 7.7%로 나타났다. 특히 여성의 경우, 주요우울장애는 평생 유병률이 9.8%였으며 가장 흔하게 경험하는 정신장애로 나타났다. 남성의 경우, 평생 유병률은 5.7%였으며 주요우울장애가 담배 사용장애와 알코올 사용장애에 이어 세 번째로 흔한 정신장애였다.

우울장애를 한 번 경험한 사람은 그렇지 않은 사람에 비해서 우울장애를 경험할 가능성이 높다(Simons et al., 1985). 우울장애는 매우 흔한 심리장애인 동시에 매우 치명적인 장애이기도 하다. 우울장애가 심해지면 자살에 대한 생각이 증가하고 실제로 자살을 시도하는 경우가 있다. 우울장애에 걸린 사람 100명 중 1명은 자살로 사망한다는 통계자료가 있다(Williams et al., 1970).

2. 원인과 치료

주요우울장애의 원인과 발생과정을 설명하기 위해 여러 가지 이론이 제기되어 왔다. 주요우울장애를 설명하는 대부분의 심리학적 이론은 부정적인 생활사건이 우울장애의 발생에 중요한 역할을 한다고 본다. 주요우울장애는 진공상태에서 발생하지 않는다. 상실과 실패를 의미하는 부정적인 생활사건이 우울장애를 촉발한다(Kessler et al., 1997; Mazure, 1998). 가족의 사망이나 질병, 사랑하는 사람과의 이별이나 관계 악화, 시험이나 사업의 실패, 승진 좌절이나 실직, 경제적 곤란 등과 같은 부정적인 생활사건이 계기가 되어 우울장애가 촉발될 수 있다. 그러나 이러한 부정적 생활사건들을 경험한 모든 사람이 우울장애에 걸리는 것은 아니다. 매우 충격적이고 고통스러운 생활사건을 경험하고도 꿋꿋하게 잘 견뎌내는 사람들이 있는 반면, 사소해 보이는 사건에도 심한 마음의 상처를 입고 우울장애에 빠지는 사람들이 있다. 부정적 생활사건만으로는 우울장애의 발생과 심각도를 20%도 설명하지 못한다는 연구결과도 있다. 이러한 사실은 우울장애가 환경적 요인만으로 설명될 수 없으며 개인의 심리적 요인이 고려되어야 함을 뜻한다.

1) 정신분석적 이론

정신분석적 입장에서는 인간의 심리적 문제를 무의식적 동기와 갈등의 문제로 설명하며 우울장애의 경우도 마찬가지이다. 프로이트는 우울장애를 분노가 무의식적으로 자기에게 향해진 현상이라고 보았다. 그는 우울장애를 기본적으로 사랑하던 대상의 무의식적 상실에 대한 반응이라고 보았다. 사랑하는 대상의 상실은 실제 일어난 일일 수도 있고 상상 속에서 또는 상징적으로 일어난 일일 수도 있다. 어떤 경우이든, 사랑하는 대상을 상실하는 경험을 하게 되면, 자신의 중요한 일부가 상실되었다는 슬픔뿐만 아니라 자신을 버려두고 떠나간 대상에 대한 분노를 느끼게 된다. 그러나 이러한 분노의 감정이 향해질 대상이 사라진 상태이고 도덕적 억압 등으로 인해 분노감정이 무의식 속으로 잠복하게 되어 결국 분노가 자기 자신에게로 향하게 된다. 이렇게 분노가 내향화되면 자기비난, 자기책망, 죄책감을 느끼게 되어 자기가치감의 손상과 더불어 자아기능이 약화되고 그 결과 우울장애가 나타나게 된다. 이러한 과정은 무의식적으로 진행되기 때문에 당사자에게 자각되지 않는다.

우울장애에 대한 정신분석적 설명은 이후에 지속적으로 수정되고 확장되었다. 비브링(Bibring, 1953)은 손상된 자기존중감을 우울장애의 가장 주요한 특징으로 보았다. 우울해지기 쉬운 사람들은 강한 자기도취적 또는 자기애적 소망을 지니고 있다. 즉, 자신이 가치 있고 사랑받는 존재여야 하며 늘 강하고 우월해야 할 뿐만 아니라 선하고 사랑을 베푸는 사람이어야 한다는 높은 자아이상을 지닌다. 그러나 이러한 이상은 현실적으로 충족되기 어려운 것으로서 이상과 현실의 지속적 괴리는 자기존중감을 손상시키고 그 결과 우울장애를 유발한다는 것이다. 스트리커(Stricker, 1983)는 인생초기에 가장 중요한 존재인 어머니나 아버지를 실제로 또는 상상 속에서 상실하여 무력감을 느꼈던 외상경험traumatic experience이 우울장애를 유발하는 근본적 원인이라고 주장한다. 즉, 어린 시절의 상실경험이 우울장애를 일으킬 수 있는 취약성으로 작용한다는 것이다. 이런 상실경험을 지닌 사람이 성장 후에 이혼, 사별, 중요한 일에서의 실패와 같이 상실이나 좌절 경험을 하게 되면, 어린 시절의 외상경험이 되살아나고 어린 시절로 퇴행하게 된다. 이러한 퇴행의 결과로 무기력감과 절망감에 사로잡혀 우울장애가 발생한다고 본다.

2) 행동주의적 이론

행동주의적 입장에서는 우울장애가 사회환경으로부터 긍정적 강화가 약화되어 나타난 현상이라고 본다. 우리가 즐겁게 살아가는 것은 일상생활 속에서 칭찬, 보상, 도움, 지지, 유쾌함 등의 긍정적 강화를 받기 때문이다. 또한 우리는 그러한 강화를 얻어낼 수 있는 다양한 행동을 하기도 한다. 일반적으로 행동주의 이론에서는 우울장애가 이러한 긍정적 강화의 상실, 강화유발 행동의 감소, 우울증상에 대한 강화에 의해서 발생하고 유지된다고 본다.

우울장애에 대한 가장 대표적인 행동주의 이론가인 레빈손(Lewinsohn et al., 1984)은 긍정적 강화가 감소되고 혐오적 불쾌경험이 증가하는 세 가지 원인적 유형을 제시하고 있다. 첫째는 환경 자체에 문제가 있는 경우이다. 실직, 이혼, 사별 등과 같은 부정적 사건들이 지속적으로 발생하면, 과거에 주어지던 긍정적 강화가 현격하게 감소된다. 또는 환경으로부터 주어지는 긍정적 강화가 거의 없거나 처벌적인 요인이 많은 경우에도 우울장애가 발생할 수 있다. 둘째 유형은 적절한 사회적 기술과 대처능력이 부족한 경우이다. 즉, 다른 사람으로부터 긍정적 강화를 유도하는 사회적 기술이나 불쾌한 혐오적 자극상황에 대처하는 기술이 미숙한 경우를 말한다. 마지막으로, 긍정적 경험을 즐기는 능력은 부족한 반면에 부정적 경험에 대한 민감성이 높은 경우이다. 우울장애에 취약한 사람들은 긍정적 강화는 덜 긍정적인 것으로 받아들이며 부정적 처벌은 더 부정적으로 받아들이는 경향이 있다.

우울장애를 설명하는 주요한 이론 중의 하나가 '학습된 무기력이론'이다. 이 이론은 1975년 셀리그먼Seligman에 의해 처음 제기되었으며 귀인이론으로 개정과정을 거친 후에 현재는 절망감이론으로 발전하였다. **학습된 무기력이론**learned helplessness theory은 개를 대상으로 조건형성 실험을 하는 과정에서 우연히 발견된 사실로부터 시작되었다. 회피학습 장면에서 어떤 반응을 해도 전기충격을 회피할 수 없었던 개는 무력감을 학습하게 되어 전기충격을 피할 수 있는 새로운 상황에서도 무기력하게 행동하며 전기충격을 받는다는 것이 학습된 무기력이론의 골자이다. 그러나 학습된 무기력이론으로 인간의 우울장애를 설명하는 데에는 몇 가지 한계가 있었다. 우선 사람의 경우, 그러한 상황에서 무기력해지는 이유는 동물실험에서처럼 조건형성에 의해 수동적으로 무력감이 학습되었기 때문이라기보다 상황을 통제하지 못할 것이라는 '미래에 대한 부정적 기대' 때문이라는 반론이 제기되었다. 또한 어떤 부정적 결과가 자신과 무관한 통제불능상황에 의해 생겨난 것이라면, 왜 사람들은 실패에 대해서 자신을 책망하는 것인가?

우울장애의 **귀인이론**attributional theory은 앞에서 설명한 학습된 무기력이론이 지니고 있는 문제점을 해결하기 위해서, 에이브럼슨과 그의 동료들(Abramson et al., 1978)이 사회심리학의 귀인이론을 적용하여 발전시킨 이론이다. 에이브럼슨의 주장에 따르면, 우울장애에 취약한 사람들은 실패경험에 대해서 내부적, 안정적, 전반적 귀인을 하는 경향이 있다는 것이다. 이러한 세 가지 귀인양식은 우울장애의 세 가지 측면과 관련되어 있다. 즉, 실패경험에 대한 내부적-외부적 귀인은 자존감 손상과 우울장애의 발생에 영향을 미치고, 안정적-불안정적 귀인은 우울장애의 만성화 정도와 관련되어 있으며, 전반적-특수적 귀인은 우울장애의 일반화 정도를 결정하게 된다. 이렇듯이, 우울한 사람들은 실패경험에 대해서는 지나치게 내부적, 안정적, 전반적 귀인을 하는 반면, 성공 경험에 대해서는 지나치게 외부적, 불안정적, 특수적 귀인을 하는 경향이 있다. 이러한 귀인방식은 **우울유발적 귀인**depressogenic attribution이라고 지칭되며 비현실적으로 왜곡되어 있다는 점에서 **귀인오류**attributional error라고 할 수 있다.

3) 인지적 이론

현재 우울장애를 설명하는 가장 대표적인 심리학적 이론은 벡(Beck, 1963, 1964, 1976; Beck et al., 1979)에 의해 제시된 인지이론이다. 벡은 원래 정신분석적 입장을 지니고 있었으며 우울장애가 '자기에게로 향해진 분노'라는 정신분석적 가정을 입증하기 위하여, 1960년부터 우울장애 환자의 꿈, 상상, 자유연상, 사고내용을 조사하였다. 그러나 조사결과, 우울장애 환자들의 사고내용에는 분노에 대한 주제보다는 좌절, 실패, 자기부정, 절망 등과 같은 주제의 부정적인 사고가 중심을 이루고 있다는 것을 발견하였다. 이러한 발견으로 인해, 벡은 정신분석적 설명에 대한 회의를 갖게 되었다. 이후 그는 새로운 관점에서 우울장애 환자의 사고과정을 면밀하게 연구한 결과를 통해서 **우울증의 인지이론**cognitive theory of depression을 제시하였다.

인지이론에 따르면, 우울장애를 유발하는 일차적인 요인은 부정적이고 비관적인 생각이다. 우울한 사람들의 내면세계를 자세히 조사해 보면 부정적이고 비관적인 생각이 만연되어 있다. 이러한 부정적인 생각이 기분을 우울하게 할 뿐만 아니라 부적응적 행동을 초래한다. 우울한 사람들이 지니는 부정적인 사고과정은 흔히 자신에게 잘 자각되지 않는 경우가 많다. 왜냐하면 부정적 생각들이 재빨리 순간적으로 스쳐 지나가기 때문이다. 따라서 사고내용보다는 그 결과로 나타나는 우울한 기분만이 느껴지게 된다. 물론 자신의 사고과정에 의식적으로 주의를 기울이면 사고내용이 자각될 수 있다. 그러나 복잡한 행동도 자꾸 반복하면 습관화되어 의식 없이 행해지는 것처럼 사고과정도 마찬가지이다. 어떤 생각을 자꾸 반복하게 되면 습관화되어 의식적 자각 없이 자동적으로 진행되어 흘러가게 된다. 벡은 이러한 사고과정을 매우 중요하게 여겨 **자동적 사고**automatic thoughts라고 지칭했다.

우울한 사람들이 지니는 부정적인 자동적 사고를 분석해 보면 그 내용이 크게 세 가지 주제로 나누어진다. 즉, 우울한 사람들은 자기 자신, 자신의 미래, 주변 환경을 부정적으로 평가하는 독특한 사고방식을 지니고 있다. 이러한 세 가지 주제에 대한 독특한 사고패턴을 **인지삼제**認知三題 cognitive triad라고 한다.

우울한 사람들이 현실을 과장하거나 왜곡하여 부정적인 사고를 지니게 되는 이유는 인지적 오류 때문이다. **인지적 오류**cognitive error란 생활사건의 의미를 해석하는 과정에서 흔히 범하게 되는 논리적 잘못을 뜻한다. 우울한 사람들은 다음과 같은 인지적 오류를 통해서 사건의 의미를 과장하거나 왜곡한다.

흑백논리적 사고all or nothing thinking는 생활사건의 의미를 이분법적인 범주 중의 하나로 해석하는 오류를 말하며 이분법적 사고dichotomous thinking라고 불리기도 한다. 예를 들어, 타인의 반응을 '나를 좋아하고 있는가' 아니면 '나를 싫어하고 있는가'의 둘 중의 하나로 해석하며 그 중간의 의미를 생각하지 못하는 경우이다. 자신의 성취에 대해서 '성공' 아니면 '실패'로 판정하거나 대인관계에서는 '나를 받아들이는가' 아니면 '나를 거부하는가', '내 편인가' 아니면 '상대편 또는 적인가' 등의 흑백논리적으로 판단하며 회색지대를 생각하지 못하는 경우를 뜻한다.

과잉일반화overgeneralization는 한두 번의 사건에 근거하여 일반적인 결론을 내리고 무관한 상황에도 그 결론을 적용시키는 오류이다. 예를 들어, 이성으로부터 두세 번의 거부를 당한 남학생이 자신감을 잃고 "나는 '항상', '누구에게나', '어떻게 행동하든지' 거부를 당한다"고 생각하는 것은 지나친 일반화라고 할 수 있다. 시험이나 사업에 몇 번 실패한 사람이 "나는 어떤 시험(또는 사업)이든 나의 노력과 상황변화에 상관없이 또 실패하게 될 것이다"라고 생각하는 경우도 이에 해당한다. 대인관계에서 타인으로부터 비난을 당하고 나서 '모든 사람은', '항상', '어떤 상황에서나' 적대적이고 공격적이라고 믿을 수 있다.

정신적 여과mental filtering는 어떤 상황에서 일어난 여러 가지 일 중에서 일부만을 뽑아내어 상황 전체를 판단하는 오류이다. 예를 들어, 친구와의 대화내용이 전반적으로 긍정적이었음에도 불구하고 친구의 몇 마디 부정적인 내용에 근거하여 '그 녀석이 나를 비판했다', '그 녀석은 나를 좋아하지 않는다'라고 해석할 수 있다. 이와 같이 사건의 주된 내용은 무시하고 특정한 일부의 정보에만 주의를 기울여 전체의 의미를 해석하는 것을 말하며 때로는 선택적 추상화selective abstraction라고 지칭되기도 한다.

개인화personalization는 자신과 무관한 사건을 자신과 관련된 것으로 잘못 해석하는 오류를 말한다. 예를 들어, A군이 도서관 앞을 지나가는데 마침 도서관 앞 벤치에 앉아서 이야기 중이던 학생들이 크게 웃었다. 사실 이들은 자신들의 이야기 때문에 웃은 것인데 A군은 그들이 자신을 보고 웃었다고 생각한다면 이는 개인화의 오류를 범한 것이다. 또 다른 예로, B양은 저 멀리서 걸어오는 친구를 보고 가까이 오면 반갑게 인사를 건네려고 하였다. 그런데 그 친구는 걸어오던 방향을 바꾸어 옆 골목으로 들어가버렸다. 그 친구는 옆 골목에 있는 가게에 가던 중이었는데 이를 보고 B양이 '그 친구가 나에게 나쁜 감정이 있어서 날 피하는 것이다'라고 해석한다면, 개인화의 오류에 빠진 것이다.

이 밖에도 사람의 특성이나 행위를 기술할 때 과장되거나 부적절한 명칭을 사용하여 기술하는 잘못된 명명mislabelling, 충분한 근거 없이 다른 사람의 마음을 마음대로 추측하고 단정하는 독심술의 오류mind-reading, 미래에 일어날 일을 예언하듯이 단정하고 확신하는 예언자적 오류fortune telling, 막연히 느껴지는 감정에 근거하여 결론을 내리는 감정적 추리emotional reasoning 등이 있다.

인지이론에 따르면, 우울한 사람들이 현실을 부정적으로 왜곡하는 근본적인 이유는 부정적으로 편향된 인식의 틀, 즉 독특한 인지도식을 지니고 있기 때문이다. **인지도식**schema은 과거경험을 추상화한 기억체계로서 생활 속에서 경험하는 사건들의 다양한 정보를 선택하고 그 의미를 해석하며 미래의 결과를 예상하는 인지적 구조를 의미한다. 동일한 생활사건의 의미를 사람마다 다르게 해석하는 이유는 인지도식이 각기 다르기 때문이다. 인지이론에 따르면, 우울한 사람들은 생활사건의 의미를 부정적으로 해석하게 하는 역기능적인 인지도식을 지니고 있다. 이러한 인지도식은 어린 시절의 경험에 의해 형성되며 부정적인 생활사건에 직면하게 되면 활성화되어 그 사건의 의미를 부정적으로 왜곡함으로써 우울증상을 유발한다는 것이 인지이론의 골자이다.

우울한 사람들이 지니는 인지도식의 내용은 역기능적 신념의 형태로 나타난다. 벡(Beck, 1983)에 따르면, 우울한 사람들은 자신과 세상에 대해서 완벽주의적이고 당위적이며 융통성이 없는 경직된 신념을 가지고 있다. 이러한 신념은 '…해야 한다' 또는 '…해서는 안 된다'라는 당위적 명제의 형태를 지니며 현실적인 삶 속에서 실현되기 어려운 것으로서 흔히 좌절과 실패를 초래하기 때문에 **역기능적 신념**dysfunctional belief이라고 불린다. 우울장애를 유발하는 역기능적 신념은 크게 사회적 의존성과 자율성이라는 두 가지 주제로 구성된다. 사회적 의존성sociotropy은 타인의 인정과 애정에 과도하게 집착하는 경향성을 의미하며, 이와 관련된 역기능적 신념의 예로는 '나는 주변의 모든 중요한 사람들로부터 사랑과 인정을 받아야 한다', '다른 사람의 사랑과 인정 없이 나는 행복해질 수 없다', '다른 사람으로부터 결코 미움을 받아서는 안 된다' 등이 있다. 반면, 자율성autonomy은 개인의 독립성과 성취에 과도하게 집착하는 경향성을 의미하며, 이와 관련된 역기능적 신념에는 '다른 사람에게 종속되거나 지배당해서는 안 된다', '모든 일을 완벽하게 해야 한다. 절대로 실수해서는 안 된다', '다른 사람보다 우월해야 한다', '인간의 가치는 그 사람의 성취에 의해 결정된다' 등이 있다.

4) 생물학적 이론

생물학적 입장에서는 유전적 요인, 신경전달물질, 뇌구조의 기능이상이 우울장애와 관련된 것으로 주장되고 있다. 가계연구에 따르면, 단극성 우울장애 환자의 직계가족에서 우울장애가 발생할 확률은 일반인의 경우보다 1.5~3배 정도 높다. 우울장애를 뇌의 신경화학적 요인으로 설명하려는 대표적인 이론은 **카테콜아민 가설**(Schildkraut, 1965)이다. 카테콜아민Catecholamine은 신경전달물질인 노르에피네프린Norepinephrine, 에피네프린Epinephrine, 도파민Dopamine을 포함하는 호르몬을 말한다. 이러한 카테콜아민이 결핍되면 우울장애가 생기고, 반대로 카테콜아민이 과다하면 조증이 발생한다는 것이 이 가설의 요지이다. 우울장애가 시상하부hypothalamus의 기능장애에 기인한다는 주장도 제기되고 있다. 우울장애 환자들이 뇌하수체 호르몬이나 부신선 또는 갑상선의 기능장애를 보이는데 이런 호르몬은 모두 시상하부의 영향을 받고 있다. 시상하부는 기분을 조절하는 기능을 지니고 있을 뿐만 아니라 우울장애에서 흔히 나타나는 식욕이나 성기능의 장애에도 영향을 미친다.

우울장애는 시간과 상황이 변함에 따라 자발적으로 회복되는 경우가 많다. 그러나 때로는 의욕상실과 사회적 위축 등으로 인해 인생의 중요한 단계에서 업무수행이나 대인관계를 소홀히 하여 평생 부정적인 영향을 미칠 수도 있다. 그뿐만 아니라 우울장애가 심한 경우에는 자살과 같은 치명적인 결과를 낳을 수도 있으므로 가능한 한 빨리 전문가의 치료를 받는 것이 바람직하다.

우울장애에 대한 가장 효과적인 치료방법은 인지치료와 약물치료로 알려져 있다. 인지치료(Beck et al., 1979)에서는 우울한 내담자의 사고내용을 정밀하게 탐색하여 인지적 왜곡을 찾아내어 교정함으로써 보다 더 현실적이고 긍정적인 사고와 신념을 지니도록 유도한다. 내담자로 하여금 자신의 내면적 사고를 관찰하고 조절하는 능력을 향상시킨다. 자신을 우울하게 만드는 현실왜곡적인 부정적 사고를 자각하여 보다 합리적인 사고로 대체함으로써 현실에 효과적으로 적응하는 능력을 키우게 한다. 아울러 자신과 세상에 대한 잘못된 믿음과 비현실적 기대로 구성되어 있는 역기능적 신념을 깨닫고 이를 보다 유연하고 현실적인 신념으로 대체하게 한다. 인지치료는 근본적으로 내담자가 자기 자신과 삶에 대해서 보다 더 현실적이고 유연한 태도를 갖도록 유도한다. 이를 통해 인생의 좌절을 유연하게 극복하고 현실에 효과적으로 적응할 수 있는 지혜롭고 현명한 사람이 되도록 돕는 것을 목표로 하고 있다.

인지치료는 우울장애를 단기간에 치료할 뿐만 아니라 치료효과도 우수한 것으로 확인되고 있다. 많은 연구에서 인지치료는 다른 치료법에 비해서 치료효과가 더 우수한 것으로 밝혀지고 있다. 약물치료와 비교했을 때 인지치료는 반응성 우울장애의 경우 치료효과가 동등하거나 더 우수하다는 것이 여러 연구에서 입증되었다. 인지치료는 특히 약물치료와 달리 부작용이 없으며 치료효과가 지속적이어서 재발률이 낮다는 장점을 지니고 있다.

우울장애의 약물치료에는 삼환계 항우울제, MAO 억제제, 세로토닌 재흡수 억제제가 주로 사용된다. 특히 세로토닌 재흡수 억제제는 치료 효과가 빨리 나타나고 부작용이 적다. 우울장애 치료에 효과적인 약물로 각광을 받고 있는 프로작prozac도 이 계열의 약물이다. 그러나 항우울제는 우울장애의 증상을 완화시키는 효과를 지닐 뿐 우울장애의 근본적 원인에 대한 치료방법이라고 할 수 없다. 항우울제의 복용을 중단한 50% 이상의 환자에게 증상이 재발되었다는 연구보고(Hollon et al., 1991; Thase, 1990)가 있다. 따라서 약물치료는 심리치료와 병행되는 것이 바람직하며, 이러한 경우에는 우울장애의 재발률이 감소될 수 있다.

지속성 우울장애

1. 주요증상과 임상적 특징

지속성 우울장애Persistent Depressive Disorder는 우울증상이 2년 이상 지속적으로 나타나는 경우를 말한다. 지속성 우울장애는 2년 이상 지속되는 우울한 기분을 비롯하여 (1) 식욕부진이나 과식, (2) 불면이나 과다수면, (3) 활력의 저하나 피로감, (4) 자존감의 저하, (5) 집중력의 감소나 결정의 곤란, (6) 절망감 중 두 가지 이상의 증상이 나타날 경우에 진단될 수 있다. 앞에서 소개한 주요우울장애가 2년 이상 지속되면 지속성 우울장애로 진단명이 바뀌게 된다.

지속성 우울장애의 핵심증상은 만성적인 우울감이다. 아울러 자신에 대한 부적절감, 흥미나 즐거움의 상실, 사회적 위축, 낮은 자존감, 죄책감, 과거에 대한 반추, 낮은 에너지 수준, 생산적 활동의 감소 등을 나타낸다. 지속성 우울장애는 비만성적 우울장애에 비해서 만성적인 경과를 보이기 때문에 실업, 재정적 곤란, 운동능력의 약화, 사회적 위축, 일상생활의 부적응이 더욱 심각하게 나타날 수 있다(Satyanarayana et al., 2009).

지속성 우울장애의 평생 유병률은 3~6% 정도로 추산된다. 주요우울장애 환자 중 15~25% 정도가 지속성 우울장애로 진전된다(Eaton et al., 2008). 지속성 우울장애는 남자보다 여자에게 약 2배 정도 더 흔한 것으로 알려져 있다(Murphy & Byrne, 2012).

2. 원인과 치료

지속성 우울장애의 원인에 대해서 아직 체계적인 연구가 이루어지지 않았으나 그 기저에는 유전적인 요인이 작용하는 것으로 추정되고 있다. 지속성 우울장애 환자는 직계가족 중에 환자와 동일한 우울장애를 지닌 사람이 존재할 확률이 주요우울장애를 비롯한 다른 우울장애보다 더 높기 때문이다. 지속성 우울장애의 기저에 기질적인 취약성이 존재한다는 점에서는 연구자들 간의 합의가 이루어졌지만 어떤 기질적 취약성이 어떤 과정을 통해 지속성 우울장애를 유발하는지에 대해서는 다양한 의견이 존재한다.

신경과민성, 즉 부정 정서성이 지속성 우울장애의 기질적 취약성 요인으로 알려져 있다. 우울증상의 심각도, 전반적 기능수준의 저하, 불안장애나 품행장애의 존재가 지속성 우울장애를 예측하는 요인으로 보고되고 있다. 또한 지속성 우울장애를 지닌 사람들 중에는 아동기에 부모를 잃었거나 부모와 이별한 경우가 많았다. 아울러 전전두엽, 전측 대상회, 편도체, 해마의 뇌영역이 지속성 우울장애와 관련된 것으로 알려져 있다(American Psychiatric Association, 2022).

지금까지 이루어진 여러 연구를 종합하면, 지속성 우울장애 환자들은 다음과 같은 특징을 지닌다(Schramm et al., 2020). 우선, 어린 시절에 역경과 학대를 당한 경험이 많고, 친인척 중에 우울장애를 지니는 비율이 높으며, 우울증상이 인생의 발달단계에서 일찍 나타난다. 또한 이들은 다른 정신장애(특히 불안장애와 성격장애)와의 공병률이 높으며, 높은 신경과민성과 낮은 외향성을 지닌다. 또한 역기능적 태도나 반추와 같이 우울증을 유발하는 인지적 성향이 높고, 대인관계 스타일이 회피적·순종적·적대적이며, 감정표현불능증이 높고, 사회적 관계망과 지지가 부족하다.

지속성 우울장애는 약물치료나 심리치료에 효과가 나타나지 않는 것으로 알려져 있다. 지속성 우울장애를 지닌 사람들은 치료 동기가 낮고 비관주의적 사고를 지니고 있으며 우울장애가 나타난 초기에 치료를 받지 않아 만성화되는 경향이 있다. 주요우울장애에 효과적인 것으로 밝혀진 치료방법을 지속성 우울장애에 적용해 보았으나 그 결과는 그다지 만족스럽지 않은 것으로 나타났다(Hollon & Ponniah, 2010).

최근의 연구(McCullough, 2003; McCullough & Schramm, 2018)에 의하면, 지속성 우울장애 환자의 대인관계 스타일을 변화시키는 데 초점을 맞춘 인지행동치료가 효과적인 것으로 나타났다. 지속성 우울장애를 지닌 사람들은 어린 시절의 학대 경험과 현재의 부정적인 대인관계 경험으로 인해서 대부분의 대인관계를 회피하고 그로 인해서 대인공포를 계속 유지하는 악순환에 빠져있다. 이러한 적대적-순종적 대인관계 스타일을 변화시키는 것이 지속성 우울장애 증상을 감소시키는 데 필수적이다. 환자는 치료자를 비롯하여 다른 사람을 과거에 상처를 주었던 사람과 동일시하여 자신에게 거절, 처벌, 학대를 할 것으로 예상하는데, 이러한 잘못된 예상과 해석을 수정해야 한다. 또한 환자에게 자신의 의사를 적절하게 표현하는 훈련과 더불어 반사적인 적대적 반응을 억제하는 훈련을 시킴으로써 충동적으로 반응하는 대신 대인관계 상황을 덜 감정적으로 반응하도록 돕는 것이 필요하다. 이러한 방식의 인지행동치료가 아동기 외상을 지닌 지속성 우울장애 환자의 우울증상을 현저하게 감소시키는 것으로 나타났다(Wiersma et al., 2014).

제3절 월경전 불쾌감장애

1. 주요증상과 임상적 특징

월경전 불쾌감장애Premenstrual Dysphoric Disorder는 여성의 경우 월경이 시작되기 전 주에 정서적 불안정성이나 분노감, 일상 활동에 대한 흥미 감소, 무기력감과 집중곤란 등의 불쾌한 증상이 주기적으로 나타나는 경우를 말한다. DSM-5-TR에서 제시된 월경전 불쾌감장애의 진단기준은 〈표 5-3〉과 같다.

표 5-3 월경전 불쾌감장애의 핵심증상

A. 대부분의 월경주기마다 월경이 시작되기 전(前) 주에 아래 두 집단의 증상들 중 다섯 가지 이상이 나타난다. 이러한 증상들은 월경이 시작되면 며칠 이내로 감소하기 시작하고 월경이 끝나면 대부분 사라진다.

B. 다음의 증상 중 한 가지 이상이 존재해야 한다.

1. 현저한 정서적 불안정성(예: 기분 동요, 갑자기 슬퍼지거나 눈물이 남, 거절에 대한 민감성의 증가)
2. 현저한 과민성이나 분노 또는 대인관계 갈등의 증가
3. 현저한 우울 기분, 무기력감 또는 자기비하적 사고
4. 현저한 불안, 긴장 또는 안절부절못한 느낌

C. 다음의 증상 중 한 가지 이상이 존재해야 한다. B와 C의 증상을 모두 합해서 5개 이상의 증상을 나타내야 한다.

1. 일상적 활동(예: 일, 학교, 친구, 취미)에 대한 흥미의 감소
2. 주의집중의 곤란
3. 무기력감, 쉽게 피곤해짐 또는 현저한 에너지 부족
4. 식욕의 현저한 변화(과식 또는 특정한 음식에 대한 갈망)
5. 과다수면증 또는 불면증
6. 압도되거나 통제력을 상실할 것 같은 느낌
7. 신체적 증상(예: 유방 압통 또는 팽만감, 관절 또는 근육의 통증, 더부룩한 느낌, 체중 증가)

가임기 여성의 70~80%는 월경이 시작되기 직전에 유방 압통, 더부룩함, 정서적인 불안정감, 짜증스러움과 같은 다양한 징후를 경험한다. 대부분의 경우, 이러한 징후는 경미한 것이어서 특별한 치료가 필요하지 않다. 그러나 20~40%의 여성들은 이러한 월경전기의 징후가 심하여 일상생활에 어려움을 겪게 되는데, 이를 월경전기 증후군 premenstrual syndrome이라고 한다. 특히 정서적 불안정, 우울감, 불안, 짜증이나 분노, 의욕 저하, 무기력감과 같은 다양한 정서적 증상이 나타나서 일상생활에 심각한 장해를 초래하는 경우를 DSM-5-TR에서는 월경전 불쾌감장애라고 지칭하고 있다.

월경전 불쾌감장애의 유병률은 여성의 3~9%로 보고되고 있다(Halbreich & Kahn, 2001). 월경전 불쾌감장애는 주요우울장애, 양극성장애 및 불안장애와 공병률이 높은 것으로 알려져 있다. 또한 월경전 불쾌감장애를 나타내는 여성들은 과거에 성적, 신체적 학대를 당한 경험이 많은 것으로 나타났는데(Wakil et al., 2012), 이러한 결과는 외상 경험이나 외상후 스트레스장애가 독립적으로 월경전 불쾌감장애와 관련되어 있음을 시사한다.

2. 원인과 치료

월경전 불쾌감장애의 원인은 정확하게 밝혀져 있지 않지만, 월경주기마다 난소에서 분비되는 호르몬(에스트로겐과 프로게스테론)과 뇌에서 나오는 신경전달물질의 상호작용에 의한 것으로 여겨지고 있다. 특히 신경전달물질인 세로토닌이나 5-HT 수준의 변화가 정상적인 호르몬 주기와 작용하여 중추신경계의 민감성을 상승시킨 결과라고 설

명하는 연구자들이 있다(Roca et al., 1996).

주관적인 고통은 신체적인 증상뿐만 아니라 증상을 어떻게 해석하는가에 따라 달라질 수 있다. 블레이크(Blake, 1995)에 의하면, 매달 일어나는 생리적인 변화로 인해 발생하는 신체적 · 정서적 변화에 대해서 여성은 인지적인 평가를 하게 된다. 이러한 월경전기 징후에 대한 잘못된 귀인이나 부정적 평가는 증상을 더욱 악화시킬 수 있다. 예컨대, 월경전기 증상으로 많이 보고되는 우울감이나 불안이 실제로는 경미한 것일 수 있지만 이러한 증상이 신체적인 변화에 의한 것이고 따라서 자신이 통제할 수 없는 것이라고 인식하게 되면 더욱 고통스럽게 지각될 수 있다(고선규, 권정혜, 2004). 월경전 불쾌감장애를 나타내는 여성들은 자신에 대해서 지나치게 높은 기대를 지니고 있거나 자신과 타인을 모두 돌보아야 한다는 과도한 책임감을 느끼게 만드는 부적응적인 신념을 지니는 경향이 있다.

월경전 불쾌감장애가 있는 환자들에게는 세로토닌 재흡수 억제제를 비롯한 항우울제가 증상완화에 도움이 된다(최두석, 2009). 인지행동치료에서는 내담자에게 월경 전기에 경험하는 사건들을 상세히 기술하고 그러한 사건과 관련된 사고와 감정을 인식하게 한다. 아울러 월경전기 징후와 관련된 잘못된 신념과 불쾌 감정을 초래하는 부정적 사고를 현실적인 사고로 변화시키는 인지적 재구성의 과정이 포함되어 있다. 월경전기 증상을 완화시키는 데에는 식이요법도 도움이 될 수 있는데, 이러한 증상을 악화시키는 카페인, 당도나 염분이 높은 음식, 술 등을 피하고 비타민(B_6, E), 칼슘, 마그네슘 등을 복용하도록 돕는다. 아울러 규칙적인 유산소운동도 월경전기 증후군의 증상을 완화시키는 데 도움이 되는 것으로 알려져 있다.

제4절 파괴적 기분조절부전장애

초등학교 2학년인 Y군의 부모는 하나뿐인 아들 때문에 고민이 많다. 현재 9세인 Y군은 6세경부터 사소한 일에 짜증을 자주 부렸으며 자신의 요구를 들어주지 않으면 물건을 집어던지고 쌍욕을 해대며 분노를 폭발했다. 부모가 Y군을 달래거나 야단을 쳐도 이러한 행동은 쉽게 사라지지 않았다. 초등학교에 진학하고 나서 Y군이 학교에 가지 않겠다며 어머니와 다투는 일이 자주 발생했다. 어머니에게 심한 욕설과 저주를 퍼부었고 때로는 분노를 참지 못해 땅바닥에 드러누워 발버둥을 치기도 했다. 학교에서도 교사와 친구들에게 심한 분노를 폭발하는 일이 발생하여 부모가 여러 번 불려가기도 했다. 부모는 Y군의 이러한 행동이 아직 철이 들지 않았기 때문이라고 생각했으나 요즘은 그 심각성을 인식하고 급기야 아동심리상담소를 찾게 되었다.

1. 주요증상과 임상적 특징

파괴적 기분조절부전장애Disruptive Mood Dysregulation Disorder는 Y군의 경우처럼 반복적으로 심한 분노를 폭발하는 행동을 나타내는 경우를 말한다. 주로 아동기나 청소년기에 나타나는 장애로서 자신의 불쾌한 기분을 조절하지 못하고 분노행동으로 표출하는 것이 주된 특징이다.

파괴적 기분조절부전장애의 핵심증상은 만성적인 짜증irritability과 간헐적인 분노폭발temper tantrum이다. 아동기의 만성적인 짜증은 성인기에 다른 우울장애로 진전되는 경향이 있다(Leibenluft et al., 2006; Stringaris et al., 2009). 분노폭발은 막무가내로 분노를 표출하며 공격적이고 파괴적인 행동을 나타내는 것으로 아동의 경우 흔히 다리를 뻗고 앉거나 드러누워 사지를 마구 휘저으며 악을 쓰며 울어대거나 욕을 하기도 한다. 이러한 분노폭발은 어린아이에게서 종종 관찰되지만 만 6세가 되면 거의 사라지기 때문에 6세 이상의 연령에서 분노폭발을 자주 나타내면 문제행동으로 간주된다(Potegal & Davidson, 1997).

파괴적 기분조절부전장애는 아동과 청소년의 경우 1년 유병률이 2~5%로 알려져 있다. 또한 남아의 유병률이 여아보다 더 높으며 연령이 증가할수록 유병률이 감소한다. 파괴적 기분조절부전장애는 양극성장애와 관련성이 높은 것으로 여겨졌으나 두 장애는 경과, 신경학적 요인, 치료약물에 대한 반응 등에 있어서 다른 것으로 밝혀졌다(Dickstein et al., 2009). 이러한 장애를 지닌 아동은 성인기에 양극성 우울장애가 아닌 단극성 우울장애를 나타낼 가능성이 높은 것으로 보고되고 있다(Lopez-Duran, 2010). 아울러 이 장애는 아동기와 청소년기에 흔히 나타나는 주의력결핍 과잉행동장애, 적대적 반항장애, 품행장애와의 공병률이 높은 것으로 알려져 있다.

2. 원인과 치료

파괴적 기분조절부전장애를 지닌 아동은 좌절에 대한 과민반응성을 지닌 것으로 보고되고 있다. 목표달성이 좌절되었을 경우에 파괴적 기분조절부전을 지닌 아동들은 통제집단에 비해서 더 기분이 나빠지고 불안해했으며 공격적인 반응을 나타냈다. 파괴적 기분조절부전장애를 지닌 아동들은 좌절감을 비롯한 부정적인 감정 반응을 억제하는 뇌기능의 저하를 나타낸다. 또한 다른 사람의 표정을 잘못 인식하여 오해하는 경향이 있을 뿐만 아니라 주의 집중과 전환의 어려움을 지니고 있어 원하는 목표를 달성하지 못하여 실패를 경험하기 쉽다. 즉, 파괴적 기분조절부전장애를 나타내는 아동은 주의 능력의 곤란으로 목표달성의 실패를 스스로 초래하며 그러한 실패를 통해 과도한 좌절감을 경험한다. 또한 타인의 의도와 감정을 정확하게 처리하는 능력의 부족으로 인해 대인관계에서 좌절감을 많이 느낄 수 있다. 또한 이러한 좌절감을 억제할 수 있는 기능 역시 저하되어 분노폭발과 같은 과잉반응을 나타내는 것으로 여겨지고 있다.

이 밖에도 가족이나 환경적 요인이 파괴적 기분조절부전장애에 영향을 미칠 수 있다. 부모의 정신병리(특히 물질남용 및 반사회적 행동), 부모의 이혼, 부부생활 갈등, 역기능적 양육행동은 아동의 파괴적 기분조절부전을 초래할 수 있다. 특히 부모의 방임이나 무관심 또는 일관성 없는 가혹한 처벌과 같은 역기능적 양육행동이 아동의 기분조절을 저해할 수 있다.

파괴적 기분조절부전장애의 치료는 비지시적인 놀이치료가 효과적인 것으로 알려져 있다. 다양한 인형과 장난감이 제공되는 놀이를 통해서 아동이 자유로운 자기표현을 할 수 있을 뿐만 아니라 좌절감을 해소할 수 있는 내면적 공상이 촉진될 수 있다. 또한 가족치료를 통해서 가족 간의 갈등을 해소하고 부모의 양육행동을 긍정적으로 변화시킬 수 있다. 파괴적 기분조절부전을 지닌 아동에게 스트레스와 좌절감을 유발하는 가족의 생활패턴을 변화시키고 부모가 인내심 있는 양육행동을 일관성 있게 나타내는 것이 바람직하다.

양극성 및 관련 장애

우리는 누구나 기분의 변화를 경험하며 살아간다. 인생의 어떤 시점에서는 소망하는 일들이 잘 이루어져서 기분이 좋고 즐거우며 신바람이 날 때가 있다. 그러나 때로는 생활 속에서 실패와 좌절이 반복되어 기분이 침체되고 우울해지며 불행감이 밀려들 때가 있다. 그러나 대부분의 경우, 기분이 들뜨거나 가라앉는 정도가 그다지 심하지 않아서 생활에 큰 지장을 받지 않을 뿐만 아니라 시간이 흘러가면 침울했던 기분이 회복되고 들떴던 기분도 안정된다.

그러나 기분이 지나치게 들떠서 매우 불안정하거나 산만해지고 무모한 행동을 하게 되면 여러 가지 부적응적 문제를 유발할 수 있다. 이처럼 지나치게 고양되거나 저조한 기분상태가 주기적으로 반복되어 심각한 부적응을 초래하는 경우가 바로 양극성장애이다. 최근의 많은 연구에서 양극성장애가 원인, 경과, 예후의 측면에서 우울장애와 뚜렷한 차이를 지니는 것으로 밝혀지고 있다. 이러한 연구결과를 반영하여 DSM-5-TR에서는 양극성장애를 우울장애와 독립된 별개의 진단범주로 분류하고 **양극성 및 관련 장애** Bipolar and Related Disorders라는 명칭하에 제1형 양극성장애, 제2형 양극성장애, 순환감정장애를 포함시키고 있다.

표 5-4 양극성 및 관련 장애의 하위유형과 핵심증상

하위장애	핵심증상
제1형 양극성장애	과도하게 들뜬 고양된 기분을 나타내며 자존감이 팽창되어 말과 활동이 많아지고 주의가 산만해져서 일상적인 생활이 불가능한 조증 삽화를 나타냄
제2형 양극성장애	조증 삽화보다 부적응 정도가 경미한 경조증 삽화를 나타냄
순환감정장애	조증 상태와 우울증 상태가 경미한 형태로 2년 이상 지속적으로 나타냄

제1절 양극성장애

대학생 3년생인 C양은 요즘 마음이 매우 불안정하다. 6개월 전만 해도 희망과 활기로 가득 찼던 대학생활에 여러 가지 문제가 동시다발적으로 발생하고 있기 때문이다. 지난 1년간 C양의 삶에는 많은 변화가 있었다. 평소에 명랑하던 C양은 1년 전에 남자친구와 결별하면서 한동안 침울해하며 학교활동에서도 위축된 모습을 보였다. 그런 C양은 3학년이 되면서 급격하게 변하기 시작했다. 학과모임뿐만 아니라 여러 동아리에 적극적으로 참여하면서 매우 활발한 모습을 보였다. 다른 학생들은 3학년에 진학하면서 동아리활동을 줄이고 있었지만 C양은 오히려 두 개의 동아리 회장을 자원하여 맡았고 다른 모임에서도 부회장과 총무의 직책을 맡았다. C양은 하루에도 많은 사람과 만나면서 끊임없이 새로운 일거리를 만들어냈다. 회장을 맡은 동아리에서는 무리하게 여러 발표회를 계획했으며 다른 동아리와 연합모임을 추진했다. 그러나 하루 24시간이 부족할 정도로 동분서주하며 뛰어다녔지만 되는 일이 없었다. C양은 의욕이 앞서 다양한 계획을 거창하게 세우고 정신없이 바쁘게 생활했지만 어느 하나도 치밀하게 추진하지 못했을 뿐만 아니라 중요한 회의에 불참하고 동아리 예산을 낭비하는 등 무책임한 행동으로 동료들로부터 비난을 받게 되었다. 동아리 활동으로 소홀했던 학교수업의 모든 과목에서 F학점을 받게 되었고 추진했던 동아리 발표회는 준비부족으로 실패했으며 동아리연합회도 결국 무산되고 말았다. 명랑하고 활기에 넘쳤던 C양은 요즘 화를 자주 내는 등 짜증스러운 모습을 보이며 학교에도 잘 나타나지 않고 있다.

1. 주요증상과 임상적 특징

양극성장애Bipolar Disorder는 우울한 기분상태와 고양된 기분상태가 교차되어 나타나는 경우를 뜻한다. C양의 경우와 같이, 기분이 몹시 고양된 조증 상태에서는 평소보다 훨씬 말이 많아지고 빨라지며 행동이 부산해지고 자신감에 넘쳐 여러 가지 일을 벌이는 경향이 있다. 때로는 자신에 대한 과대망상적 사고를 나타내며 잠도 잘 자지 않고 활동적으로 일하지만 실제로 이루어지는 일은 없으며 결과적으로 현실적응에 심한 부적응적 결과를 나타내게 된다. 이러한 조증 상태가 나타나거나 우울장애 상태와 번갈아 나타나는 경우를 양극성장애라고 하며 **조울증**manic depressive illness이라고 불리기도 한다. 양극성장애는 조증의 심한 정도에 따라 제1형과 제2형으로 구분되고 있다.

제1형 양극성장애 Bipolar I Disorder는 기분이 비정상적으로 고양되는 조증 상태를 특징적으로 나타내는 장애이다. 이 장애의 진단기준은 다음과 같다. 첫째, 비정상적으로 의기양양하고 자신만만하거나 짜증스러운 기분을 나타내고 목표지향 행동이나 에너지 수준이 비정상적으로 증가된 상태가 1주일 이상 분명하게 지속되는 **조증 삽화**manic episode를 나타내야 한다. 둘째, 이러한 조증 삽화에서는 〈표 5-5〉에 제시되는 일곱 가지 증상 중 세 가지 이상(기분이 과민한 상태인 경우에는 네 가지)이 심각한 정도로 나타나야 한다.

셋째, 이러한 증상이 물질(예: 남용하는 물질, 치료약물 또는 기타 치료)이나 신체적 질병(예: 갑상선 기능항진증)의 직접적인 생리적 효과로 인한 것이 아니어야 한다. 마지막으로, 이러한 기분장애가 심각하여 직업적응은 물론 일상생활에 현저한 곤란이 있거나, 자신 및 타인을 해칠 가능성이 있어 입원이 필요하거나, 혹은 정신증적 양상(망상이나 환각)이 동반되면 제1형 양극성장애로 진단된다.

제1형 양극성장애는 가장 심한 형태의 양극성장애로서 한 번 이상의 조증 삽화가 나타나는 모든 경우를 말한다. 흔히 제1형 양극성장애를 지닌 사람들은 한 번 이상의 **주요우울 삽화**major depressive episode를 경험한다. 주요우울 삽화는 주요우울장애의 증상이 2주일 이상 지속되는 경우를 뜻한다. 양극성장애로 진단되기 위해서는 현재의 증상뿐만 아니라 과거의 병력을 자세하게 탐색해야 한다. 양극성장애는 가장 최근에 나타난 기분 삽화와 그 심각도에 따라서 세부적 진단이 내려진다. 예컨대, 현재는 주요우울 삽화를 나타내고 있지만 과거에 조증 삽화를 나타낸 적이 있는 경우에는 제1형 양극성장애로 진단되며 가장 최근의 주요우울 삽화와 그 심각도가 명시된다.

제2형 양극성장애 Bipolar II Disorder는 제1형 양극성장애와 매우 유사하지만 조증 삽화의

표 5-5 조증 삽화의 주요한 증상들

(1) 팽창된 자존심 또는 심하게 과장된 자신감
(2) 수면에 대한 욕구 감소(예: 단 3시간의 수면으로도 충분하다고 느낌)
(3) 평소보다 말이 많아지거나 계속 말을 하게 됨
(4) 사고의 비약 또는 사고가 연달아 일어나는 주관적인 경험
(5) 주의 산만(예: 중요하지 않거나 관계없는 외적 자극에 너무 쉽게 주의가 이끌림)
(6) 목표지향적 활동(직장이나 학교에서의 사회적 또는 성적 활동)이나 흥분된 운동성 활동의 증가
(7) 고통스러운 결과를 초래할 쾌락적인 활동에 지나치게 몰두함(예: 흥청망청 물건 사기, 무분별한 성행위, 어리석은 사업 투자)

증상이 상대적으로 미약한 **경조증 삽화**hypomanic episode를 보인다는 점에서 구분된다. 경조증 삽화는 평상시의 기분과는 분명히 다른 의기양양하거나 고양된 기분이 적어도 4일간 지속된다. 아울러 일곱 가지의 조증 증상 중 세 가지 이상이 나타나지만, 이러한 조증 증상이 사회적, 직업적 기능에 현저한 지장을 주지 않으며 입원이 필요할 정도로 심각하지 않을 뿐 아니라 정신병적 양상도 동반되지 않는다. 아울러 제2형 양극성장애로 진단되려면, 과거에 한 번 이상의 경조증 삽화와 한 번 이상의 주요우울 삽화를 경험한 적이 있되, 조증 삽화를 한 번도 경험한 적이 없어야 한다. 즉, 제2형 양극성장애는 과거에 주요우울장애를 경험한 적이 있으며 동시에 기분이 고양되는 비정상적인 기분 상태를 나타내지만 조증 삽화보다 그 심각도가 미약한 경조증 삽화를 나타내는 경우를 말한다. 제1형 양극성장애와 제2형 양극성장애는 증상적 측면에서는 매우 유사하지만 역학적 양상이나 원인에 있어서 차이가 있다는 연구결과가 누적됨으로써 진단적인 구분이 이루어지고 있다.

제1형 양극성장애는 지역사회 연구에서 평생 유병률이 0.4~1.6%로 보고되고 있다. 주요우울장애를 반복적으로 나타내는 청소년들 중 약 10~15%가 제1형 양극성장애로 발전된다는 연구보고가 있다. 주요우울장애는 여성에게 많이 나타나는 반면, 제1형 양극성장애는 대체로 남자와 여자에게 비슷하게 나타난다. 그러나 남자는 조증 삽화가 먼저 나타나는 경우가 많고, 여자는 주요우울 삽화가 먼저 나타나는 경우가 많다. 제1형

양극성장애를 지닌 여자는 출산 직후에 기분장애가 발생할 위험성이 높아진다.

제2형 양극성장애는 평생 유병률이 약 0.5%로 보고되고 있다. 제2형 양극성장애는 남성보다 여성에게 더 흔하며, 이 장애를 경험한 여성들은 출산 직후에 기분장애를 경험할 위험이 높다. 흔히 경조증 삽화를 나타내는 사람의 약 60~70%는 경조증 삽화가 주요우울장애의 직전이나 직후에 발생한다. 기분장애 증상을 나타내는 간격은 개인의 나이가 증가하면서 감소하는 경향이 있다. 만일 조증 삽화가 제2형 양극성장애의 경과 중에 발생하게 되면 진단은 제1형 양극성장애로 바뀌게 된다. 제2형 양극성장애를 지닌 사람들 가운데 5~15%는 처음 발병한 지 5년이 지나면 조증 삽화를 나타내어 제1형 양극성장애로 전환된다는 보고가 있다.

2. 원인과 치료

양극성장애는 유전을 비롯한 생물학적 요인에 의해서 많은 영향을 받는 장애로 알려져 있다. 양극성장애로 진단되는 사람들은 가족 중에 동일한 장애나 주요우울장애를 지녔던 사람이 있는 경우가 많다. 부모 중 한 사람이 양극성장애를 지닌 경우에 그 자녀가 양극성장애를 나타낼 가능성은 약 12%로 보고되고 있다. 쌍둥이 연구는 유전적 요인이 양극성장애에 강력한 영향을 미치고 있다는 점을 잘 보여주고 있다. 일란성 쌍둥이의 경우, 단극성 우울장애의 경우는 일치도가 40%인 데 비해, 양극성 기분장애는 일치도가 70%였다. 이러한 일련의 연구들은 양극성장애가 유전적 영향을 많이 받고 있음을 시사한다.

양극성장애는 유전적 요인 외에 신경전달물질, 신경내분비 기능, 수면생리 등과 관련된 것으로 보고되고 있다. 양극성장애가 유전적 취약성을 갖는다면 무엇이 유전되는가 하는 문제가 제기될 수 있다. 이 문제에 대한 대답으로 신경화학적 기제가 유전된다는 주장이 지배적이다. 이 밖에도 수면장애는 기분장애에서 공통적으로 나타나는 증상으로서, 우울장애에서는 불면이나 과다수면을 보이며 조증 삽화에서는 수면욕구가 감소되는 특징을 나타낸다. 이러한 사실에 근거하여 기분장애가 생체리듬의 이상과 관련이 있다는 주장이 제기되고 있다.

양극성장애가 유전을 비롯한 생물학적 요인의 영향을 많이 받는다고 해서 심리사회적 요인이 영향을 미치지 않는다는 것은 아니다. 생물학적 요인은 양극성장애를 유발하는 취약성을 제공하며 양극성장애의 발병시기나 발병양상은 심리사회적 요인에 의해 중대한 영향을 받게 된다. 정신분석적 입장에서 양극성장애의 조증 증세를 무의식적 상실이나 자존감 손상에 대한 방어나 보상 반응으로 보고 있다. 프로이트는 조증이 우울장애와 핵심적 갈등은 동일하지만 에너지가 외부로 방출된 것이라고 생각했다. 즉, 무의식적 대상의 상실로 인한 분노와 책망의 에너지가 외부로 방출된 것이라고 설명하였다. 에이브러햄(Abraham, 1927b)은 우울장애를 겪은 적이 없는 환자라 하더라도 아주 어린 시기에 초보적인 수준의 우울장애를 경험했을 것이라고 주장하였다. 초기의 우울장애를 인내하는 것을 배우지 못했거나, 부모 또는 부모의 사랑을 상실했던 사람은 자신들의 발달적 비극의 현실을 부정하고 조증반응을 보인다는 것이다. 또한 조증과 우울장애는 동일한 갈등에 의해 지배되며 단지 그 갈등에 대한 환자의 태도가 다를 뿐으로, 우울장애는 갈등에 압도당하는 상태인 반면, 조증은 갈등을 부정하고 무관심한 태도를 보이는 상태라고 여겼다.

카메론(Cameron, 1963)에 따르면, 조증은 개인이 직면하기에 너무 고통스러운 현실을 부정한 결과 나타나는 정신병리적 현상으로 이때의 현실은 주요우울장애를 유발할 수 있을 정도로 매우 고통스럽다. 조증은 주요우울장애에 대한 방어로서, 견디기 힘들 정도로 고통스러운 사실을 받아들이는 능력이 결여되어 있거나 또는 그런 사실을 수용하기를 거부하는 행위로 간주된다. 카메론에 따르면, 조증과 주요우울장애의 촉발요인은 다르지 않으나 조증을 나타내는 사람은 주로 부정이라는 방어기제를 광범위하게 사용하고 과대망상을 통해 너무나 고통스러운 현실을 부정하고 그것과 반대되는 가상적 현실로 재구성한다.

윈터스와 니일(Winters & Neale, 1985)은 조증을 나타내는 사람들의 실제 자존감이 낮을 것이라는 가설을 경험적으로 검증하고자 하였다. 이들은 조증 환자, 단극성 우울장애 환자, 정상인의 세 집단을 대상으로 자존감 척도와 실제적 추론과제pragmatic inference test(어떤 이야기를 읽게 한 뒤 그 이야기에 들어 있는 사실을 기억하거나 그 이야기에서 추론하게 하는 과제)를 실시했을 때, 자존감 척도에서는 조증 집단과 정상인 집단이 우울장애 집단보다 높은 점수를 나타냈으나 추론과제에서는 조증 집단과 우울장애 집단이 같은 수행을 보였다. 이러한 결과는 조증을 나타내는 사람이 의식적으로는 자신에 대한 부정적 감정을 성공적으로 방어하고 있지만 내면적으로는 자존감이 매우 낮음을 보여주는 것이다.

인지적 입장에서는 조증 증세를 나타내는 사람은 우울장애 증세를 나타내는 사람과 마찬가지로 현실 해석에 인지적 왜곡이 있다고 본다. 우울장애를 지닌 사람이 나타내는 자동적 사고의 주제가 상실과 실패인 반면, 조증 환자는 획득과 성공을 주제로 하는 자동적 사고를 보인다. 조증 환자들은 생활경험을 해석하는 과정에서 우울장애 환자가 나타내는 대부분의 인지적 오류를 범한다. 예컨대, 사소한 한두 번의 성공을 근거로 앞으로 자신이 벌이는 무슨 일이든 확실히 성공할 것이라고 생각하는 조증 환자는 '과잉 일반화의 오류'를 범하고 있다. 또한 조증 환자들은 자기의 행동이 가져올 수 있는 잠재적인 부정적 결과에 주목하고 이를 타당하게 평가하지 못하는데, 이는 자신이 내놓은 계획이 안고 있는 단점은 보지 못하고 장점만 보려고 하는 '선택적 추상화'의 오류를 범하고 있는 것이다. 경조증 삽화의 사람들은 흔히 주어진 시간 안에 자신이 해낼 수 있는 일의 분량을 과대평가하는 반면, 그 일을 달성하는 데 걸리는 시간을 과소평가하는 현실왜곡적 사고경향을 보인다. 또한 조증 환자들은 '개인화의 오류'를 범하여 일상생활 가운데 벌어지는 일들이 자신의 특별한 능력 때문에 일어나는 것으로 해석하는 과대망상적 사고를 나타내는 경향이 있다. 예컨대, 한국팀이 스포츠 경기에서 지고 있었는데 환자가 TV를 보면서 역전하게 되었다면, 환자는 자신이 한국팀의 승리에 기여했다고 생각하고 자신이 특별한 능력을 지닌 것으로 해석하게 된다. 이러한 인지적 오류에 의해 조증 환자는 생활경험 속에서 획득과 성공을 지각하고 자신의 경험에 무차별적으로 긍정적인 가치를 부여하며 자신의 노력에 비해 비현실적으로 긍정적 결과를 기대하고 자신의 능력을 과대추정한다. 이런 왜곡된 추론이 행복감을 느끼게 하고 활동 수준을 높이게 된다.

제1형 양극성장애, 특히 조증 삽화가 나타날 때는 입원치료와 약물치료를 우선적으로 고려해야 한다. 조증 삽화로 인해 자신과 타인에게 커다란 피해를 줄 우려가 있을 경우에는 입원치료가 필요하며, 이러한 경우 항조증 약물이 처방된다. 가장 대표적인 항조증 약물은 리튬Lithium이다. 리튬은 기분안정제mood stabilizer로서 모든 유형의 양극성장애를 치료하는 데에 사용되고 있으며 특히 조증 삽화를 진정시키고 예방하는 효과를 지닌다.

그러나 약물치료만으로 양극성장애를 조절하는 데에는 현저한 한계가 있다. 약물치료만으로는 양극성장애 환자의 50~70%에서 재발을 예방하는 데 실패했다(Keller et al., 1992). 양극성장애는 대부분의 경우 만성적인 경과를 나타내고, 기분 삽화 사이에도 경미한 증상이 존재하며, 전반적으로 기능수준이 저하된 상태가 지속된다(Goldberg et al., 1995).

따라서 양극성장애의 치료와 재발 방지를 위해서는 약물치료와 심리치료를 병행하는 것이 필수적이다. 양극성장애는 흔히 만성적인 경과를 나타내며 재발하는 경향이 높기 때문에 환자는 자신의 증상을 주시하면서 생활을 조절하는 것이 중요하다. 양극성 환자는 우울장애와 조증 증세를 반복하는 경향이 있기 때문에 이러한 증세가 시작되는 초기의 변화를 자각하여 증세가 악화되지 않도록 스스로 심리적 안정을 취하거나 전문가의 치료를 받아야 한다. 또한 환자의 가족들은 양극성장애의 특성을 잘 이해하고 환자에게 심리적 지지를 보내는 동시에 환자의 기분상태와 증세를 유심히 관찰하여 환자가 현실생활에 잘 적응할 수 있도록 돕는 것이 필요하다. 이러한 양극성장애를 치료하고 예방하는 데에 심리치료는 다양한 기여를 할 수 있다(Miklowitz, 2008). 심리교육을 통해서 양극성장애에 대한 지식을 증가시키고 약물치료의 중요성을 인식시킴으로써 약물치료에 순응하도록 돕는다. 또한 조증 삽화의 예방을 위해서 수면을 비롯한 규칙적인 일상생활을 유지하고 감정조절 및 의사소통 기술을 습득시키며 조증 삽화의 전구기 증상을 알아차리고 효과적으로 대처하도록 돕는다.

양극성장애의 심리치료에는 인지행동치료와 대인관계 및 사회적 리듬치료가 효과적인 것으로 알려져 있다. 양극성장애를 위한 인지행동치료는 일상생활 속에서 경험하는 부정적 경험의 인지적 재구성뿐만 아니라 전구기 증상을 감지하고 완전한 기분 삽화로 발전하지 않도록 환자의 인지와 행동을 수정하도록 돕는다. 아울러 규칙적인 일상생활과 수면을 유지하는 것의 중요성을 강조하는 동시에 과도한 목표추구 행동을 수정하는 데 초점을 맞춘다. 제1형 양극성장애 환자의 경우, 인지행동치료와 약물치료를 병행한 집단이 약물치료만 받은 집단보다 재발방지 효과가 현저하게 우수한 것으로 나타났다(Lam et al., 1999).

제2절 순환감정장애

순환감정장애Cyclothymic Disorder는 우울증 또는 조증 삽화에 해당되지 않는 경미한 우울 증상과 경조증 증상이 번갈아가며 2년 이상(아동과 청소년의 경우는 1년 이상) 장기적으로 나타나는 경우를 말한다. 2년의 기간(아동과 청소년의 경우는 1년 이상) 중 적어도 반 이상의 기간에 우울이나 경조증 증상이 나타나야 하며 아무런 증상이 없는 기간이 2개월 이하여야 한다. 아울러 조증 삽화, 경조증 삽화, 주요우울 삽화를 한 번도 경험한 적이 없어야 한다. 하지만 주기적인 우울 및 경조증 증상으로 인해서 현저한 고통을 겪거나 일상생활의 기능에 상당한 지장이 초래되어야 한다.

순환감정장애의 평생 유병률은 0.4~1.0%로 보고되고 있다. 순환감정장애는 남녀의 발생비율이 비슷하지만 임상 장면에서는 여성이 남성보다 치료를 받는 경향이 더 높다. 순환감정장애는 보통 청소년기나 초기 성인기에 시작되어 서서히 발병하고 만성적인 경과를 밟으며 다른 기분장애의 기질적인 취약성을 반영하는 것으로 간주되고 있다. 순환감정장애를 지닌 사람이 제1형 양극성장애나 제2형 양극성장애로 발전하게 될 확률은 15~50%로 매우 높다. 순환감정장애를 지닌 사람의 직계 가족도 일반 사람들에 비해서 우울장애나 양극성장애를 나타낼 가능성이 높다.

순환감정장애의 원인은 잘 알려져 있지 않다. 그러나 순환감정장애가 주요우울장애나 양극성장애를 지닌 환자의 가족에게 흔히 나타난다는 점에서 유전적 요인이 관련되는 것으로 추정하고 있다. 순환감정장애의 치료에도 양극성장애와 마찬가지로 약물치료, 특히 리튬이 효과적인 것으로 알려져 있다. 아울러 규칙적인 일상생활, 안정된 대인관계, 수면관리, 그리고 스트레스에 대한 효과적인 대처가 순환감정장애의 증상을 완화시키는 데에 필수적이다.

요약

1. 우울장애는 슬픔, 공허감, 짜증스러운 기분과 그에 수반되는 신체적·인지적 증상으로 인해 개인의 기능을 현저하게 저하시키는 부적응 증상을 의미한다. 우울장애의 하위유형으로는 주요우울장애, 지속성 우울장애, 월경전 불쾌감장애, 파괴적 기분조절부전장애가 있다.
2. 주요우울장애는 지속적인 우울한 기분과 흥미나 즐거움의 현저한 저하를 주된 증상으로 나타내며 체중의 증가나 감소, 불면이나 과다수면, 피로감과 활력상실, 무가치감과 죄책감, 죽음이나 자살에 대한 사고와 같은 다양한 증상을 나타낸다. 정신분석적 입장에서는 우울장애를 무의식적으로 분노가 자기에게 향해진 현상이라고 설명한다. 우울장애를 설명하는 대표적인 심리학적 이론인 인지이론에서는 우울장애가 부정적인 자동적 사고, 인지적 오류와 왜곡, 역기능적 인지도식과 신념에 의해서 발생된다고 본다. 생물학적 입장에서는 유전적 요인, 신경전달물질, 시상하부의 기능 이상, 내분비호르몬의 이상이 우울장애와 관련된 것으로 주장되고 있다. 주요우울장애에 대한 가장 효과적인 치료방법은 인지치료와 약물치료이다.
3. 지속성 우울장애는 우울증상이 2년 이상 지속적으로 나타나는 만성적인 경우를 말한다. 지속성 우울장애는 만성적인 경과를 보이기 때문에 실업, 재정적 곤란, 운동능력의 약화, 사회적 위축, 일상생활의 부적응이 더욱 심각하게 나타날 수 있다. 월경전 불쾌감장애는 여성의 경우 월경이 시작되기 전 주에 정서적 불안정성이나 분노감, 일상 활동에 대한 흥미 감소, 무기력감과 집중곤란 등의 불쾌한 증상이 주기적으로 나타나는 경우를 말한다. 파괴적 기분조절부전장애는 주로 아동기나 청소년기에 나타나며 반복적으로 심한 짜증과 분노폭발을 나타내는 행동적 문제를 뜻한다.
4. 양극성 및 관련 장애는 기분의 변화가 심해서 조증 상태뿐만 아니라 우울증 상태를 주기적으로 나타내는 장애를 포함한다. DSM-5-TR에서는 그 하위유형으로 제1형 양극성장애, 제2형 양극성장애, 순환감정장애를 제시하고 있다.
5. 제1형 양극성장애는 비정상적으로 기분이 고양되고 행동과 에너지 수준이 과도하게

증가되는 조증 삽화를 특징적으로 나타내는 장애로서 사회적 적응에 심각한 손상이 초래된다. **제2형 양극성장애**는 조증 증상이 경미한 형태로 나타나는 경조증 삽화와 더불어 주요우울 삽화를 반복적으로 경험하는 장애를 뜻한다. **순환감정장애**는 경미한 형태의 조증 증상과 우울증상이 2년 이상 번갈아 나타나는 만성적인 기분장애를 말한다. 양극성장애는 유전적 영향을 많이 받는 정신장애이며 노르에피네프린과 같은 신경전달물질, 시상하부와 관련된 신경내분비 기능 등의 생물학적 요인이 밀접하게 관련된 것으로 알려지고 있다. 양극성장애를 치료하는 대표적인 방법은 리튬과 같은 기분안정제를 사용하는 약물치료이다. 양극성장애는 흔히 만성적인 경과를 나타내며 재발하는 경향이 높기 때문에, 지속적인 투약과 더불어 자신의 증상을 계속 관찰하고 생활스트레스를 관리하는 인지행동적 치료가 함께 병행되어야 한다.

제6장

조현병 스펙트럼 장애

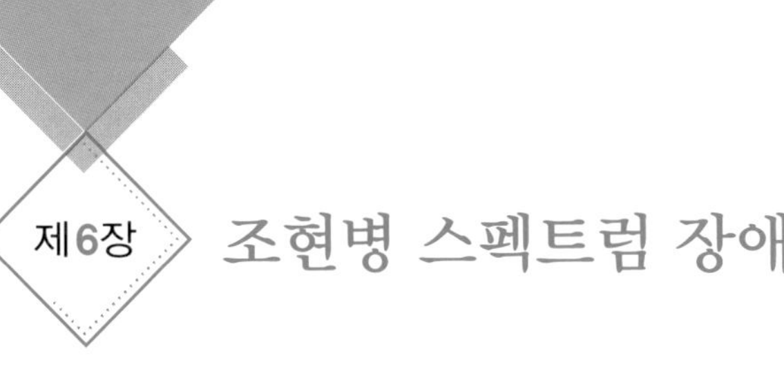

제6장 조현병 스펙트럼 장애

조현병은 망상, 환각, 혼란스러운 언어를 비롯하여 현실을 왜곡하는 부적응 증상들을 나타내는 심각한 정신장애이다. 임상 장면에서 접하게 되는 정신장애 중에는 이러한 조현병과 유사한 증상을 나타내지만 그 심각도나 지속기간이 다른 다양한 장애들이 있다. 최근에는 이러한 장애들이 조현병과 공통적인 유전적 또는 신경생물학적 기반을 지닌다는 연구결과들이 제시되었다. 이러한 연구결과에 근거하여 조현병과 유사한 증상을 나타낼 뿐만 아니라 공통적인 원인적 요인을 지닌 것으로 추정되는 다양한 정신장애들을 **조현병 스펙트럼 장애**Schizophrenia Spectrum Disorders라고 지칭하고 있다(Tandon & Carpenter, 2013; Tienari et al., 2003).

조현병 스펙트럼 장애는 현실을 왜곡하는 기괴한 사고와 혼란스러운 언어를 특징으로 하는 다양한 장애들을 의미하며 증상의 심각도에 따라서 스펙트럼 상에 배열할 수 있다. [그림 6-1]에 제시되어 있듯이, 조현병과 조현정동장애가 가장 심각한 증상을 나타내며 다음으로 조현양상장애, 단기 정신병적 장애, 망상장애, 그리고 가장 경미한 증상을 나타내는 장애로는 조현형 성격장애와 약화된 정신병 증후군이 있다.

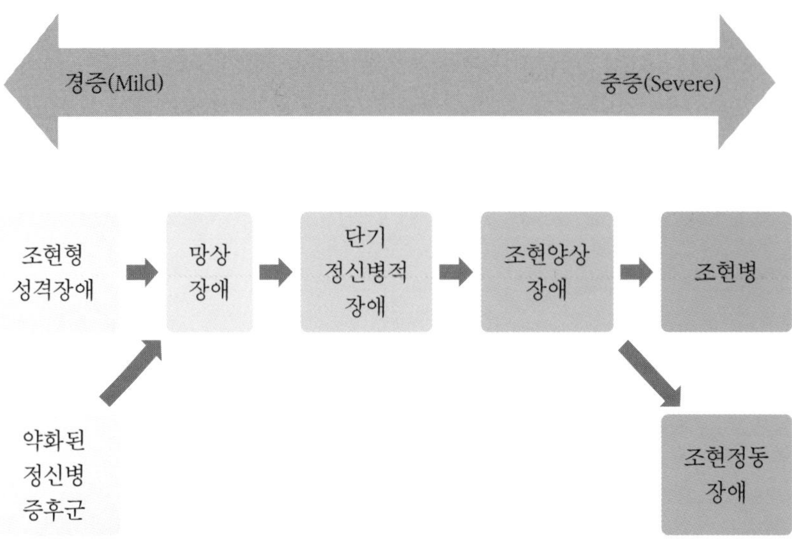

그림 6-1 조현병 스펙트럼 장애에 속하는 정신장애들

표 6-1 조현병 스펙트럼 장애의 하위유형과 핵심증상

하위장애	핵심증상
조현병	망상, 환각, 혼란스러운 언어, 부적절한 행동, 둔마된 감정 및 사회적 고립이 6개월 이상 지속되는 경우
조현정동장애	조현병 증상과 조증 또는 우울증 증상이 함께 나타나는 경우
조현양상장애	조현병 증상이 1개월 이상 6개월 이내로 나타나는 경우
단기 정신병적 장애	조현병 증상이 1개월 이내로 짧게 나타나는 경우
망상장애	한 가지 이상의 망상을 1개월 이상 나타내는 경우
조현형 성격장애	대인관계의 기피, 인지적 왜곡, 기이한 행동 등의 증상이 성격의 일부처럼 지속적으로 나타나는 경우
약화된 정신병 증후군	조현병 증상이 매우 경미한 형태로 짧게 나타나는 경우

조현병

대학교 2학년생인 Y군의 부모는 요즘 아들의 행동을 어떻게 이해해야 할지 난감하다. 외아들인 Y군이 정색을 하며 "당신들은 내 부모가 아니다"고 주장하고 있기 때문이다. 집에서 Y군은 자신의 방문을 잠그고 지내며 가끔씩 큰소리로 혼잣말을 하는 소리가 들릴 뿐이다. 걱정스러운 모습을 보이는 부모에게는 "당신들은 나와 무관한 사람들이니 내 일에 참견하지 말라"며 소리를 지르곤 했다. Y군의 부모는 맞벌이 부부로서 각기 바쁜 생활을 하고 있었으며 최근에 말수가 줄기는 했지만 대학생활을 잘 하고 있으리라 믿었던 Y군의 이러한 행동에 놀라움을 금치 못하고 있다.

같은 학과의 동료들에 따르면, Y군은 대학생활에 적응하지 못하며 고립된 생활을 하다가 1년 전에 한 종교단체에 가입하면서 활기를 찾는 듯했다. 종교모임에 적극적으로 참여했으며 학교공부를 거의 접어둔 채로 캠퍼스에서 전도활동에 전념했다고 한다. 그러나 전도를 하는 과정에서 조리 있게 말하지 못하고 횡설수설하는 모습을 보였으며 상대방이 자신의 말에 수긍하지 않으면 사탄이라고 공격하며 화를 내곤 했다. 몇 달 전부터 Y군은 혼자 큰 소리로 중얼거리는 모습을 보였으며 학과 동료들에게 "너희들은 모두 사탄이다", "사악한 세상을 구해야 한다", "내가 십자가를 져야 한다"며 격앙된 모습으로 횡설수설하곤 했다. 최근에 나쁜 성적으로 학사경고를 받게 된 Y군은 지도교수와의 면담과정에서 교수에게 "당신은 교수를 그만두고 내 밑에 들어와서 신앙생활을 하라"고 충고를 했다고 한다.

1. 주요증상과 임상적 특징

조현병Schizophrenia은 망상, 환각, 혼란스러운 언어를 특징적으로 나타내는 매우 심각한 정신장애로서 과거에는 정신분열증이라고 불렸다. 정신분열증이라는 명칭이 주는 부정적인 인상과 편견을 피하기 위해 조현병으로 개칭되었다. 조현병(調絃病)은 마치 현악기가 정상적으로 조율되지 못한 경우처럼 혼란스러운 상태를 나타내는 질병이라는 의미를 담고 있다.

조현병은 정신병psychosis에 속하는 대표적인 장애로서 현실검증력이 손상되어 비현실적인 지각과 비논리적인 사고를 나타내며 혼란스러운 심리상태에 빠져들게 된다. 이러한 증상들로 인해서 일상생활의 적응에 필요한 심리적 기능이 현저하게 저하된다. 증상이 시작되는 초기에 적절하고 집중적인 치료를 받지 못하여 만성화되면, 조현병은

표 6-2 **조현병의 진단기준**

A. 다음 중 2개 이상의 증상(1, 2, 3 중 하나는 반드시 포함)이 1개월 동안(성공적으로 치료되었을 경우에는 그 이하일 수도 있음) 상당 부분의 시간에 나타나야 한다.
   1. 망상
   2. 환각
   3. 혼란스러운 언어(예: 빈번한 주제 이탈이나 뒤죽박죽된 표현)
   4. 심하게 혼란스러운 행동이나 긴장증적 행동
   5. 음성 증상들(예: 감소된 정서표현이나 무의욕증)

B. 이러한 장해가 시작된 후 상당 부분의 시간 동안, 한 가지 이상의 주요한 영역(직업, 대인관계, 자기 돌봄)의 기능수준이 장해의 시작 전보다 현저하게 저하되어야 한다(아동기나 청소년기에 시작될 경우에는 대인관계, 학업적 또는 직업적 기능에서 기대되는 수준에 이르지 못해야 한다).

C. 장해가 계속 진행되고 있다는 징후가 최소한 6개월 이상 지속되어야 한다. 이러한 6개월의 기간에는 기준 A를 충족시키는 증상들(즉, 활성기의 증상)을 나타내는 최소한 1개월과 더불어 전구기 또는 관해기의 증상이 나타나는 기간을 포함한다. 이러한 전구기나 관해기 동안, 장해의 징후는 단지 음성 증상만으로 나타나거나 기준 A에 열거된 증상 중 2개 이상의 증상이 약화된 형태(예: 기이한 신념, 비일상적인 지각경험)로 나타날 수 있다.

D. 조현정동장애와 정신병적 특성을 나타내는 우울 또는 양극성장애의 가능성이 배제되어야 한다. 즉, (1) 주요우울 삽화나 조증 삽화가 활성기 증상과 함께 동시에 나타난 적이 없어야 한다. (2) 만약 기분 삽화가 활성기 증상과 함께 나타났었다면, 그것은 활성기와 잔류기의 전체 기간 중 짧은 기간 동안에만 나타난 것이어야 한다.

E. 이러한 장해는 물질(예: 남용 물질, 치료약물)이나 다른 신체적 질병의 생리적 효과에 의한 것이 아니어야 한다.

F. 아동기에 시작하는 자폐스펙트럼장애나 의사소통장애를 지닌 과거병력이 있을 경우, 조현병의 진단에 필요한 다른 증상에 더해서 현저한 망상이나 환각이 1개월 이상 나타날 경우에만 조현병을 추가적으로 진단하게 된다.

한 인간을 황폐화시켜 사회에 적응하기 어려운 폐인으로 만들 수 있는 무서운 정신장애이기도 하다. 조현병에 대한 DSM-5-TR의 진단기준을 소개하면 〈표 6-2〉와 같다.

조현병을 이해하기 위해서는 주요한 증상을 잘 이해해야 한다. 조현병의 가장 대표적인 증상은 망상이다. **망상**delusion은 자신과 세상에 대한 잘못된 강한 믿음이다. 외부세계에 대한 잘못된 추론에 근거한 그릇된 신념으로서 분명한 반증에도 불구하고 견고하게 지속되는 신념을 망상이라고 한다. 망상의 주제는 다양하며 그 내용에 따라 피해망상, 과대망상, 관계망상, 애정망상, 신체망상 등으로 구분된다. **피해망상**persecutory delusion은 흔히 정보기관, 권력기관, 단체 또는 특정한 개인이 자신을 감시하거나 미행하며 피해를 주고 있다는 믿음을 말하며, **과대망상**grandiose delusion은 자신이 매우 중요한 능력과 임무를 지닌 특별한 인물(예: 재림예수, 천재)이라는 망상이다. **관계망상**delusion of reference은 일상적인 일들이 자신과 관련되어 있다는 믿음이다. 예컨대, TV나 라디오의 뉴스, 중요한 인물이나 지나가는 사람의 언급이 자신과 관련되어 있다는 잘못된 믿음으로서 다른 망상과 함께 나타나는 경우가 많다. **애정망상**erotic delusion은 유명한 사람(예: 연예인, 저명인사)과 사랑하는 관계라는 망상이며, **신체망상**somatic delusion은 자신의 몸에 매우 심각한 질병이나 증상이 있다는 믿음이다. 이러한 망상의 내용은 대부분 매우 엉뚱하거나 기괴하여 일반인이 이해하기가 매우 어렵다.

조현병의 다른 핵심증상은 **환각**hallucination으로서 현저하게 왜곡된 비현실적 지각을 말한다. 외부 자극이 없음에도 불구하고 어떤 소리나 형상을 지각하거나 또는 외부 자극에 대해서 현저하게 왜곡된 지각을 하는 경우에 환각이라고 할 수 있다. 환각은 감각의 종류에 따라 환청, 환시, 환후, 환촉, 환미로 구분된다. 조현병에서 가장 흔한 환각경험은 환청이다. **환청**auditory hallucination은 아무런 외부 자극이 없는 상황에서 어떤 의미 있는 소리나 사람의 목소리를 듣는 경우를 말한다. 조현병 환자들은 흔히 자신의 행동이나 생각에 대해서 간섭하는 목소리나 누군가 두 명 이상이 서로 대화하는 목소리를 듣게 되는 환청을 경험하는데, 이러한 환청을 경험하는 사람은 대부분 조현병으로 진단된다. 환시visual hallucination는 시각적 형태의 환각경험으로서 환청 다음으로 흔하게 나타난다. 환후olfactory hallucination는 후각적 환각으로서 "음식에서 독약 냄새가 난다"고 느끼는 경우가 그 예이다. 환촉tactile hallucination은 "내 피부에 벌레들이 기어 다닌다"고 느끼는 경우와 같은 촉각적 환각을 말한다. 환미tasteful hallucination, 즉 "독약을 섞어 밥맛이 쓰다"는 경우와 같은 미각적인 환각도 있다.

혼란스러운 언어disorganized speech는 비논리적이고 지리멸렬한 와해된 언어를 뜻하며 조현병의 전형적 증상 중 하나이다. 조현병 환자들은 말을 할 때, 목표나 논리적 연결 없이 횡설수설하거나 목표를 자주 빗나가 무슨 이야기를 하고자 하는지 상대방이 이해하기 어렵다. 이러한 와해된 언어행동은 조현병 환자들이 사고장애로 인하여 말하고자 하는 목표를 향해 사고를 논리적으로 진행시키지 못하고 초점을 잃거나 다른 생각이 침투하여 엉뚱한 방향으로 생각이 흘러가기 때문에 나타난다.

조현병 환자들은 심하게 혼란스러운 행동이나 긴장증적 행동을 나타낸다. 심하게 혼란스러운 행동grossly disorganized behavior은 나이에 걸맞은 목표지향적 행동을 하지 못하고 상황에 부적절하게 나타내는 엉뚱하거나 부적응적인 행동을 말한다. 예컨대, 며칠씩 세수를 하지 않거나 계절이나 상황에 맞지 않는 옷을 입고 나가거나 나이 많은 사람에게 반말을 하는 행동을 나타낸다. 긴장증적 행동catatonic behavior은 마치 근육이 굳은 것처럼 어떤 특정한 자세를 유지하는 경우를 말한다. 흔히 부적절하거나 기괴한 자세로 몇 시간씩 꼼짝하지 않고 있는 모습을 나타낸다. 이러한 행동에는 긴장된 자세를 유지하면서 이를 변화시키려는 다른 사람의 노력에 저항하는 긴장증적 강직증, 긴장된 자세를 취한 상태에서 환경을 전혀 인식하지 못하는 긴장증적 혼미증, 긴장된 자세를 움직이게 하려는 지시나 시도에 능동적으로 저항하는 긴장증적 거부증, 목적도 없고 유발자극도 없는 상태에서 과다행동을 보이는 긴장증적 흥분증이 있다.

마지막으로, 조현병 환자들은 다양한 음성 증상을 나타내는데, 대표적인 음성증상은 감소된 정서표현과 무의욕증이다. 감소된 정서표현diminished emotional expression은 외부 자극에 대한 정서적 반응성이 둔화된 상태로서 얼굴, 눈맞춤, 말의 억양, 손이나 머리의 움직임을 통한 정서적 표현이 감소된 것을 말하며, 무의욕증avolition은 마치 아무런 욕망이 없는 듯 어떠한 목표지향적 행동도 하지 않고 사회적 활동에도 무관심한 채로 오랜 시간을 보내는 것을 뜻한다. 이 밖에도 말이 없어지거나 짧고 간단하며 공허한 말만을 하는 등 언어반응이 빈곤해지는 무언어증alogia, 긍정적인 자극으로부터 쾌락을 경험하는 능력이 감소하는 무쾌락증anhedonia, 다른 사람과의 사회적 상호작용에 대한 관심이 없는 비사회성asociability과 같은 음성증상을 나타낼 수 있다.

조현병의 평생 유병률은 종족과 국가에 따라 차이가 있지만 약 0.3~0.7%로 알려져

조현병을 앓았던 노벨경제학상 수상자 존 내시와 그를 소재로 다룬 영화 〈뷰티풀 마인드〉

있다. 우리나라에서 이루어진 역학조사(조맹제, 2011)에 따르면, 조현병의 평생 유병률이 0.2%로 보고되었다. 성별에 따른 유병률은 표집대상에 따라 다르다. 우리나라의 경우는 남자와 여자 모두 평생 유병률이 0.2%로 동일한 것으로 나타났다.

조현병은 흔히 10대 후반에서 30대 중반에 발병하며 청소년기 이전에 발병하는 경우는 드물다. 남자가 여자보다 빨리 발병하는 경향이 있으며 남자는 15~24세, 여자는 25~34세에 발병하는 경우가 많다. 사회적 계층이 낮은 가정에서 발병률이 높으며, 문화적 차이에 따른 발병률의 차이는 거의 없는 것으로 보고되고 있다.

2. 원인

조현병의 원인은 아직 충분히 알려져 있지 않다. 앞에서 언급했듯이, 조현병의 진단기준이 아직은 동질적 집단을 구성하지 못하고 있으며, 이러한 진단기준을 사용한 조현병 환자들에 대한 연구결과는 매우 비일관적이고 복잡한 양상을 나타내고 있다. 그러나 최근의 연구결과에 따르면, 조현병은 생물학적 요인과 밀접하게 연관되어 있음이 시사되고 있다.

1) 생물학적 요인

생물학적 입장에서는 조현병을 뇌의 장애로 규정하고 유전적 요인, 뇌의 구조적 또는 기능적 결함, 신경전달물질의 이상 등의 관련성을 밝히는 연구가 진행되고 있다. 조현병은 유전적 요인이 강력한 영향을 미치는 것으로 알려져 있다. 가계연구에 따르면, 조현병 환자의 부모나 형제자매는 일반인의 10배, 조현병 환자의 자녀는 일반인의 15배까지 조현병에 걸리는 비율이 높다. 심지어 3촌 이내의 친족에서는 일반인의 2.5~4배 가까운 발병률을 나타냈다. 부모 모두가 조현병 환자일 경우에는 자녀의 36% 정도가 조현병을 나타내는 것으로 보고되어 있다. 쌍둥이 연구에서도 일란성 쌍둥이의 공병률은 57% 정도, 이란성 쌍둥이는 남녀의 성이 같은 경우에는 12%, 성이 다른 경우에는 6% 정도로 보고되어 있다. 양자의 연구에서도 조현병의 발병은 양부모보다는 친부모와 공병률이 높았다. 이러한 결과들은 조현병에 대한 유전적 요인의 강력한 영향력을 시사하는 것이다(Tsuang & Vandermy, 1980).

조현병은 뇌의 구조적 이상과 관련된다는 주장이 제기되고 있다. 조현병 환자는 정상인보다 뇌실의 크기가 크고 뇌 피질의 양이 적으며 전두엽, 변연계, 기저 신경절, 시상, 뇌간, 소뇌에서 이상을 나타낸다는 다양한 연구결과가 보고되고 있다. 그러나 이러한 결과들이 일관성 있게 재확인되고 있지 않다. 또한 뇌의 기능적 이상이 조현병과 관련된다는 주장도 제기되고 있다. 뇌영상술을 사용한 연구(예: Ingvar & Franzen, 1974)에서 조현병 환자는 전두엽 피질의 신진대사가 저하되어 있다는 것이 발견되었다. 이러한 신진대사 저하는 특히 심리적 과제를 수행할 때 더 현저하게 나타났는데, 이는 조현병 환자의 뇌가 주변 환경에 빠르고 효율적으로 반응하지 못한다는 것을 의미한다. 또한 조현병 환자는 뇌반구의 비대칭성을 보이며 좌반구에서 과도한 활동이 나타나는 것으로 주장되었다. 조현병 환자의 일부는 부적절한 자궁 내 환경, 출생 시의 이상 또는 다른 원인들에 의해 중추신경계가 손상된 상태에서 삶을 시작하며 이런 손상이 뇌의 구조나 기능에 영향을 미친다고 주장되고 있다.

조현병에 영향을 미치는 뇌의 신경전달물질을 밝히려는 많은 연구가 진행되었다. 다양한 신경전달물질 중에서 조현병과 관련된 것으로 가장 주목을 받고 있는 것은 도파민 dopamine이다. 뇌에서 도파민 생성을 자극하는 암페타민, 엘도파, 코카인을 다량 복용하면 조현병과 유사한 증상을 나타낸다는 임상적 보고와 더불어 조현병 치료에 효과가 있는 항정신병 약물들이 도파민에 영향을 준다는 연구결과들이 있다. 또한 조현병 환자의 뇌를 부검한 결과, 뇌에 도파민 수용기가 증가되어 있다는 보고도 있다. 이러한 연구결과에 근거하여 조현병은 뇌의 도파민 활동이 과다할 때 야기된다는 도파민 가설(Carlsson & Lindquist, 1963)이 제기되었다. 최근에는 도파민 외에 세로토닌이 주목을 받고 있는데, 이 두 가지 신경전달물질의 수준이 높으면 조현병의 증상이 나타난다는 **세로토닌-도파민 가설**(Meltzer, 1993)이 제기되고 있다. 세로토닌과 도파민 모두에 영향을 주어 두 화학물질이 균형을 이루도록 하는 기능을 지닌 약물인 클로자핀clozapine이 조현병의 치료에 효과적이라는 점은 이러한 가설을 뒷받침하고 있다.

이 밖에 생물학적 환경이 조현병의 유발에 영향을 미친다는 주장도 있다. 출생 전후의 생물학적 환경이 중요하며 태내조건(예: 어머니의 임신 중의 외상, 영양실조, 감염, 중독 등), 출생 시의 문제(예: 출산 시의 외상, 산소결핍, 감염, 출혈 등), 출생 직후의 문제(예: 출생 직후의 영양부족, 질병, 사고 등)가 조현병의 원인이 될 수 있다는 주장이다. 이러한 요인은 조현병의 직접적인 원인이기보다는 유전적 취약성을 발현시키는 작용을 하는 것으로 여겨지고 있다.

조현병과 관련된 다양한 생물학적 이상이 보고되었지만, 지금까지 어떤 것도 조현병을 유발하는 원인이라는 일관성 있는 결과가 나타나고 있지 않다. 최근에는 조현병이 뇌의 여러 부위가 관여하는 신경연결망의 장애라는 주장도 제기되었다. 뇌영상 연구에서 전전두엽을 비롯한 뇌의 다양한 영역에 존재하는 신경연결망의 이상이 보고되고 있기 때문이다. 그러나 뇌 신경연결망의 구조적 이상이 조현병 증상과 어떤 관계가 있는지, 신경연결망 이상은 왜 그리고 어떻게 생겨나는지, 그리고 신경연결망 이상이 다른 장애와 달리 조현병과 특수한 관련성을 지니는지는 밝혀지지 않고 있다(Rubinov & Bullmore, 2022). 이러한 현실은 조현병을 유발하는 특수한 뇌 질환이 존재한다는 주장이 여전히 가설에 불과하다는 것을 보여준다. 조현병은 특수한 원인에 의해 생겨나는 단일한 장애가 아니라 다양한 증상이 복합적으로 관여하는 이질적인 증후군의 집합체로 여겨지고 있다.

2) 심리적 요인

정신분석적 입장에서는 조현병의 심리적 원인에 대해서 다양한 주장이 제기되고 있다. 프로이트(Freud, 1924)는 조현병을 통합된 자아가 발달하기 이전 단계, 즉 오이디푸스 단계 이전의 심리적 갈등과 결손에 의해 생겨나는 장애로 보았다. 그에 따르면, 조현병은 신경증과 마찬가지로 갈등과 방어에 의해 형성되는데, 신경증과의 차이는 양적인 것으로 조현병에서의 갈등이 훨씬 더 강력하고 적용되는 방어 기제도 부정, 투사와 같이 원시적인 방어 기제가 사용된다. 따라서 조현병 환자의 자아기능은 발달적으로 초기 단계로 퇴행한다는 **갈등모델**conflict model을 제시했다. 그러나 이후에 프로이트는 건강염려증적 집착으로 시작해서 강직증과 조현병적 증상을 나타냈던 슈레버Schreber 사례를 설명하면서 **결손모델**deficiency model을 제시하였다. 즉, 조현병이 처음에는 갈등으로 시작하지만 외부세계로 향해졌던 리비도 에너지가 점차 내부로 철수되어 환자의 자기상이나 신체상에 투여되면 과대망상이나 건강염려증적 증상이 나타날 수 있다. 그 정도가 심해지면, 외부세계와의 관계가 단절될 뿐만 아니라 내부의 대상 표상과의 관계도 소원해지고 자폐적 세계로 철수하게 되며 심리적 적응기능이 손상되게 된다. 이러한 특성이 조현병의 결손을 구성하며 와해된 사고, 망상, 환각 등의 증상을 초래한다고 주장한다. 프로이트는 이러한 갈등모델과 결손모델 사이를 오갔으나 이 두 모델의 통합을 실현하지는 못했다.

페데른(Federn, 1952)은 조현병을 **자아경계**ego boundary의 붕괴에 기인한 것으로 보았다. 그에 따르면, 모든 사람은 자아경계를 가지고 있는데, 외부적 자아경계는 세계와 자아의 분리, 즉 마음의 현상과 외부의 현상을 구별시켜주는 반면, 내부적 자아경계는 의식경험과 무의식경험을 구분하게 한다. 조현병은, 이러한 자아경계에 투여되는 에너지의 감소로 인해 나타나는 장애로서, 외부적 자아경계가 손상되어 외부 현실과 심리적 현실을 구분하지 못하는 환각과 망상 등의 증상이 나타나고 내부적 자아경계가 약화되어 초기의 미숙한 자아상태가 다시 출현하게 된다고 주장했다.

인지적 입장에서는 조현병 환자들이 나타내는 주의장애에 초점을 두고 있다. 주의attention는 인간이 지적 기능의 수행을 위해 정보를 선택하고 처리하는 데에 필수적인 기능이다. 주의는 제한된 정보처리 용량을 지니며 따라서 수많은 외부 자극 중에서 적절한 정보를 선택하여 처리하고 부적절한 정보는 억제하는 기능을 지닌다. 인지적 입장을 지닌 학자들(McGhie & Chapman, 1961; Neale & Cromwell, 1970; Silverman, 1964)은 조현병이 기본적으로 사고장애이며 사고장애는 주의 기능의 손상에 기인한다고 주장한다. 조현병 환자들은 장애의 초기 단계에 주의집중의 곤란과 시공간 지각의 변화를 호소하며 심리적인 혼란을 경험하는 경향이 있다. 주의 기능이 손상되면, 부적절한 정보를 억제하지 못하므로 많은 정보가 의식에 밀려들어 정보의 홍수를 이루게 되므로 심한 심리적 혼란을 경험하게 된다. 이러한 심리적 혼란을 감소시키기 위해서 조현병 환자들은 지나치게 단순한 논리로 혼란스러운 경험을 설명하려 해서 망상을 발달시키거나 외부 자극에 대해 무감각한 태도를 취하며 사회적 관계를 회피하고 고립된 생활을 하게 된다. 또한 조현병 환자들이 비논리적이고 와해된 사고와 언행을 나타내는 이유는 의식에 침투하는 부적절한 정보를 억제하지 못하기 때문이다. 실제로 조현병 환자들은 주의기능이 관여되는 대부분의 인지적 과제에서 수행저하를 나타낸다. 그러나 조현병의 하위유형에 따라서 상당히 다른 주의패턴을 나타내는데, 망상형 또는 급성 조현병 환자는 주의 폭이 확대되어 외부 자극에 지나치게 예민한 반응을 나타내는 반면, 비망상형 또는 만성 조현병 환자는 반대로 주의 폭이 협소해져서 외부 자극을 잘 포착하지 못하며 대부분의 인지적 과제에서 현저한 수행저하를 나타내었다(Venables, 1964). 이 밖에도 조현병 환자는 추론, 계획, 집행 등의 다양한 인지적 기능에서 결함을 나타내는 것으로 보고되고 있다. 최근에는 조현병 환자들이 작업기억working memory의 손상을 나타낸다는 연구들(예: Goldman-Rakic & Selemon, 1997; Park & Holzman, 1992)이 보고되어 있다. 이러한 인지적 기능의 결함은 전두엽 피질의 기능이상과 관련된 것으로 여겨지고 있으며 최근에는 조현병 환자의 뇌 기능이상과 인지적 기능손상의 관계를 밝히는 신경심리학적 연구가 활발하게 진행되고 있다.

3) 가족관계 및 사회환경적 요인

조현병의 유발과 관련된 환경적 요인으로 가족관계가 주목을 받아 왔다. 특히 부모의 양육태도, 가족 간 의사소통, 부모와 자녀의 의사소통방식, 부모의 부부관계 등이 조현병의 발병과 경과에 중요한 영향을 미친다고 주장되었다. 조현병 환자의 부모는 이중적 의미의 의사소통을 하는 경향이 있다는 주장이 제기되었다. 베이트슨과 그의 동료들(Bateson et al., 1956)에 의해 주장된 **이중구속이론**double-bind theory에 따르면, 부모의 상반된 의사전달이 조현병의 유발에 영향을 준다는 것이다. 상반된 의사전달이란 부모 가운데 한 사람이 동일한 사안에 대해서 서로 다른 시기에 상반된 의사를 전달하거나 동일한 사안에 대해 부모가 서로 상반된 지시나 설명을 하는 경우를 말한다.

또한 조현병 환자의 가족은 가족 간의 갈등이 많고 강렬한 부정적 감정을 표출하는 경향이 있다. 조현병 환자의 가족은 비판적이고 분노감정을 과도하게 표현할 뿐 아니라 환자에 대해 과도한 간섭을 나타낸다는 주장이 제기되었으며, 이러한 가족의 특성은 **표현된 정서**expressed emotion라고 학술적으로 지칭된다(Brown, 1959). 퇴원한 조현병 환자가 재발하여 병원에 재입원하는 비율은 분노정서의 표현이 낮은 가정에서는 10%인 데 비해 분노정서의 표현이 높은 가정에서는 58%였다는 연구보고(Brown et al., 1972; Hooley, 1985)가 있다.

마지막으로, 부모의 부부관계가 조현병의 발생에 영향을 준다는 주장이 제기되었다. 이러한 부모의 부부관계는 두 가지 유형이 있는데, 그 한 유형은 편향적 부부관계로서 수동적인 배우자가 정신적으로 건강하지 못한 배우자에게 가족에 대한 통제권을 양보한 채 자녀에게 집착하는 경우이다. 예컨대, 가부장적이고 폭군적인 남편에게 수동적으로 순종하면서 자녀에게 과도하게 집착하거나 의존하는 어머니가 이에 해당된다. 다른 유형은 분열적 부부관계로서 부부가 만성적인 갈등상태에서 서로의 요구를 무시하고 자녀를 자기편으로 만들기 위해 치열하게 경쟁하는 경우이다. 특히 여자 조현병 환자의 부모에게 이런 유형이 많다고 알려져 있다.

4) 취약성-스트레스 모델

조현병은 증상의 활성기와 잔류기가 반복되는 만성적 경과를 보이거나 자주 재발하는 경우가 흔하다. 주빈과 스프링(Zubin & Spring, 1977)은 조현병의 발병과정과 임상적 경과를 설명하기 위해 **취약성-스트레스 모델**을 제안하였다. 이들에 따르면, 조현병은 장애 자체가 만성화되는 것이 아니라 장애에 대한 취약성이 지속되는 장애이다. 조현병에 대한 취약성은 〈표 6-3〉에서 제시되어 있듯이 유전적 요인을 비롯한 다양한 요인에 의해서 영향을 받는다. 이러한 취약성을 지닌 사람에게 스트레스 사건이 발생하여 그 적응부담이 일정한 수준을 넘게 되면 조현병이 발병한다는 것이다. 이 모델은 유전적 요인이 조현병의 발병에 중요한 영향을 미친다는 점을 인정하지만, 유전적 취약성을 지닌 사람도 과중한 환경적인 스트레스가 주어지지 않으면 조현병의 발병 없이 살아갈 수 있다고 본다. 또한 조현병이 발생하더라도 스트레스가 줄어들면 증상이 감소

표 6-3 **조현병의 취약성 요인**

유전적 요인	부모나 가족의 병력
신경생리학적 요인	뇌의 구조적 결함이나 기능적 이상
출생 전후의 생물학적 요인	태내조건(예: 어머니의 임신 중 외상, 영양실조, 감염, 중독 등), 출생 시의 문제(예: 출산 시의 외상, 산소결핍, 감염, 출혈 등), 출생 직후의 문제(예: 출생 직후의 영양부족, 질병, 사고 등)
발달적 요인	출생 후 3세까지의 기간 동안 어머니와의 밀접한 관계 부족, 입양 가정이나 보호시설에서 성장
가족적 요인	부모-자녀 의사소통에서 혼란과 적대감
인지행동적 요인	아동기의 산만성과 주의집중의 문제, 언어성 지능의 상대적 저하, 영아기의 운동협응 부족 등

되고 병전의 기능수준으로 회복될 수 있다고 가정한다. 실제로 조현병 환자의 80% 정도는 현저하게 호전될 수 있으며 40% 정도는 재발하지 않는다는 연구보고가 있다.

이 모델은 조현병의 원인으로 제시된 다양한 요인을 통합하여 조현병의 유발과 경과를 설명하고 있을 뿐만 아니라 조현병의 치료와 예방을 위한 시사점을 던져주고 있다. 조현병의 치료를 위해서는 약물치료뿐만 아니라 심리사회적 개입을 통해 임상적 경과에 영향을 미치는 환경적 스트레스를 감소시키고 스트레스에 대한 대처능력을 향상시키는 것이 중요하다. 조현병의 경과에 영향을 미치는 주요한 환경적 요인으로는 가족관계를 비롯한 인간관계, 직업적 적응, 사회경제적 환경으로부터의 스트레스가 있다. 이러한 환경적 스트레스와 그에 대한 대처능력은 유전적·신체적 요인에 비해 변화가 용이하므로 치료와 예방에서 중요하게 고려되어야 한다. 또한 조현병에 대한 생물학적, 심리적 취약성이 높은 사람들은 스트레스를 미리 피하거나 스트레스에 대한 대처능력을 향상시킴으로써 이 장애를 예방할 수 있다. 아울러 스트레스 대처훈련, 의사소통 훈련, 사회적 기술 훈련, 가족교육, 가족 간 정서표현 훈련 등을 통해 효과적인 치료와 예방이 가능하다.

3. 치료

조현병 환자는 현실검증력에 손상이 있고 현저한 부적응 증세를 나타낼 뿐만 아니라 자신과 타인을 해칠 가능성이 있기 때문에 입원치료를 받는 것이 바람직하다. 양성 증상의 완화를 위해서는 항정신병 약물이 흔히 처방되며, 최근에는 음성 증상의 개선에 도움이 되는 약물(예: clozapine, remoxapride, risperidone, sulpride)이 개발되어 사용되고 있다. 클로자핀clozapine을 제외한 대부분의 약물은 도파민 억제제로서 **추체외로 부작용**extrapyramidal side-effect을 비롯한 여러 가지 부작용을 나타내는 문제점이 있다. 추체외로 부작용은 항정신병 약물을 사용할 경우 나타나는 대표적인 부작용으로서 근육이 긴장되어 행동이 어색하고 부자연스러운 근긴장곤란증dystonia과 잠시도 가만히 있지 못하고 종종걸음으로 안절부절못하는 좌불안석증akathisia이 나타나며 이 외에도 이상한 자세, 손떨림, 무표정, 침흘림, 안절부절못함, 입맛 다시기, 혀의 지속적 움직임 등의 증상이 나타난다.

조현병 환자들의 적응적 행동을 증가시키고 부적응적 행동을 감소시키기 위해서 다양한 행동치료적 기법이 활용되고 있다. 특히 일상적 적응기능에 손상을 나타내는 만성 조현병 환자의 경우, 그들의 행동을 정밀하게 관찰하고 **환표이용법**token economy을 적용하여 적응 기술을 습득시킬 수 있다(Paul & Lentz, 1977). 슬레이드(Slade, 1972)는 불안해질 때마다 환각을 경험하는 조현병 환자에게 체계적 둔감법을 통해 불안을 효과적으로 다루게 함으로써 환각이 사라졌다는 치료사례를 보고하고 있다.

조현병 환자들이 사회적 적응에 어려움을 겪는 가장 큰 이유는 사회적 기술이 부족하여 타인에게 혐오적인 인상을 주고 거부당하는 것에 있다. 따라서 사회적 기술훈련을 통해 다양한 사회적 상황에 대처하는 기술을 가르치고 이러한 상황에서 발생하는 불안을 극복하도록 도움으로써 타인과의 상호작용을 증진시킬 수 있다(Bellack & Mueser, 1993; Wong & Woolsey, 1989). 또한 조현병 환자의 부적응적인 사고내용을 변화시키고 인지적 적응능력을 향상시키기 위해 다양한 인지치료적 기법이 시행되고 있다. 마이켄바움(Meichenbaum, 1977)은 조현병 환자들이 일상적 상황에서 무기력하거나 부정적인 자기대화를 한다는 점에 착안하여 환자들이 자기자신에게 '건강한 자기대화'를 하도록 가르치는 **자기지시훈련**self-instructional training을 시행하였다. 또한 문제해결 상황에서도 과제를 평가하고 평가된 과제에 주의를 집중하며 문제해결을 위한 자기대화를 하는 기술을 학습시킴으로써 적응능력이 향상되었다고 보고되고 있다.

조현병 환자는 집단치료를 통해 많은 도움을 받는다는 주장이 있다. 집단치료를 통해 동료로부터 지지를 받는 동시에 사회적 상호작용의 기술을 익히게 된다. 카나스(Kanas, 1986)는 조현병으로 입원한 환자들이 집단 심리치료를 통해 적응기능의 향상을 보였으며 급성 환자보다 만성 환자에게서 더 좋은 치료효과가 나타났다고 보고하고 있다. 한편, 조현병 환자의 사회적 재적응에 가장 중요한 역할을 하는 것은 가족이다. 따라서 가족치료를 통해 환자와 가족에게 효과적인 의사소통이나 건강한 감정표현 방식을 교육시킨다. 이 밖에도 조현병 환자가 직업을 통해 경제적으로 독립적인 생활을 할 수 있도록 돕는 **직업치료**occupational therapy도 중요하다.

일반적으로 조현병 환자는 입원치료를 통해 증상이 호전되면 바로 가정과 사회로 복귀하기보다는 과도기적인 적응기간을 갖는 것이 바람직하다. 이를 위해서 증상이 호전된 환자들은 밤에는 가정에서 잠을 자고 아침부터 저녁까지 병원에서 사회복귀훈련을 하는 **낮병원**day hospital에서 몇 주간의 적응기간을 보낸 뒤 사회로 완전히 복귀하는 것이 좋다. 최근에는 조현병 환자를 지역사회 안에서 보호하고 치료해야 한다는 주장이 강력하게 제기되고 있다. 과거에는 만성 조현병 환자들을 사회로부터 격리된 수용소 형태의 정신병원에 장기간 입원하게 함으로써 이들이 사회적 적응능력을 완전히 상실하여 사회적 복귀가 불가능한 경우가 많았다. 따라서 최근에는 조현병 환자들이 지역사회 안에서 생활하면서 치료와 재활교육을 받을 수 있는 지역사회 정신건강센터가 개설되고 있다. 갈등적인 가족과 함께 생활하는 것이 어려운 경우에는 회복된 환자들이 여러 명 숙식을 같이 하면서 정신건강 전문가가 수시로 방문하여 이들의 적응을 돕는 그룹 홈group home도 시행되고 있다.

제2절 망상장애

대기업의 중견사원인 C씨는 유능하고 예의바르며 성실한 사람으로 알려져 있다. 그런데

C씨는 하루에도 수십 번씩 집으로 전화를 걸어 부인의 거취를 확인해야만 한다. 직장에만 나오면 부인이 다른 남자를 만나 부정한 관계를 맺을 것이라는 의심을 지울 수가 없기 때문이다. 몰래 부인의 일기장이나 핸드폰의 통화내역을 확인하고 사소한 단서에 근거하여 부인을 추궁하곤 했다. C씨의 의심어린 눈에는 부인의 사소한 행동들이 모두 부정한 행동과 관련된 것으로 여겨졌다. 점차 부인의 부정에 대한 의심이 강해지면서, 자신의 두 자녀도 부인이 외도를 하여 낳은 자식일 수 있다는 의심을 하기까지 했다. 부인의 어떠한 해명도 C씨에게는 설득력이 없었으며, C씨는 집요하게 부인의 과거를 캐물으며 심지어 구타까지 하게 되었다. C씨의 부인은 남편의 오해를 바꾸기 위해 온갖 노력을 했으나 오히려 의심은 강화되고 구타당하는 일이 반복되자 이혼소송을 제기하게 되었다.

1. 주요증상과 임상적 특징

망상장애Delusional Disorder는 한 가지 이상의 망상을 최소한 1개월 이상 지속적으로 나타내지만 조현병의 진단기준에는 해당되지 않는 경우를 말한다. 망상장애를 나타내는 사람들은 망상과 관련된 생활영역 외에는 기능적인 손상이 없으며 뚜렷하게 이상하거나 기괴한 행동을 나타내지 않는다.

망상장애는 망상의 내용에 따라 여러 가지 하위유형으로 구분된다. **애정형**erotomanic type은 어떤 사람, 특히 신분이 높은 사람이 자신과 사랑에 빠졌다고 믿는 망상을 특징적으로 나타낸다. 유명한 연예인이나 운동선수와 같은 유명인이나 직장상사와 사랑에 빠졌다고 믿으며 서로 영적인 결합을 이루었다고 주장하는 경우가 많다. 여성에게 흔하며 유명인과 약혼, 비밀결혼, 임신을 했다고 주장하여 법적인 문제가 제기되기도 한다. **과대형**grandiose type은 자신이 위대한 재능이나 통찰력을 지녔거나 중요한 발견을 했다는 과대망상을 지니는 경우이다. 신으로부터 특별한 계시를 받았다는 종교적 내용의 망상도 있고 유명인사와 특별한 관계에 있다고 믿는 경우도 있다. **질투형**jealous type은 배우자나 연인이 부정을 저질렀다는 망상을 나타내는 경우이다. 적절한 근거가 없음에도 불구하고 사소한 증거로부터 부적절한 추론을 통해 배우자가 다른 이성과 부정한 관계를 맺었다는 확신을 지니고 배우자를 의심하고 공격한다. 의처증과 의부증이 대표적인 질투형 망상이다. **피해형**persecutory type은 자신 또는 자신과 가까운 사람이 피해를 받고 있다는 망상을 나타내며, 자신이 모함을 당해 감시나 미행을 당하고 있다거나 음식에 독이 들어 있다고 생각한다. 이러한 망상을 지닌 사람은 자신을 해칠 것으로 믿는 대상에 대해서 적의를 품고 공격적 행동을 나타낼 수 있다. 또는 자신이 당하고 있는 부당한 피해에 대해서 법정이나 정부기관에 반복적으로 호소하는 경우가 흔하다. 신체형 somatic type은 자신에게 어떤 신체적 결함이 있거나 자신이 질병에 걸렸다는 망상을 지니는 경우이다. 자신의 피부, 입, 성기, 항문 등에서 악취가 난다거나 자신의 신체부위가 기형적이라거나 자신의 몸에 해로운 기생충이 존재한다고 확고하게 믿고 있는 망상을 나타내기도 한다. 신체형 망상은 그 확고한 믿음에 있어서 건강염려증이나 신체이형장애와는 구별된다.

망상장애의 평생 유병률은 0.3%로 추정되며 입원환자의 1~2%에 해당한다. 발병은 주로 성인기 중기나 후기에 시작되는 경향이 있으며 피해형이 가장 많다. 경과는 매우 다양하며 피해형은 만성화되는 경우가 많다.

2. 원인과 치료

정신분석적 입장에서는 망상을 혼란스러운 감정의 결과라고 본다. 프로이트는 망상을 억압된 동성애적 충동에 기인하는 것으로 보았다. 무의식적으로 동성애적 충동을 지닌 남자는 "나는 그를 사랑한다"는 명제를 수용할 수 없기 때문에 억압하는 대신 역전reversal의 방어기제를 통해 "나는 그를 사랑하지 않는다"로 전환하고 나아가서 "나는 그를 미워한다"로 발전하며 이 명제는 투사projection를 통해 "그는 나를 미워한다"는 피해의식적 망상으로 발전한다는 주장이다. 애정망상에서는 "나는 그녀를 사랑하고 그녀는 나를 사랑한다"는 이성애의 형태로 나타나고, 질투망상에서는 "나는 그를 사랑하지 않는다. 그녀는 그를 사랑한다. 그리고 그는 그녀를 사랑한다"의 형태로 동성애가 부정되며, 과대망상에서는 "나는 그를 사랑하지 않는다. 나는 나 자신을 사랑하고 남들은 나를 사랑한다"의 형태로 동성애를 부정한다.

인지적 입장에서는 망상을 논리적 추론의 결함, 비정상적인 경험의 의미추론, 정보처리의 편향 등의 관점에서 설명하려고 한다. 망상은 인지적 결함에 기인하며 경험적 자료에 대한 논리적 추론의 오류에 의해 발생한다는 주장이 제기되었다. 도마루스

(Domarus, 1944)는 조현병 환자가 망상을 형성하는 과정에서 **동일성의 원리**principle of identity라고 불리는 논리적 오류를 범한다고 주장했다. 즉, 상이한 두 주어가 동일한 술어를 공유할 때 두 주어를 동일시하는 삼단논법적 논리적 오류를 말하는데, 예컨대 "마리아는 처녀이다. 나는 처녀이다. 그러므로 나는 마리아이다"라는 식의 잘못된 결론에 도달하는 추론방식을 의미한다. 도마루스의 견해는 한때 관심을 모았지만 경험적으로 지지되지 못하였다.

마허(Maher, 1974, 1988)는 인지적 추론과정의 오류에 의해 망상이 발생하는 것이 아니라 비정상적인 경험이 망상형성에 중요하다고 제안하였다. 망상을 지닌 환자들은 환각이나 착각에 의한 비정상적인 지각경험을 하게 되고 이러한 당혹스러운 경험에 대한 강한 의문을 지니게 되며 이를 나름대로 설명하고자 한다. 환자들이 경험하는 비정상적 경험이 가시적인 요인으로 설명될 수 없기 때문에 레이더, 초능력, 우주광선 등과 같은 내용이 자주 등장하게 된다. 또한 누가 나에게 이런 경험을 하게 했는지에 대한 의문을 지니게 되는데, 환자에게 이런 비정상적인 경험을 하게 하기 위해서는 충분한 힘과 권력을 가지고 있어야 하므로 CIA, 정보기관, 종교단체, 하나님, 악마와 같은 존재를 그러한 대상으로 상정하게 된다. 또한 왜 하필 자신이 이러한 비정상적인 경험을 하게 되는가에 대한 의문에 대해서 자신이 대단한 존재이거나 또는 대단한 잘못을 저질렀기 때문이라고 해석하게 됨으로써 과대망상이나 피해망상에 빠져들게 된다는 것이다. 마허의 주장에 대해서는 지지하는 증거와 반증하는 증거가 혼재하고 있는 실정이다.

캐니와 벤탈(Kaney & Bentall, 1989)은 망상의 형성과정이 사회적 귀인과정에 의해 이해될 수 있다고 주장했다. 예컨대, 피해망상을 가진 사람은 타인의 행동을 특이한 방식으로 귀인한다는 것이다. 벤탈 등(Bentall et al., 1994)에 따르면, 망상을 지닌 사람들은 자존감이 낮고 특히 현실적 자기와 이상적 자기 간의 커다란 괴리를 경험하는데, 이러한 괴리를 최소화시키기 위한 노력으로 부정적인 생활사건에 대해서 극단적인 외부귀인을 하게 된다(이훈진, 1997). 즉, 부정적 생활사건이 다른 사람의 악의에 의해 일어난 것으로 해석함으로써 피해망상으로 발전하게 된다는 것이다. 또한 정보처리과정에서의 인지적 편향도 망상의 형성과 유지에 중요한 역할을 한다. 즉, 망상을 지닌 사람들은 자신의 망상을 입증하는 정보는 선택적인 주의를 통해 주목하고 망상과 반대되는 증거는 선택적인 부주의를 통해 무시함으로써 자신의 망상을 지속하고 강화한다.

망상장애는 다른 정신장애에 비해서 치료가 어렵다. 조현병의 증상은 항정신병 약물에 의해 신속하게 완화되는 경향이 있는 데 비해, 망상은 환자의 현실적 생활과 밀접하게 연결되어 있기 때문에 지속되는 경향이 강하다. 특히 피해형 망상장애 환자는 치료진을 믿지 못하고 약물사용에 의심을 품기 때문에 약물치료가 쉽지 않다. 따라서 망상장애 환자의 치료를 위해서는 신뢰로운 치료관계를 형성하는 것이 가장 중요하다. 이러한 관계가 형성된 후에 약물치료나 심리치료를 하는 것이 바람직하다. 환자의 망상에 직접 도전하는 것은 금물이며 이는 환자에게 분노, 적대감, 의심을 유발할 수 있다. 특히 치료 초기에는 환자의 망상에 동의하지도 부정하지도 않는 중립적인 입장을 취하는 것이 중요하다. 치료자는 망상을 치료해야 한다고 설득하기보다 환자가 지니는 불안과 과민성을 도와줌으로써 치료동기를 자극하는 것이 바람직하다. 망상장애 환자를 치료하는 임상가는 환자가 흔히 사용하는 투사 방어의 대상이 될 수 있다는 점을 명심하고 치료적 관계를 손상시키는 행동을 자제하면서 환자의 투사를 받아내야 한다. 망상 자체보다는 수반되는 불안이나 우울을 주된 치료대상으로 삼는 것이 바람직하다. 통찰지향적 치료나 집단치료보다는 지지적 치료나 문제지향적 치료가 보다 효과적인 것으로 알려져 있다.

제3절 다른 조현병 스펙트럼 장애

DSM-5-TR에서는 조현병 스펙트럼 장애에 속하는 것으로 조현병과 망상장애 외에도 조현정동장애, 조현양상장애, 단기 정신병적 장애, 조현형 성격장애, 약화된 정신병 증후군을 제시하고 있다. 이러한 장애들은 증상의 심각도와 지속기간 또는 기분 삽화의 경험 여부에 따라 구분되고 있다.

1. 조현정동장애

조현정동장애Schizoaffective Disorder는 조현병의 증상과 동시에 기분 삽화(주요우울 또는 조증 삽화)가 일정한 기간 동안 지속적으로 나타나는 경우를 말한다. 즉, 조현병의 주요 증상에 대한 첫 번째 진단기준을 충족시키는 동시에 주요우울 또는 조증 삽화가 함께 나타나는 경우이다. 아울러 기분 삽화가 없는 상태에서 망상이나 환각이 적어도 2주 이상 나타나야 한다. 조현정동장애는 동반하는 기분 삽화에 따라 우울형과 양극형으로 구분된다. 이 장애는 조현병 스펙트럼 장애 중에서 조현병과 함께 증상의 심각도와 부적응 정도가 가장 심한 장애에 속한다.

카사닌(Kasanin, 1933)이 처음 조현정동장애라는 용어를 사용했으며 과거에는 조현병의 한 형태로 파악되었으나 현재는 조현병과 구분되고 있다. 조현정동장애의 증상이 나타나는 전형적인 패턴은 처음에 현저한 환청과 피해망상이 2개월 정도 나타나다가 주요우울장애의 증상이 나타나서 이후에는 조현병의 증상과 주요우울장애의 증상이 공존하는 경우이다. 그러고 나서 주요우울장애의 증상은 완전히 사라지고 조현병의 증상만 1개월 정도 더 지속되다가 사라진다.

조현정동장애는 발병시기가 빠르고, 갑작스러운 환경적 스트레스에 의해 급성적으로 시작되며, 심한 정서적 혼란을 나타내고, 병전 적응상태가 양호하며, 조현병의 가족력이 없는 대신 우울장애나 양극성장애의 가족력이 있고, 조현병에 비해 예후가 좋다는 특성이 있다.

조현정동장애가 조현병이나 양극성장애의 하위유형인가 아니면 독립된 장애인가에 대한 논란이 지속되고 있다. 조현정동장애 환자들은 사회적 활동이 위축되고 자기 관리에 어려움을 겪으며 자살의 위험성이 수반된다. 그러나 일반적으로 잔류 증상이나 음성 증상은 조현병에 비해 심하지 않으며 덜 만성적이다. 조현성, 조현형, 경계선, 편집성 성격장애가 조현정동장애에 선행된다는 임상적 보고도 있다.

조현정동장애는 오랫동안 다양하게 정의되어 왔기 때문에 유병률과 발병률에 대한 정확한 자료가 미비하다. 조현정동장애의 평생 유병률은 1% 이하로서 조현병보다 드문 것으로 알려져 있다. 조현병에 비해 조현정동장애는 여자에게 더 흔하게 발생한다. 조현정동장애의 양극형은 초기 성인기에 흔히 나타나는 반면, 우울형은 후기 성인기에

보다 흔하게 나타난다.

2. 조현양상장애

조현양상장애Schizophreniform Disorder는 조현병과 동일한 임상적 증상을 나타내지만 장애의 지속기간이 1개월 이상 6개월 이하인 경우를 말한다. 조현양상장애처럼 조현병의 증상이 6개월 이전에 쉽게 호전되는 경우는 치료나 예후에 있어서 조현병과 구별될 필요가 있다. 조현양상장애로 진단되는 두 가지의 경우가 있다. 첫째는 조현병의 증상이 나타나서 6개월 이전에 회복된 경우로서 무조건 조현양상장애로 진단된다. 다른 경우는 현재 조현병의 증상이 지속되고 있지만 조현병의 진단기준에서 요구되는 6개월이 경과되지 않은 경우로서 이때는 조현양상장애로 일단 진단한다. 그러나 환자의 증상이 6개월 이상 지속될 경우에는 진단이 조현병으로 바뀌게 된다.

1937년에 랑펠트Langfeldt는 조현병과 유사한 증상을 나타내지만 조현병과는 다른 특성을 지니는 환자 집단을 기술하기 위해 조현양상장애라는 용어를 처음 사용하였다. 이 장애는 대부분 정서적 스트레스가 선행하고 급성적 발병을 나타내며, 병전 적응 상태가 비교적 양호하고, 완전한 회복을 보이는 특징이 있다. 이런 점에서 랑펠트는 조현양상장애가 증상적 유사성에도 불구하고 조현병과는 구별되는 장애라고 생각하였다. 이후의 연구에서도 조현양상장애 환자는 정서적 반응이 활발하고 병전의 기능상태로 급격하게 회복되는 경향이 있으며, 가족 중에 조현병의 병력을 지닌 사람이 드물다는 점에서 조현병과는 구별되는 장애라는 인식이 확대되었다.

조현양상장애의 유병률은 대개 조현병의 절반 정도로 추정되고 있으며 청소년에게 흔하다고 알려져 있다. 평생 유병률이 0.2% 정도이며 연간 유병률은 0.1% 정도로 보고되고 있다. 선진국에서는 양호한 치료환경으로 인해 정신장애로부터의 회복이 빠르기 때문에 조현병보다 조현양상장애로 진단되는 비율이 높다고 한다. 대략적으로는 처음에 조현양상장애로 진단받은 사람의 1/3이 6개월 이내에 회복되어 조현양상장애로 최종 진단을 받게 되고, 나머지 2/3는 조현병이나 조현정동장애로 진단이 바뀌게 된다.

3. 단기 정신병적 장애

단기 정신병적 장애Brief Psychotic Disorder는 조현병의 주요증상(망상, 환각, 혼란스러운 언어, 전반적으로 혼란스럽거나 긴장증적 행동) 중 한 가지 이상이 하루 이상 1개월 이내로 짧게 나타나며 병전 상태로 완전히 회복되는 경우를 말한다. 단기 정신병적 장애 상태에 있는 사람은 전형적으로 격렬한 감정적인 동요나 혼란을 경험한다. 비록 증상이 짧은 기간 동안 나타나지만, 이 기간 동안에 개인의 적응기능이 심하게 손상될 수 있으며 잘못된 판단이나 망상에 의해 위험한 행동을 할 수 있기 때문에 철저한 보호와 감독이 필요하다. 자살의 위험이 높으며 특히 젊은 연령층에서 더욱 그러하다.

단기 정신병적 장애에 대한 유병률은 조사된 바가 거의 없으나 청소년기나 청년기에 많이 나타난다고 추정되고 있다. 낮은 사회경제적 계층에서 많이 나타나고 성격장애가 있는 사람에게 잘 나타난다고 한다. 재발되는 경향이 적으며 조현병이나 기분장애로 이행하는 경우도 드물다. 단기 정신병적 장애가 기분장애와 연관되어 있다는 증거들도 있으나 조현병이나 기분장애와는 전혀 다른 장애임을 시사하는 증거들이 더 많다.

단기 정신병적 장애는 이미 있었던 성격장애, 특히 연극성, 자기애성, 편집성, 조현형 및 경계선 성격장애가 있을 때 잘 발생하는 것으로 알려져 있다. 심한 스트레스에 의해 급격히 발병하는 경우가 많다.

4. 조현형 성격장애와 약화된 정신병 증후군

조현형 성격장애와 약화된 정신병 증후군은 조현병 스펙트럼 장애 중에서 가장 심각도가 낮은 장애에 속한다. 조현형 성격장애Schizotypal Personality Disorder는 친밀한 인간관계를 불편해하고, 인지적 또는 지각적 왜곡과 더불어 기괴한 행동을 나타내는 성격장애이다. 조현형 성격장애는 조현병 스펙트럼 장애에 속하는 동시에 성격장애에도 속하는 장애로서 성격장애를 소개하는 다음 장에서 좀 더 자세하게 설명될 것이다.

약화된 정신병 증후군Attenuated Psychosis Syndrome은 정신병과 유사한 증상을 나타내지만 증상의 심각도가 덜하고 지속기간이 짧은 경우를 말한다. DSM-5-TR에 따르면, 약화된 정신병 증후군은 조현병의 주된 증상인 망상, 환각, 혼란스러운 언어 중 한 개 이상의 증상이 약화된 형태로 나타나고 현실검증력도 비교적 양호하지만 임상적 주의를 기울여야 할 만큼 증상의 심각도나 빈도가 충분한 경우를 뜻한다. 이 증후군은 조현병으로 발전할 가능성이 있는 초기의 증후군에 대한 조기개입의 필요성이 대두되면서 DSM-5에 새롭게 포함되었다. 약화된 정신병 증후군은 조현병이 발병하기 전에 미약하게 나타나는 정신병적 증상들로 여겨지고 있다. 그러나 약화된 정신병 증후군을 나타내는 사람들 중에는 조현병으로 발전하는 경우도 있지만 그렇지 않은 경우도 흔하다. 이러한 이유로 DSM-5-TR에서는 약화된 정신병 증후군을 앞으로 좀 더 연구가 필요한 장애의 하나로 부록에서 자세하게 소개하고 있다.

요약

1. **조현병 스펙트럼 장애**는 망상, 환각, 혼란스러운 언어를 비롯하여 현실을 왜곡하는 부적응 증상들을 특징적으로 나타내는 일련의 정신장애들을 의미하며 공통적인 원인을 지니는 것으로 추정되고 있다. 조현병 스펙트럼 장애는 조현병과 조현정동장애가 가장 심각한 증상을 나타내며 다음으로 조현양상장애, 단기 정신병적 장애, 망상장애, 그리고 가장 경미한 증상을 나타내는 장애로는 조현형 성격장애와 약화된 정신병 증후군이 있다.
2. **조현병**은 망상, 환각, 혼란스러운 언어를 특징적으로 나타내는 매우 심각한 정신장애이다. 조현병은 (1) 망상, (2) 환각, (3) 혼란스러운 언어, (4) 심하게 혼란스러운 행동이나 긴장증적 행동, (5) 음성증상(감소된 정서표현, 무의욕증, 무언어증) 중 두 가지 이상의 증상이 1개월 이상 나타나는 활성기가 있어야 하며 장애의 징후가 전구기와 잔류기를 포함해서 6개월 이상 지속될 때 진단된다.
3. **생물학적 입장**에서는 조현병을 뇌의 장애로 간주하고 있다. 조현병은 유전적 요인의 강력한 영향을 받으며 전두엽과 기저핵을 비롯한 뇌의 여러 영역의 이상과 더불어 전두엽 피질의 신진대사 저하와 관련된 것으로 알려져 있다. 조현병과 가장 밀접한 관련을 지닌 신경전달물질은 도파민이다. **인지적 입장**에서는 조현병을 기본적으로 주의장애에 기인한 사고장애로 본다. 주의 기능의 손상으로 인해 부적절한 정보가 억제되지 못하고 의식에 밀려들어 정보의 홍수를 이루게 되어 심한 심리적 혼란을 경험하고 와해된 언행을 나타내게 된다. **취약성-스트레스 모델**은 조현병에 영향을 미치는 여러 가지 요인을 통합적으로 설명하고 있다. 조현병에 대한 취약성의 정도는 개인마다 다르며 이는 유전적 요인과 출생 전후의 신체적-심리적 요인에 의해 결정된다. 이러한 취약성을 지닌 사람에게 스트레스 사건이 발생하여 그 적응부담이 일정한 수준을 넘게 되면 조현병이 발병한다는 것이다.
4. **망상장애**는 한 가지 이상의 망상을 1개월 이상 나타내지만 조현병의 진단기준에는 해당되지 않는 경우에 진단된다. 망상은 그 내용에 따라 애정형, 과대형, 질투형, 피

해형, 신체형 등으로 구분된다. 이러한 망상은 인지적 결함에 기인하며 경험적 자료에 대한 논리적 추론의 오류에 의해 발생하는 것으로 여겨지고 있다.

5. **조현정동장애**는 조현병의 증상과 함께 우울증 또는 조증 삽화가 나타나는 경우로서 조현병 스펙트럼 장애 중에서 조현병과 함께 가장 심각도가 높은 장애에 속한다. **조현양상장애**는 조현병과 동일한 증상을 나타내지만 장애의 지속기간이 1개월 이상 6개월 이하인 경우이며, **단기 정신병적 장애**는 조현병과 유사한 증상을 하루 이상 1개월 이내로 단기간 나타내는 장애를 말한다. **조현형 성격장애**는 친밀한 인간관계를 회피하고 인지적·지각적 왜곡과 더불어 기괴한 행동을 나타내는 성격장애이며, **약화된 정신병 증후군**은 정신병과 유사한 증상을 나타내지만 증상의 심각도가 덜하고 지속시간이 짧은 경우를 말한다.

제7장

성격장애

제7장 성격장애

대부분의 정신장애는 부정적인 사건이 계기가 되어 발생하는 경향이 있다. 이러한 사건을 겪으면서 평소와 달리 새롭게 나타나는 부적응적인 증상들이 정신장애를 구성한다. 그러나 이와 달리 개인의 성격특성 자체가 특이하여 부적응적인 삶이 지속되는 경우가 있다. 이처럼 어린 시절부터 서서히 발전하여 성인기에 개인의 성격으로 굳어진 심리적 특성이 부적응적 양상을 나타내는 경우를 성격장애Personality Disorders라고 한다(권석만, 2017).

성격장애로 진단되기 위해서는 다음과 같은 몇 가지 기준을 충족시켜야 한다. 첫째, 개인의 지속적인 내적 경험과 행동양식이 그가 속한 사회의 문화적 기대에서 심하게 벗어나야 한다. 이러한 양식은 다음의 4개 영역, 즉 (1) 인지(예: 자신, 타인, 사건을 지각하고 해석하는 방식), (2) 정동(예: 정서 반응의 범위, 강도, 불안정성, 적절성), (3) 대인관계 기능, (4) 충동 조절 중 2개 이상의 영역에서 나타나야 한다. 둘째, 고정된 행동양식이 융통성이 없고 개인생활과 사회생활 전반에 넓게 퍼져 있어야 한다. 셋째, 고정된 행동양식이 사회적, 직업적, 그리고 다른 중요한 영역에서 임상적으로 심각한 고통이나 기능의 장애를 초래해야 한다. 마지막으로, 양식이 변하지 않고 오랜 기간 지속되어 왔으며, 발병 시기는 적어도 청소년기나 성인기 초기로 거슬러 올라갈 수 있어야 한다.

성격장애의 양상은 대개 청소년기나 성인기 초기에 나타난다. 성격장애란 시간이 흘러도 별로 변하지 않고 지속되는 사고방식과 행동양식을 의미하는데, 성격장애의 유형에 따라 변화되는 정도의 차이가 있다. 어떤 성격장애(예: 반사회성 성격장애, 경계선 성격장애)는 나이가 많아지면서 그 부적응성이 덜 드러나거나 호전되는 경향이 있는 반면, 다른 성격장애(예: 강박성 성격장애, 조현형 성격장애)는 나이에 따라 거의 변화가 없거나 악화되기도 한다.

DSM-5-TR에서는 성격장애를 열 가지 하위유형으로 구분하고 있으며 크게 세 가지 군집으로 분류하고 있다. **A군 성격장애**Cluster A Personality Disorders는 사회적으로 고립되어 있고 기이한 성격특성을 나타내는 성격장애로서 (1) 편집성 성격장애, (2) 조현성 성격장애, (3) 조현형 성격장애가 이에 속한다. **B군 성격장애**Cluster B Personality Disorders는 정서적이고 극적인 성격특성을 나타내는 유형으로서 (1) 반사회성 성격장애, (2) 연극성 성격장애, (3) 자기애성 성격장애, (4) 경계선 성격장애가 해당된다. **C군 성격장애**Cluster C Personality Disorders는 불안하고 두려움을 많이 느끼는 특성을 지니고 있으며 (1) 강박성 성격장애, (2) 의존성 성격장애, (3) 회피성 성격장애가 이에 속한다.

표 7-1 성격장애의 하위유형과 핵심증상

하위장애		핵심증상
A군 성격장애	편집성 성격장애	타인에 대한 강한 불신과 의심, 적대적인 태도, 보복 행동
	조현성 성격장애	관계형성에 대한 무관심, 감정표현의 부족, 대인관계의 고립
	조현형 성격장애	대인관계 기피, 인지적 · 지각적 왜곡, 기이한 행동
B군 성격장애	반사회성 성격장애	법과 윤리의 무시, 타인의 권리 침해, 폭력 및 사기 행동
	연극성 성격장애	타인의 관심을 끌려는 행동, 과도한 극적인 감정표현
	자기애성 성격장애	웅대한 자기상, 찬사에 대한 욕구, 공감능력의 결여
	경계선 성격장애	불안정한 대인관계, 격렬한 애증의 감정, 충동적 행동
C군 성격장애	강박성 성격장애	완벽주의, 질서정연함, 절약에 대한 과도한 집착
	의존성 성격장애	과도한 의존 욕구, 자기주장의 결여, 굴종적인 행동
	회피성 성격장애	부정적 평가에 대한 예민성, 부절적감, 대인관계의 회피

A군 성격장애

1. 편집성 성격장애

한 기업체의 연구원인 30대 중반의 Y씨는 세상에 대한 불만이 많다. 이 세상에는 부당한 일이 너무 많을 뿐만 아니라 사람들은 너무 이기적이고 비합리적이기 때문이다. Y씨는 대학을 졸업한 후 대기업에 입사하였으나 직장 상사나 동료들에게 그들의 행위가 부당함을 제기하며 다투는 일이 많아 6개월만에 퇴사하였으며 이와 비슷한 문제로 인하여 현재까지 직장을 네 번이나 바꾸었다. 현재 근무하는 연구소에서도 동료연구원들이 자신의 연구내용을 도용하거나 표절할 수 있다는 의심 때문에 연구자료를 항상 USB에 담아 가지고 다니곤 한다. 얼마 전에는 자신이 발표한 연구내용에 대해서 비판을 한 상급 연구원에게 앙심을 품고 있다가 그가 발표할 때 신랄하게 약점을 들추며 여러 사람 앞에서 망신을 주기도 했다. 이와 같은 일로 인해서 Y씨는 연구소 내에 여러 명의 적을 만들어 놓았으며 동료들로부터 따돌림을 당하고 있다. 요즘 Y씨는 자신이 해고당할 것에 대비하여 연구소의 비리사실을 모아놓고 있으며 법적 소송에 대비할 준비를 하고 있다.

1) 주요증상과 임상적 특징

편집성 성격장애 Paranoid Personality Disorder는 타인에 대한 강한 불신과 의심을 지니고 적대적인 태도를 나타내어 사회적 부적응을 나타내는 성격특성을 말한다. 이러한 성격장애를 지닌 사람은 주변 사람들과 지속적인 갈등과 불화를 나타내게 되는데, 위에서 소개한 Y씨의 경우가 그 전형적인 예라고 할 수 있다.

편집성 성격장애에 대한 DSM-5-TR의 진단기준은 다음과 같다. 타인의 동기를 악의에 찬 것으로 해석하는 등 광범위한 불신과 의심이 성인기 초기에 시작되어 여러 가지 상황에서 나타나며 다음의 특성 중 4개 이상의 항목을 충족시켜야 한다.

(1) 충분한 근거 없이 타인이 자신을 착취하고 해를 주거나 속인다고 의심한다.

(2) 친구나 동료의 성실성이나 신용에 대한 부당한 의심을 한다.
(3) 정보가 자신에게 악의적으로 사용될 것이라는 부당한 공포 때문에 터놓고 얘기하기를 꺼린다.
(4) 타인의 말이나 사건 속에서 자신을 비하하거나 위협하는 숨겨진 의미를 찾으려 한다.
(5) 원한을 오랫동안 풀지 않는다. 예컨대, 자신에 대한 모욕, 손상, 경멸을 용서하지 않는다.
(6) 타인은 그렇게 생각하지 않지만 자신의 인격이나 명성이 공격당했다고 인식하고 즉시 화를 내거나 반격한다.
(7) 이유 없이 배우자나 성적 상대자의 정절에 대해 반복적으로 의심한다.

편집성 성격장애를 지닌 사람은 친밀한 대인관계를 맺기가 어렵고 주변 사람들과 적대적인 관계를 형성하는 경우가 많다. 과도한 의심과 적대감으로 인해 반복적인 불평, 격렬한 논쟁, 냉담하거나 공격적인 행동을 나타낸다. 자신에 대한 타인의 위협 가능성을 지나치게 경계하기 때문에 행동이 조심스럽고 비밀이 많으며 생각이 지나치게 복잡하고 미래의 일을 치밀하게 예상하거나 계획하는 경향이 있다. 겉으로는 객관적이고 합리적이며 정중한 모습을 나타낼 때도 있지만, 잘 따지고 고집이 세며 비꼬는 말을 잘하여 냉혹한 사람으로 비쳐지기도 한다. 의심이 많고 논쟁적이며 도전적인 행동을 잘하기 때문에 상대방을 화나게 만드는 경향이 있는데, 이러한 상대방의 반응을 자신의 의심과 불신에 대한 합리화 증거로 사용하곤 한다. 또한 타인을 믿지 않기 때문에 어떤 일이든지 혼자 처리하는 경향이 있으며 주위 사람들을 조종하거나 지배하려는 욕구가 강하다. 때로는 비현실적인 웅대한 환상을 감추고 있는 경우가 있는데 이러한 환상은 흔히 권력과 연관되어 있다.

편집성 성격장애의 유병률은 일반 인구의 0.5~2.5%, 정신과 입원 환자의 10~30%, 그리고 정신건강 진료소를 방문하는 사람의 2~10%로 보고되고 있다. 임상 장면에서 여자보다 남자에게 더 많다. 이 성격장애는 아동기와 청소년기부터 그 징후를 나타내는 경향이 있는데, 친구관계가 빈약한 외톨이이거나 학교와 사회에 대한 불만이 많고 과민하며 특이한 생각과 공상을 나타내는 경향이 있다.

2) 원인과 치료

정신분석적 입장에서는 편집성 성격장애의 원인을 망상장애와 비슷한 방식으로 설명하고 있다. 프로이트는 편집성 성격장애가 무의식적인 동성애적 욕구에 기인한다고 본다. 즉, 동성애적 욕구에 대한 불안을 제거하기 위해서 부인, 투사, 반동형성의 방어기제를 사용함으로써 편집성 성격특성이 나타난다는 것이다.

카메론(Cameron, 1963)은 편집성 성격장애가 **기본적 신뢰**basic trust의 결여에서 기인한다고 본다. 편집성 성격을 지닌 사람은 어린 시절에 부모로부터 가학적인 양육을 받은 경험이 있으며 이 과정에서 자신과 타인에 대한 가학적 태도를 내면화한다. 따라서 타인의 공격, 경멸, 비판에 예민하며 자신을 보호하기 위해서 타인의 공격과 속임을 경계하게 된다. 아울러 이들은 자신의 적대감과 비판적 태도를 자각하지 못하는 특성이 있기 때문에 타인이 자신에게 적대적인 태도를 나타내는 이유를 이해하지 못하고 타인은 믿지 못할 악한 존재라는 생각을 강화하게 된다는 것이다.

인지적 입장에서는 편집성 성격장애자의 행동적 특징을 그들이 지닌 독특한 신념과 사고과정에 초점을 두어 설명한다. 벡과 프리먼(Beck & Freeman, 1990)은 편집성 성격장애자들이 다음과 같은 세 가지 기본적 신념을 지니고 있다고 주장한다: (1) 사람들은 악의적이고 기만적이다; (2) 그들은 기회만 있으면 나를 공격할 것이다; (3) 긴장하고 경계해야만 나에게 피해가 없을 것이다. 이런 신념으로 인해 편집성 성격장애자는 타인의 행동 속에서 비난, 기만, 적의를 예상하고 그러한 부정적 측면을 선택적으로 발견하게 된다. 이들의 적대적인 반격행동은 타인의 부정적 행동을 유발하여 자신이 부당한 대우를 받는다는 생각을 하게 한다. 또한 타인과의 긴밀한 관계나 자기공개는 손해와 상처만 초래할 것이라는 두려움으로 인해 친밀한 관계를 형성하지 못한다.

편집성 성격장애자는 자신의 성격적인 문제로 임상가를 찾아오는 경우는 드물며, 대부분 우울증이나 불안장애와 같은 문제로 치료를 원하게 된다. 일반적으로 대부분의 성격장애는 오랫동안 지속되어 온 성격적 문제이므로 수정과 변화가 쉽지 않다. 편집성 성격장애에 대한 치료는 매우 어려운 것으로 알려져 있으며 그에 관한 경험적 연구는 부족한 상태이다(Millon, 1981). 편집성 성격장애자에 대한 심리치료에서는 치료자와 내담자 간의 신뢰로운 관계 형성이 매우 어렵지만 그만큼 중요하기도 하다. 왜냐하면 이들의 불신적이고 적대적인 경향으로 인해 치료적 관계형성이 어렵기 때문이다.

치료자는 내담자 주변의 다른 사람들처럼 방어적으로 반응하기보다 솔직하고 개방적인 자세로 신뢰감을 심어주는 것이 중요하다. 견고한 신뢰관계의 바탕 위에서 내담자가 자신의 내면적 갈등을 솔직하게 열어 보이고 이에 대해 치료자가 공감적으로 수용함으로써 내담자는 현재 직면하고 있는 문제를 좀 더 객관적으로 바라보고 해결하려는 시도를 하게 된다. 편집성 성격장애자에 대한 주요한 치료목표는 이들이 겪고 있는 문제와 갈등의 근본적인 원인이 자기 자신에게 있음을 자각하고 자신을 변화시키기 위한 실제적인 노력을 하게 하는 것이다.

2. 조현성 성격장애

1) 주요증상과 임상적 특징

조현성 성격장애 Schizoid Personality Disorder는 타인과의 친밀한 관계형성에 관심이 없고 감정표현이 부족하여 사회적 적응에 현저한 어려움을 나타내는 성격장애이며 **분열성 성격장애**라고 불리기도 한다. 이러한 성격장애를 지닌 사람은 친밀한 인간관계를 형성하지 못한 채 고립되어 있으며 매우 단조롭고 메마른 삶을 살아가는 경향이 있다.

조현성 성격장애의 진단기준은 다음과 같다. 사회적 관계에서 고립되어 있고 대인관계 상황에서 감정표현이 제한되어 있는 특성이 성인기 초기부터 생활전반에 나타나며, 다음의 특성 중 4개 이상의 항목을 충족시켜야 한다.

(1) 가족의 일원이 되는 것을 포함하여, 친밀한 관계를 원하지도 즐기지도 않는다.
(2) 거의 항상 혼자서 하는 활동을 선택한다.
(3) 다른 사람과 성 경험을 갖는 일에 흥미가 없다.
(4) 만약 있다고 하더라도, 소수의 활동에서만 즐거움을 얻는다.
(5) 직계가족 이외에는 가까운 친구나 마음을 털어놓는 친구가 없다.
(6) 타인의 칭찬이나 비평에 무관심해 보인다.
(7) 정서적인 냉담, 무관심 또는 둔마된 감정반응을 보인다.

조현성 성격장애를 지닌 사람은 타인에 대해서 무관심하고 주로 혼자서 지내는 경향이 있다. 가족을 제외한 극소수의 사람을 제외하면 친밀한 관계를 맺는 사람이 없으며 이성에 대해서도 무관심하여 독신으로 생활하는 경우가 많다. 타인의 칭찬이나 비판에도 무관심한 듯이 감정반응을 나타내지 않으며 감정이 메말라 있다는 인상을 준다. 이들은 흔히 직업적 적응에 어려움을 겪게 되는데 특히 대인관계가 요구되는 업무는 잘 수행하지 못하지만 혼자서 하는 일에서는 능력을 발휘하기도 한다. 이들은 인생의 목표가 없는 듯이 무기력하거나 표류하는 삶을 살아간다.

조현성 성격장애의 유병률에 대해서는 알려진 바가 없으나, 여자보다 남자가 약간 더 많으며 더 심각한 양상을 나타내는 경향이 있다. 조현병이나 조현형 성격장애를 지닌 사람의 친척 중에 이 성격장애의 유병률이 높다. 조현성 성격장애는 아동기와 청소년기부터 그 징후를 나타내는 경향이 있으며 사회적 고립, 빈약한 친구관계, 제한된 감정반응, 학교성적 저하를 나타낸다.

2) 원인과 치료

정신분석적 입장에서는 조현성 성격장애를 편집성 성격장애와 마찬가지로 기본적 신뢰의 결여에 기인한 것으로 본다(Cameron, 1963). 이런 성격장애를 지닌 사람은 어려서 부모로부터 충분히 수용되지 못하거나 거부당하는 경험을 지니는 경향이 있는데, 조용하고 수줍으며 순종적인 모습을 나타낸다. 흔히 내면적인 공상세계 속에서 자신의 좌절된 욕구를 해소하는 경향이 있으며 때로는 직관적이고 예술적인 재능을 지니고 있는 경우도 있다.

발린트(Balint, 1979)는 조현성 성격장애자들이 기본적으로 타인과 관계를 맺는 능력에 결함이 있으며 이러한 결함은 유아기에 부모로부터 양육되는 과정에서 경험하는 부적절감에 기인한다고 주장한다. 조현성 성격장애의 외현적 상태와 내현적 상태를 구분한 액타(Akhtar, 1987)는 이러한 장애를 지닌 사람들이 겉으로는 대인관계에 무관심하고 정서가 메마른 듯이 보이지만 내현적으로는 아주 예민하고 경계적이며 고집스럽고 창조적인 면이 있다고 주장한다. 이러한 괴리는 자기표상이 통합되지 못한 채 쪼개져 있는 '분열성'을 반영한다.

인지적 입장에서는 부정적 자기개념과 대인관계 회피에 관한 사고가 조현성 성격장애의 특성을 초래한다고 본다. 조현성 성격장애자들은 "나는 혼자 있는 것이 낫다", "아무도 나를 간섭하지 않았으면 좋겠다", "다른 사람들과 관계를 맺으면 문제만 일어난다", "주위에 사람들만 없다면 인생은 별로 복잡하지 않을 것이다", "다른 사람들로부터 거리를 유지하는 것이 낫다", "나는 사회 속의 무리에 끼어들기에는 부적절한 사람이다"라는 사고를 내면적으로 지니고 있다. 이들의 주된 신념은 타인과 그들의 반응이 중요하지 않으며 무시해도 된다는 것인데, 적대적 형태가 아니라 "상관하지 마라. 내버려 두라"는 것으로서 다른 사람들과 거리를 유지하려는 행동으로 나타나게 된다(조성호, 2016; Beck & Freeman, 1990).

조현성 성격장애를 지닌 사람들은 대부분 주위 사람의 강한 권유나 다른 문제로 인해 치료를 받게 된다. 이들은 대인관계에 매우 소극적이기 때문에 치료자가 치료적 관계를 형성하는 데에 어려움을 겪게 된다. 조현성 성격장애의 치료목표는 사회적 고립에서 벗어나고 사회적 상황에 효과적으로 적응하도록 돕는 것이다(조성호, 2000). 이를 위해서 치료자는 (1) 내담자가 사회적 상황에서 철수하려는 경향을 줄이고, (2) 생활 속에서 즐거움을 경험하도록 도우며, (3) 정서적 경험의 폭과 깊이를 서서히 확대·심화시키고, (4) 인간관계를 형성하고 유지하는 기술을 습득하도록 노력해야 한다.

3. 조현형 성격장애

1) 주요증상과 임상적 특징

조현형 성격장애 Schizotypal Personality Disorder는 사회적으로 고립되어 있으며 기이한 생각이나 행동을 나타내어 사회적 부적응을 초래하는 성격장애를 말하며 **분열형 성격장애**라고 불리기도 한다. 이 성격장애는 조현성 성격장애와 상당히 유사한 특성을 지니고 있지만, 대인관계에 대한 불안감과 더불어 경미한 사고장애와 다소 기괴한 언행을 나타낸다는 점에서 구분된다.

조현형 성격장애의 진단기준은 다음과 같다. 친밀한 대인관계에 대한 현저한 불안감, 인간관계를 맺는 제한된 능력, 인지적 또는 지각적 왜곡 그리고 기이한 행동으로 인해 생활전반에서 대인관계와 사회적 적응에 현저한 손상을 나타내야 한다. 이러한 특성이 성인기 초기에 시작되고 다양한 상황에서 나타나며, 다음의 특성 중 5개 이상의 항목을 충족시켜야 한다.

(1) 관계망상과 유사한 사고(분명한 관계망상은 제외)
(2) 행동에 영향을 미치는 괴이한 믿음이나 마술적 사고(예: 미신, 천리안에 대한 믿음, 텔레파시나 육감, 아동이나 청소년의 경우 기괴한 환상이나 집착)
(3) 신체적 착각을 포함한 유별난 지각 경험
(4) 괴이한 사고와 언어(예: 애매하고 우회적이며 은유적이고 지나치게 자세하게 묘사되거나 또는 상동증적인 사고와 언어)
(5) 의심이나 편집증적인 사고
(6) 부적절하거나 메마른 정동
(7) 괴이하고 엉뚱하거나 특이한 행동 또는 외모
(8) 직계가족 외에는 가까운 친구나 마음을 털어놓을 수 있는 사람이 없다.
(9) 과도한 사회적 불안(이러한 불안은 친밀해져도 줄어들지 않으며 자신에 대한 부정적인 판단보다는 편집증적 공포와 연관되어 있음)

조현형 성격장애는 대인관계의 형성에 심한 어려움을 나타낼 뿐만 아니라 조현병의 경미한 증상을 동반하는 성격장애로서 조현병 스펙드럼 장애의 한 유형으로 분류되고 있다. 다른 성격장애보다 심각한 사회적 부적응을 경험하며, 심한 스트레스를 받으면 일시적으로 정신병적 증상을 나타내기도 한다. 조현성, 편집성, 회피성, 경계선 성격장애의 요소를 함께 지니는 경우가 흔하다.

조현형 성격장애는 일반 인구의 약 3%에서 발생한다는 보고가 있으며 여자보다는 남자에게 약간 더 많다. 아동기와 청소년기부터 그 징후가 나타나는 경향이 있는데 사회적 고립, 빈약한 친구관계, 사회적 불안, 학교성적 저하, 과민성, 특이한 사고와 언어, 괴상한 공상을 나타낸다. 조현형 성격장애는 비교적 안정된 상태로 지속되는 경향이 있지만 조현병이나 다른 정신병적 장애로 발전되는 경우도 있다.

2) 원인과 치료

조현형 성격장애는 유전적 요인과 관련되어 있다는 주장이 제기되고 있다(Millon & Davis, 1996). 이 장애는 조현병 환자의 직계가족에서 유병률이 높으며, 이 장애를 지닌 사람의 가족에는 조현병의 유병률이 높다. 따라서 이 성격장애는 조현병과 매우 밀접한 유전적 소인이 관여하는 것으로 추정되고 있다.

조현형 성격장애는 유아기에 경험한 부모와의 불안정한 애착관계에 기인한다는 주장도 있다. 이 장애를 지닌 사람들은 어린 시절 부모로부터 무관심과 무시를 받으며 성장했다는 보고가 있다(조성호, 2016). 조현형 성격장애자는 기질적으로 수동적이어서 부모의 애정과 관심을 유인하지 못하고 그 결과 인간관계에 필요한 기본적인 애착행동을 학습하지 못했다는 주장이다. 또한 조현형 성격장애자가 성장한 가족의 분위기는 가족 간의 정서적 교류가 적고 냉담하여 타인과의 관계형성에 대한 강화를 받지 못하였을 뿐만 아니라 의사소통 기술도 제대로 학습하지 못했기 때문이라는 주장도 있다.

인지적 입장에서는 조현형 성격장애자들이 독특한 사고와 다양한 인지적 왜곡을 보인다고 주장한다(Beck & Freeman, 1990). 조현형 성격장애자는 "나는 결함이 많은 사람이다", "사람들과 관계를 맺는 것은 매우 위험하다", "나는 사람들이 나를 좋아하지 않는다는 것을 알고 있다", "나는 다른 사람이 무슨 생각을 하는지 다 안다", "내가 느끼는 감정은 앞으로 무슨 일이 벌어질지를 미리 알려주는 신호이다"와 같은 사고를 지닌다. 아울러 자신과 무관한 일을 자신과 연결시켜 생각하는 개인화, 정서적 느낌에 따라 상황의 의미를 판단하는 정서적 추론, 무관한 사건들 간의 인과적 관계를 잘못 파악하는 임의적 추론 등의 인지적 오류를 통해서 관계망상적 사고, 마술적 사고, 괴이한 믿음 등을 지니게 된다는 것이다.

조현형 성격장애자의 치료결과에 대한 경험적 연구는 매우 드문 상태이나, 약물치료와 인지행동적 치료가 도움이 된다는 보고가 있다. 벡과 프리먼(Beck & Freeman, 1990)은 조현형 성격장애자를 치료하는 네 가지의 주요한 전략을 제시하였다. 첫째, 사회적 고립을 줄이는 건전한 치료적 관계를 수립한다. 둘째, 사회적 기술 훈련과 적절한 언행의 모방학습을 통해 사회적으로 적절한 행동을 증가시킨다. 셋째, 내담자의 두서없는 사고양식에 의해 방해받지 않도록 치료회기를 구조화하여 체계적으로 진행한다. 마지막으로, 내담자가 정서적 느낌보다는 객관적 증거에 의거하여 자신의 사고를 평가하도록 가르친다. 이러한 치료적 접근을 통해 조현형 성격장애자들의 사회적 고립과 미신적 사고가 점진적으로 개선될 수 있다.

B군 성격장애

1. 반사회성 성격장애

40대 초반인 S씨는 폭행, 절도, 강간 등의 범죄행위로 현재 전과 15범이다. S씨는 고등학교 시절부터 폭행을 일삼아 퇴학을 당했으며 그 이후에는 반복적인 범죄행위로 교도소를 드나들고 있다. 형기를 마치고 출소하게 되면, 한두 달을 견디지 못하고 새로운 범죄를 저질러 다시 복역을 하곤 했다. S씨는 어린 시절에 이혼하여 자신을 돌보지 않은 부모에 대한 심한 분노를 지니고 있으며 자신을 받아들이지 않는 사회에 대해서 적개심을 지니고 있다. 또한 자신이 저지른 범죄에 대해서 전혀 죄책감이나 반성의 기미를 보이지 않고 있다. 2개월 전에 출소하고 나서 독신여성의 아파트에 침입하여 절도와 폭행, 그리고 강간까지 저지른 S씨는 경찰에 체포되어 다시 구속되었다.

1) 주요증상과 임상적 특징

반사회성 성격장애Antisocial Personality Disorder는 S씨의 경우처럼 사회의 규범이나 법을 지키지 않으며 무책임하고 폭력적인 행동을 반복적으로 나타내어 사회적 부적응을 초래하는 경우를 말한다. 이 성격장애를 지닌 사람들은 절도, 사기, 폭력과 같은 범죄에 연루되는 경우가 흔하다.

반사회성 성격장애의 진단기준은 다음과 같다. 타인의 권리를 무시하거나 침해하는 행동양식이 생활전반에 나타나며 이러한 특성이 15세부터 시작되어야 한다. 아울러 다음의 특성 중 3개 이상의 항목을 충족시켜야 한다.

(1) 법에서 정한 사회적 규범을 준수하지 않으며 구속당할 행동을 반복한다.
(2) 개인의 이익이나 쾌락을 위한 반복적인 거짓말, 가명 사용 또는 타인을 속이는 사기행동
(3) 충동성 또는 미리 계획을 세우지 못한다.

(4) 빈번한 육체적 싸움이나 폭력에서 드러나는 호전성과 공격성
(5) 자신이나 타인의 안전을 무시하는 무모성
(6) 꾸준하게 직업활동을 수행하지 못하거나 채무를 이행하지 못하는 행동으로 나타나는 지속적인 무책임성
(7) 타인에게 상처를 입히거나 학대하거나 절도행위를 하고도 무관심하거나 합리화하는 행동으로 나타나는 자책의 결여

반사회성 성격장애는 18세 이상의 성인에게 진단되며 15세 이전에 품행장애를 나타낸 증거가 있어야 한다. 반사회성 성격장애자는 흔히 아동기나 청소년기부터 폭력, 거짓말, 절도, 결석이나 가출 등의 문제행동을 나타내는 것이 일반적이다.

반사회성 성격장애자는 사회구성원의 권리를 존중하는 규범이나 법을 무시하고 자신의 쾌락과 이익을 위해서 수단과 방법을 가리지 않는다. 그 결과 폭력, 절도, 사기와 같은 범죄행동을 반복하여 법적인 구속을 당하는 일이 흔하다. 충동적이고 호전적이어서 육체적인 싸움을 자주 하고 폭력을 휘두르며 배우자나 자녀를 구타하기도 한다. 또한 무책임하고 무모하여 위험한 일(예: 음주운전이나 과속, 범죄, 마약복용)을 겁없이 행하며 가족부양이나 채무이행을 등한시한다. 타인의 고통을 초래한 자신의 행동에 대해서 자책하거나 후회하는 일이 없으며 유사한 불법행동을 반복하는 경향이 있다. 반사회성 성격장애자는 잦은 폭력과 범법행동, 직업적응의 실패, 가족부양의 소홀, 성적 문란, 채무 불이행, 거짓말이나 사기행각, 무모한 위험행동, 문화시설의 파괴행위 등을 나타냄으로써 주변 사람과 사회에 커다란 피해를 입힌다.

영화 〈양들의 침묵〉에서 반사회성 성격장애자의 모습을 연기하고 있는 앤소니 홉킨스

반사회성 성격장애의 평생 유병률은 남자의 경우 약 3%이며 여자의 경우 약 1%로 보고되어 있다. 이 성격장애는 대가족 출신의 남자, 도시의 빈민층, 약물남용자, 교도소에 수감된 죄수에게 흔하다. 반사회성 성격장애로 진단되는 사람들은 아동기에 주의력결핍과잉행동장애를 겪었거나 청소년기에 품행장애를 나

타낸 과거 경험을 지니는 경향이 있다.

2) 원인과 치료

반사회성 성격장애에는 유전적인 요인이 관여함을 시사하는 연구들이 보고되고 있다. 범죄행위의 일치성에서 일란성 쌍둥이는 55%이며 이란성 쌍둥이는 13%였다는 보고(Eysenck & Eysenck, 1978)가 있다. 입양아를 대상으로 한 연구(Mednick et al., 1984; Moffitt, 1987)에 따르면, 입양아의 범죄는 양부모보다는 친부모가 범죄자인 경우와 상관이 높으며 양부모 역시 범죄자일 경우에는 상관이 더욱 높아졌다.

어린 시절의 양육경험이 반사회성 성격의 형성에 중요하다는 주장도 있다. 부모가 거칠고 거절을 잘하며 지배적인 양육태도를 나타내는 경우에 아동을 공격적이고 반사회적으로 만들 수 있다(Olweus, 1978). 반사회성 성격은 남성, 도시 빈민가 출신, 많은 형제, 사생아나 입양아, 부모의 방임적 양육태도와 밀접한 관계를 지닌다(Robins, 1981). 이 밖에도 어린 시절의 신체적 학대 경험, 교사로부터의 낙인 경험, 대가족, 범죄자인 부모나 형제, 거칠고 엄격한 부모나 수동적이고 무관심한 부모, 부모 간의 갈등이 반사회적 성격특성을 증가시킨다고 주장되고 있다(Farrington & West, 1990).

정신분석적 입장에서는 반사회성 성격이 어머니와 유아 간의 관계형성의 문제에 기인한다고 본다. 기본적 신뢰가 형성되지 못하여 폭력적이고 파괴적인 방법으로 타인과 관계를 맺으려는 시도가 반사회성 성격으로 나타난다는 것이다. 이들은 타인의 입장에서 감정을 느끼는 공감능력이 발달되지 못하여 타인에게 상처를 입히는 것에 대한 불안이나 죄책감을 느끼지 못한다. 또한 초자아가 발달하지 못해 도덕성이 부족하고 타인에 대한 배려의식이 결여되어 있다.

인지적 입장에 따르면, 반사회성 성격장애자들은 독특한 신념체계를 지니고 있다. 즉, "우리는 정글에 살고 있고 강한 자만이 살아남는다", "힘과 주먹이 내가 원하는 것을 얻는 최선의 방법이다", "들키지 않는 한 거짓말을 하거나 속여도 상관없다", "다른 사람들은 약한 자들이며 당해도 되는 존재들이다", "내가 원하는 것을 이루기 위해서는 어떠한 행동도 정당화될 수 있다", "내가 먼저 공격하지 않으면 다른 사람이 먼저 나를 공격할 것이다", "다른 사람이 나를 어떻게 생각하는지는 중요하지 않다"와 같은 신념을 지니고 있다(Beck & Freeman, 1990).

대부분의 성격장애와 마찬가지로 반사회성 성격장애자들은 스스로 치료자를 찾아오는 경우가 매우 드물다. 법원의 명령이나 중요한 사람에 의해 강제로 의뢰되는 경우가 대부분이다. 따라서 내담자가 치료에 대한 진정한 동기를 지니고 있지 않기 때문에 치료가 어렵다. 반사회성 성격장애자는 권위적 인물에 대해 저항하는 경향이 있으므로, 치료자는 중립적이고 수용적인 태도를 유지해야 하며 치료적 관계를 형성하는 것이 중요하다. 때로는 법적인 면책이나 현실적 이득을 위해 치료에 적극적으로 임하는 듯한 태도를 위장하여 나타내는 경우가 있으므로 주의해야 한다. 심층적 심리치료보다는 구체적인 부적응적 행동을 변화시키는 행동치료적 접근이 더 효과적이라고 알려져 있다. 반사회성 성격장애는 일단 형성되면 근본적인 치료가 매우 어려운 것으로 알려져 있다. 그러므로 반사회성 성격장애로 발전하지 않도록 문제아동이나 비행청소년에 대한 조기개입과 부모교육을 통해 예방적인 노력을 기울이는 것이 중요하다.

2. 연극성 성격장애

1) 주요증상과 임상적 특징

연극성 성격장애 Histrionic Personality Disorder는 타인의 애정과 관심을 끌기 위한 지나친 노력과 과도한 감정표현이 주된 특징이다. 이러한 성격장애를 지닌 사람은 정서적으로 불안정하며 대인관계의 갈등을 초래하는 경향이 있어 사회적 부적응을 나타내게 된다.

연극성 성격장애의 진단기준은 다음과 같다. 지나친 감정표현과 관심 끌기의 행동이 생활전반에 나타나는데, 이러한 특성이 성인기 초기에 시작되며 다음의 특성 중 5개 이상의 항목을 충족시켜야 한다.

(1) 자신이 관심의 초점이 되지 못하는 상황에서는 불편감을 느낀다.
(2) 다른 사람과의 관계에서 흔히 상황에 어울리지 않게 성적으로 유혹적이거나 도발적인 행동을 특징적으로 나타낸다.
(3) 감정의 빠른 변화와 피상적 감정표현을 보인다.
(4) 자신에게 관심을 끌기 위해서 지속적으로 육체적 외모를 활용한다.
(5) 지나치게 인상적으로 말하지만 구체적 내용이 없는 대화 양식을 가지고 있다.

(6) 자기 연극화, 연극조, 과장된 감정표현을 나타낸다.
(7) 타인이나 환경에 의해 쉽게 영향을 받는 피암시성이 높다.
(8) 대인관계를 실제보다 더 친밀한 것으로 생각한다.

연극성 성격장애를 지닌 사람들은 마치 연극을 하듯이 자신의 경험과 감정을 과장되고 극적인 형태로 표현한다. 그러나 이들은 희로애락의 감정기복이 심하며 표현된 감정이 깊이가 없고 피상적인 것으로 느껴진다. 원색적인 화려한 외모로 치장하며 이성에게 유혹적인 행동을 나타내는 경향이 있다. 예컨대, 노출이 심한 옷차림새를 보이거나 이성의 요구에 순순히 잘 응하거나 이성의 장점에 대해서 찬사를 보내는 등의 행동을 나타낸다. 이러한 모든 행동은 다른 사람의 관심을 끌기 위한 것이다. 연극성 성격장애자의 마음 깊은 곳에는 다른 사람의 관심을 끌고 그들에게 사랑과 인정을 받고 싶은 강렬한 욕구가 있다. 다른 사람들이 각별한 관심을 주지 않으면 그들이 자신을 싫어하는 것으로 생각하고 우울하거나 불안해하는 경향이 있다. 관심의 대상이 되는 다른 사람에 대해서는 시기와 질투, 경쟁심, 강한 분노를 느낀다.

연극성 성격장애자는 대인관계의 초기에는 매우 매력적으로 느껴질 수 있지만, 관계가 지속되면 지나치게 요구적이고 끊임없는 인정을 바라기 때문에 부담스럽게 느껴진다. 이들은 거절에 대한 두려움을 지니며 자신의 요구가 관철될 수 있도록 타인을 조종하는 기술이 뛰어나다. 자신의 중요한 요구가 좌절되는 상황에서는 자살하겠다고 위협을 하거나 상식을 벗어난 무모한 행동을 나타내기도 한다.

연극성 성격장애는 그 유병률이 일반 인구의 2~3%이며 정신과 환자의 10~15%에 해당한다는 보고도 있다. 개인적인 용모, 감정표현, 대인관계 행동은 문화, 성별, 연령에 따라 상당한 차이가 있으므로 이러한 점을 고려하여 진단되어야 한다. 임상 장면에서 이 성격장애는 여성에게 더 흔하게 진단된다. 그러나 정확한 평가도구를 사용한 일부 연구에서는 남녀 간의 유병률이 비슷한 것으로 나타났다.

2) 원인과 치료

정신분석적 입장에서는 연극성 성격장애를 어린 시절의 오이디푸스 갈등에 기인한 것으로 본다. 연극성 성격장애를 지닌 여성의 경우, 엄마의 애정부족에 실망을 느끼고 자신의 의존욕구를 충족시켜 줄 대상으로서 아빠에게 집착하며 아빠의 주의를 얻기 위해 애교스럽고 유혹적이며 과장된 감정표현양식을 습득하게 된다. 연극성 성격장애를 지닌 남성의 경우, 어린 시절 어머니로부터의 사랑을 받지 못하고 대신 아버지에게 애정을 구하게 된다. 그러나 아버지가 없거나 아버지로부터 애정을 얻지 못하면, 어머니와의 동일시를 통해 수동적이고 여성적인 정체감을 발달시키거나 여성성에 대한 불안을 회피하기 위해 과도한 남성성을 나타낼 수 있다. 남성은 이러한 두 가지 양상의 연극성 성격장애를 나타내는 경향이 있다.

인지적 입장에서는 연극성 성격장애자의 독특한 신념과 사고방식에 주목한다. 연극성 성격장애자는 기본적으로 "나는 부적절한 존재이며 혼자서 삶을 영위하는 것은 너무 힘들다"는 핵심적 믿음을 지니고 있다. 따라서 "나를 돌보아줄 사람들을 찾아야 한다"고 생각하며 적극적으로 관심과 애정을 추구한다. 이들은 다른 사람이 자신의 생존에 매우 중요하다고 보기 때문에, "모든 사람으로부터 사랑을 받아야 한다"는 신념을 갖게 되고 이러한 애정을 얻기 위한 방법으로 외모, 애교나 유혹, 과장된 표현, 재미있는 행동을 주로 사용하게 된다는 것이다(Beck & Freeman, 1990). 연극성 성격장애자들이 흔히 나타내는 신념에는 "내가 행복하려면 다른 사람의 관심과 애정이 절대적으로 필요하다", "나는 다른 사람의 사랑을 독점적으로 가장 많이 받아야 한다", "나는 재미있고 다른 사람에게 즐거움을 주는 사람이어야 한다", "내가 원하는 것을 얻으려면 다른 사람을 즐겁거나 감탄하도록 만들어야 한다", "다른 사람이 나를 싫어하거나 무시하는 것은 참을 수 없는 일이다", "나는 지루한 것을 참을 수 없다" 등이 있다.

대부분의 심리치료는 연극성 성격장애자의 대인관계 문제에 초점을 맞추고 있다. 애정을 얻기 위해 외모, 성(sex), 유혹, 불평, 위협 등의 방법을 사용하여 타인을 조종하려 하지만 이러한 대인관계 방식이 일시적인 효과를 거둘 수 있을지는 몰라도 장기적으로는 타인의 애정을 잃는 결과를 초래하게 된다. 이러한 점을 인식시키고 애정을 얻을 수 있는 적절한 현실적인 방법을 습득시킨다. 인지치료에서는 전반적 인상에 근거하여 모호하게 생각하는 내담자의 사고양식을 좀 더 구체적이고 체계적인 문제중심적 사고로 바꾸어 주는 노력을 하게 된다. 아울러 부적응적인 사고를 지적하고 도전하기, 사고를 검증하는 행동실험을 하기, 활동계획 세우기, 문제해결기술 훈련, 자기주장 훈련 등의 기법을 사용한다. 마지막 단계에서는 연극성 성격장애자의 기본적 신념, 즉 "나는 부적절한 존재이고, 혼자서는 삶을 영위하기 힘들다", "모든 사람으로부터 사랑을 받아야 한다"는 신념에 도전하여 이를 변화시키는 작업이 이루어진다(Beck & Freeman, 1990).

3. 자기애성 성격장애

1) 주요증상과 임상적 특징

자기애성 성격장애 Narcissistic Personality Disorder는 자신에 대한 과장된 평가로 인한 특권의식을 지니고 타인에게 착취적이거나 오만한 행동을 나타내어 사회적인 부적응을 초래하는 성격을 말한다. 자기 자신을 사랑하는 것은 자연스럽고 건강한 것이다. 그러나 자기사랑이 지나쳐서 자신을 비현실적으로 과대평가하고 타인을 무시하며 자기중심적인 행동을 나타내게 되면 대인관계의 갈등과 부적응을 초래하게 되는데, 이러한 경우를 자기애성 성격장애라고 한다.

자기애성 성격장애의 진단기준은 다음과 같다. 공상이나 행동에서의 웅대성, 칭찬에 대한 욕구, 공감의 결여가 생활전반에 나타나며 다음의 특성 중 5개 이상의 항목을 충족시켜야 한다.

(1) 자신의 중요성에 대한 과장된 지각을 갖고 있다(예: 자신의 성취나 재능을 과장함, 뒷받침할 만한 성취가 없으면서도 우월한 존재로 인정되기를 기대함).
(2) 무한한 성공, 권력, 탁월함, 아름다움 또는 이상적인 사랑에 대한 공상에 집착한다.
(3) 자신이 특별하고 독특한 존재라고 믿으며, 특별하거나 상류층의 사람들만이 자신을 이해할 수 있고 또한 그런 사람들(혹은 기관)하고만 어울려야 한다고 믿는다.
(4) 과도한 찬사를 요구한다.
(5) 특권의식을 가진다. 예컨대, 특별 대우를 받을 만한 이유가 없는데도 특별 대우나 복종을 바라는 불합리한 기대감을 가진다.
(6) 대인관계가 착취적이다. 예컨대, 자기 자신의 목적을 달성하기 위해 타인들을 이용한다.
(7) 감정이입 능력이 결여되어 있다. 타인들의 감정이나 욕구를 인식하거나 확인하

려 하지 않는다.

(8) 흔히 타인을 질투하거나 타인들이 자신을 질투하고 있다고 믿는다.

(9) 거만하고 방자한 행동이나 태도를 보인다.

자기애narcissism라는 용어는 연못에 비친 자신의 아름다운 얼굴을 너무 사랑하여 연못 속에 몸을 던져 죽었다는 그리스 신화 속의 인물 나르키소스Narcissus에서 연유한다. 자기애성 성격장애는 과도한 자기사랑과 자기도취로 인해 사회적 부적응을 초래하는 장애이다. 자기애성 성격장애자는 자신을 남들이 평가하는 것보다 현저하게 과대평가하여 웅대한 자기상에 집착하며 대단한 탁월함과 성공을 꿈꾼다. 따라서 자신은 주변 사람들과는 다른 특별한 존재이며 특별한 대우를 받아야 한다는 특권의식을 지니게 되어 매우 거만하고 오만한 행동을 나타낸다. 다른 사람들이 자신을 칭찬하고 찬양해주기를 바라며, 그렇지 않을 때는 주변 사람들을 무시하거나 분노를 느낀다. 이들은 다른 사람의 입장이 되어 생각하고 느끼는 공감능력이 결여되어 있으며 대인관계에서 매우 자기중심적이고 일방적이다. 따라서 주변 사람들로부터 따돌림을 당하거나 잦은 갈등을 경험하게 된다. 아울러 과장되어 있는 웅대한 자기상이 현실세계 속에서는 자주 상처를 입게 되므로 우울해지거나 분노를 느끼게 된다.

자신의 모습에 도취한 나르키소스

자기애성 성격장애의 유병률은 일반 인구에서 1% 미만이며 임상 환자 집단에서는 2~16%였다는 보고가 있다. 이 성격장애로 진단되는 사람의 50~75%가 남자이다. 자기애적 성향은 사춘기에 흔하지만 이러한 성향이 나중에 반드시 성격장애로 발전하는 것은 아니다. 자기애성 성격장애가 있는 사람들은 나이가 들어 육체적·직업적 한계에 직면하게 될 때 어려움을 겪는다. 우리 사회에서 흔히 회자되는 '왕자병' 또는 '공주병'이라는 일반적 용어는 자기애성 성격과 가장 관련성이 깊을 것이다.

2) 원인과 치료

프로이트는 자기애를 심리적 에너지가 자신에게로 향해져 자신의 신체를 성적인 대상으로 취급하는 태도라고 정의했으며, 이러한 성향이 어린 시절에는 정상적일 수 있으나 성장하여 성숙한 형태로 발전하지 못하면 병적인 자기애가 나타날 수 있다고 주장했다.

코헛(Kohut, 1968)에 따르면, 신생아는 부모의 전폭적인 애정과 보살핌을 받는 정상적인 발달과정에서 **웅대한 자기상**grandiose self-image을 형성하며 유아기적 자기애를 나타내게 되지만 이러한 웅대한 자기상은 성장과정에서 필연적으로 좌절과 상처를 경험하게 된다. 점차 성장하면서 아동은 부모로부터 규제와 질책을 받게 되고 자신의 한계에 직면하게 되는 좌절경험 속에서 "세상은 나를 중심으로 돌아가지 않으며 나는 그렇게 대단한 존재가 아니다"라는 사실을 아프게 깨닫게 된다. 이러한 좌절경험을 통한 깨달음은 성숙하고 현실적인 자기애로 발전하는 필수요소이다. 그러나 부모의 과잉보호나 특이한 성장과정으로 인해 이러한 좌절경험을 하지 못하면 유아기적 자기애가 지속되어 자기애성 성격장애로 발전될 수 있다. 또는 웅대한 자기상에 대한 지나친 좌절을 경험하게 되면, 강한 심리적 충격을 받게 되어 비참한 현실을 외면한 채 웅대한 자기상에 더욱 집착하게 되고 주변 사람들로부터의 인정과 칭찬을 강렬하게 추구하는 자기애성 성격장애로 발전될 수도 있다.

컨버그(Kernberg, 1975)는 자기애성 성격장애자들이 어린 시절 어머니와의 상호작용 속에서 형성한 이상적 자기상과 어머니상이 혼합된 웅대한 자기상을 통해 자신에 대한 과장된 생각을 갖게 된다고 설명한다. 자기애성 성격으로 발전할 가능성이 있는 아이는 흔히 특별한 재능을 지니고 있거나 가족 내에서 중요한 위치에 있는 경우가 많다. 이러한 아이에게 엄마가 칭찬이나 특별대우를 해주게 되면, 아이는 이를 중시하고 엄마로부터 칭찬받는 것과 그렇지 못한 것에 예민해진다. 칭찬받지 못하는 불안을 외면하기 위해서, 아이는 엄마가 칭찬해주는 자신의 긍정적인 특성을 크게 부풀려서 엄마가 좋아할 거라고 생각되는 이상적인 자기상을 만들어 자주 상상하게 된다. 다른 한편으로는 엄마의 사랑을 열망하기 때문에 자신의 상상 속에 이상적인 어머니상을 만들어 간직한다. 이렇게 어린아이는 엄마가 칭찬해주는 자신의 모습, 이상적인 자신의 모습, 이상적인 엄마의 모습에 대한 상상을 자주 하며 즐기게 된다. 그러나 어린아이는 이러한 내적 상상내용을 변별하는 능력이 부족하기 때문에, 자신의 긍정적 측면과 엄마로부터 사랑받게 될 이상적 자기상이 혼합되어 실제의 자기보다 현저하게 과장된 자기상을 지니게 된다. 나아가서 자신을 칭찬해주고 특별한 대우를 해주며 헌신적인 사랑을 베풀어주는 이상적인 어머니상이 혼합되어, 자신은 이러한 사랑을 받는 대단하고 특별한 존재라는 생각을 하게 된다. 이러한 병리적 융합과정을 거쳐 자기애성 성격장애자는 웅대한 자기상을 형성하게 된다.

인지적 입장에서는 자기애성 성격장애자의 부적응적 행동을 유발하는 독특한 신념과 사고과정에 초점을 두고 있다. 벡과 프리먼(Beck & Freeman, 1990)에 따르면, 자기애성 성격장애자는 "나는 매우 특별한 사람이다", "나는 너무나 우월하기 때문에 특별한 대우를 받고 특권을 누릴 자격이 있다", "인정, 칭찬, 존경을 받는 것은 매우 중요한 일이다", "내가 당연히 받아야 할 존경이나 특권을 받지 못하는 것은 참을 수 없는 일이다", "사람들은 나를 비판할 자격이 없다", "나 정도의 훌륭한 사람만이 나를 이해할 수 있다"는 신념을 지니고 있다. 이러한 신념체계는 흔히 어린 시절 부모나 형제, 중요한 타인들로부터의 직접적 또는 간접적 메시지에 의해 발전된다. 자기애적 신념이 구성되게 되면, 자신의 신념에 일치하는 긍정적 정보에 선택적으로 주의를 기울이고 그에 중요성을 부여하여 긍정적 자기상을 강화하는 반면, 자신의 신념에 상치되는 부정적 정보는 무시하거나 왜곡한다. 이러한 과정을 통해서 자기애적 신념은 더욱 강화되어 성격장애의 형태로 발전하게 된다.

자기애성 성격장애에 대한 가장 일반적인 치료방법은 개인적 심리치료이다. 정신분석적 치료에서는 내담자가 치료자와의 관계에서 나타내는 전이현상을 잘 활용하는 것이 중요하다. 내담자는 과거에 실패했던 부모와의 관계를 치료자와의 관계에서 재현하고자 하며, 치료자에게 이러한 좌절된 욕구를 충족시켜 달라는 무언의 압력을 가하게 된다. 이때 치료자가 내담자의 욕구를 충분히 공감하고 이해해주는 것이 중요하다(Kohut, 1968).

인지행동치료에서는 자기애성 성격장애의 핵심적인 세 가지 특성, 즉 웅대한 자기상, 평가에 대한 과도한 예민성, 공감의 결여에 대한 치료적 개입을 강조하고 있다(Beck & Freeman, 1990). 첫째, 웅대한 자기상과 관련된 비현실적인 생각을 구체적인 경험 속에서 찾아내고 내담자가 그 부적응성을 스스로 인식하여 좀 더 유연하고 현실적인 자기신념으로 대체하도록 유도한다. 둘째, 자신에 대한 타인의 평가에 적당한 관심을 기울이고 그에 대한 감정반응을 조절할 수 있도록 유도한다. 마지막으로, 자기애성 성격장애자들이 타인의 생각과 감정에 대한 공감능력을 향상시킬 수 있도록 타인의 감정에 대한 자각을 증진시키고 공감적 감정을 활성화시키며 이기적인 착취 행동을 수정하도록 유도한다. 역할 바꾸기나 역할 연기 등을 통해 공감능력을 증진시키며 타인을 대하는 적응적인 방식을 제안하고 논의한다.

4. 경계선 성격장애

미모의 여대생인 S양은 이성관계가 매우 복잡하고 불안정하다. 남자친구와의 관계가 몇 달 이상 지속되지 못하고 늘 불행한 결과를 초래하며 헤어지게 된다. 자신에게 호감을 지니고 접근하는 이성친구에게 급속하게 뜨거운 애정을 느끼게 되지만, 항상 남자친구가 자신의 곁에 있어 주기를 원하고 자신에 대한 애정을 지속적으로 보여주기를 원한다. 따라서 남자친구의 애정을 수시로 확인하려 하며 이러한 기대가 조금이라도 좌절되면, 남자친구에게 심한 분노와 배신감을 느끼게 된다. 이처럼 분노를 느끼게 되면, S양은 남자친구에게 냉혹한 태도를 취하며 괴롭힌다. 예컨대, 남자친구의 열등한 면에 대해서 모욕적인 가혹한 비난을 하면서 남자친구에게 심한 마음의 상처를 주곤 한다. S양은 자신의 곁에 남자친구가 없으면 허전하고 공허하여 새로운 남자친구를 사귀게 되지만, 이러한 이성관계의 패턴 때문에 남자친구를 사귈 때마다 불행한 결과를 초래하며 헤어지는 일이 반복되고 있다.

1) 주요증상과 임상적 특징

경계선 성격장애 Borderline Personality Disorder는 강렬한 애정과 분노가 교차하는 불안정한 대인관계를 특징적으로 나타내는 성격장애를 말한다. S양의 경우와 같이, 이 성격장애를 지닌 사람은 심한 충동성을 보이며 자살과 같은 자해적 행동을 반복적으로 나타내는 경향이 있어 때로는 치명적인 결과를 초래하기도 한다.

경계선 성격장애로 진단되기 위해서는 대인관계, 자아상 및 정서의 불안정성과 더불어 심한 충동성이 생활전반에서 나타나야 한다. 이러한 특징적 양상은 성인기 초기에 시작하여 다양한 상황에서 일어나며 다음의 특성 중 다섯 가지 이상의 항목을 충족시켜야 한다.

(1) 실제적인 또는 가상적인 유기(버림받음)를 피하기 위한 필사적인 노력
(2) 극단적인 이상화와 평가절하가 특징적으로 반복되는 불안정하고 강렬한 대인관계 양식
(3) 정체감 혼란: 자아상이나 자기지각의 불안정성이 심하고 지속적이다.
(4) 자신에게 손상을 줄 수 있는 충동성이 적어도 두 가지 영역에서 나타남(예: 낭비, 성관계, 물질남용, 무모한 운전, 폭식)
(5) 반복적인 자살 행동, 자살 시늉, 자살 위협 또는 자해 행동
(6) 현저한 기분변화에 따른 정서의 불안정성(예: 간헐적인 심한 불쾌감, 과민성, 불안 등이 흔히 몇 시간 지속되지만 며칠 동안 지속되는 경우는 드묾)
(7) 만성적인 공허감
(8) 부적절하고 심한 분노를 느끼거나 분노를 조절하기 어렵다(예: 자주 울화통을 터뜨림, 지속적인 분노, 잦은 육체적 싸움).
(9) 스트레스와 관련된 망상적 사고나 심한 해리 증상을 일시적으로 나타낸다.

경계선 성격장애의 가장 큰 특징은 극단적인 심리적 불안정성이다. 사고, 감정, 행동, 대인관계, 자아상을 비롯한 성격 전반에서 현저한 불안정성을 나타낸다. 이러한 성격장애를 지닌 사람이 가장 두려워하는 것은 타인으로부터 '버림받는 것'이며, 이러한 상황이 예상되면 사고, 감정, 행동에 심한 동요가 일어난다. 흔히 이성을 이상화하여 강렬한 애정을 느끼고 급속하게 연인관계로 발전하지만 상대방이 자신을 버리고 떠나가는 것을 두려워하여 늘 함께 있어주거나 강렬한 애정의 표현을 요구한다. 이러한 요구가 좌절되면, 상대방을 극단적으로 평가절하하며 강렬한 증오나 경멸을 나타내거나 자해나 자살과 같은 극단적인 행동을 하게 된다. 이러한 특성으로 인해 강렬하지만 불안정한 대인관계의 양상을 나타내게 된다.

경계선 성격장애의 유병률은 일반 인구의 2%, 정신과 외래환자의 10%, 정신과 입원환자의 20% 정도로 추정되고 있으며, 75% 정도가 여자로 알려져 있다. 경과는 상당히 다양하며, 흔히 성인기 초기부터 불안정한 모습을 지속적으로 나타내면서 심한 정서적

혼란이나 자해행위로 인해 간헐적으로 병원에 입원하게 되고 중년기에 접어들면서 다소 안정된 모습을 나타내는 경향이 있다. 경계선 성격장애로 인한 자해나 자살의 위험은 성인기 초기에 가장 높으며 나이가 들면서 점차 저하되고 30~40대에 이르면 대인관계나 직업 기능이 현저하게 안정된다. 그러나 반사회적 행동, 공격성, 약물남용, 여러 번의 자살기도와 입원경력 등이 있는 경우에는 예후가 좋지 않다. 이들은 흔히 우울장애, 공황장애, 물질남용, 충동통제장애, 섭식장애 등을 함께 나타내며 특히 우울장애가 나타날 때 자살가능성이 높은 것으로 알려져 있다.

영화 〈위험한 정사〉에서 경계선 성격장애자 역할을 연기하는 글렌 클로스

2) 원인과 치료

경계선 성격장애자들은 흔히 어린 시절에 충격적인 외상을 경험한 것으로 보고되고 있다. 경계선 성격장애자의 72%는 어린 시절에 언어적 학대를 경험했고, 46%는 신체적 학대를, 26%는 성적 학대를, 76%가 부모의 양육태만을 겪었으며, 74%가 18세 이전에 부모의 상실이나 이별을 경험한 것으로 보고되고 있다(Zanarini et al., 1989). 이러한 어린 시절의 충격적 외상경험이 부모나 자신에 대한 긍정적·부정적 경험을 통합시키지 못한 채 분리, 부인, 투사적 동일시와 같은 방어기제를 사용하게 했을 것이라는 주장이 제기되고 있다.

정신분석적 입장에서는 경계선 성격장애의 기원을 오이디푸스 갈등 이전의 어린 시절에 어머니와 맺었던 독특한 관계경험에 두고 있다. 컨버그(Kernberg, 1975)는 말러Mahler의 발달이론에 근거하여 경계선 성격장애자들이 유아기의 분리-개별화 단계에서 심한 갈등을 경험하여 이 단계에 고착되어 있다고 설명한다. 이 시기에 아이는 엄마가 사라지는 것에 놀라게 되고 때로는 엄마가 어디에 있는지에 대해서 심하게 걱정하며 극심한 불안 속에서 엄마를 찾기도 한다. 즉, 엄마가 사라지고 자신이 버림받게 되는 것에 대한 강렬한 두려움을 경험하는 유아기의 위기를 반복적으로 재경험하는 것이 경계선 성격장애라는 것이다. 이들은 어른이 되어서도 혼자 있는 것을 참지 못하고 중요한 타인으로부터 버려지는 것을 두려워하게 된다.

인지적 입장에서는 경계선 성격장애자들이 세 가지의 독특한 내면적 믿음을 지니고 있다고 본다(Beck & Freeman, 1990). 첫째는 "세상은 위험하며 악의에 가득 차 있다"는 세상에 대한 부정적인 믿음이다. 두 번째 믿음은 자신에 대한 것으로서 "나는 힘없고 상처받기 쉬운 존재이다"라는 믿음이다. 이처럼 힘없고 무기력한 자신이 악의에 찬 위험한 세상에 놓여 있다는 생각은 삶에 대한 불안과 두려움을 초래하게 된다. 따라서 자신의 약점을 노출시키지 않으려 하고 항상 주위사람들을 경계하게 되며 만성적인 불안과 위험신호에 대한 과민성을 지니게 된다. 편집성 성격장애자들도 세상이 악의에 차 있다는 믿음을 지니지만 이들은 자신의 능력과 힘을 믿기 때문에 삶의 위협에 적극적으로 대처해 나간다. 그러나 경계선 성격장애자는 자신을 약한 존재로 보기 때문에 타인에게 의존하고 매달리려 한다. 그러나 세 번째 믿음인 "나는 원래부터 환영받지 못할 존재이다"라는 생각으로 인해 의존성 성격장애자처럼 상대방에게 자신을 충분히 의지하지 못하고 불안정한 관계 속에서 거부와 버림을 받을지 모른다는 두려움을 지니게 된다.

경계선 성격장애자들은 이러한 기저신념과 더불어 인지적 오류를 통해 자신의 경험과 외부사건을 왜곡하여 받아들이는 경향이 있다. 이들이 가장 흔하게 범하는 인지적 오류는 흑백논리적 사고인데, 이러한 잘못된 사고방식으로 인해 극단적이고 강렬한 감정과 행동을 나타내게 된다. 예컨대, 타인을 '천사 아니면 악마'라는 방식으로 평가함으로써 타인을 극단적으로 이상화하거나 아니면 극단적으로 평가절하하게 된다. 다른 사람의 언행을 자신에 대한 '수용 아니면 거부'로 해석하기 때문에 애정과 분노의 강렬한 감정을 느끼게 된다. 또한 자신의 심리상태를 '천국 아니면 지옥'으로 평가하고 자신의 행동을 결정할 때도 다른 사람에 대한 '의존 아니면 공격'으로 선택하는 극단적인 흑백논리적 사고로 인해 강렬한 감정변화와 극단적인 행동을 보이게 된다.

경계선 성격장애에 대한 가장 일반적인 치료방법은 개인 심리치료이다. 그러나 경계선 성격장애자는 심리치료자에게 있어서 악몽 같은 존재라는 말이 있듯이 매우 힘든 치료대상으로 알려져 있다. 왜냐하면 경계선 성격장애자의 강렬하고 불안정한 대인관계 양상이 치료자와의 관계에 나타나기 때문이다. 치료자는 내담자의 불안정한 태도에 상관없이 일관성 있고 안정된 지지적 태도를 견지함으로써 치료적 관계형성에 주력해야 한다.

일반적으로 정신역동적 치료에서는 크게 세 가지 치료목표를 설정하고 경계선 성격장애자의 치료를 시도한다. 첫째 목표는 내담자의 자아를 강화시켜 불안을 잘 인내하고 충동에 대한 통제력을 향상시키도록 하는 것이다. 둘째는 긍정적 내용과 부정적 내용이 분리되어 있는 내담자의 자기표상과 대상표상을 통합시킴으로써 안정된 자기인식과 대인관계를 유도하는 것이다. 마지막으로, 긍정적이고 지지적인 내면적 표상을 보다 확고하게 강화시킴으로써 중요한 사람과의 분리나 이별을 참아낼 수 있도록 하는 것이다.

인지행동치료에서는 치료의 초기에 내담자의 기본적 믿음을 변화시키려 하기보다는 치료적 관계형성에 주력한다. 강한 감정이 개입된 개인적 문제를 다루기보다는 내담자가 직면하고 있는 구체적인 문제의 해결에 초점을 맞추면서 내담자와의 신뢰형성에 노력한다. 다음 단계에서는 점차적으로 내담자의 흑백논리적 사고를 다룬다. 즉, 내담자에게 흑백논리적 사고를 자각시키고 이러한 사고방식이 내담자의 삶에 미치는 영향을 함께 살펴본다. 아울러 연속선 상에서 사건의 의미를 해석하는 대안적인 사고방식을 소개하면서 흑백논리적 사고와 비교하여 어떤 것이 더 현실적이고 적응적인지를 평가해보도록 돕는다. 또한 정서적 조절능력을 향상시키기 위한 치료적 작업으로서, 내담자가 경험하는 구체적인 문제상황에서 자신의 정서적 반응을 살펴보게 하고 대안적인 대응방식을 탐색하게 하며 보다 더 적응적인 정서표현 방식을 습득하게 한다. 마지막 단계에서는 경계선 성격장애자가 지니고 있는 자신과 세상에 대한 부정적인 믿음을 자각하고 보다 긍정적인 믿음으로 변화시키도록 돕는다.

제3절 C군 성격장애

1. 강박성 성격장애

교사인 B씨의 아내는 결혼생활이 너무 힘들고 고통스럽다. 결혼할 당시에는 성실하고 매사에 철저한 B씨가 믿음직하게 느껴졌지만 막상 결혼생활을 해보니 매사에 지나치게 심한 간섭을 했다. B씨는 결혼 초부터 생활비를 1주일 단위로 주면서 아내에게 매일의 가계부를 쓰게 했다. 처음에는 집 마련을 위해 알뜰하게 살자는 뜻으로 이해했으나, 아내의 지출에 대해서 일일이 확인하였으며 500원 단위까지 적도록 했다. 집안이 늘 깨끗하게 정리되어 있어야 했으며 아내는 나름대로 열심히 청소를 하지만 B씨는 집안 구석구석에서 먼지를 찾아내어 불평을 했다. 특히 요즘에 참을 수 없는 것은 초등학교에 입학한 아들에 대해서 남편이 지나치게 간섭하며 많은 것을 요구하여 아들이 힘들어하고 있다는 사실이다. B씨는 아들에게 매일 공부할 분량을 정해주고 수시로 진행사항을 확인하고 이에 대해서 잔소리하거나 야단을 치곤 했다. 최근에 아들은 심한 스트레스로 눈을 깜빡거리고 볼을 실룩거리는 틱증상이 나타나고 있다. 이렇게 숨 막히는 결혼생활을 더 이상 견딜 수 없다고 생각하는 아내는 B씨와의 이혼도 고려하고 있다.

1) 주요증상과 임상적 특징

강박성 성격장애 Obsessive-Compulsive Personality Disorder는 B씨의 경우처럼 지나치게 완벽주의적이고 세부적인 사항에 집착하며 과도한 성취지향성과 인색함을 특징적으로 나타내는 성격장애를 말한다. 이러한 성격특성으로 인해 효율적으로 일을 처리하지 못할 뿐 아니라 자신과 주변 사람들을 고통스럽게 하는 경우가 대부분이다.

강박성 성격장애의 진단기준은 다음과 같다. 정리정돈, 완벽주의, 마음의 통제와 대인관계의 통제에 집착하는 행동특성이 생활전반에 나타나며 이런 특성으로 인해 융통성, 개방성, 효율성을 상실하는 대가를 치르게 된다. 이러한 특성이 성인기 초기에 시작되고 다음의 특성 중 4개 이상의 항목을 충족시켜야 한다.

(1) 사소한 세부사항, 규칙, 목록, 순서, 시간계획이나 형식에 집착하여 일의 큰 흐름을 잃게 된다.
(2) 과제의 완수를 저해하는 완벽주의를 보인다(예: 지나치게 엄격한 기준에 맞지 않기 때문에 과제를 끝맺지 못함).
(3) 일과 생산성에만 과도하게 몰두하여 여가 활동과 우정을 희생한다(분명한 경제적 필요성에 의한 경우가 아님).
(4) 도덕, 윤리 또는 가치 문제에 있어서 지나치게 양심적이고 고지식하며 융통성이

없다(문화적 또는 종교적 배경에 의해서 설명되지 않음).

(5) 닳아빠지고 무가치한 물건을 감상적 가치조차 없는 경우에도 버리지 못한다.

(6) 자신이 일하는 방식을 그대로 따르지 않으면 타인에게 일을 맡기거나 같이 일하려 하지 않는다.

(7) 자신과 타인 모두에게 구두쇠처럼 인색함; 돈은 미래의 재난에 대비해서 저축해 두어야 하는 것으로 생각한다.

(8) 경직성과 완고함을 보인다.

강박성 성격장애자는 지나친 완벽주의적 성향과 세부적인 사항에 대한 집착으로 인해 오히려 비효율적인 삶을 살게 된다. 구체적인 규칙과 절차가 확실하지 않을 때는 결정을 내리지 못하여 많은 시간을 소비하며 매우 고통스러워한다.

강박성 성격장애자는 감정표현을 억제하는 경향이 강하며 감정표현을 자유롭게 하는 사람과 같이 있으면 불편감을 느낀다. 이성과 도덕을 중요시하며 제멋대로 충동적인 행동을 하는 사람을 혐오한다. 자신의 행동이 완벽하다는 확신이 들 때까지는 행동하기를 주저하며 망설이는 경향이 있다.

강박성 성격장애자는 돈에 매우 민감하며 씀씀이가 매우 인색하다. 경제적 여유가 있음에도 불구하고 만일의 재난상황에 대비하여 저축해두어야 한다는 생각으로 인해 자신과 가족을 위해서 돈을 쓰지 못한다. 아울러 지금은 필요가 없더라도 약간의 쓰임새가 있는 물건은 미래의 사용을 위해 버리지 못하고 여러 가지 잡동사니를 많이 모아두는 경향이 있다. 이러한 특성으로 인해 가족을 비롯한 주변 사람들을 고통스럽게 하며 자주 갈등을 빚게 된다.

강박성 성격장애의 유병률은 일반 인구의 약 1%이며 정신건강진료소를 방문하는 사람의 3~10% 정도로 보고되고 있다. 여러 연구에서 이 성격장애는 남자가 여자보다 2배 정도 더 많이 진단되는 것으로 나타났다. 강박성 성격장애자는 불안장애의 하위유형인 강박장애를 함께 나타내는 경우가 있으나, 강박장애를 지닌 사람은 강박성 성격장애를 나타내지 않는 경우가 대부분이다. 명칭은 유사하지만 강박성 성격장애와 강박장애는 분명하게 구별되어야 한다.

2) 원인과 치료

정신분석적 입장에서는 강박성 성격장애를 심리성적 발달단계에서 항문기의 경험과 관련된 것으로 본다. 특히 초기 정신분석학에서는 강박성 성격장애가 오이디푸스 시기의 거세불안으로 인해 항문기의 안정된 상대로 퇴행한 것으로 보았다(Abraham, 1927a). 이러한 **항문기적 성격**anal character의 특성으로는 규칙성, 완고성, 인색함, 정서적 억제, 자기회의, 강한 도덕의식 등을 들 수 있다. 항문기적 성격은 배변훈련과정에서 나타난 어머니의 양육방식과도 관련된다. 정확한 시간과 장소에서 규칙적인 배변을 하도록 엄격하게 훈련받은 경험이 시간엄수, 정리정돈, 청결, 자기통제, 완벽주의와 같은 강박성 성격의 형성에 영향을 미치게 된다.

인지적 입장에서는 독특한 신념체계가 강박성 성격장애를 지속시킨다고 본다. 벡과 프리먼(Beck & Freeman, 1990)에 따르면, 강박성 성격장애자는 "나는 나 자신뿐만 아니라 내 주변환경을 완벽하게 통제해야 한다", "나는 실수를 하지 않아야만 가치 있는 존재이다", "실수는 곧 실패이다", "모든 행동과 결정에는 옳고 그름이 있다", "구체적이고 명확한 규칙이나 절차가 없으면 나는 아무것도 할 수 없을 것이다"와 같은 믿음을 지니고 있다. 또한 흑백논리적 사고, 재난적 사고, 의미확대 및 의미축소 등의 인지적 오류를 자주 범한다. 흑백논리적 사고는 강박성 성격장애자의 지연행동, 경직성, 완벽주의적 행동에 영향을 미친다. 이들은 '완벽 아니면 실패'라는 흑백논리적 사고를 지니고 있기 때문에 어떤 일을 섣불리 시작하지 못하고 꾸물거리게 되며 사소한 결점이 생기면 실패한 것으로 간주하고 포기하게 된다. 또한 불완전함이나 실수가 초래할 부정적 결과를 지나치게 과장하는 파국화catastrophizing로 인해서 실패에 대한 강한 두려움을 갖게 된다. 의미확대나 의미축소는 세부적인 사항에 과도한 중요성을 부여하여 집착하게 하는 한편, 실제적으로 중요한 일은 그 의미를 축소하게 하여 전반적인 판단에 어려움을 겪게 한다.

강박성 성격장애에 대한 정신역동적 치료의 목표는 지나치게 엄격한 초자아를 수정하는 것이다. 어린 시절 부모와의 관계 속에서 내담자가 부모의 엄격한 통제에 대해서 지녔던 부정적 감정들과 이러한 감정이 표출되는 것에 대한 두려움과 죄책감, 그리고 이러한 감정을 통제하려는 과도한 노력을 자각하게 하는 것이 중요하다. 분노, 증오,

의존과 같이 수용할 수 없는 감정을 배제하려 하기보다는 이러한 감정을 자신의 일부로 통합하고 자신이 불완전한 인간임을 수용하도록 유도한다.

인지행동치료에서는 내담자가 호소하는 현재의 문제에 초점을 맞추어 구체적인 목표를 세우고 하나씩 해결해 나간다. 이러한 과정을 통해 치료적 관계를 증진시켜 나가면서, 내담자로 하여금 자신의 부적응적인 신념을 탐색하고 이들의 부정적 결과를 확인하며 이해하도록 한다. 아울러 이러한 인지적 요인들이 내담자의 행동이나 감정을 더 이상 지배하지 못하도록 좀 더 유연하고 현실적인 신념으로 대체하게 한다.

2. 의존성 성격장애

1) 주요증상과 임상적 특징

의존성 성격장애 Dependent Personality Disorder는 스스로 독립적인 생활을 하지 못하고 다른 사람에게 과도하게 의존하거나 보호받으려는 행동을 특징적으로 나타내는 성격장애이다. 이러한 성격장애를 지닌 사람은 의존상대로부터 버림받는 것에 대한 지속적인 불안을 경험하게 되며 지나친 의존행동으로 인해 상대방을 부담스럽게 하여 인간관계를 유지하지 못하는 경우가 많다. 특히 의존상대가 착취적인 사람인 경우에는 일방적으로 이용당하며 고통스러운 삶을 살아가게 된다.

의존성 성격장애의 진단기준은 다음과 같다. 보호받고 싶은 과도한 욕구로 인하여 복종적이고 매달리는 행동과 이별에 대한 두려움을 나타낸다. 이러한 성격특성은 생활 전반의 다양한 상황에서 나타나고 성인기 초기에 시작되며 다음의 특성 중 5개 이상의 항목을 충족시켜야 한다.

(1) 타인으로부터의 많은 충고와 보장이 없이는 일상적인 일도 결정을 내리지 못한다.
(2) 자기 인생의 매우 중요한 영역까지도 떠맡길 수 있는 타인을 필요로 한다.
(3) 지지와 칭찬을 상실하는 것에 대한 두려움 때문에 타인에게 반대의견을 말하기가 어렵다.
(4) 자신의 일을 혼자 시작하거나 수행하기가 어렵다(동기나 활력이 부족해서라기보다는 판단과 능력에 대한 자신감이 부족하기 때문이다).

(5) 타인의 보살핌과 지지를 얻기 위해 무슨 일이든 다 할 수 있다. 심지어 불쾌한 일을 자원해서 하기까지 한다.
(6) 혼자 있으면 불안하거나 무기력해지는데, 그 이유는 혼자서 일을 감당할 수 없다는 과장된 두려움을 느끼기 때문이다.
(7) 친밀한 관계가 끝났을 때, 필요한 지지와 보호를 얻기 위해 또 다른 사람을 급하게 찾는다.
(8) 스스로를 돌봐야 하는 상황에 버려지는 것에 대한 두려움에 비현실적으로 집착한다.

의존성 성격장애를 지닌 사람들은 자신이 혼자서 살아가기에는 너무 나약한 존재라는 생각을 지니고 있다. 따라서 어떤 일을 혼자 해결하지 못하고 다른 사람에게 의지하며 도움을 구한다. 늘 주변에서 의지할 대상을 찾으며 그러한 대상에게 매우 순종적이고 복종적인 태도를 나타낸다. 자신을 연약한 모습으로 나타내어 지지와 보호를 유도하는 경향이 있으며, 힘든 스트레스 상황에서는 다른 사람에게 매달리거나 무기력해지며 눈물을 잘 흘린다. 특히 의존대상으로부터 거절과 버림을 받게 되면, 깊은 좌절감과 불안을 느끼며 적응기능이 현저하게 와해되는 경향이 있다. 따라서 의존대상이 자신을 멀리하는 것에 대해서 매우 예민하고 불안해하며, 이를 방지하기 위하여 순종적이고 헌신적인 태도를 나타낸다. 의존상대와 친밀한 관계가 끝나게 되면, 일시적으로 심한 혼란을 경험하지만 곧 다른 의존상대를 찾아 유사한 의존적 관계를 형성하는 경우가 대부분이다.

의존성 성격장애의 유병률은 일반 인구의 2%에서부터 48%라는 보고까지 매우 다양하다(Blashfied & Davis, 1993). 정신건강 진료소를 방문한 성격장애자 가운데 가장 빈도가 높은 것으로 알려져 있다. 이 성격장애는 임상 장면에서 여성에게 더 많이 진단되는 경향이 있으나 정확한 평가도구를 사용한 몇 연구에서는 남녀의 유병률이 유사하다고 보고되었다.

2) 원인과 치료

선천적으로 특정한 신체적 조건을 타고난 사람은 부모나 보호자로 하여금 보호반응을 유발하여 의존적 성향이 강화될 수 있다. 예컨대, 선천적으로 허약하고 병치레가 잦은 아이들은 부모의 과잉보호를 유발하며 이러한 경험으로 인해 성장해서도 다른 사람들에게 과도한 보호와 동정을 기대할 수 있다. 의존성 성격장애자는 어린 시절에 만성적인 신체질환을 경험한 경우가 많다는 점이 이러한 주장을 뒷받침하고 있다.

부모의 과잉보호는 의존성 성격장애의 중요한 요인이 된다. 부모에 대한 의존행동은 보상이 주어지고 독립 및 분리에 대해서는 거부당하는 경험이 축적될 경우, 자녀는 타인에 대해 의존적인 반응양식을 발달시키게 된다. 아동의 기질적 요인(예: 신체적 질병이나 이상)으로 인하여 부모의 과잉보호가 유발되는 경우가 있으나, 부모의 성격적 특성으로 인하여 아동에게 과도한 보호행동을 나타낼 수도 있다. 이때 아동은 자유롭고 싶은 욕구가 계속적으로 좌절당함으로써 심인성 신체적 증상을 나타낼 수도 있다.

인지적 입장에서는 의존성 성격장애가 독특한 신념체계와 관련되어 있다고 본다. 즉, 의존성 성격장애자는 "나는 근본적으로 무력하고 부적절한 사람이다", "나는 혼자서는 세상에 대처할 수 없으며 의지할 사람이 필요하다"라는 기본적 신념을 지니고 있다(Beck & Freeman, 1990). 이러한 신념은 타인에게 의존하게 만들며 보살핌을 얻는 대가로 자신의 권리나 주장을 포기하게 한다. 따라서 독립적인 삶을 영위할 수 있는 자기주장기술, 문제해결능력, 의사결정능력을 배우지 못하고 의존성이 강화된다. 의존대상을 만족시키는 데 주의를 기울이고 관계를 악화시킬 수 있는 갈등은 회피하게 된다.

의존성 성격장애자는 의존과 독립에 대해서 흑백논리적 사고를 지니고 있다. 이들에게 삶의 방식은 완전히 의존적이거나 아니면 완전히 독립적인 것 중의 하나이며, 독립적인 존재로 혼자 살아가는 것에 대한 두려움은 결국 극단적인 의존적 삶을 선택하게 한다. 또한 이들은 자신의 능력에 대해서도 흑백논리적으로 생각하는데, 어떤 일을 매우 잘 하지 못하면 전적으로 잘못한 것으로 판단하여 자신을 무능하고 무력한 존재로 평가하는 경향이 있다. 그 결과, 다른 사람에게 의존하거나 보살핌을 받을 수밖에 없다는 생각을 하게 된다.

의존성 성격장애에 대한 가장 일반적인 치료는 개인 심리치료이다. 의존성 성격장애자에 대한 정신역동적 치료의 목표는 내담자의 의존적 소망을 좌절시키고 내담자가 독립적으로 생각하고 행동할 수 있도록 돕는 것이다. 이를 위해서는 내담자가 지니고 있는 상실과 독립에 대한 불안을 직면할 수 있도록 해야 한다.

인지행동치료에서는 의존성 성격장애자에 대한 치료목표를 독립에 두기보다는 자율에 둔다(Beck & Freeman, 1990). 즉, 타인에게 의존하지 않는 독립적인 삶을 지향하는 것은 이러한 성격장애자에게 매우 힘들고 부담스러운 것이다. 반면, **자율**autonomy은 타인으로부터 독립적으로 행동하는 동시에 타인과 친밀하고 밀접한 인간관계를 유지할 수 있음을 의미한다. 이를 위해서는 중요한 타인으로부터 좀 더 독립적일 수 있도록 자기신뢰와 자기효능감을 증진시키는 것이 필수적이다. 생활 속의 여러 가지 문제들을 스스로 해결할 수 있는 문제해결기술이나 의사결정기술을 습득시키고, 자신의 생각을 적절하게 표현하는 자기주장훈련이나 의사소통훈련도 하게 한다.

3. 회피성 성격장애

1) 주요증상과 임상적 특징

회피성 성격장애 Avoidant Personality Disorder는 다른 사람과의 만남에 대한 불안과 두려움 때문에 사회적 상황을 회피함으로써 적응에 어려움을 나타내는 경우를 말한다. 회피성 성격장애의 진단기준은 다음과 같다. 사회적 억제, 부적절감, 부정적 평가에 대한 과민성이 성인기 초기에 시작되고 여러 가지 상황에서 나타나며, 다음의 특성 중 4개 이상의 항목을 충족시켜야 한다.

(1) 비난, 꾸중 또는 거절이 두려워서 대인관계가 요구되는 직업활동을 회피한다.
(2) 호감을 주고 있다는 확신이 서지 않으면 사람과의 만남을 피한다.
(3) 창피와 조롱을 당할까 두려워서 대인관계를 친밀한 관계에만 제한한다.
(4) 사회적 상황에서 비난당하거나 거부당하는 것에 사로잡혀 있다.
(5) 부적절감 때문에 새로운 대인관계 상황에서는 위축된다.
(6) 자신을 사회적으로 무능하고, 개인적인 매력이 없으며, 열등하다고 생각한다.
(7) 당황하는 모습을 보일까봐 두려워서 개인적 위험이 따르는 일이나 새로운 활동에는 관여하지 않으려 한다.

회피성 성격장애를 지닌 사람들은 자신에 대한 타인의 부정적인 평가를 가장 두려워한다. 이들은 자신이 부적절한 존재라는 부정적 자아상을 지니는 반면, 타인을 비판적이고 위협적인 존재라고 지각하는 경향이 있다. 따라서 자신이 한 행위의 적절성을 늘 의심하고 남들의 반응을 예민하게 받아들인다. 이들이 겉으로는 냉담하고 무관심하게 보일 수 있지만, 실은 주변 사람들의 표정과 동작을 주의 깊게 살피는 경향이 있다.

회피성 성격장애자는 낯선 상황이나 새로운 일을 두려워한다. 당혹스러움이나 불안을 피하기 위해서, 늘 익숙한 환경 내에 머물려 한다. 가능하면 사회적 책임을 맡지 않으려 하고 개인적인 대면상황을 피한다. 이들은 자신이 중심적인 역할을 하지 않는 업무를 좋아하며 책임과 적극성이 요구되는 직무를 감당하지 못하기 때문에 이러한 직업적 영역에서 어려움을 겪을 수 있다.

회피성 성격장애의 유병률은 일반 인구의 0.5~1.0%이며 정신건강 진료소를 방문한 사람의 10% 정도인 것으로 보고되고 있다. 이 성격장애의 남녀 성비는 거의 비슷하다. 이러한 성격장애를 지닌 사람들은 어린 시절부터 수줍음이 많고 낯선 사람과 새로운 상황을 두려워하며 고립되어 있었던 경우가 많다.

2) 원인과 치료

회피성 성격장애자는 기질적으로 수줍고 억제적인 경향이 있으며 위험에 대한 과도한 생리적 민감성을 지니고 있다는 주장이 있다. 미래의 위험이나 처벌 같은 부정적 결과가 예상될 때 생리적으로 교감신경계의 흥분이 유발된다. 회피성 성격장애자는 교감신경계의 생리적 민감성이 과도한 경우로서 변연계나 자율신경계의 이상에 기인할 수 있다는 주장도 있다. 즉, 교감신경계의 역치가 낮아서 사소한 위협적 자극에도 교감신경계가 과도하게 활성화된다는 것이다.

정신역동적 입장에서는 회피성 성격장애자의 주된 감정은 수치심이라고 본다. 이러한 수치심은 자신에 대한 부정적 자아상과 관련되는데, 수치심이라는 불쾌한 감정으로부터 숨고자 하는 소망 때문에 대인관계나 자신이 노출되는 상황을 회피하게 되는 것이다. 수치심은 생후 8개월경에 낯선 사람에 대한 불안과 함께 처음으로 나타나며 이후의 성장과정에서 관계경험들이 축적되어 병리적 수치심으로 발전하게 된다(Gabbard, 1994). 회피성 성격장애자들은 자신의 부모를 수치심과 죄의식을 유발시키는 비판적이고 거부적인 인물로 기억하며 자기보다 다른 형제를 더 좋아한 것으로 여기는 경향이 있다(Stravynski et al., 1989).

인지적 입장에서는 회피성 성격장애가 아동기의 경험에서 유래하는 자신에 대한 부정적 신념과 관련되어 있다고 본다(Beck & Freeman, 1990). 회피성 성격장애자는 자신이 부적절하고 무가치한 사람이며 타인과의 관계에서 거부당하거나 비난당할 것이라는 믿음을 지닌다. 이들은 자기비판적 경향이 강하며 특히 사회적 상황에서 "사람들이 나를 바보로 생각할 거야", "역시 나는 매력이 없어"라는 부정적 내용의 자동적 사고를 나타낼 뿐 아니라 타인과의 만남이 예상될 때도 "다른 사람이 나를 비판할지 몰라", "그들은 나를 싫어할 거야"라는 생각을 떠올리게 된다. 이러한 자동적 사고를 타당한 것으로 인정하고 그 사회적 상황을 회피하게 된다. 또한 사회적 상황에서 다른 사람의 반응을 해석하고 평가할 때 여러 가지 인지적 왜곡을 나타낸다. 예컨대, 타인이 분명한 호의를 보이지 않으면 거부나 비난으로 해석하는 이분법적 사고, 타인의 긍정적인 반응은 무시하고 부정적인 언급은 중시하는 의미확대 및 의미축소, 부정적인 증거에만 주의를 기울이는 정신적 여과 등의 인지적 오류를 나타낸다. 이러한 인지적 왜곡으로 인해 사회적 상황에서 항상 부적절감과 불쾌감을 느끼게 되고 그 결과 사회적 상황을 회피하게 된다. 따라서 자신에 대한 부정적 신념과 인지적 왜곡을 수정할 수 있는 기회를 갖지 못한 채 회피적 행동이 영속화된다.

회피성 성격장애 역시 가장 주된 치료는 개인 심리치료로 알려져 있다. 정신역동적 치료에서는 수치심의 기저에 깔려 있는 심리적 원인을 살펴보고 과거 발달과정에서 경험한 일들과의 관련성을 탐색한다. 인지행동치료에서는 회피성 성격장애자가 자신의 불안을 조절하고 회피행동을 극복할 수 있는 구체적 방법을 제시하고 있다. 첫째, 이들이 불안과 긴장을 스스로 조절할 수 있는 긴장이완이나 복식호흡 훈련 등을 실시하고 사회적 상황에 대한 점진적 노출을 시도한다. 둘째, 이들이 사회적 상황에서 자연스럽게 대처할 수 있는 대인관계 기술을 훈련시킨다. 아울러 회피성 성격장애자들이 나타내는 역기능적 신념과 인지적 왜곡을 수정시키는 작업이 중요하다. 타인의 반응을 부정적으로 평가하고 예상하는 인지적 왜곡을 자각시키고 구체적인 대인관계 경험의 분석과 행동실험을 통해 좀 더 현실적이고 긍정적인 사고를 지닐 수 있도록 유도한다. 나아가서 타인의 부정적 평가가 현실적으로 자신에게 어떤 결과를 미치는지에 대해서 검토함으로써 타인의 거부나 비판을 견딜 수 있는 능력을 증대시킨다.

요약

1. 성격장애는 부적응적인 성격특성으로 인하여 사회적 기대에 어긋난 이상행동을 지속적으로 나타내는 경우로서 18세 이상의 성인에게만 진단된다. DSM-5-TR에서는 A, B, C의 세 군집으로 분류되는 열 가지 유형의 성격장애를 제시하고 있다.
2. A군 성격장애는 기이하고 괴상한 행동특성을 나타내는 세 가지 성격장애를 포함한다. 편집성 성격장애는 타인의 의도를 적대적인 것으로 해석하는 불신과 의심을 주된 특징으로 한다. 다른 사람이 자신을 부당하게 이용하고 피해를 주고 있다고 왜곡하여 생각하고 자신에 대한 비난이나 모욕을 잊지 않고 가슴에 담아두어 상대방에게 보복하는 경향이 있다. 조현성 성격장애는 감정표현이 없고 대인관계를 기피하여 고립된 생활을 하는 성격장애이다. 이런 성격의 소유자는 사람을 사귀려는 욕구가 없고 타인의 칭찬이나 비난에 무관심하며 주로 혼자 하는 활동에 종사하는 경우가 많다. 조현형 성격장애는 친밀한 인간관계를 불편해하고 인지적 또는 지각적 왜곡과 더불어 기괴한 행동을 나타내는 성격장애이다. 심한 사회적 불안을 느끼며 마술적 사고나 기이한 신념에 집착하고 말이 상당히 비논리적이고 비현실적이며 기괴한 외모나 행동을 나타내는 경향이 있다.
3. B군 성격장애는 극적이고 감정적이며 변화가 많은 행동을 특징적으로 나타내는 네 가지 성격장애를 포함한다. 반사회성 성격장애는 사회적 규범이나 타인의 권리를 무시하는 행동양상을 주된 특징으로 나타낸다. 아울러 거짓말, 사기, 무책임한 행동, 폭력적 행동, 범법행위를 나타내고 이러한 행동에 대해서 후회나 죄책감을 느끼지 않는 경향이 있다. 연극성 성격장애는 과도하고 극적인 감정표현을 하고 지나치게 타인의 관심과 주의를 끄는 행동을 특징적으로 나타낸다. 이런 성격장애를 지닌 사람은 항상 사람들로부터 주목받는 위치에 서고자 노력하고 외모에 신경을 많이 쓰며 자신을 과장된 언어로 나타내는 경향이 강하다. 자기애성 성격장애는 자신이 대단히 중요한 사람이라는 웅대한 자기상을 지니고 있어서 다른 사람으로부터 찬탄을 받고자 하는 욕구가 강한 반면, 자신을 위해 타인을 이용하며 타인의 감정을 이해하는

공감능력이 결여되어 있는 특징이 있다. **경계선 성격장애**는 대인관계, 자기상, 감정상태의 심한 불안정성을 주된 특징으로 한다. 이런 성격장애의 소유자는 타인으로부터 버림받는 것에 대한 두려움을 지니며 강렬한 애정과 증오가 반복되는 불안정한 대인관계를 반복적으로 나타낸다. 아울러 자기정체성에 대한 확고한 인식이 없으며 만성적으로 공허감과 분노감을 경험하고 충동적인 행동이나 자살과 같은 자해적 행동을 반복적으로 나타내는 경향이 있다.

4. **C군 성격장애**는 불안과 두려움을 지속적으로 지니는 네 가지 성격장애를 포함한다. **강박성 성격장애**는 질서정연함, 완벽주의, 자기통제에 과도하게 집착하는 부적응적 성격특성을 의미한다. 이런 성격의 소유자는 지나치게 꼼꼼하고 인색하며 완고하고 사소한 것에 집착한다. **의존성 성격장애**는 타인으로부터 보살핌을 받고자 하는 과도한 욕구를 지니고 있어서 이를 위해 타인에게 지나치게 순종적이고 굴종적인 행동을 통해 의존하는 성격특성을 말한다. **회피성 성격장애**는 타인으로부터 부정적 평가를 받는 것에 대해 과도하게 예민하며 사회적 상황에서 지나치게 감정을 억제하고 부적절감을 많이 느끼게 되어 대인관계를 회피하는 성격장애를 말한다.

제8장

신체증상 관련장애와 수면-각성장애

제8장 신체증상 관련장애와 수면-각성장애

신체증상 및 관련장애

몸과 마음은 밀접한 관계를 맺고 있다. 몸이 아프면 마음이 아프고, 또한 마음이 아프면 몸이 아프게 된다. 신체증상 및 관련장애Somatic Symptom and Related Disorders는 심리적 원인에 의해서 다양한 신체적 증상을 나타내는 경우를 말한다. 이러한 장애를 지닌 사람들은 흔히 다양한 신체증상을 나타내지만 의학적 검사에서는 그러한 증상을 설명할 수 있는 신체적 이상이 발견되지 않는다. 따라서 이러한 신체적 증상의 발생과 유지에는 심리적 원인이 기여하는 것으로 추정되고 있다. 신체증상 및 관련장애를 지닌 사람들은 병원을 비롯한 의료기관을 반복적으로 방문하는 경향이 있어서, 국가적으로 매년

표 8-1 신체증상 및 관련장애의 하위유형과 핵심증상

하위장애	핵심증상
신체증상장애	한개 이상의 신체적 증상에 대한 과도한 집착과 건강염려
질병불안장애	자신이 심각한 질병에 걸렸다는 과도한 집착과 공포
기능성 신경학적 증상장애	신경학적 손상을 암시하는 운동기능과 감각기능의 이상
인위성장애	환자의 역할을 하기 위해서 신체적·심리적 증상을 의도적으로 만들어 내거나 위장하는 경우

막대한 액수의 의료비와 보험비를 지출하게 하고 있다. DSM-5-TR에는 신체증상 및 관련장애를 신체증상장애, 질병불안장애, 기능성 신경학적 증상장애, 인위성장애 등의 하위유형으로 구분하고 있다.

제1절 신체증상장애

30대 주부인 C씨는 몸이 아픈 데가 많다. 청소년기부터 간헐적으로 두통을 앓아왔던 C씨는 시부모를 모시며 살기 시작한 작년부터 늘 머리가 아프고 힘이 없을 뿐만 아니라 손발이 차고 저리는 증상을 느끼기 시작했다. 최근에는 식사를 하고 나면 늘 속이 더부룩하며 종종 배가 아프고 설사를 하곤 한다. C씨는 이러한 증상을 가족에게 자주 호소하며 자신의 건강에 심각한 문제가 있는 것은 아닌지 걱정하고 있다. 사소한 신체적 문제가 있을 때마다 동네병원을 자주 방문하였지만 의사는 분명한 원인을 제시하지 못한 채 임시로 약을 처방해주곤 했다. 최근에는 시부모와 관련된 문제로 남편과 심하게 다툰 후 심한 복부통증과 위경련 증세로 병원에 입원하게 되었다. 종합진찰을 한 결과, C씨에게는 그러한 증상이 나타날 만한 신체적 이상이 발견되지 않았다. 그러나 C씨는 여전히 두통, 손발 저림, 메스꺼움, 복부통증 등의 신체적 증상을 호소하고 있다.

1. 주요증상과 임상적 특징

신체증상장애Somatic Symptom Disorder는 C씨의 경우처럼 한 개 이상의 신체적 증상을 고통스럽게 호소하거나 그로 인해 일상생활이 현저하게 방해받는 경우를 의미한다. DSM-5-TR에 따르면, 그러한 신체증상에 대한 과도한 사고, 감정 또는 행동이나 증상과 관련된 과도한 건강염려를 다음 세 가지 중 하나 이상의 방식으로 나타낸다: (1) 자신이 지닌 증상의 심각성에 대해서 과도한 생각을 지속적으로 지닌다; (2) 건강이나 증상에 대해서 지속적으로 높은 수준의 불안을 나타낸다; (3) 이러한 증상과 건강염려에 대해서 과도한 시간과 에너지를 투여한다. 신체증상에 대한 이러한 걱정과 염려가 6개

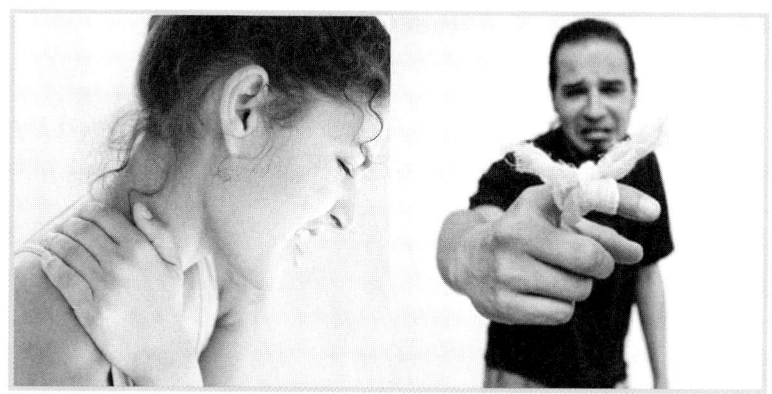

월 이상 지속될 때, 신체증상장애로 진단된다.

신체증상장애를 지닌 사람은 전형적으로 다양한 신체증상을 호소한다. 그러나 때로는 한 가지의 심각한 증상을 호소하기도 하며 가장 흔한 증상은 통증이다. 호소하는 증상은 특정한 신체부위의 통증처럼 구체적인 것일 수도 있고 피로감처럼 막연한 것일 수도 있다. 이러한 신체증상은 실제로 신체적 질병과 관련될 수도 있고 그렇지 않을 수도 있다. 그러나 심각한 질병과는 관련되지 않은 정상적인 신체적 감각이거나 불편감을 호소하는 경우가 흔하다.

신체증상장애의 주된 특징 중 하나는 질병과 관련된 과도한 걱정이다. 이러한 장애를 지닌 사람들은 자신의 신체증상을 매우 위협적인 것으로 평가하고 건강에 관한 최악의 상황을 상상한다. 그와 반대되는 증거를 접하더라도, 이들은 자신의 증상이 심각한 질병과 관련된 것일까봐 걱정한다. 심한 신체증상장애의 경우에는 이러한 건강염려가 개인의 삶을 지배하는 중심적인 주제가 되기도 한다.

신체증상장애의 진단기준이 2013년에 발간된 DSM-5에서 처음 제시되었기 때문에 유병률은 아직 분명하지 않다. 여러 연구를 종합하면, 신체증상장애의 시점 유병률은 4~6%로 추정되고 있다(American Psychiatric Association, 2022). 중국인을 대상으로 이루어진 조사(Cao et al., 2020)에서는 신경과, 소화기내과, 한의학과, 정신신체의학과를 방문한 외래환자의 33.8%가 신체증상장애로 진단되었으며 이러한 신체증상이 오래도록 지속되는 것으로 나타났다.

신체증상장애의 경우, 일반적으로 사회경제적 지위와 교육수준이 낮으며 도시보다는 시골에 거주하는 사람에게 흔히 나타나는 경향이 있다. 초기 아동기나 청소년기에 시작하는 경향이 있고 증세의 기복을 나타내며 만성적인 경과를 보이는 경우가 많다. 신체증상장애는 잘 치료되지 않는 경향이 있어 예후가 나쁘며 스트레스가 많아지면 증세가 악화된다. 신체증상장애는 종족과 문화권에 따른 차이가 발견되는데, 미국이나 유럽의 서양인보다는 아시아나 아프리카 사람들에게 더 흔하게 나타난다는 보고가 있다(Mumford, 1993).

2. 원인과 치료

정신분석적 입장에서는 신체증상장애를 억압된 감정의 신체적 표현이라고 본다. 프로이트는 표현되지 못한 억압된 감정이 신체적 통로를 통해 표현되는 것을 **신체화** somatization라고 지칭하며 일종의 방어기제로 여겼다. 즉, 감정은 어떤 통로를 통해서든지 표현되어야 하는 원초적인 동기인데, 만약 감정표현이 차단되면 그 감정은 다른 통로, 즉 신체를 통해 더욱 과격하게 표현된다는 것이다. 그래서 신체화는 자기도 모르는 어떤 뜻이나 감정을 다른 사람에게 전달하는 방법이 되기도 한다. 감정을 지나치게 억압하는 사람이 나중에 신체화 증상을 나타낸다는 점은 여러 연구에서 입증되고 있다(Singer, 1990). 또한 스테켈(Steckel, 1943)에 따르면, 신체화를 통해 심리적 고통이 신체적으로 표현되는데 증상을 나타내는 신체기관은 심리적 갈등과 상징적인 관계를 지니고 있다.

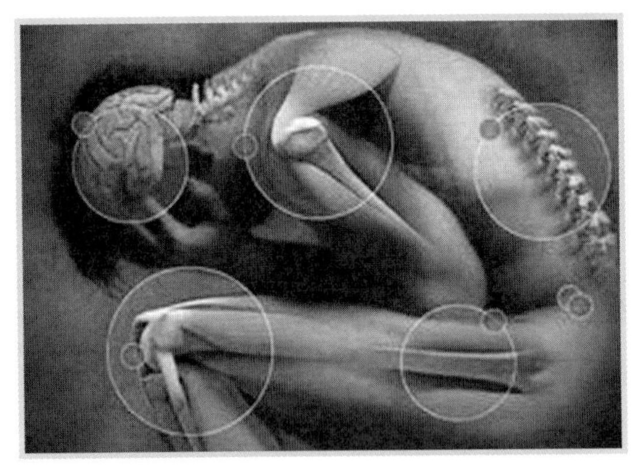

감정표현을 잘 하지 못하는 사람은 흔히 **감정표현 불능증** alexithymia을 지니고 있다. 이 용어는 원래 그리스어로 "감정을 언어로 나타내지 못한다"는 뜻을 지니고 있다. 이런 특징을 가진 사람은 감정상태를 기술하는 어휘력이 부족하고 자신의 내적인 감정이나 소망 등을 겉으로 표현하지 못할 뿐 아니라 자신의 감정상태를 정확하게 자각하지 못한다. 이들은 자신의 감정과 그러한 감정상태에서 나타나는 신체적 변화의 차이를 잘 구분하지 못한다(Taylor et al., 1991). 따라서 이들은 어떤 감정상태에서 흥분하게 되었을 때 나타나는 신체적 변화를 자신의 감정과 연관지어 생각하지 못하고 신체적 질병의 신호로 잘못 해석하게 된다. 사소한 신체적 증상만 있어도 건강을 염려하고 신체적 변화에 주의를 기울여 신체화 증상으로 발전시키게 된다. 신현균과 원호택(1997)의 국내 연구에서도 대학생과 정신과 환자 모두에게서 감정표현 불능증과 신체화 간의 의미 있는 연관성이 발견되었다.

최근의 연구(Maunder et al., 2017)에 따르면, 신체증상장애는 아동기에 어머니의 돌봄을 받지 못한 경험 또는 애착유형과 관련된 것으로 나타났다. 생후 18개월경에 어머니로부터 적절한 돌봄을 받지 못한 아동은 5세경에 더 많은 신체화 증상을 나타냈다. 또한 성인의 경우도 애착불안이 강할수록 건강불안과 신체화 증상을 더 많이 나타냈다.

행동주의적 입장에서는 신체적 증상이 외부 환경에 의해서 강화된 것이라고 본다. 우리 사회에서는 누구나 몸이 아픈 사람에게 주의를 기울이고 관심을 보여주며 위로를 보낸다. 이렇듯 우연히 신체적 증상을 나타낸 사람은 주변으로부터 받게 되는 관심과 애정의 사회적 강화에 의해서 증상을 지속시킬 수 있다. 또한 몸이 아프면 많은 노력을 기울여 힘들게 완수해야 하는 의무와 책임을 면제받게 되는데, 이 역시 신체적 증상에 대한 부적 강화의 요인이 되는 것이다. 물론 신체화 증상을 나타내는 사람은 이러한 강화요인을 의식적으로 자각하지는 못하지만 이러한 강화요인이 계속되는 한 증상을 지속시키게 되는 것이다. 또한 신체화 경향은 관찰학습이나 모방학습을 통해 습득될 수도 있다. 어린 시절에 부모나 가족이 신체화 경향을 나타내게 되면, 아이들이 이를 모방하여 신체화 증상을 나타내고 이에 대해서 여러 가지 강화가 주어지면 지속적 증상으로 발전할 수도 있다.

신체화를 통해 환자가 얻게 되는 이득은 매우 다양하다. 정신분석적 입장에서도 신체화 증상을 통해 얻게 되는 **이차적 이득**secondary gain에 대해서 주목한다. 어떤 장애의 증상 형성을 통해 무의식적 갈등과 불안을 회피함으로써 심리적 고통을 완화하는 **일차적 이득**primary gain과 구별하여, 이차적 이득은 증상을 통해 얻게 되는 부수적인 이득을 의미한다. 신체화 증상의 강화요인 및 이차적 이득을 종합하여 열거하면 다음과 같다. 첫째, 불쾌한 감정을 신체증상으로 대치함으로써 불쾌감을 회피할 수 있다. 둘째, 신체증상을 통해 다른 사람에게 자기가 괴롭고 고통스럽다는 것을 전달할 수 있다. 셋째, 신체화는 스스로를 처벌하는 의미가 있다. 신체적 증상에 의한 자기처벌을 통해 죄책감을 해소하는 의미를 지닐 수 있다. 넷째, 신체적 증상의 호소를 통해서 다른 사람의 마음을 움직여 자신이 원하는 바를 이룰 수 있다. 다섯째, 현실적인 의무와 책임에서 해방될 수 있다. 여섯째, 다른 사람의 동정과 관심을 얻을 수 있다. 마지막으로, 신체증상을 통해 경제적인 이득(예: 피해 보상금)을 얻는 경우도 있다. 이와 같은 여러 가지 강화요인을 통해 신체화 증상이 시작되고 지속될 수 있다.

인지적 입장에서는 신체증상장애를 지닌 사람들에게서 나타나는 독특한 인지적 특징에 초점을 맞추고 있다. 사소한 신체적 증상을 경험할 때 그 의미를 해석하는 방식은 사람마다 다르다. 신체화는 사소한 신체적 변화를 증폭해서 지각하고 그 증상에 계속 주의를 기울이며, 증상의 원인에 대해 잘못 생각하기 때문에 생길 수 있다(Kirmayer et al., 1994). 신체증상장애를 나타내는 사람들은 다음과 같은 특징을 지닌다. 첫째, 신체적 또는 감각적 변화에 예민하게 주의를 기울인다. 둘째, 건강에 대한 경직된 신념(예: '건강하려면 신체 증상이 하나도 없어야 한다')을 지니고 있다. 따라서 이들은 사소한 신체적 변화에 예민하게 반응하게 된다. 건강에 대한 경직된 신념과 신체감각에 대한 편향된 주의는 근본적으로 신체와 건강에 예민한 인지도식에 기인하며, 이러한 인지도식은 과거경험에 의해 형성되는 것이다. 셋째, 이들은 신체적 감각이나 증상을 증폭시켜 지각하는 경향이 있다. 따라서 자기 신체에 대해서 과도하게 걱정하고 경미한 신체적 증상에 선택적으로 주의를 집중함으로써 증폭된 고통을 느끼게 된다. 넷째, 신체적 감각이나 증상의 원인을 심각한 신체적 질병에 잘못 귀인하는 경향이 있다. 누구나 일상적으로 사소한 신체적 증상을 경험하며 이는 피곤, 수면부족, 과로, 스트레스와 같은 일시적인 요인에 의해 생길 수 있지만 신체화 경향이 강한 사람은 심각한 질병에 기인한 것으로 생각하고 걱정하며 주의를 많이 기울이게 된다. 신현균(1998)의 연구에서 신체화 경향을 지닌 사람은 그렇지 않은 사람에 비해서 사소한 신체증상을 더 부정적으로 편향되게 해석하여 신체적 질병과 관련시켜 생각하였다.

신체화는 어린 시절에 경험하는 부모의 행동이나 가족의 사고방식에 의해 영향을 받을 수 있다. 어린아이들은 몸이 아픈 경우가 종종 있는데, 이때 부모가 대응하는 방식이 잘못된 경우 아이의 신체화 경향을 촉발시킬 수 있다. 예컨대, 아동의 사소한 질병을 부모가 심각한 문제로 받아들여 지나치게 염려하고 과도한 주의와 관심을 기울여

주는 동시에 자녀의 학업을 면제시켜 주는 등 과도한 이차적 이득을 제공하게 되면, 아동은 사소한 좌절에도 신체적 증상을 통해 이를 해결하려는 경향이 생겨날 수 있다.

신체증상장애는 치료하기 어려운 장애로 알려져 있다. 신체증상장애를 지닌 환자들은 자신의 신체적 증상이 심리적 요인에 의한 것일 수 있다는 점을 인정하려 하지 않으며 심리치료에 저항적이고 비협조적인 태도를 나타내기 때문이다. 그러나 신체증상장애는 다각적인 심리치료적 노력을 통해서 호전될 수 있다. 우선 치료자는 환자와 견고한 신뢰관계를 형성해야 한다. 이러한 치료적 관계 속에서 환자에게 신체증상장애의 속성을 교육시키고 질병가능성에 대한 환자의 우려를 일관성 있게 안심시켜 주는 것이 필요하다. 아울러 신체화 증상의 유발과 관련된 심리적 갈등이나 부정적 감정을 표현하고 해소하도록 도와주어야 한다. 신체증상장애를 지닌 사람들은 내면적으로 우울, 불안, 죄책감, 분노, 적개심 등의 부정적 감정을 지니고 있지만 이를 인정하거나 표현하지 않으려는 경향이 있다. 따라서 부정적 감정에 대한 표현을 격려하고 자기주장훈련을 통해 대인관계에서 부정적 감정이 누적되지 않도록 도와야 한다.

인지치료적 접근에서는 신체적 감각이나 통증에 대해서 환자가 과도한 주의를 기울이지 않도록 하는 동시에 신체적 증상을 새롭게 해석하도록 유도한다(신현균, 2000). 신체증상장애를 지닌 사람들은 신체적 감각이나 증상을 해로운 것이며 심각한 질병에 기인한 것이라고 해석함으로써 신체감각에 더욱 주의를 기울이고 강한 통증을 지각하게 된다. 이러한 속성을 잘 이해시키고 신체적 증상에 대해 과장되고 왜곡된 해석을 하지 않도록 대안적인 해석방법을 제공하는 것이 필요하다. 아울러 환자가 일상생활 속에서 경험하게 되는 스트레스를 줄이고 이에 잘 대처할 수 있도록 도와야 한다. 마지막으로, 환자의 가족이나 주변 사람들의 협조를 구하는 것이 중요하다. 환자가 증상을 호소할 때 가족이 관심을 기울여주고 의무나 책임을 면제해주는 행동을 통해서 환자의 증상을 강화하지 않도록 해야 한다. 신체증상장애를 직접적으로 치료하는 약물은 없다. 그러나 우울증이나 불안장애와 같은 정신장애를 동반할 경우에는 그에 적절한 약물치료가 도움이 될 수 있다. 그러나 신체증상장애 환자들은 약물을 규칙적으로 복용하지 않는 경향이 있으므로 약물복용을 잘 감독하는 것이 필요하다.

최근의 연구에 의하면, 인지행동치료가 신체증상장애의 치료에 가장 효과적인 것으로 보고되고 있다(Sharma & Manjula, 2013). 신체증상은 개인적 요인(신체증상에 대한 잘못된 믿음, 부적절한 대처행동)과 환경적 요인(가족에 의한 강화, 대인관계 스트레스)이 서로 영향을 미치는 악순환에 의해서 만성적으로 지속된다. 이러한 악순환을 제거하기 위해서 인지행동치료는 다음과 같은 다양한 치료기법을 사용한다(Nezu et al., 2001): (1) 신체적 각성 증상을 감소하기 위한 이완 훈련, (2) 활동 수준을 증가시키기 위한 즐거운 활동 계획, (3) 신체증상, 정서, 사고 간의 관련성 자각, (4) 인지재구성을 통한 역기능적 신념의 수정, (5) 신체증상에 대한 믿음의 부당성을 증명하기 위한 행동 실험, (6) 신체증상에 대한 가족의 강화 행동 중단하기. 이밖에도 문제해결 훈련, 주장성 훈련, 대처기술 훈련, 호흡훈련이 적용될 수 있다. 인지행동치료는 다른 방법보다 치료효과가 더 우수한 것으로 나타났다(Allen & Woolfolk, 2010; Sharma & Manjula, 2013). 인지행동치료는 집단치료의 형태로 실시되었을 경우에도 효과적인 것으로 나타났다.

제2절 질병불안장애

1. 주요증상과 임상적 특징

질병불안장애Illness Anxiety Disorder는 자신이 심각한 질병에 걸렸다는 집착과 공포를 나타내는 경우를 말하며 **건강염려증**Hypochodriasis이라고 불리기도 한다. 질병불안장애에 대한 DSM-5-TR의 진단기준은 다음과 같다. 첫째, 심각한 질병을 지녔다는 생각에 과도하게 집착하는 것이다. 둘째, 신체적 증상이 존재하지 않거나 존재하더라도 그 강도가 경미해야 한다. 다른 질병을 지니고 있는 경우라 하더라도 이러한 질병 집착은 명백히 과도한 것이어야 한다. 셋째, 건강에 대한 불안 수준이 높으며 개인적 건강상태에 관한 사소한 정보에도 쉽게 놀란다. 넷째, 건강과 관련된 과도한 행동(예: 질병의 증거를 찾기 위한 반복적인 검사)이나 부적응적 회피행동(예: 의사와의 면담 약속을 회피함)을 나타낸다. 마지막으로, 이러한 질병 집착은 적어도 6개월 이상 지속되어야 하며 두려워하는 질병이 이 기간 동안에 변화해야 한다. 질병불안장애는 의학적 진료를 추구하는 유형과 회피하는 유형으로 세분될 수 있다.

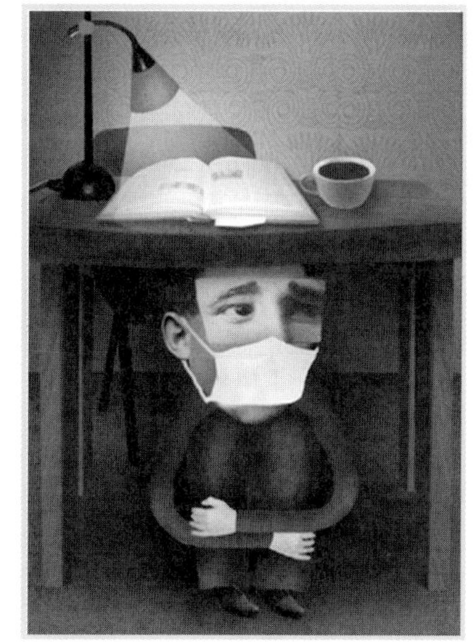

일반인을 대상으로 한 질병불안장애의 유병률은 잘 알려져 있지 않다. 그러나 일반적인 병원 환자들 중 약 4~9%가 질병불안장애를 나타낸다고 보고되고 있다. 질병불안장애의 유병률은 남자와 여자가 비슷한 것으로 알려져 있다. 질병불안장애는 어느 연령에서나 시작될 수 있으나 초기 청소년기에 가장 흔히 나타난다. 일반적인 경과는 만성적이며, 증상의 호전과 악화가 반복되는 경향이 있다. 흔히 질병불안장애가 만성적인 경과를 나타내기 때문에 이 장애의 양상이 성격특성의 일부라는 주장도 제기되고 있다. 일반적으로 불안이나 우울증상이 공존하고 성격장애적 요소가 없으며 증상이 어린 나이에 나타나거나 급작스럽게 나타날 경우에 예후가 좋다고 알려져 있다(Barsky, 1989).

2. 원인과 치료

질병불안장애의 원인에 대해서는 오랫동안 정신분석적 견해가 우세했으나 최근에는 학습이론적 설명과 인지적 설명이 설득력을 얻고 있다. 정신분석적 입장에서는 질병불안장애를 성적 충동이 과도하게 자신에게 지향된 결과라고 본다. 프로이트는 외부 대상으로 향해졌던 성적 리비도가 회수되어 자기애적 리비도의 형태로 자신에게 재지향되고, 결국 이러한 자기애적 리비도가 많아지면 그 에너지가 신체 증상으로 전환된다고 보았다. 브라운과 베일런트(Brown & Vaillant, 1981)는 질병불안장애가 실망하고, 상처받고, 버림받고, 사랑 받지 못함에 대한 분노에 기인한다고 주장하였다. 즉, 질병불안장애 환자들은 이런 고통스러운 생각과 분노 감정을 외부에 토로하지 못하고 신체에 대한 과도한 관심으로 나타낸다는 것이다. 질병불안장애는 매우 낮은 자기존중감과 무가치감에 시달리는 사람들에게서 나타나며, 자신이 가치 없는 존재라고 느끼는 것보다는 신체적 이상이 있다고 여기는 것이 더 견딜 만하기 때문에 신체적 건강에 집착하게 된다.

행동주의적 입장에서는 질병불안장애를 조건형성의 원리를 통해 설명하고 있다. 질병불안장애를 나타내는 사람은 이러한 증상을 통해 환자의 역할을 함으로써 동정, 관심, 지지를 얻고 불쾌한 임무나 의무를 회피할 수 있다는 것을 배우게 되고 그 결과 증상이 지속된다(Kreitman et al., 1965). 켈너(Kellner, 1985)는 자율신경 반응들이 고전적 또는 조작적 조건형성에 의해 습득될 수 있다고 주장하면서 좀 더 정교한 설명을 제시하고 있다. 질병에 대한 두려움 때문에 신체 일부에 대한 주의가 증가되고 그 결과로 신체적 변화가 지각되어 불안반응이 유발될 수 있다. 이러한 신체변화와 불안반응은 환경적 요인이나 내부적 단서(예: 감정상태, 질병에 대한 사고)에 조건형성이 될 수 있으며, 이러한 단서에 노출되면 질병불안장애적인 증상이 나타나게 된다. 이렇게 형성된 증상은 여러 가지 강화 요인에 의해서 지속되고 발전된다는 것이다.

바스키와 그의 동료들(Barsky et al., 1988)은 질병불안장애를 인지와 지각의 장애로 간주하고 있다. 즉, 정상적인 신체감각, 사소한 질병의 증상 혹은 정서의 신체적 반응을 확대하여 매우 해로운 것으로 지각하여 신체에 집착하게 된다는 것이다. 이런 감각이 고통스럽기 때문에 이들은 증상의 원인을 심각한 질병으로 귀인하고 병에 걸렸다고 믿으며, 그 결과 다른 신체감각도 과장하여 받아들인다. 따라서 새로운 감각을 경험하게 되고 이것은 질병의 또 다른 증거로 잘못 해석된다. 왜냐하면 자신의 가설을 확증하는 자료에 선택적으로 주의를 기울이고, 그렇지 않은 감각입력은 선택적으로 무시하기 때문이다.

워윅과 살코프스키(Warwick & Salkovskis, 1987, 1990)는 질병불안장애가 발생하는 과정에 대한 인지적 설명모델을 제시하였다. 이들은 질병불안장애를 건강불안health anxiety이라고 보고 공황장애의 인지모델(Clark, 1986)과 매우 유사한 설명모델을 제시하고 있다. [그림 8-1]에 제시되어 있듯이, 개인은 외적 사건(예: 친척의 사망 소식) 또는 내적 유발인(예: 신체 일부의 통증)에 의해 건강에 대한 위협을 느끼게 되고 염려를 하게 된다. 이러한 건강에 대한 염려와 불안은 신체에 주의를 기울이게 만들고, 생리적인 각성수준을 높이며, 건강에 대한 확인행동을 유발한다. 따라서 생리적으로 각성된 신체의 변화에 예민하게 주의를 기울임으로써 증폭된 신체감각을 지각하게 되고 이러한 신체감각을 심각한 질병으로 잘못 해석하게 된다. 그 결과, 건강에 대한 위협이 증가되고 염려와 불안이 더욱 강해지며 생리적 각성은 점점 더 높아져 더욱 심한 신체적 이상을

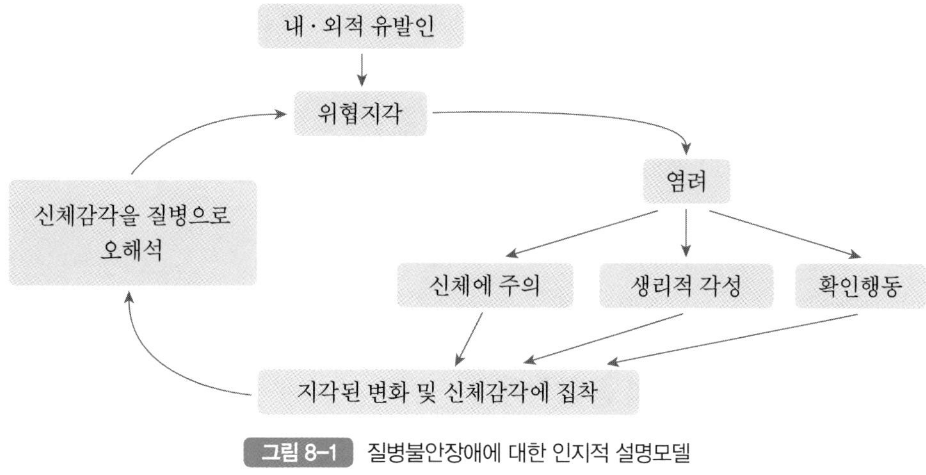

그림 8-1 질병불안장애에 대한 인지적 설명모델

지각하게 되고 심각한 질병에 걸렸다는 자신의 생각을 점점 더 굳혀가게 된다. 이러한 악순환 과정을 통해 질병불안장애는 더욱 확고해지고 만성화된다.

이러한 설명은 기본적으로 공황장애의 인지모델과 매우 유사하지만 공황장애에서는 신체감각을 심장마비, 질식사, 정신이상, 발작과 같은 심각한 급성장애로 오해석하여 급작스러운 강한 공포를 느끼게 되는 반면, 질병불안장애에서는 신체감각을 암, 간경화 등과 같은 만성질환의 증상으로 오해석하기 때문에 지속적인 염려와 불안을 초래하게 된다.

질병불안장애의 치료에는 인지행동치료와 스트레스 관리훈련이 효과적이라는 보고가 있다. 질병불안장애에 대한 인지행동치료는 크게 세 가지 요소로 구성된다(Warwick et al., 1996). 첫째, 신체적 감각을 질병과 관련지어 해석한 내용을 확인하여 도전한다. 둘째, 특정한 신체부위에 주의를 집중하여 유사한 질병불안장애상이 생겨나는 과정을 체험하게 한다. 마지막으로 의사나 병원을 방문하여 질병을 확인하고 안심을 구하는 행동을 감소시킨다. 인지행동치료에 더해서 스트레스 관리훈련을 병행한 치료에서는 치료효과가 1년 이상 지속되었다(Clark et al., 1998).

질병불안장애에는 의사가 자세한 설명을 통해 환자를 안심시키는 것이 효과적이라는 것도 보고되고 있다(Haenen et al., 2000; Kellner, 1985, 1986). 일반적으로 의사의 안심시키기는 질병불안장애에 도움이 되지 않는다고 알려져 있으나, 안심시키는 방법에 따라서 상당한 효과를 거둘 수도 있다. 흔히 의사는 매우 짧은 시간 동안 간략한 설명을 해주는 것이 일상적이다. 그러나 충분한 시간을 할애하여 환자가 경험하는 증상의 속성과 그 원인에 대해서 자세하게 설명해주고 환자가 궁금해하는 점에서 대해서 충분한 설명을 해주었더니 환자의 질병불안장애적 불안과 병원방문행동이 현저하게 줄었다고 한다(Fava et al., 2000).

제3절 기능성 신경학적 증상장애

초등학교 5학년 남학생인 K군은 6개월째 왼쪽 다리를 오므리지 못해 다리를 질질 끌며 다니고 있다. 6개월 전 친구들과 축구를 하다가 다리를 다쳐 왼쪽 다리를 조금씩 절게 되었다. 심한 부상이 아니었기 때문에 부모는 시간이 지나면 회복될 것으로 생각하고 내버려 두었다. 그러나 K군은 점점 더 다리를 심하게 절기 시작했고 급기야 왼쪽 다리를 오므리지 못하게 되었다. 정형외과를 방문하여 여러 가지 검사를 했으나 아무런 신체적 이상을 발견할 수 없었으며, 의사는 K군이 다리를 오므리지 못하는 이유를 알 수가 없었다. 부모의 말에 따르면, K군의 다리를 걱정해주는 여러 사람 앞에서는 증상이 더욱 심해진다고 한다.

K군은 이란성 쌍둥이의 동생이었다. 형은 K군보다 공부도 잘하고 운동도 잘해서 학급 반장을 하고 있었다. 요즘 K군은 다리를 펴지 못해 걸을 수 없기 때문에 아빠가 업어서 등교를 시키고 있으며 하교 시에는 엄마나 형이 도와주고 있다. 부모는 K군이 이러다가 다리 한쪽을 완전히 못 쓰게 되지 않을까 걱정이 되어, 주변 대도시의 큰 병원을 뛰어다니며 치료방법을 찾고 있다. 여러 대형 종합병원을 다니며 K군의 다리를 검사한 결과, 모든 병원에서 K군의 신체검사는 정상이라고 나왔다. K군이 나타내는 다리 문제의 원인과 치료방법을 몰라 K군의 부모는 애간장이 타고 있다.

1. 주요증상과 임상적 특징

기능성 신경학적 증상장애Functional Neurological Symptom Disorder는 K군의 경우처럼 주로

신경학적 손상을 시사하는 한 가지 이상의 신체적 증상을 나타내는 경우를 말하며 전환장애Conversion Disorder라고 불리기도 한다. 기능성 신경학적 증상장애에 대한 DSM-5-TR의 진단기준은 다음과 같다. 첫째, 의도적인 운동 기능이나 감각 기능의 변화를 나타내는 한 가지 이상의 증상이 있어야 한다. 둘째, 이러한 증상과 확인된 신경학적 또는 의학적 상태 간의 불일치를 보여주는 임상적 증거가 있어야 한다. 셋째, 이러한 증상이 다른 신체적 질병이나 정신장애로 더 잘 설명되지 않아야 한다. 이러한 증상이나 손상으로 인해서 현저한 고통을 겪거나 일상생활의 중요한 기능에서 현저한 장해가 나타날 경우에 기능성 신경학적 증상장애로 진단된다.

기능성 신경학적 증상장애에서 흔히 나타나는 증상은 크게 네 가지 유형으로 나누어진다. 첫째는 운동기능에 이상을 나타내는 경우로서 신체적 균형이나 협응 기능의 손상, 신체 일부의 마비나 기능저하, 목소리가 나오지 않는 불성증aphonia, 소변을 보지 못함, 음식을 삼키지 못하거나 목구멍이 막힌 듯한 느낌 등이다. 둘째는 감각 기능에 이상을 보이는 경우로서 신체 일부의 촉각이나 통각 상실, 물건이 이중으로 보이는 이중시야, 물건을 보지 못함, 소리를 듣지 못함, 환각 등이 나타나기도 한다. 피부감각의 이상을 호소할 때 흔히 장갑이나 양말을 착용하는 손이나 발의 부위에만 감각을 느끼지 못하는 경우가 있다. 그러나 신경 구조상 이러한 양상이 나타날 수 없으며 이는 환자의 지식이나 생각이 감각장애의 분포 양상에 영향을 미치기 때문에 나타난다. 셋째는 갑작스러운 신체적 경련이나 발작을 나타내는 경우이다. 갑자기 손발이 뒤틀리거나 경련을 일으키고 감각마비나 특이한 신체감각을 느끼는 경우로서 흔히 이러한 증상이 일시적으로 나타났다가 사라지는 현상이 반복된다. 마지막으로는 위의 세 가지 경우가 복합적으로 나타나는 경우이다.

일시적인 기능성 신경학적 증상은 흔하지만, 기능성 신경학적 증상장애의 유병률은 알려져 있지 않다. 미국과 유럽의 조사자료에 근거하면, 기능성 신경학적 증상장애의 발병률은 매년 10만 명당 4~12명으로 추정되고 있다. 일반인의 경우 기능성 신경학적 증상장애는 매우 희귀하게 보고되고 있지만, 일반병원을 찾는 환자의 5~14%와 정신건강 의료시설에 의뢰된 외래환자의 1~3%가 기능성 신경학적 증상장애를 나타낸다는 보고도 있다. 기능성 신경학적 증상장애는 남자보다 여자에게서 2~10배나 더 흔한 것으로 알려져 있다. 전형적으로 전환증상은 짧은 기간 동안 지속되며, 기능성 신경학적 증상장애로 입원한 환자들은 대부분 2주 이내에 증상이 완화되지만 1년 이내에 20~25%가 재발된다.

2. 원인과 치료

기능성 신경학적 증상장애는 과거에 '히스테리'라고 불렸으며 프로이트가 정신분석학을 발전시키는 계기가 된 장애이기도 한다. 프로이트는 히스테리 증상이 무의식적인 생각이나 감정을 표현하려는 욕구와 그것을 표현하는 것에 대한 두려움의 타협으로 생긴다고 보았다. 한쪽 팔이 마비되어 움직이지 못하는 히스테리 증상을 나타냈던 20대 여성인 안나 오Anna O의 사례를 분석하면서, 프로이트는 안나가 병상에 있는 아버지를 간호하는 과정에서 아버지의 성기를 만지고 싶은 욕망과 그에 대한 죄책감에 대한 무의식적 타협으로 증상을 나타내게 되었다고 설명하고 있다. 팔의 마비는 아버지의 성기를 만지려는 욕망이 행동으로 나타나는 것을 방지하는 동시에 그러한 욕망을 품었던 자신에 대한 자기처벌적인 의미를 지니고 있으며 이는 죄책감을 완화하는 기능을 할 수 있다는 것이다. 이러한 분석을 통해서, 히스테리 증상은 오이디푸스 시기에 생기는 수동적인 성적 유혹과 관련되어 있다고 보았다. 사춘기의 성적 욕구는 어린 시절에 겪었던 충격적인 성적 경험과 관련된 두려운 감정과 기억을 떠올리게 만들며, 이에 대처하기 위한 방어로서 흔히 억압이 사용되며 성적 흥분을 신체 증상으로 전환하게 된다. 어린 시절의 성적 외상은 반드시 실제로 일어난 것이 아니라 상상이나 환상인 경우에도 전환 반응을 초래할 수 있다고 프로이트는 주장하였다. 라자르(Lazare, 1981)는 기능성 신경학적 증상장애가 성적 충동 외에 공격성이나 의존성과 관련된 충동에 의해서도 유발될 수 있다고 주장했다. 요컨대, 정신분석적 입장에서는 기능성 신경학적 증상장애를 심리성적 발달과정의 오이디푸스 갈등에서 유래하는 특정한 성적 갈등이 억압되어 상징적 의미를 지니는 신체적 증상으로 전환된 것으로 보고 있으며, 최근에는 성적 갈등뿐 아니라 다양한 심리적 갈등이 기능성 신경학적 증상장애를 초래할 수 있다고 보고 있다.

행동주의적 입장에서는 기능성 신경학적 증상을 충격적 사건이나 정서적 상태 후에 생기는 신체적 변화나 이상이 외부적으로 강화된 것이라고 보고 있다. 바르와 애버

내시(Barr & Abernathy, 1977)는 기능성 신경학적 증상이 좌절스럽고 고통스러운 경험에 대해 나름대로 적응하기 위한 반응이라고 보았고, 킴볼과 블린트(Kimball & Blindt, 1982)는 기능성 신경학적 증상이 다른 사람을 조작하고 주의를 끌며 특권을 누리고 불쾌한 과제나 책임을 회피하는 수단으로 사용될 수 있다고 주장했다. 느마이어(Nemiah, 1985)는 어린 시절에 나타난 경미한 신체적 마비 증상이 불안이나 사회적 부담을 덜게 하는 반복적 결과를 초래하게 되면 이러한 신체증상과 불안감소의 연합이 형성되어 불안이 생길 때마다 기능성 신경학적 증상이 나타나게 된다고 주장하였다. 이러한 설명은 신체증상장애에 대한 설명과 매우 유사하지만, 기능성 신경학적 증상장애는 주로 극적인 충격적 사건 이후에 나타나는 경향이 있다는 점에서 구별된다.

생물학적 입장에서는 기능성 신경학적 증상장애가 뇌의 손상이나 기능이상 때문에 나타난다고 본다. 기능성 신경학적 증상장애 환자들이 주의와 각성의 장애를 나타내고 자신의 증상에 대해 무관심한 태도를 나타내는 이유는 대뇌피질과 망상체의 기능이상 때문이라는 주장이 제기되었다(Whitlock, 1967). 기능성 신경학적 증상장애 환자의 70%가 몸 왼쪽부분에 증상이 나타난다는 점에 근거하여 우반구의 이상이 관련된다는 주장도 있다(Bishop et al., 1978). 그러나 기능성 신경학적 증상장애의 생물학적 원인에 대해서는 아직 분명하게 밝혀지지 않고 있다.

기능성 신경학적 증상장애를 치료하는 방법은 잘 개발되어 있지 않다. 기능성 신경학적 증상장애를 나타내는 사람은 흔히 신체화 경향을 함께 나타내는 경우가 많기 때문에 신체증상장애에 적용되는 치료방법이 사용된다. 특히 기능성 신경학적 증상장애 환자를 치료할 때는 증상을 유발한 충격적인 스트레스 사건을 확인하고 이러한 부정적 상황이 지속될 경우에는 이를 제거하도록 노력해야 한다. 아울러 치료자는 환자가 기능성 신경학적 증상으로 인해 얻게 되는 이차적 이득을 세밀하게 확인하여 이를 제거하는 데에 초점을 맞춰야 한다. 가족과 주변 사람들의 협조를 얻어 환자가 나타내는 기능성 신경학적 증상에 대한 지지적이고 강화적인 효과를 감소시키는 데에 주력해야 한다. 이 밖에 기능성 신경학적 증상장애의 치료에는 최면치료가 적용되기도 하며 불안장애를 동반할 경우에는 항불안제가 처방되기도 한다.

제4절 인위성장애

인위성장애Factitious Disorder는 환자의 역할을 하기 위하여 신체적 또는 심리적 증상을 의도적으로 만들어내거나 위장하는 경우를 말한다. 이러한 증상으로 인하여 아무런 현실적인 이득(예: 경제적 보상, 법적 책임의 회피 등)이 없음이 분명하며, 다만 환자 역할을 하려는 심리적 욕구에 기인한 것으로 추정될 때 이러한 진단이 내려진다. 예를 들어, 스스로 철사를 삼켜 위장에 궤양을 만들어 치료를 위해 병원에 입원하거나 정신장애와 유사한 증상을 나타내기 위해 향정신성 약물을 몰래 복용하는 환자의 경우인데, 이러한 행동으로 인해 환자가 얻는 현실적 이득을 발견할 수 없을 때 인위성장애로 판단하게 된다. 병을 위장한다는 의미로서 위병장애라고 불리기도 한다.

인위성장애는 꾀병과 구분되어야 하는데, 꾀병malingering은 의도적으로 증상을 만들거나 과장하지만 목적(예: 군대징집 회피, 보상금 취득, 형벌 회피, 사회적 책임 회피 등)을 지니고 있다. 이러한 목적이 당장은 위장될 수 있지만 오래가지 않아 밝혀지며, 전문가의 안목에서 보게 되면 이러한 현실적 목적이 추측될 수 있다. 반면, 인위성장애에서는 환자 역할을 하게 되는 것 이외에는 어떠한 현실적 이득이나 목적이 발견되지 않는 경우이다.

인위성장애의 유병률은 잘 알려져 있지 않으나 매우 드물다. 여자보다 남자에게 더 흔하다. 인위성장애는 한두 번의 병원입원으로 호전될 수도 있으나 대부분 만성적 경과를 나타내며 여러 병원을 전전하는 경향이 있다. 발병시기는 대개 성인기 초기이며 신체적 또는 심리적 장애로 입원한 후에 시작된다.

어린 시절 부모로부터의 무시, 학대, 버림받음 등의 경험을 지니는 경우가 흔하다. 이러한 초기경험을 통해 환자는 자기가치감을 획득하지 못하고 의존욕구의 좌절을 경험하게 된다. 흔히 인위성장애 환자들은 아동기나 초기 청소년기에 실제적인 병으로 입원한 적이 있고 이때 누군가의 사랑과 돌봄을 받아 회복된 경험이 있다. 인위성장애의 의미는 과거에 원했던 부모-자녀 간의 관계를 재구성하는 것으로 보인다. 이때 부모의 모습을 의사나 간호사에게 기대하게 되는데, 환자는 과거의 경험대로 자신이 거부될 것이라고 예상하는 경우가 많다.

이 장애를 지닌 사람들은 지속적으로 피학적 또는 자기파괴적 행동을 나타낸다. 무의식적인 죄책감을 덜고자 하는 시도이거나 다른 사람을 향한 증오나 적개심을 내면화하는 것으로 해석된다. 이러한 자기파괴적 또는 피학적 행동은 거부적인 부모나 가족에 대한 복수이며 그 책임은 의사에게 전가된다.

인위성장애의 치료에 대한 연구자료는 부족하다. 가장 중요한 것은 환자가 나타내는 증상을 인위성장애로 빨리 인식함으로써 환자가 고통스럽고 위험한 진단절차를 밟지 않도록 하는 것이다. 심리치료가 도움이 될 수 있는데, 대다수 환자들은 갑자기 병원을 떠나거나 추후 약속을 지키지 않음으로써 심리치료를 회피하는 경향이 있다. 환자가 자신의 허위 증상을 인정하도록 하는 것이 치료에서 가장 핵심적인 요소이다. 아울러 환자의 역할을 통해 무의식적으로 추구하는 것을 환자가 좀 더 현실적인 방법을 통해 충족할 수 있도록 유도하는 것이 중요하다.

수면-각성장애

우리는 매일 밤 주기적으로 잠을 잔다. 우리 인생의 약 1/3은 잠을 자면서 보낸다. 수면은 낮 동안에 누적된 육체적 피로를 풀어주고 뇌의 기능을 회복시켜 주며 불쾌한 감정을 정화시키는 기능이 있는 것으로 알려져 있다. 이렇듯 잠을 잘 자는 것은 육체적 건강뿐 아니라 심리적 건강의 주요한 징표라고 할 수 있다. 우리의 삶에 있어서 매우 중요한 기능을 하는 수면에 곤란이나 이상이 있는 경우를 **수면-각성장애**Sleep-Wake Disorders라고 한다.

수면장애를 이해하기 위해서는 수면의 과정에 대한 이해가 필요하다. 인간은 매일 밤 평균적으로 6~8시간의 잠을 자는데, 수면기간 동안에 여러 가지 변화가 일어난다. 수면은 수면 중 눈을 빨리 움직이는 **급속안구운동**REM(Rapid Eye Movement)이 나타나는지의 여부에 따라 REM수면과 비REM수면으로 구분된다. **REM수면**에서는 안구운동을 제외한 신체의 움직임은 없지만 깨어 있을 때와 비슷한 활발한 뇌파활동과 꿈이 나타난다.

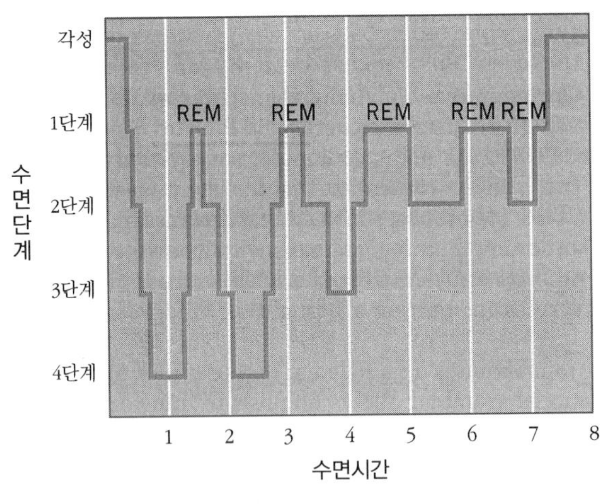

그림 8-2 수면시간대별 수면단계의 변화

이 기간 중의 EEG는 깨어서 활동 중인 뇌상태와 거의 구별되지 않으며 산소 소비량도 어려운 수학문제를 풀 때보다 더 높다. 심장박동이 증가하고 호흡이 불규칙해지며 성기에 흥분반응이 나타나기도 한다. REM수면은 약 90분 주기로 반복되어 나타나며 전체 수면시간의 약 20~25%를 차지한다. 반면에 비REM 수면은 크고 느린 뇌파가 나타나기 때문에 서파수면이라고도 하는데 이러한 수면 상태에서는 신체근육이 이완되고 산소 소비량도 감소하며 뇌가 휴식을 취하는 상태로 여겨진다.

곰이나 뱀처럼 1년 중 일정기간에 집중적으로 장기간 잠을 자는 동면동물도 있으나, 인간은 매일 일정한 시간대에 잠을 자고 깨어나는 **일주기 리듬**circadian rhythm을 지니고 있다. 인간은 평균적으로 6~8시간 잠을 자며 그중의 1/4은 꿈을 꾸는 데에 소비한다. 하루의 평균 수면시간은 수명과 깊은 관계가 있는 것으로 알려졌다. 영국에서 수행된 연구에 따르면, 하루에 6시간 이하를 자거나 8시간 이상을 자는 사람은 수명이 감소한 반면, 하루에 6~8시간을 규칙적으로 자는 사람들의 수명이 가장 길었다. 수면시간은 연령에 따라 달라지는데, 신생아는 20시간 이상 잠을 자며 노년기에 접어들수록 수면 시간이 감소한다. 아동기와 초기 청소년기에는 서파수면의 양이 많기 때문에 상대적으로 안정된 수면을 취하는 반면, 성인기에는 1단계 수면이 증가하고 3, 4단계 수면이 감소하여 깊고 지속적인 수면을 취하기가 어려워진다.

수면의 기능에 대해서 아직 자세하게 알려져 있지 않지만, 수면은 낮 동안에 소모되고 손상된 신체와 중추신경계를 회복시켜 주는 기능을 한다고 알려져 있다. 비REM수면은 주로 신체와 근육의 회복기능을 하는 반면, REM수면은 단백질 합성을 증가시켜 뇌의 기능을 회복시킨다. 특히 REM수면은 낮 동안에 학습한 정보 중 불필요한 것은 버리고 필요한 정보는 기억이 잘 되도록 재정리하는 기능을 하는 것으로 알려져 있다. 또한 수면은 불쾌하고 불안한 감정들을 정화하여 아침에 상쾌한 기분을 가질 수 있도록

표 8-2 수면-각성장애의 하위유형과 핵심증상

하위장애		핵심증상
불면장애		자고자 하는 시간에 잠을 이루지 못하거나 밤중에 자주 깨어 1개월 이상 수면부족 상태가 지속됨
과다수면장애		충분히 수면을 취했음에도 불구하고 졸린 상태가 지속되거나 지나치게 많은 잠을 자게 됨
기면증		낮에 갑자기 근육이 풀리고 힘이 빠지면서 참을 수 없는 졸림으로 인해 부적절한 상황에서 수면상태에 빠지게 됨
호흡관련 수면장애		수면 중 자주 호흡곤란이 나타나 수면이 방해를 받게 됨
일주기리듬 수면-각성장애		평소의 수면주기와 맞지 않는 수면상황에서 수면에 곤란을 경험하게 됨
수면이상증	비REM수면 각성장애	수면 중에 잠자리에서 일어나 걸어 다니거나 강렬한 공포를 느껴 자주 잠에서 깨어나게 됨
	악몽장애	수면 중에 공포스러운 악몽을 꾸게 되어 자주 깨어나게 됨
	REM수면 행동장애	REM수면 단계에서 소리를 내거나 옆 사람을 다치게 할 수 있는 움직임을 반복적으로 나타냄
	하지불안 증후군	수면 중 다리에 불쾌한 감각을 느끼며 다리를 움직이고자 하는 충동을 반복적으로 느끼게 됨

정서적인 정화기능을 한다는 주장도 있다. 아울러 신생아가 많은 시간 잠을 자며 REM수면이 많은 것은 REM수면이 뇌의 성장을 촉진하는 기능을 지니고 있기 때문이라고 추정하고 있다.

이처럼 중요한 기능을 담당하는 수면에 문제가 생겨서 주간의 각성 유지에 어려움이 초래되는 경우가 수면-각성장애이다. DSM-5-TR에서는 수면-각성장애를 불면장애, 과다수면장애, 기면증, 호흡관련 수면장애, 일주기리듬 수면-각성장애, 수면이상증으로 구분하고 있다.

제1절 불면장애

대학원생인 K군은 아무리 노력을 해도 10시 이전에 잠자리에서 일어날 수가 없다. 7개월 전에 실연을 하게 되면서부터 수면습관이 변하게 되었다. 실연의 충격으로 한동안 우울감과 분노감을 느끼게 되었는데, 잠자리에 누우면 헤어진 여성에 대한 여러 가지 생각과 감정 때문에 잠을 이루지 못하고 서너 시간씩 뒤척이곤 했으며 어떤 날은 꼬박 밤을 지새우기도 했다. 대개 새벽 3~4시경에 잠들게 되는데 오전 10시가 되어야 겨우 일어날 수 있었다. 수업시간에 늦는 경우가 많았고 낮에도 늘 피곤하고 졸음이 와서 한두 시간씩 연구실에서 선잠을 자야만 했다. 이런 수면패턴이 변하지 않자, 2학기에는 오후에 강의가 있는 수업만을 골라서 수강하게 되었으며 거의 매일 하숙집에서 점심을 먹고 오후 1시경에야 학교에 올 수 있었다. 밤에는 잠이 오지 않아서 주로 새벽 3시경까지 깨어 있어야 했다.

1. 주요증상과 임상적 특징

우리는 살아가면서 가끔 잠을 이루지 못하고 밤을 지새우는 경험을 하게 된다. 그러나 K군의 경우처럼 잠을 자고 싶어도 잠을 이루지 못하는 날들이 지속되고 이로 인해 낮 동안의 활동에 심각한 장해를 받게 되는 경우를 **불면장애**Insomnia Disorder라고 한다.

불면장애로 진단되려면, 수면을 시작하거나 유지하는 데 어려움을 겪거나 이른 아침에 깨어 잠들지 못하는 어려움으로 인해서 수면의 양과 질에 대한 현저한 불만족을 경험해야 한다. 이러한 수면장해가 매주 3일 이상의 밤에 3개월 이상 나타나서 심각한 고통을 겪거나 일상생활의 중요한 영역에 손상이 초래될 경우에 불면장애로 진단된다.

불면장애 또는 불면증은 그 양상에 따라 크게 세 가지 유형으로 구분된다. 첫째 유형은 잠들기가 어려운 수면시작 불면증sleep onset insomnia이다. 정상인의 경우 잠드는 데 걸리는 시간이 10~15분인 데 비해, 이 유형에 속하는 사람들은 30분 이상 잠자리에 누워 잠을 이루지 못하는 경우가 반복된다. 둘째 유형은 수면 중에 잠을 자주 깨며 다시 잠들기가 어려운 수면유지 불면증sleep maintenance insomnia으로서 수면 도중에 자꾸 깨는 시간이 30분 이상인 경우가 이에 해당된다. 마지막으로, 예상한 기상시간보다 아침에 일찍 잠에서 깨어 잠을 이루지 못하는 수면종료 불면증sleep terminal insomnia이 있다. 이러한 불면증 양상은 복합적으로 나타날 수 있지만, 한 가지 양상이 두드러지는 경우가 대부분이다.

일반 인구에서 일차성 불면증의 유병률은 알려져 있지 않다. 그러나 한 통계조사에 따르면, 성인의 30~40% 정도가 한 해에 한 번 이상 불면을 경험하며 그중에서 10~15% 정도는 한 달 이상 지속되는 불면증을 경험한다고 한다.

전형적으로 불면증은 청년기나 중년기에 시작되며 아동기나 청소년기에는 드물다. 불면증은 흔히 초기 단계에서 몇 주 내지 몇 개월에 걸쳐 점진적으로 악화되어 만성화되면 몇 년 동안 지속되기도 한다. 대부분 심리적 압박감을 느끼는 시기에 불면증이 갑자기 시작된다. 압박요인이 사라진 후에도 불면에 대한 걱정 또는 불면자극과의 부정적인 조건형성 등으로 인해 불면이 지속되는 경우가 많다. 나이가 많아짐에 따라 불면증도 증가하는 경향이 있으며 여성에게 더 흔하다. 청년기의 성인에게는 수면시작 불면증이 흔한 반면, 중·노년기의 성인에게는 수면유지 및 수면종료 불면증이 많다.

2. 원인과 치료

불면증은 인지행동적 입장에 의해서 가장 잘 설명되고 있다. [그림 8-3]에 제시되어 있듯이, 인지행동적 입장에서는 일시적 불면증과 만성적 불면증이 유발되는 과정을 불면증에 걸리기 쉬운 취약성 요인, 불면증 유발요인, 불면증 지속요인으로 나누어 설명하고 있다. 불면증에 걸리기 쉬운 사람들의 주요한 심리적 특성은 높은 각성수준이다. 수면은 각성상태의 반대인 이완상태에서만 가능하기 때문에 각성수준이 높으면 잠을 잘 잘 수 없다. 이러한 높은 각성수준은 약물 복용, 다른 정신장애, 소음이나 불빛에 의해 유발될 수도 있지만 성격적 특징으로 인해 쉽게 흥분하고 높은 각성상태를 유지하는 사람들이 있다.

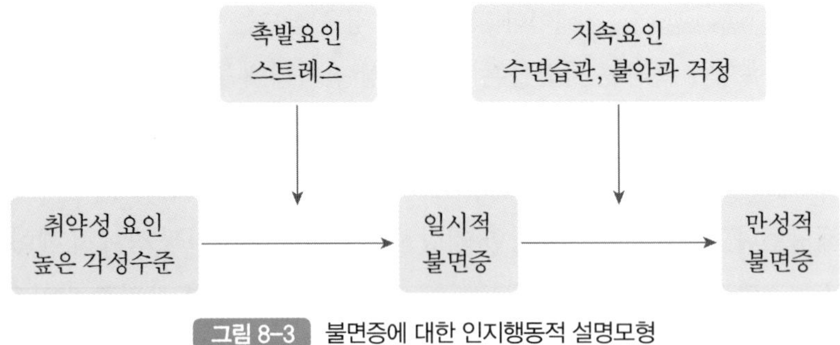

그림 8-3 불면증에 대한 인지행동적 설명모형

각성상태는 생리적 각성, 인지적 각성, 정서적 각성으로 구분된다. 생리적 각성은 자율신경계의 과잉활성화로 인한 신체적 흥분상태를 의미하며 심장이 빨리 뛰고 근육긴장도와 체온이 높아진다. 불면증을 지닌 사람들은 낮뿐만 아니라 밤에도 생리적인 각성수준이 높은 상태로 유지되는 경향이 있다. 인지적 각성은 여러 가지 복잡한 생각이 계속되어 머리가 더욱 복잡해지고 의식이 뚜렷해지는 상태를 의미한다. 만성 불면증을 지닌 사람들은 "오늘도 잠을 못 자면 어떻게 하나", "잠을 못 자서 내일 일을 망치면 어떻게 하나"와 같이 불면증에 대한 걱정에 몰두하여 오히려 잠을 이루지 못하는 경향이 있다. 정서적 각성은 정서적으로 고양되거나 흥분된 상태를 의미하는데, 불면증을 지닌 사람들은 사소한 일에도 쉽게 흥분하고 화를 내거나 예민하게 반응하여 정서적으로 쉽게 각성되는 경향이 있다.

특히 불면증을 지니는 사람은 한 가지 생각에 강박적으로 몰두하는 경향이 강하고 사소한 일에 과도하게 걱정하며 불안해한다. 대인관계에서 불쾌한 일을 경험하면 이를 직접적으로 표현하지 못하고 내면적으로 오래도록 지니면서 불쾌한 사건에 대한 생각을 되씹곤 하는 **반추**rumination의 경향이 있다. 아울러 표현되지 못한 불쾌한 감정은 가슴이 답답하고 두근거리는 신체적인 긴장으로 표출되어 각성상태를 증가시킴으로써 불면을 초래하게 된다. 이러한 성격특성이 불면증에 걸리기 쉬운 취약성 요인이 될 수 있다.

불면증의 촉발요인은 처음으로 불면증을 일으키는 스트레스 사건을 의미한다. 불면증을 지닌 사람들은 대부분 불면증이 처음 생길 당시의 스트레스를 기억한다. 흔히 이별, 사별 등의 개인적 상실경험과 관련된 스트레스 사건이 불면증 유발과 가장 관련성이 높으며, 다음으로 가족문제, 건강문제, 직업이나 일과 관련된 스트레스가 흔하다. 대부분의 경우 이러한 스트레스가 사라지거나 이에 적응하게 되면 불면증도 사라진다. 하지만 각성수준이 높아 불면증에 취약한 사람들에게는 불면증이 지속되어 만성 불면증으로 진행될 수 있다.

불면증의 지속요인은 일시적 불면증을 만성 불면증으로 발전시키는 요인들을 뜻한다. 이러한 요인으로는 부적응적인 수면습관, 불면에 대한 걱정과 두려움, 수면부족으로 인해 주간생활을 제대로 하지 못할 것이라는 불안감이 중요하다. 불면증 환자들은 밤에 잠을 잘 자지 못하기 때문에 이를 보상하기 위하여 낮잠을 자거나 오랜 시간 침대에 누워 있는 행동을 보인다. 낮잠을 많이 잘수록 밤에는 더욱 잠을 이루기 힘들며, 자지 않는 상태로 오래 침대에 머무르는 것은 침대와 각성상태가 연합되어 불면증을 지속시킬 수 있다. 또한 만성 불면증을 지닌 사람들은 잠자리에서 불면과 그로 인한 부정적 결과에 대해서 걱정하는 경향이 있다. 즉, "오늘도 잠을 못 자면 어떻게 하나", "잠을 못 자서 내일 일을 망치면 어떻게 하나"와 같이 불면증에 대한 걱정에 몰두함으로써 각성상태를 높이게 되어 잠을 이루지 못하는 경향이 있다. 흔히 스트레스에 의해 촉발되는 일시적 불면증이 스트레스가 사라진 후에도 계속되어 만성화되는 데에는 이러한 불면증 지속요인이 중요하며, 특히 불면증 치료에는 촉발요인보다 지속요인이 더 중요한 의미를 지닌다.

불면증에 대한 치료는 약물치료와 인지행동치료가 가장 일반적이다. 약물치료에는 벤조디아제핀계의 항불안제가 주로 사용되는데, 이러한 약물은 불안과 흥분상태를 감소시키는 진정효과와 졸음을 유도하여 잠들게 하는 수면효과를 지니고 있다. 일반적으로 이러한 약물은 적은 양을 사용하면 진정효과가 주로 나타나는 반면, 많은 양을 사용하면 수면효과가 강하게 나타난다.

불면증에 대한 인지행동치료는 네 가지의 요소로 구성된다. 첫째는 수면위생sleep hygiene에 대한 교육으로서 숙면을 취할 수 있는 환경이나 습관을 교육한다. 예컨대, 취침 전에 카페인, 니코틴, 알코올, 음식을 섭취하는 것은 숙면을 방해하며 소음이나 불빛이 차단된 안락한 수면환경을 조성하는 것이 중요하다는 점을 강조한다. 둘째는 자극통제stimulus control로서 수면을 유도하는 자극과 수면의 연합을 형성하고 강화한다. 예컨대, 침대에서 깨어 있는 시간을 최소화하고 침대와 침실은 수면과 성생활을 위해서만 사용하며 낮잠을 자지 않게 한다. 셋째는 긴장이완 훈련relaxation training으로서 불면을 초래하는 높은 각성과 긴장상태를 낮추기 위한 것이다. 긴장이완 훈련은 여러 가지 방식이 있는데, 불면증 치료에 적용되는 대표적인 것은 아우토겐 훈련autogenic training으로서 팔다리가 무거워진다는 중량감 훈련과 팔다리가 따뜻해진다는 온감훈련과 같은 자기암시를 통해 신체적·심리적 이완상태를 유도한다. 마지막으로 인지적 재구성cognitive restructuring을 통해 수면을 방해하는 부정적인 신념이나 생각을 긍정적인 것으로 대체하게 한다. 예컨대, "나는 매일 여덟 시간은 반드시 자야 하며, 그렇지 못하면 내일 일을 제대로 못할 것이다", "낮 동안에 일을 제대로 하지 못한 것은 밤에 잘 자지 못했기 때문이다"와 같은 생각은 불면에 대한 걱정을 증가시켜 높은 각성상태를 초래하게 된다. 따라서 이러한 생각을 좀 더 적응적이고 현실적인 생각으로 변화하도록 유도한다. 또한 불면증을 지닌 사람들은 잠들기까지 걸린 시간을 과대추정하고 총 수면시간을 과소추정하여 불면증의 심각성을 확대하는 경향이 있으므로 수면일지를 작성하게 하여 잠들기까지 걸린 시간, 실제 수면시간, 수면의 질 등에 대해서 현실적인 평가를 하도록 한다. 이러한 평가를 통해서 자신의 수면장애가 생각했던 것처럼 심각하지 않다는 것을 객관적으로 확인함으로써 불면에 대한 걱정을 완화시킬 수 있다.

제2절 과다수면장애

과다수면장애Hypersomnolence Disorder는 불면장애와 반대로 과도한 졸림으로 인해 일상생활에 어려움을 겪는 경우이다. DSM-5-TR에 따르면, 과다수면장애는 최소한 7시간 이상의 수면을 취했음에도 불구하고 과도한 졸음을 보고하며 다음 중 한 가지 이상의 증상을 나타낸다: (1) 같은 날에 반복적으로 자거나 잠에 빠져드는 일이 발생함, (2) 매일 9시간 이상 지속적으로 잠을 잠(밀린 잠을 자는 경우가 아님), (3) 갑작스럽게 깨어난 후에 충분히 각성상태에 이르지 못함. 이러한 과도한 졸음이 매주 3일 이상 나타나고 3개월 이상 지속되어 일상생활에 현저한 부적응이 초래될 때 과다수면장애로 진단될 수 있다.

과다수면장애를 나타내는 사람들은 야간 수면시간이 9~12시간 이상이며 아침에 깨어나기 힘들어한다. 실제적인 야간 수면의 질은 정상적이지만 원기회복이 되지 않는다. 이 장애가 있는 사람은 빠르게 잠들고 지속적인 수면을 취하지만 아침에 깨어나기 어렵고 졸음과 피곤에서 헤어나지 못하며 흔히 '잠에 취한 상태'가 지속된다. 이들은 주간에도 지속적인 졸음을 느껴 낮잠을 자게 된다. 흔히 낮잠을 1시간 이상 비교적 길게 자는 경향이 있고, 수면 후에도 상쾌하게 느끼지 못하며 졸음이 개선되지 않는다. 긴 야간 수면과 주간의 졸음은 작업 효율의 저하, 집중력의 감소, 기억력의 감소 등을 초래하여 업무수행을 저하시킨다. 이들은 전형적으로 자극이나 활동량이 적은 상황(예: 강의, 독서, TV 시청, 장거리 운전)에서 비의도적인 수면에 빠져드는 경향이 있다. 흔히 게으름이나 무기력으로 오인되어 사회적, 가족적 관계가 훼손될 수 있다. 클라인-레빈 증후군Kleine-Levin syndrome으로 알려진 재발성 수면과다증의 경우에는 하루에 18~20시간 동안 잠을 자거나 침대에서만 지내기도 한다.

과다수면장애의 유병률은 알려져 있지 않다. 주간의 졸음을 호소하면서 수면장애 진료소를 방문하는 사람 가운데 약 5~10%가 수면과다증을 가지고 있는 것으로 진단된다. 인구조사에서는 0.5~5.0%의 성인에서 특정한 원인 없이 주간의 졸음을 호소한다. 수면과다증은 전형적으로 15~30세 사이에 시작되며, 몇 주에서 몇 개월 동안 서서히 진행된다. 대부분의 경우 치료를 받지 않으면 만성적인 경과를 나타낸다. 나이가 많아짐에 따라 낮잠을 자는 빈도가 늘어나는데, 이러한 현상은 수면과다증과 구별되어야 한다. 수면과다증을 나타내는 사람 중에는 우울증상을 지니고 있는 경우가 있는데, 과다한 졸음으로 인한 부적응의 결과일 수 있다.

과다수면장애는 다른 정신장애, 약물, 신체적 질병에 의해서 유발되는 경우와 이러한 요인에 의해 설명되지 않는 일차성 과다수면장애로 구분된다. 그러나 과다수면장애는 다른 경우와 구분이 모호하여 잘 구분되지 않는 경향이 있어서 아직 그 원인에 대한 연구가 미진하다.

제3절 기면증

기면증嗜眠症 Narcolepsy은 주간에 깨어있는 상태에서 갑자기 저항할 수 없는 졸음을 느껴 수면에 빠지게 되는 경우를 말하는데 **수면발작증**이라고 불리기도 한다. 이러한 수면발작 상태에서는 짧은 시간 동안 흔히 격렬한 감정(예: 분노, 흥분, 놀람, 환희)을 경험한 후에 갑자기 근육의 긴장이 풀리며 주저 앉을 것 같은 상태인 탈력발작이 나타난다. 또는 잠에서 깨어나는 과정에서 REM수면이 반복적으로 나타나며, 수면이 시작되거나 끝날 때 환각을 경험하거나 수면마비가 나타날 수 있다. 이런 일이 3개월 이상 지속적으로 일어나서 일상생활의 적응에 현저한 곤란을 초래하면 기면증으로 진단될 수 있다.

기면증은 낮에 갑작스럽게 심한 졸음을 느끼며 자기도 모르게 잠에 빠지는 **수면발작**sleep attack이 주요 증상이다. 수면발작에서 나타나는 졸음은 불가항력적인 것으로서 잠을 자기에 부적절한 상황(예: 자동차 운전 중, 회의 참석 도중, 대화 중)에서도 잠을 자게 된다. 이때 수면은 5~20분간 지속되지만 깨우지 않으면 1시간까지도 지속될 수 있고 흔히 수면 중에 꿈을 꾸게 된다. 수면 후에는 어느 정도 정신이 맑아지고 원기가 회복되는데, 1~2시간이 지나면 다시 졸음을 느끼게 된다. 기면증이 있는 사람은 전형적으로 하루에 2~6회 가량의 수면발작을 경험한다.

수면발작 시에 나타나는 **탈력발작**cataplexy은 크게 웃거나 화를 내거나 흥분하는 등의 격렬한 감정변화를 느끼고 난 후 갑자기 운동근육이 이완되어 쓰러질 것 같은 상태로서 몇 초에서 몇 분간 지속된다. 탈력발작의 증세가 가벼운 경우에는 맥이 탁 풀리면서 눈꺼풀, 턱, 머리, 팔이 무겁게 밑으로 처지는 현상이 나타나며, 좀 더 심한 경우에는 옮기던 물건을 떨어뜨리거나 무릎이 저절로 구부러져 땅에 주저앉기도 한다. 이러한 탈력발작은 기면증을 지닌 사람의 60%에서 나타난다.

기면증의 유병률은 성인인구에서 0.02~0.16%로 보고되고 있으며 성비는 비슷한 것으로 알려져 있다. 대부분 기면증의 초기증상으로 주간의 졸음을 경험하며 보통 청소년기에 심각한 문제로 부각되는데, 40세 이후에 발병하는 경우는 거의 없다. 갑작스러운 심리사회적 스트레스나 수면-각성 주기의 급격한 변화가 생긴 후에 기면증이 나타나는 경우가 많다. 기면증이 있는 사람의 약 40%가 다른 정신장애를 동반하거나 과거에 정신장애를 지녔던 경력이 있다는 보고가 있다.

기면증은 일반적으로 유전적 요인이 강하게 작용하는 것으로 알려져 있다. 기면증을 나타내는 사람의 35~80%는 가족 중에 기면증이나 과다수면장애를 지닌 사람들이 있었다는 보고가 있다. 기면증을 설명하는 대표적 이론은 **2역치 다중요인 모델**two-threshold multifactorial model로서 유전적 요인과 환경적 스트레스가 상호작용하여 수면발작을 초래한다는 설명이다. 6번 염색체를 구성하는 일부 유전자에 의해 생성되는 HLA 단백질을 가지고 있는 사람은 기면증을 경험하기 쉬운 유전적 취약성이 있는 것으로 밝혀졌다. 이러한 유전적 취약성을 가진 사람 중 약 85%가 스트레스 요인에 의해 기면증이 발생되었다고 보고되었으나, 유전적 취약성이 없는 사람도 돌발적으로 수면발작을 나타내는 경우가 있다. 다중요인 모델에 따르면, 유전적 취약성과 스트레스 요인의 합이 어떤 수준, 즉 역치에 도달하면 수면발작이 나타난다. 그런데 두 종류의 역치가 있어서 유전적 취약성과 스트레스의 합이 첫 번째 역치에 도달하면 과다수면장애가 초래되고 더 심각한 두 번째 역치에 도달하면 기면증이 유발된다고 설명한다.

기면증을 치료하기 위해서 여러 가지 약물이 사용되는데 주로 각성수준을 증가시키는 기능을 한다. 탈력발작, 수면마비, 환각 증세에는 삼환계 항우울제가 처방된다. 규칙적인 수면-각성 패턴을 조성하는 것이 중요하며, 하루에 한두 번 짧은 시간 동안 낮잠을 취하는 것이 도움이 된다. 식이요법도 도움이 되는데 당분이 많은 음식을 피하는 것이 각성수준을 높이는 데에 효과적이다. 또한 운동이나 사회적 활동수준을 증가시킴으로써 적절한 각성수준을 유지하는 것이 중요하다. 아울러 심리치료를 통해 환자가 자신의 상태를 받아들이고 수면장애에 대한 불안과 두려움을 극복하며 현실적 문제(예: 수면발작 시 대처방법, 직업선택, 결혼문제)를 잘 대처해 나가도록 도울 수 있다. 또한 환자가 심리적 갈등이나 환경적 스트레스에 효과적으로 대응하는 능력을 향상시키면 수면발작의 빈도를 감소시킬 수도 있다.

제4절 호흡관련 수면장애

호흡관련 수면장애Breathing-Related Sleep Disorders는 수면 중의 호흡장애로 인하여 과도한 졸음이나 불면증이 유발되는 경우를 말한다. 호흡장애(예: 폐색성 수면 무호흡증, 중추성 수면 무호흡증, 중추성 폐포 환기저하증 등)로 인해 수면 중에 규칙적인 호흡이 어렵거나 한동안 호흡이 멈춰지는 현상이 나타나는데 이때 잠에서 깨어나게 된다.

호흡관련 수면장애의 주된 증상은 과도한 졸음이다. 이러한 졸음은 야간 수면 시에 정상적인 호흡을 하기 위해서 자주 잠에서 깨어나게 되어 숙면을 취하지 못하기 때문에 발생한다. 호흡관련 수면장애에서 나타나는 호흡장애는 크게 세 가지 유형이 있는데, 그 첫째는 폐색성 수면 무호흡증 및 호흡저하증Obstructive Sleep Apnea Hypopnea으로 수면 도중에 기도가 막혀 다섯 번 이상의 무호흡증이나 호흡저하증이 반복적으로 나타나는 경우로서 가장 흔하다. 체중이 많이 나가는 사람에게 나타나며 보통 20~30초 동안 호흡이 정지된 후에 심하게 코를 고는 경향이 있다. 대부분 당사자는 코 고는 소리나 호흡곤란을 자각하지 못하는 경우가 많으나 낮 시간에 과도한 졸음을 느끼게 된다. 둘째는 중추성 수면 무호흡증Central Sleep Apnea으로서 기도의 막힘은 없으나 신경학적 질환이나 심장질환 등으로 인하여 수면 중에 다섯 번 이상의 호흡정지가 나타나는 경우를 말한다. 마지막으로 수면-관련 환기저하증Sleep-Related Hypoventilation은 수면 중에 호흡기능이 저하되면서 동맥의 이산화탄소 수준이 증가하는 현상으로서 대부분 체중이 무거운 사람에게 나타나며 과도한 졸음이나 불면증을 호소한다.

호흡관련 수면장애가 있는 사람 중에는 야간에 느끼는 흉부 불편감, 호흡정지, 무호흡이나 질식과 관련된 불안을 나타내는 경우도 있다. 이들은 잠에서 깨어났을 때 개운함을 느끼지 못하며 자기 전보다 아침에 더 심한 피로감을 느낀다. 수면 중에 구강 건조가 나타나 밤중이나 아침에 일어나서 물을 마시게 되며, 아침에 일어났을 때 두통을 느끼기도 한다. 주간의 졸음 때문에 기억력 장해, 집중 곤란, 안절부절못함, 성격의 변화가 나타날 수도 있다.

폐색성 수면 무호흡증과 연관된 호흡관련 수면장애의 유병률은 성인인구 중에서 약

1~10%로 추정되며 성비는 약 8:1로 남자에게 훨씬 많다. 이 장애를 지닌 사람은 대부분 40~60대 사이이며 노인에게 더 흔하다. 호흡관련 수면장애는 서서히 발병하여 점차적으로 진행하며 만성적 경과를 밟는다. 폐색성 수면 무호흡증은 체중 감량을 통하여 치료되는 경우도 있지만, 일반적으로 점차 심각하게 진행되어 심혈관계 질환이나 부정맥으로 인해 사망하는 경우가 종종 있다.

호흡관련 수면장애는 수면 중의 호흡을 원활하게 함으로써 치료될 수 있다. 증세가 심하지 않은 경우에는 잠을 자는 자세를 변화시키거나 호흡기능을 억제하는 요인을 제거함으로써 호전될 수 있다. 특히 비만증이나 기도 구조의 이상이 원인인 경우에는 그 원인에 대한 치료가 필요하다. 폐색성 수면 무호흡증을 지닌 사람들은 대부분 과체중이므로 우선 체중을 감소시키는 것이 중요하다. 아울러 충분한 수면을 취함으로써 수면 중에 나타날 수 있는 질식의 가능성을 감소시킬 필요가 있다. 흡연, 알코올 섭취, 약물복용을 감소시켜야 하며 반듯한 수면자세를 취하도록 하는 것이 바람직하다.

제5절 일주기리듬 수면-각성장애

일주기리듬 수면-각성장애Circadian Rhythm Sleep-Wake Disorder는 수면-각성 주기의 변화로 인해 과도한 졸음이나 불면이 반복되는 경우를 말한다. 즉, 환경(예: 야간근무, 외국여행 등)에 의해 요구되는 수면-각성 주기와 개인의 일주기 수면-각성 주기의 부조화로 인하여 과도한 졸음이나 불면이 반복되고 지속되는 경우이다. 이러한 수면문제로 인하여 현저한 고통을 느끼거나 사회적, 직업적 부적응이 나타날 때 일주기리듬 수면-각성장애로 진단된다.

일주기리듬 수면장애는 네 가지 유형으로 구분된다. 첫째 유형은 지연된 수면단계형delayed sleep phase type으로서 개인의 수면-각성 주기가 사회적으로 요구되는 것보다 지연되어 있는 경우를 말한다. 예컨대, 아침에 늦게 일어나고 밤늦게까지 깨어 있는 '올빼미' 식의 수면-각성 주기를 지닌 사람은 아침에 일찍 일어나 출근해야 하는 직업에 적응하기 어렵다. 이런 수면문제를 지닌 사람은 자신의 수면-각성 시간을 앞당기는 능력이 부족한 것으로 여겨진다. 이들은 사회적으로 요구되는 시간에 깨어나기 매우 어려우며, 강제로 깨우는 경우에는 수면이 박탈된 상태이므로 활동시간에 졸음을 느끼게 된다.

두 번째 유형은 조기 수면단계형advanced sleep phase type으로서 개인의 수면-각성 주기가 사회적으로 요구되는 것보다 앞서 있는 경우를 말한다. 초저녁에 잠이 들고 새벽에 일찍 깨어 아침까지 잠을 지속하지 못한다. 대체로 저녁 6~8시에 잠이 들어 새벽 1~3시쯤 깨는 경우로서 노인들에게 많이 나타난다.

세 번째 유형은 교대 근무형shift work type으로서 교대근무에 의해 요구되는 수면-각성 주기와 개인의 수면-각성 주기가 불일치하는 경우를 말한다. 주간근무와 야간근무가 교대되는 경우, 수면과 각성 시간의 변화가 강요되고 이로 인하여 개인의 일주기 리듬이 깨어져 정상적인 수면이 방해받는다. 일반적으로 야간 교대 근무자는 주간 근무자보다 수면시간이 짧아지고 수면의 연속성에 있어서 장해가 초래되며 야간근무 중에 졸림을 느끼게 된다.

네 번째 유형은 불규칙한 수면-각성형irregular sleep-wake type으로서 수면-각성 주기가 일정하지 못해서 하루에도 여러 번 낮잠을 자고 밤에 주된 수면을 취하지 않는다. 하지만 24시간 내 수면시간의 총합은 연령대에서 정상 시간에 해당한다. 마지막 유형은 비24시간 수면-각성형non-24-hours sleep-wake type으로서 개인의 수면-각성 주기가 24시간 환경과 일치하지 않아서 잠들고 깨어나는 시간이 매일 지속적으로 늦어지는 경우를 말한다. 이러한 경우에는 외부의 빛이나 어둠 주기와 상관없는 수면-각성 주기를 갖는데 맹인에게서 흔히 나타난다.

일주기리듬 수면-각성장애의 유병률은 잘 알려져 있지 않다. 그러나 청소년의 경우 지연된 수면 단계형의 유병률은 약 7%이며, 야간 교대 근무자의 경우 교대 근무형의 유병률은 약 60%라는 보고가 있다. 교대 근무와 시차 여행의 증상은 젊은 성인에 비해서 장년과 노인에게 더 심하거나 더 쉽게 발생하는 경향이 있다.

지연된 수면단계형 장애를 나타내는 사람은 정상적인 환경단서에 따라 일주기리듬을 조정하여 적응하는 능력이 약한 것으로 알려져 있다. 따라서 이러한 경우는 수면시간과 깨어 있는 시간을 매일 조금씩 앞당기도록 수면계획을 세워 점진적으로 실행하도록 하는 것이 효과적이다. 밤에 일하고 낮에 잠을 자는 야간근무에 적응하지 못하는 교대근무형 수면장애의 경우에는 야간근무가 끝나는 아침보다 정오에 잠을 자기 시작하는 것이 좋다. 일주기리듬 수면-각성장애에는 광 노출 치료가 도움이 될 수 있다. 광 노출 치료light exposure therapy는 2~3일 간 밝은 빛에 노출시킴으로써 수면단계에 변화를 주는 치료법이다. 수면단계를 변화시키는 방향은 노출의 시간대에 의해 설정될 수 있는데, 노출 시간이 아침일 경우 수면단계를 앞당기는 효과를 얻을 수 있으며 저녁에 노출시키면 수면단계를 뒤로 미루는 효과를 거둘 수 있다. 주기적으로 빛에 노출하면 규칙적인 일주기리듬을 형성하는 데 도움이 될 수 있다.

제6절 수면이상증

수면이상증Parasomnias은 수면상태에서 일어나는 비정상적인 행동이나 경험을 말하며 사건수면이라고 지칭하기도 한다. 이러한 수면이상증은 숙면을 방해하여 낮 시간 동안에 졸리거나 피곤감을 느끼는 등 일상생활의 적응에 어려움을 초래하게 된다. 수면이상증에는 비REM수면 각성장애, 악몽장애, REM수면 행동장애, 하지불안 증후군이 있다.

1. 비REM수면 각성장애

비REM수면 각성장애Non-REM Sleep Arousal Disorders는 주된 수면시간의 첫 1/3기간에 수면에서 불완전하게 깨어나는 경험을 반복적으로 하는 경우를 말한다. 이 장애는 수면중 보행sleepwalking이나 수면중 경악sleep terror 중 하나의 형태로 나타난다. 어떤 경우이든 꿈의 내용을 기억하지 못할 뿐만 아니라 수면중 보행이나 경악 반응 시의 경험을 기억하지 못한다. 비REM수면 각성장애는 주된 증상에 따라 수면중 보행형과 수면중 경악형으로 구분되고 있다.

1) 수면중 보행형

수면중 보행형sleepwalking type은 수면 중에 잠자리에서 일어나서 걸어 다니는 일이 반복되는 경우를 말하며 **몽유병**夢遊病이라고 불리기도 한다. 대개 야간수면시간의 초기에 발생한다. 수면 중에 보행하는 동안, 개인은 멍하게 응시하는 표정을 나타내고 말을 거는 다른 사람에게 반응을 보이지 않으며 깨우기가 어렵다. 깨어났을 때는 대부분 수면중 보행에 대한 기억을 하지 못한다. 수면중 보행에서 깨어나게 되면, 대부분 몇 분이 지나지 않아서 정상적인 의식상태로 회복된다.

수면중 보행반응은 다양한 행동을 포함하는데 대부분 규칙적이고 복잡하지 않다. 간단한 행동의 경우는 침대에 앉거나 주위를 둘러보거나 담요나 침대시트를 잡아당긴다. 좀 더 복잡한 행동을 나타내는 경우에는 벽장으로 걸어가고, 방을 나가서 위층이나 아래층으로 돌아다니고, 심지어 집 밖으로 나가기도 하는데 대부분 몇 분에서 30분 이내에 종결된다. 이런 행동을 한 사람은 다음 날 아침에 다른 곳에서 깨어나거나 밤에 어떤 일을 했던 흔적이 있지만 거의 사건을 기억하지 못한다. 때로는 꿈의 일부를 막연히 기억할 수 있지만 이야기식으로 꿈의 줄거리를 회상하지는 못한다. 이 장애를 지닌 사람은 자신의 수면중 보행행동이 노출될 수 있는 상황을 피하기 때문에 사회적 고립이나 직업적 적응에 어려움을 겪을 수 있다.

아동의 10~30%는 적어도 한 번 이상 수면중 보행반응을 나타낸다. 대개 4~8세 사이에 수면중 보행반응을 처음 보이며, 12세 무렵에 가장 높은 빈도를 나타낸다. 아동기 동안의 수면중 보행은 대개 초기 청소년기에 자연적으로 사라진다. 성인의 경우 수면중 보행장애는 대개 증상의 악화와 호전이 반복되는 만성적인 경과를 나타낸다.

수면중 보행형은 사춘기 이전에 발병률이 높고 그 이후에는 감소한다는 점 때문에 중추신경계의 성숙과 관련되어 있음이 시사되고 있다. 직계가족에서 높은 공병률을 나타내고 있어 유전적 요인이 관련되어 있는 것으로 주장되고 있다. 또한 수면중 보행행동은 신체적·정서적 스트레스 직후에 발생하는 경향이 있으며 특히 적개심이나 분노 등의 감정을 잘 표현하지 못하고 억누르는 사람에게 잘 나타난다. 심리사회적인 압박감, 알코올이나 진정제의 복용, 내적 자극(예: 팽창된 방광)이나 외적 자극(예: 소음)이 수면중 보행행동을 유발할 수 있다.

치료를 위해서는 벤조디아제핀과 같은 항불안제가 처방되며 이완치료나 최면술이 사용되기도 한다. 아동기에 발병할 경우에는 잠자는 동안 위험한 행동을 하여 신체적 손상을 입을 수 있으므로 창문과 문을 잠가두는 것이 좋다. 만약 수면중 보행을 하고 있는 것이 발견되면 깨우지 말고 다시 잠자리로 돌아가도록 하는 것이 바람직한데, 이는 자신의 행동을 자각하고 불안과 당혹감을 느낄 수 있기 때문이다. 사춘기까지 이 장애가 지속될 경우에는 좀 더 정확한 심리적 평가와 치료를 받는 것이 필요하다.

2) 수면중 경악형

수면중 경악형sleep terror type은 수면 중에 심장이 빨리 뛰고 호흡이 가빠지며 진땀을 흘리는 등의 자율신경계의 흥분과 더불어 강렬한 공포를 느껴 자주 잠에서 깨는 경우로서 **야경증**night terror이라고 불리기도 한다. 보통 주된 수면시간의 초기에 발생하며 돌발적인 비명과 함께 급작스럽게 잠에서 깨어나는 일이 반복된다. 잠에서 깨어났을 때 타인의 안심시키려는 노력에 별로 반응하지 않으며 상세한 꿈 내용을 회상하지 못한다. 이 점은 수면중 경악이 꿈 내용을 상세하게 기억하는 악몽장애와 다른 점이다.

수면중 경악상태에서 사람들은 비명을 지르거나 울면서 갑자기 침대에서 일어나 앉으며 매우 놀란 표정과 심한 자율신경계 불안증상(예: 심계항진, 빠른 호흡, 피부의 홍조, 발한, 동공 확대, 증가된 근육 긴장)을 나타낸다. 다른 사람들이 이들을 깨우거나 편안하게 하려는 노력에 반응하지 않은 채 멍한 상태를 보인다. 깨어나게 되어도 몇 분 간은 혼란상태를 보이며 꿈의 내용을 기억하지 못하고 막연한 공포감을 이야기한다. 꿈의 단편적인 이미지는 말할 수 있지만 이야기로 연결되는 꿈 장면을 보고하지는 못한다. 수면중 경악을 나타내는 사람 중에는 경악상태에서 때로는 완전히 잠에서 깨지 않은 채 다시 잠들게 되고, 다음 날 아침에 깼을 때 이런 일을 기억하지 못한다. 빈번한 수면중 경악반응은 개인을 매우 고통스럽게 할 뿐만 아니라 대인관계에 어려움을 초래할 수도 있다. 예컨대, 이런 경악반응이 나타나는 것을 타인에게 보이지 않기 위해 친구 집에 가서 자거나 캠핑을 가는 것을 회피하게 된다.

수면중 경악반응은 다양한 원인에 의해 생기는 것으로 여겨지고 있다. 이 장애를 지닌 환자는 가족 중에 수면중 경악반응이나 수면중 보행행동을 나타내는 사람이 많으며 직계 가족에서는 유병률이 10배나 높다는 보고가 있다. 또한 수면중 경악반응을 나타내는 환자들은 공포증, 우울증, 불안장애와 같은 심리적 문제를 보이는 경향이 있다. 이 장애를 지닌 사람의 85%가 성격장애나 정신장애의 진단을 받을 수 있는 상태라는 보고도 있다. 산만하고 불안정한 침실분위기와 같은 환경적 요인과 발열이나 수면 박탈도 이러한 경악반응의 빈도를 증가시킬 수 있다.

수면중 경악반응을 치료하기 위해서는 침실이 안전하다는 것을 구체적으로 확인시킬 필요가 있다. 예컨대, 상처를 입힐 수 있는 가구나 물건을 치워 놓거나 창문과 문이 잠겨 있다는 것을 보여주거나 가족과 함께 같은 방에서 자는 것도 도움이 될 수 있다. 환자가 기억하지 못하는 수면중 경악반응은 불안을 가중시킬 수 있으므로 언급하지 않은 것이 좋다. 이러한 수면장애가 청소년기까지 지속되면 심리치료를 통해 심리적 원인을 탐색하고 해결하는 것이 중요하다. 때로는 항불안제나 항우울제가 도움이 될 수도 있다.

2. 악몽장애

악몽장애Nightmare Disorder는 주된 수면시간 동안이나 낮잠을 자는 동안에 생존, 안전, 자존감의 위협과 같은 여러 가지 무서운 꿈을 꾸게 되어 잠에서 깨어나는 일이 반복되는 경우를 말한다. 무서운 꿈에서 깨어난 후, 신속하게 정상적인 의식을 회복하고 대부분 꿈의 내용을 상세하게 기억한다.

악몽은 전형적으로 심한 불안이나 공포를 유발하는 길고 정교한 꿈으로 나타난다. 꿈 내용은 대부분 절박한 개인의 신체적 위험(예: 추적, 공격, 손상)에 관한 것이다. 악몽에서 깨어나면, 연속적인 꿈 순서와 내용을 상세하게 기억할 수 있다. 꿈을 꾸는 REM 수면 기간은 밤의 후반기로 갈수록 더 길어지고 꿈이 더욱 선명해지기 때문에 악몽은 주로 밤의 후반기에 발생한다.

악몽은 잠에서 깨어나면서 종결되며, 악몽의 경험 때문에 대부분 다시 잠들기가 어렵다. 악몽장애는 사회적·직업적 장해를 초래하기보다는 주관적인 고통을 유발하는 경우가 많다. 그러나 밤에 자주 잠을 깨거나 악몽의 두려움 때문에 잠을 자지 못한다면, 낮 동안의 기능을 방해할 수 있는 과도한 졸음, 집중력 저하, 우울, 불안, 안절부절못함을 경험하게 된다.

악몽장애가 있는 사람은 악몽에서 깨어났을 때 자율신경계의 각성상태(예: 발한, 심계항진, 빠른 호흡)를 나타낸다. 그러나 악몽상태에서는 신체를 움직이거나 소리를 지르는 경우는 드물다. 왜냐하면 REM수면 동안에는 골격근의 긴장이 상실되어 몸을 움직이기 어렵기 때문이다. 그러나 악몽이 종결되면서 깨어날 때 비명을 지르거나 손발을 휘젓는 일이 잠시 나타날 수 있다.

악몽장애의 유병률은 알려져 있지 않다. 3~5세 아동의 10~50%가 부모를 괴롭힐 정도로 심각한 악몽을 나타내며, 성인의 50% 정도가 일시적인 악몽을 경험한다고 한다. 여성이 남성보다 더 자주 악몽을 보고하며, 여성 대 남성의 비율은 약 2:1 내지 4:1 정도로 나타난다. 악몽은 흔히 3~6세 사이에 시작되며 악몽을 경험하는 대부분의 아동은 정상적으로 성장한다. 이러한 악몽은 아동기에 빈번하게 발생하기 때문에 이 기간 동안에는 별도로 임상적인 관심을 받아야 할 정도로 심각한 고통이나 장해가 없다면 악몽장애의 진단을 내려서는 안 된다.

악몽장애는 심각한 심리사회적 스트레스에 노출된 사람에게서 나타나기 쉽다. 성인의 경우, 매우 내성적인 성격을 지니거나 예술적인 기질이 있는 사람에게서 잘 나타나는 경향이 있다. 또한 악몽장애가 있는 사람은 우울과 불안 증상을 함께 지니고 있는 경우가 많다. 특히 악몽장애는 전쟁 후나 극심한 충격과 같은 외상경험 후에 잘 발생하는 경향이 있으며 고열이 나는 경우나 REM수면 억제제를 갑자기 끊는 경우에도 발생할 수 있다.

3. REM수면 행동장애

REM수면 행동장애REM Sleep Behavior Disorder는 수면 중 소리를 내거나 옆 사람을 다치게 할 수 있는 복잡한 동작의 행동을 반복적으로 나타내며 깨어나는 경우를 말한다. 수면 중에 한바탕 격렬하게 움직이거나 옆에서 자는 사람을 치기도 하며 침대에서 뛰어내리다 본인이 다치기도 한다. 이러한 행동은 REM수면단계에서 나타나는데 수면이 시작된 후 90분 이후에 자주 나타나며 수면의 후반부에 더 흔하게 나타난다. 이러한 행동을 한 후에는 완전히 깨어나서 명료한 의식을 되찾게 되며 의식의 혼란을 나타내지 않는다.

REM수면 행동장애는 REM수면 중에 복잡하고 활기찬 움직임이 나타나는 것이 특징이다. 꿈의 내용을 행동으로 옮기려고 소리를 지르기, 주먹으로 치기, 발로 차기, 침대에서 뛰어내리기 등을 나타내며 때로는 심각한 신체적 손상을 초래할 수 있다. 이러한 행동은 전형적으로 일주일에 한 번 정도 나타나지만 연속해서 며칠 동안 매일 밤에 여러 번 나타날 수도 있다.

REM수면 행동장애의 유병률에 대해서는 알려진 것이 거의 없지만 50대 이상의 남성에게서 많이 나타나는 것으로 보고되고 있다. 일반적으로 REM수면단계에서는 전신근육이 이완되어 힘을 쓸 수 없기 때문에 꿈속에서 몸을 움직이더라도 실제 행동으로 옮겨지지 않는다. 그러나 REM수면 행동장애 환자들은 흔히 뇌간brain stem의 노화나 뇌의 퇴행성 질환으로 인해서 수면 중에도 전신근육의 긴장도가 떨어지지 않아서 깨어있을 때와 마찬가지로 팔다리를 움직일 수 있다. 따라서 꿈을 꾸는 동안에도 소리를 지르고 주먹으로 때리고 발로 차는 등 꿈속의 행동을 실제로 행하게 되는 것으로 추정하고 있다(Schenkel & Siegel, 1989; Shouse & Siegel, 1992). 또한 REM수면 행동장애는 스트레스가 심한 사건을 경험하고 나서 발생하는 경우가 많기 때문에 심리사회적 스트레스도 이러한 행동장애를 유발하는 원인으로 여겨지고 있다. 이 장애는 대부분의 경우 REM수면 억제제를 비롯한 약물치료를 통해서 효과적으로 치료될 수 있다.

4. 하지불안 증후군

하지불안 증후군 Restless Legs Syndrome은 수면 중에 다리의 불편하거나 불쾌한 감각 때문에 다리를 움직이고 싶은 충동을 느끼는 경우를 말하며 하지불안 증후군이라고 불리기도 한다. 잠을 자거나 휴식하는 중에 다리나 신체 일부에 무언가가 기어가는 듯한 간지러운 불쾌한 감각을 느끼게 되어 다리나 몸을 움직이고 싶은 충동을 느끼게 된다. 이러한 증상으로 인해서 잠을 계속적으로 방해받게 되면 수면의 질이 낮아질 뿐만 아니라 낮의 기능 수준이 저하될 수 있다.

하지불안 증후군의 유병률은 2~7.2%로 보고되고 있다. 이 증후군은 어느 연령대에서나 나타날 수 있지만, 주로 40대 이상에서 흔히 진단된다. 한 연구(Cortese et al., 2005)에 따르면, 주의력결핍 과잉행동장애 환자의 44%가 하지불안 증후군을 보고하였다. 또한 하지불안 증후군은 수면의 양과 질을 저하시키기 때문에 불면증과 더불어 낮시간의 기능 손상을 유발할 수 있으며 우울장애나 불안장애와의 공병률이 높은 것으로 알려져 있다.

하지불안 증후군의 원인은 주로 생물의학적 입장에서 논의되고 있다. 수면 중의 도파민 수준 저하가 하지불안 증후군을 유발할 수 있다고 주장되고 있다. 하지불안 증후군 환자는 평상시의 도파민 수준이 정상인보다 높아서 도파민 수용체들이 둔감화되는데, 밤 시간에는 도파민 분비가 줄어들기 때문에 도파민 수준의 저하로 인해 팔다리의 떨림이나 어색한 감각을 느낀다는 것이다. 이러한 환자에게 도파민의 전구물질을 투여하면 증상이 호전되는 것으로 알려져 있다. 이 밖에도 하지불안 증후군 환자의 상당수가 철분을 투여했을 때 호전을 보였다는 연구결과에 근거하여 철분부족이 이러한 증후군의 유발에 관여하는 것으로 추정되고 있다.

요약

1. **신체증상 및 관련장애**는 심리적 원인에 의한 다양한 신체적 증상과 건강염려를 나타내는 경우를 말한다. DSM-5-TR에서는 신체증상 및 관련장애를 신체증상장애, 질병불안장애, 기능성 신경학적 증상장애, 인위성장애로 구분하고 있다.
2. **신체증상장애**는 한 개 이상의 신체적 증상을 고통스럽게 호소하거나 그로 인해 일상생활이 현저하게 방해받는 경우로서 신체증상에 대한 과도한 사고, 감정 또는 행동을 나타내거나 과도한 건강염려를 나타낸다. 신체증상장애는 부정적 감정을 억압할 때 생겨날 수 있으며 신체적 증상으로 인한 이차적 이득에 의해서 강화된다. 신체증상장애를 지닌 사람은 신체적 변화에 주의를 많이 기울이고 신체감각을 증폭하여 지각하며 신체적 증상의 원인을 질병으로 잘못 해석하는 경향이 있다.
3. **질병불안장애**는 심각한 병에 걸렸다는 잘못된 집착과 공포를 갖는 장애이다. 이 장애를 지닌 사람은 건강에 대한 불안으로 인해 신체에 주의를 기울이고 증폭되어 지각된 신체감각을 심각한 만성질병에 기인한 것으로 잘못 해석하는 경향이 있다. **기능성 신경학적 증상장애**는 신체마비나 감각이상과 같이 주로 신경학적 손상을 시사하는 소수의 신체적 증상을 나타내는 장애이다. 정신분석적 입장에서는 신경학적 증상이 무의식적인 욕구와 그것을 표출하는 것에 대한 두려움의 타협으로 생긴다고 보는 반면, 행동주의적 입장에서는 신경학적 증상을 충격적 사건이나 정서적 상태 후에 생기는 신체적 이상이 외부적으로 강화된 것이라고 설명하고 있다. **인위성장애**는 환자의 역할을 하기 위하여 신체적 또는 심리적 증상을 의도적으로 만들어내거나 위장하는 경우를 말한다.
4. **수면-각성장애**는 수면 기능에 문제가 생겨서 주간의 각성 유지에 어려움이 초래되는 경우를 의미한다. DSM-5-TR에서는 수면-각성장애를 불면장애, 과다수면장애, 기면증, 호흡관련 수면장애, 일주기리듬 수면-각성장애, 수면이상증으로 구분하고 있다.
5. **불면장애**는 수면을 시작하거나 유지하는 데 어려움을 겪거나 이른 아침에 깨어 잠들

지 못하는 어려움으로 인해서 수면의 양과 질에 대한 현저한 불만족을 경험하는 경우를 말한다. 불면장애를 가장 잘 설명하고 있는 인지행동적 입장에서는 과도하게 높은 각성수준을 지닌 사람에게 생활 스트레스가 주어질 때 불면증이 나타난다고 설명한다. 이러한 일시적 불면증은 잘못된 수면습관, 불면에 대한 걱정, 수면부족으로 인해 주간생활을 제대로 하지 못할 것이라는 불안감에 의해 만성적 불면증으로 발전된다.

6. 과다수면장애는 최소한 7시간 이상의 수면을 취했음에도 불구하고 과도한 졸음을 보고하는 경우를 말하며, 기면증은 주간에 깨어 있는 상태에서 갑자기 저항할 수 없는 졸음을 느껴 수면에 빠지게 되는 경우를 의미한다. 호흡관련 수면장애는 수면 중의 호흡장애로 인하여 과도한 졸음이나 불면증이 유발되는 경우를 뜻하며, 일주기리듬 수면-각성장애는 수면-각성 주기의 변화로 인해 과도한 졸음이나 불면이 반복되는 경우를 말한다. 이 밖에도 수면상태에서 일어나는 비정상적인 행동을 의미하는 수면이상증에는 비REM수면 각성장애, 악몽장애, REM수면 행동장애, 하지불안 증후군이 있으며 이러한 장애들은 숙면을 방해하여 낮 시간 동안에 졸리거나 피곤감을 느끼는 등 일상생활의 적응에 어려움을 초래한다.

제9장

섭식장애와 물질중독장애

제9장 섭식장애와 물질중독장애

급식 및 섭식 장애

우리는 육체적 건강을 유지하고 활동에너지를 보충하기 위해 매일 적당한 양의 음식을 먹는다. 섭취하는 음식의 양은 체형과 몸매에 영향을 미치게 된다. 지나치게 많은 음식을 먹게 되면 몸이 비대해진다. 따라서 보기에 좋은 날씬한 몸매를 유지하고자 하는 사람은 음식의 양을 줄이고자 한다.

우리 사회에는 여성의 경우 날씬한 몸매를 매력적인 것으로 인식하는 경향이 있다. 과거에는 건강하고 풍만한 여성의 몸매가 선호되었으나, 현대사회에 들어서서 여성의 날씬한 몸매를 선호하는 경향이 확산되었다. 어린 여자아이들이 선호하는 바비 인형이나 미인선발대회에서 입상하는 여성들은 매우 날씬한 몸매를 지니고 있다. 날씬한 몸매가 아름다운 여성의 필수조건처럼 여겨지게 되었다. 따라서 많은 여성이 자신의 몸매를 날씬하게 유지하기 위한 노력을 하고 있다. 이러한 사회적 풍토 속에서 자신의 몸매를 날씬하게 만들기 위해서 장기간 음식을 먹지 않아 저체중과 영양실조 상태에 이르는 경우가 있다. 때로는 체중조절을 하다가 간헐적으로 폭식을 하게 되고 살찌는 것에 대한 불안 때문에 구토를 하거나 설사제 등을 사용함으로써 신체적·심리적 문제를 야기하는 경우가 있다.

급식 및 섭식 장애 Feeding and Eating Disorders는 개인의 건강과 심리사회적 기능을 현저

표 9-1 급식 및 섭식 장애의 하위유형과 핵심증상

하위장애	핵심증상
신경성 식욕부진증	체중 증가와 비만에 대한 극심한 두려움, 음식섭취의 현저한 감소나 거부, 체중의 비정상적 저하
신경성 폭식증	짧은 시간 내에 많은 양을 먹는 폭식행동, 체중 증가를 막기 위한 구토 등의 반복적인 배출행동
폭식장애	신경성 폭식증과 마찬가지로 폭식행동을 나타내지만 배출행동을 하지 않음. 과체중이나 비만의 문제를 지님
이식증	먹으면 안 되는 것(종이, 머리카락, 흙)을 습관적으로 먹는 행동
되새김장애	음식물을 반복적으로 되씹거나 토해내는 행동
회피적/제한적 음식섭취장애	심각한 체중 저하가 나타나도록 지속적으로 음식을 먹지 않는 행동

하게 방해하는 부적응적인 섭식행동과 섭식-관련 행동을 의미한다. DSM-5-TR에서는 급식 및 섭식 장애의 하위유형으로 신경성 식욕부진증, 신경성 폭식증, 폭식장애, 이식증, 되새김장애, 회피적/제한적 음식섭취장애를 제시하고 있다.

제1절 신경성 식욕부진증

고등학생인 N양의 부모는 딸 때문에 걱정이 많다. 예쁘고 공부도 잘하는 모범생인 N양이 1년여 전부터 점점 야위어가기 시작했다. 부모는 N양이 공부가 힘들어서 그런 줄로 생각하고 과외공부도 줄이게 하고 몸보신이 되라고 여러 가지 영양가 높은 음식을 해 먹이기도 했다. 그러나 N양은 점점 더 야위어갔으며, 현재는 키 163cm에 몸무게가 40Kg에도 이르지 못한다. 그러나 N양은 자신이 더 날씬해져야 한다고 생각하고 있으며 음식을 먹고 싶지가 않다. 부모의 강권에 식탁에서는 먹는 척을 하지만 사실은 자신의 방에 와서 토해내는 경우가 대부분이다. 그리고 집 밖에서는 거의 음식을 먹지 않으며 사실 먹고 싶은 욕구가 없다. 음식을 보면 왠지 혐오스러울 뿐만 아니라 맛난 음식을 먹게 될 경우에도 먹고 나면 불안해지면서 속이

울렁거려 토하게 된다. 부모나 주변 사람들은 N양이 야위어 간다며 걱정을 하고 음식을 먹이려 노력하지만, N양은 온갖 핑계를 대면서 음식 먹는 자리를 피한다. 과외공부를 핑계로 가능하면 집에서 부모와 함께 식사를 하지 않으려 하며, 부모에게는 밖에서 먹고 왔다고 둘러댄다. N양은 자주 어지러움과 피곤함을 느끼며 최근 몇 달 동안은 월경도 없다. 그러나 N양은 병원에 가보자는 부모의 걱정이 부담스러워 자신의 신체적 문제를 일체 말하지 않고 있으며, 야위어가는 자신의 모습에 오히려 만족스러워하고 있다.

1. 주요증상과 임상적 특징

신경성 식욕부진증Anorexia Nervosa은 N양의 경우와 같이 체중 증가와 비만에 대한 극심한 두려움을 지니고 있어서 음식섭취를 현저하게 감소시키거나 거부함으로써 체중이 비정상적으로 저하되는 경우를 말한다.

신경성 식욕부진증에 대한 DSM-5-TR의 기준은 다음과 같다. 첫째, 필요한 것에 비해서 음식섭취(또는 에너지 주입)를 제한함으로써 나이, 성별, 발달수준과 신체건강에 비추어 현저한 저체중 상태를 초래한다. 현저한 저체중이라 함은 정상체중의 최저수준 이하의 체중을 의미한다. 둘째, 심각한 저체중임에도 불구하고 체중 증가와 비만에 대한 극심한 두려움을 지니거나 체중 증가를 방해하는 지속적인 행동을 나타낸다. 셋째, 체중과 체형을 왜곡하여 인식하고, 체중과 체형이 자기평가에 지나친 영향을 미치거나 현재 나타내고 있는 체중미달의 심각함을 지속적으로 부정한다. 이러한 특성을 나타낼 경우 신경성 식욕부진증으로 진단되며, 음식섭취를 거부한다는 의미에서 거식증拒食症이라고 불리기도 한다.

신경성 식욕부진증을 지닌 사람들은 체중 증가에 대한 공포를 지니고 있는데, 자기 몸매에 대한 걱정에 휩싸여 있으며 실제로는 매우 말랐음에도 불구하고 스스로를 뚱뚱하다고 인식한다. 따라서 체중을 더 줄이거나 더 이상 살찌지 않기 위해서 체중조절에 대한 과도한 걱정과 집착을 나타낸다. 아울러 우울한 기분에 잠겨 있고 쉽게 짜증을 내며 대인관계가 위축되고 흔히 성욕을 상실하는 경우가 많다. 이 장애는 내성적이고 모범적이며 완벽주의적인 여자 청소년에게 흔히 나타나는데, 음식을 안 먹겠다고 고집을 부려 음식섭취에 관해서 부모와 갈등이 발생하기도 한다. 식사를 피하기 위해 가족이나 친한 사람과의 만남을 회피하므로 사회적으로 고립되는 경향이 있으며 때로는 공부나 일에 거의 강박적으로 집중하는 경우도 있다. 또한 자신에게 억지로 음식을 먹게 하려는 외부의 노력에 대해 강력하게 거부하거나 기만적 행동(예: 음식을 몰래 버림)을 나타내기도 한다.

신경성 식욕부진증을 나타내는 사람들은 체중을 줄이기 위한 다양한 노력을 한다. 그 첫째는 음식량을 줄이거나 음식을 먹지 않는 것이다. 먹는 음식의 양과 칼로리에 예민해지며 칼로리가 높은 음식을 피하거나 채식을 하거나 또는 극히 소량의 음식만을 먹게 된다. 음식을 몰래 버리기도 하는데, 이런 행동으로 인해 가족과 갈등이 생기고 따라서 음식과 관련된 불안이 증가하여 같이 먹기를 회피하게 된다. 두 번째 방법은 많이 활동하거나 운동을 하여 살을 빼는 방법이다. 이들은 "설 수 있거든 앉지 말고, 걸을 수 있거든 서 있지 말고, 뛸 수 있거든 걷지 말라"는 지침을 지키기 위해 일부러 계단을 오르내리거나 정거장에서 일찍 내려서 걸어가는 등의 과잉활동을 하거나 에어로빅, 조깅, 수영 같은 운동을 심하게 하기도 하는데 대개 혼자 하는 경향이 있다. 마지막으로 체중을 조절하기 위해서 먹은 음식을 토해내거나 설사제, 이뇨제 등을 사용하기도 한다. 이런 행동은 건강에 매우 해로우며 건강상의 심각한 문제를 초래할 수 있다. 이 장애를 지닌 사람들은 음식을 절제하다가 종종 과식을 하는 경향이 있는데 이때 먹은 음식을 배출하기 위해 토하거나 약물을 복용하기도 한다. 신경성 식욕부진증은 이러한 경력이 있는 폭식-하제 사용형과 그러한 경력이 없는 제한형으로 구분된다.

이렇게 과도한 살빼기를 하게 되면 여러 가지 신체적 문제가 발생한다. 우선 현저한 체중 감소가 나타나는데, 연령과 신장에 의해 기대되는 최저의 정상체중보다 적어도 15% 이상의 체중 감소가 나타나는 경우에 신경성 식욕부진증으로 평가한다. 체중평가의 주요한 지표인 체중중량지수BMI(Body Mass Index)는 몸무게Kg를 키m의 제곱으로 나누어 계산하는데, 이 지수가 20~25이면 정상체중으로 간주되는 반면, 17 이하면 저체중으로 평가된다. 아울러 다양하고 심각한 신체적 문제들이 초래되는데 무월경, 변비, 복통, 추위에 대한 내성 저하, 무기력감, 과도한 에너지, 심각한 저혈압, 저체온, 서맥, 피부건조증 등이 발생하며 몸통에 가느다란 솜털 같은 체모가 생기는 사람도 있다. 의도적인 구토를 자주 하는 경우, 위산으로 인해 치아의 법랑질이 부식되며 구토유도를 위해 손을 사용할 경우 손등과 이가 맞닿아 손등에 흉터가 생기기도 한다. 신경성 식욕부진증으로 인한 장기적 기아상태와 하제 사용의 경우는 심각한 신체적 문제가 초래될 수 있는데, 이에는 빈혈증, 신장기능장애, 심장혈관계장애(심한 저혈압, 부정맥), 치아문제, 골다공증 등이 있다. 이 장애는 때로 치명적인 결과를 초래할 수 있는데, 대학병원에 입원하는 경우 장기 사망률은 10% 이상이며 사망은 대부분 기아, 자살, 전해질 불균형 등에 의해 일어난다.

신경성 식욕부진증은 90% 이상이 여성에게 발생하며 특히 청소년기의 여성에게서 흔하다. 청소년과 초기 성인기에 있는 여성의 유병률을 조사한 결과, 신경성 식욕부진증의 완전한 기준을 충족시키는 비율은 0.5~1.0%이다. 이 장애는 때로 치명적인 결과를 초래할 수 있는데, 환자의 14%가 합병증이나 자살로 사망하였다는 보고가 있다.

2. 원인과 치료

정신분석적 입장에서는 신경성 식욕부진증을 성적인 욕구에 대한 방어적 행동이라고 보았다. 프로이트는 먹는 행동을 성적인 표현의 대체행위라고 생각했으며 신경성 식욕부진증 환자는 성적 욕구를 부인하기 위해서 음식먹기를 거부하는 것으로 해석했다. 즉, 청소년기에 육체적으로 성숙하며 성적 욕구가 증가하는 것에 대해서 무의식적인 공포를 느끼고 음식섭취를 거부함으로써 육체적 성숙과 성적 욕구를 억제하려는 시도가 신경성 식욕부진증으로 나타난다는 것이다.

마스터슨(Masterson, 1972, 1977)은 신경성 식욕부진증 환자들이 경계선 성격장애자와 비슷한 심리적 갈등을 지니고 있다고 주장한다. 즉, 이들은 자기정체감이 부족하여 어머니에게 의존하게 되는데, 어머니를 기쁘게 하기 위해 위선적 자기를 발전시키고 어머니가 자신을 버리지 않을 것이라는 확신을 얻기 위해 완벽한 아이가 되려고 노력한다. 그러나 이러한 강요된 역할에 대한 분노가 점차 쌓이게 되면서 진정한 자기를 주장하려는 시도로서 완전한 반란을 도모하는 것이 신경성 식욕부진증이라는 것이다.

브르흐(Bruch, 1987)는 신경성 식욕부진증이 자기효능감을 발전시키려는 몸부림이라고 보았다. 신경성 식욕부진증 환자들은 자신이 매우 무능하고 무기력하다는 신념을 가지고 있다. 이러한 무가치감에 대한 방어로서 부모를 기쁘게 하기 위해 애쓰는 완벽하고 착한 소녀로 성장하는데, 이들은 자기자신과 육체를 분리된 것으로 경험하며 부모에 의해 로봇처럼 움직이는 육체는 부모에게 속한 것으로 느낀다. 즉, 자신이 자신의 신체기능을 통제하고 있다는 자기효능감과 자율감을 느끼지 못한다. 이러한 여자 청소년에게서 '음식섭취 욕구에 대한 억제를 통해서 자기효능감을 높이고 부모-자녀관계에서의 자율성을 쟁취하기 위한 시도'로서 신경성 식욕부진증이 발생한다는 것이다. 즉, 신경성 식욕부진증은 이러한 심리적인 문제를 음식섭취와 몸매에 대한 조절을 통해 변화시키려는 처절한 노력이라는 것이다. 이러한 주장은 이 장애가 부모로부터의 심리적 독립이 요구되는 청소년기에 흔히 발생한다는 점에서 주목할 만하다.

다양한 정신분석적 주장을 요약하면, 신경성 식욕부진증은 비만에 대한 공포와 날씬함의 환상에 대한 추구라고 할 수 있는데 그 이면에는 (1) 특별하고 독특한 존재이고자 하는 필사적인 시도, (2) 부모의 기대에 순응하여 길러진 자기자신에 대한 공격, (3) 청소년기에 막 발생하려고 하는 진정한 자기의 주장, (4) 신체와 동일시되는 적대적인 어머니상에 대한 공격, (5) 욕망에 대한 방어, (6) 타인을 탐욕스럽고 무기력하게 느끼도록 만들려는 노력과 같은 다양한 무의식적 동기들이 관련되어 있다는 것이다.

행동주의적 입장에서는 신경성 식욕부진증을 일종의 **체중공포증**weight phobia이라고 본다. 현대사회는 매스컴을 통해서 여성의 날씬한 몸매가 매력적이라는 메시지를 반복적으로 전달한다. 어린아이들이 즐겨 가지고 노는 바비 인형이나 인기 있는 여성 연예인들의 체형은 저체중에 해당될 만큼 날씬하고 마른 몸매이다. 이러한 사회에서는 날씬함에 대해서는 강화가 주어지는 반면, 뚱뚱함에 대해서는 처벌이 주어지게 된다. 따라서 여성들은 뚱뚱함에 대한 공포와 과도한 음식섭취에 대한 공포를 지니게 된다. 이러한 두 가지 공포를 확실하게 감소시키는 방법은 음식을 먹지 않는 것이다. 음식을 먹지 않으면 이러한 공포가 감소되므로 부적 강화가 되어 음식거부행동이 점점 더 극단적인 형태로 나타날 수 있다는 설명이다.

홈그렌(Holmgren et al., 1983)은 체중 증가에 대한 두려움이 음식에 대한 접근-회피 갈등을 유발한다고 주장한다. 즉, 체중 증가 공포와 음식섭취 욕구가 갈등하게 된다. 체중 증가에 대한 두려움이 우세할 때는 음식에 대한 회피행동, 즉 절식행동이 나타난다. 그러나 이러한 절식행동은 음식에 대한 강박관념을 촉발시켜 음식섭취 욕구를 자극하게 되는데, 이러한 욕구가 체중 증가 공포보다 우세할 때는 음식에 대한 접근행동, 즉 폭식행동이 유발된다. 섭식장애 환자들은 이러한 양극 사이를 오가게 된다. 신경성 식욕부진증은 음식 회피행동이 압도적으로 우세하게 나타나는 상태인 반면, 폭식증은 음식에 대한 접근행동과 회피행동이 반복되는 상태라고 할 수 있다는 것이다.

윌리암슨(Williamson, 1990)은 사회문화적 요인과 생물학적 요인을 학습이론적 설명으로 통합하여 섭식장애를 설명하고 있다. 유전적 또는 영양학적 요인, 정서적 장애, 가족 및 성격변인이 섭식장애의 취약성을 구성한다. 이러한 요인들에 의해 과도한 음식섭취, 활동 부족, 비만, 자신의 몸매에 대한 불만이 초래됨으로써 체중을 줄이려는 정상적인 노력으로 다이어트를 하게 된다. 그런데 이러한 다이어트 노력이 실패하면서 폭식이 초래되는데, 이러한 폭식에 대한 반응으로 극단적 체중 감소 행동이 나타나면 신경성 식욕부진증이 발달하게 된다. 과도한 절식을 하게 되어 체중이 감소하게 되면, 기초신진대사 비율이 낮아지기 때문에 조금만 먹어도 체중이 늘게 되어 체중 증가에 대한 공포가 강화된다. 따라서 더욱 강력하게 체중을 조절하려는 행동을 나타내게 되는 악순환에 빠져들게 된다는 것이다.

인지적 입장에서는 신경성 식욕부진증 환자들이 자신의 신체에 대해서 왜곡된 지각을 나타낸다는 점에 주목한다. 윌리암슨(Williamson, 1990)은 피험자에게 자신의 실제적 신체상과 이상적 신체상을 비교하기 위해서, 아주 마른 여자에서 아주 뚱뚱한 여자까지 그려진 9장의 카드([그림 9-1])를 주고 자신의 실제적 신체에 가장 가까운 것을 고르도록 한 다음에 이상적 신체와 가장 가까운 것을 고르도록 하였다. 그 결과, 신경성 식욕부진증 환자들은 자신의 몸매를 실제보다 더 뚱뚱한 것으로 지각했으며 이들의 이상적인 몸매는 정상인들보다 더 날씬한 몸매였다. 따라서 이들은 자신의 실제적 몸매와 이상적 몸매 사이에 심한 괴리감을 느끼고 있으며 그 결과 체중을 줄이기 위한 과도한 노력을 하게 된다고 한다.

신경성 식욕부진증 환자들은 날씬한 몸매가 성공과 애정을 얻는 가장 중요한 요인이라고 믿으며 성취나 인간관계에서 경험하는 좌절을 자신의 불만족스러운 몸매 때문이라고 귀인하는 경향이 있다. 예컨대, 입사시험에 낙방하거나 이성관계에 실패하거나 타인의 각별한 관심을 끌지 못하는 것은 자신의 뚱뚱한 몸매 때문이라고 생각한다.

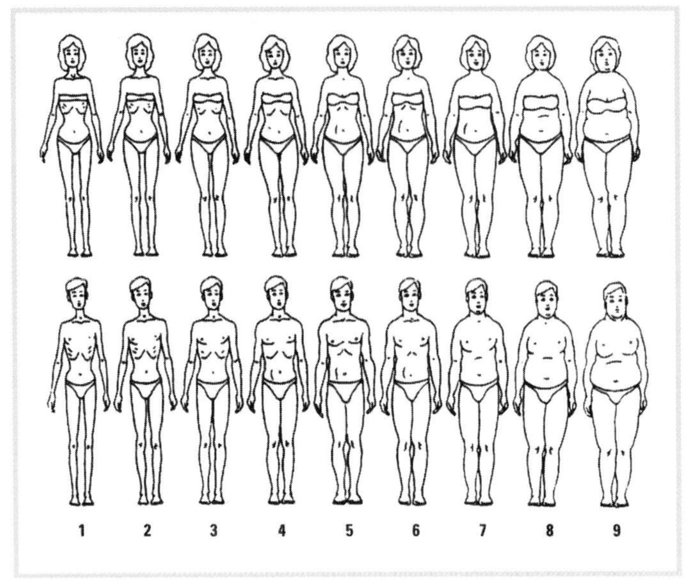

그림 9-1 실제적 신체상과 이상적 신체상을 측정하는 체형평정 척도

이는 실패를 성격이나 능력의 문제에 귀인하는 것보다 자존감의 상처가 적을 뿐 아니라 몸매는 상대적으로 변화가 용이하므로 미래에 대한 희망을 갖게 해주기 때문이다. 따라서 자신의 몸매나 몸의 일부를 과도하게 왜곡하여 뚱뚱하다고 지각하고, 과도하게 날씬한 몸매를 지향하며 체중조절을 하게 된다. 또한 이들은 체중조절 과정에서 타인의 반응에 민감하며 그 의미를 부정적으로 왜곡함으로써 자신의 몸매는 아직도 뚱뚱하며 더 날씬해져야 한다고 생각하게 되는 것이다. 즉, 몸매에 과도한 중요성을 부여하고 타인의 반응을 자신의 몸매와 관련지어 잘못 해석하며, 자신의 실제적 몸매를 뚱뚱한 것으로 과장하여 지각하고 지나치게 날씬한 몸매를 이상적 몸매로 지향하는 것이 신경성 식욕부진증 환자의 주요한 인지적 특성이다.

생물학적 입장에서는 신경성 식욕부진증에 유전적 기반이 있음을 주장한다. 신경성 식욕부진증 환자의 친척에서 같은 장애의 발병률이 높았으며, 일란성 쌍둥이의 경우 46%가 신경성 식욕부진증을 함께 지니고 있었다는 보고가 있다. 신경성 식욕부진증은 배고픔, 포만감, 섭식행동뿐만 아니라 성적 활동과 월경에 관여하는 시상하부의 기능장애에 기인한다는 주장도 있다.

신경성 식욕부진증 환자는 영양실조 상태에서 여러 가지 합병증의 위험이 있기 때문에 입원을 하게 되는 경우가 많다. 특히 체중 감소가 심각하거나 절식행동에 지나치게 집착하여 외래치료의 성공가능성이 희박할 경우에는 입원치료를 고려해야 한다. 신경성 식욕부진증 환자의 치료에서 가장 중요한 것은 음식섭취를 통해 체중을 늘리는 것이다. 입원상태에서 체중 증가 행동은 다양한 강화를 받는 반면, 체중 감소 행동은 부정적인 처벌을 받게 된다. 아울러 환자는 영양사와 함께 건강한 섭식습관과 영양에 관한 논의를 하며 처음에는 영양사가 식단을 짜 주지만 치료가 점차 진전되면 환자 스스로 식사계획을 세우게 한다.

체중이 늘게 되면, 환자는 신체상에 대한 왜곡과 불만족이 더 심해질 수 있다. 이때 신체상에 대한 둔감화나 비합리적 신념과 인지적 왜곡에 도전하는 등의 인지행동적 기법을 적용한다. 아울러 가족치료를 병행하는 것이 바람직하다. 신경성 식욕부진증 환자의 가족은 갈등이 많고 의사소통의 문제가 있는 경우가 많다. 또한 치료과정에서 섭식장애를 악화시키는 생활 스트레스에 대해 관심을 지녀야 한다. 특히 섭식장애에는 우울증과 같은 이차적 정신병리가 많이 동반되고 이로 인해 증상이 악화될 수 있으므로 약물치료에서부터 가족치료까지 다양한 방법을 통해 신경성 식욕부진증의 악화요인을 제거해야 한다.

정상 수준에 가까운 체중을 지니게 되고 신경성 식욕부진증 증상이 감소하게 되면 퇴원하여 집중적인 외래치료를 받게 한다. 신체상에 대한 왜곡, 음식섭취의 억제, 그리고 사회적 적응문제에 초점을 둔다. 재발이 흔히 일어나므로 어느 정도 체중 이하로 떨어지면 재입원한다는 계약을 미리 해두는 것이 좋다. 입원치료를 통해 호전된 환자의 약 50%가 1년 내에 재발한다는 보고가 있다. 약물치료로는 신경성 식욕부진증에 식욕자극제를 처방하기도 하며 우울증이 동반되는 경우에는 항우울제를 사용하기도 한다.

신경성 폭식증

1. 주요증상과 임상적 특징

신경성 폭식증 Bulimia Nervosa은 짧은 시간 내에 많은 양을 먹는 폭식행동과 이로 인한 체중 증가를 막기 위해 구토 등의 보상행동이 반복되는 경우를 말한다. 이러한 장애를 지닌 사람들은 보통 사람들이 먹는 것보다 훨씬 많은 양의 음식을 단기간에 먹어치우는 폭식행동을 나타내며 이런 경우에는 음식섭취를 스스로 조절할 수 없게 된다. 이렇게 폭식을 하고 나면 체중 증가에 대한 두려움으로 인해 심한 자책을 하게 되며 스스로 구토를 하거나 이뇨제, 설사제, 관장약 등을 사용하여 체중을 감소시키기 위한 보상행동을 하게 된다.

신경성 폭식증의 진단기준은 다음과 같다. 첫째, 반복적인 폭식행동이 나타나야 한다. 이러한 폭식행동은 일정한 시간 동안(예: 2시간 이내) 대부분의 사람이 유사한 상황에서 동일한 시간 동안 먹는 것보다 분명하게 많은 양의 음식을 먹는다. 또한 폭식행위 동안 먹는 것에 대한 조절 능력의 상실감(예: 먹는 것을 멈출 수 없으며, 무엇을 또는 얼마나 많이 먹어야 할 것인지를 조절할 수 없다는 느낌)을 느낀다. 둘째, 스스로 유도한 구토 또는 설사제, 이뇨제, 관장약, 기타 약물의 남용 또는 금식이나 과도한 운동과 같이 체중 증가를 억제하기 위한 반복적이고 부적절한 보상행동이 나타난다. 셋째, 폭식행동과 부적절한 보상행동 모두 평균적으로 적어도 1주일에 1회 이상 3개월 동안 일어나야 한다. 넷째, 체형과 체중이 자기 평가에 과도한 영향을 미쳐야 한다. 마지막으로, 이상의 문제행동들이 신경성 식욕부진증에 의해서 나타나는 것이 아니어야 한다. 이러한 다섯 가지 진단조건을 충족시키게 되면 신경성 폭식증으로 진단된다.

신경성 폭식증 환자는, 신경성 식욕부진증의 경우와 마찬가지로 체중 증가에 대한 두려움을 지니며 흔히 체중조절을 위해 노력하지만 종종 많은 음식을 먹게 되는 폭식행동이 반복되어 나타난다. 그리고 이 경우에는 먹은 음식을 배출하기 위해 토하거나 약물을 복용한다. 그러나 신경성 폭식증은 환자들이 정상체중을 유지한다는 점에서 신

폭식과 구토를 반복하는 신경성 폭식증

경성 식욕부진증과 다르다. 폭식증은 식욕부진증보다 훨씬 더 흔하며 영양실조가 나타나지 않는다는 점에서 식욕부진증보다 양호한 장애라고 할 수 있다.

신경성 폭식증은 흔히 신경성 식욕부진증에서 발전하기도 한다. 처음에는 날씬해지기 위해서 다이어트를 하고 칼로리가 높은 음식을 피하는 등 절제를 하다가 이러한 굶주림에 대한 반동으로 음식에 대한 생각에 사로잡히게 되며 가끔 폭식을 하게 되고 그 후에 토하거나 설사제 등을 사용하는 행동이 반복된다. 폭식을 할 때는 정신없이 매우 많은 양의 음식을 먹기도 하는데, 때로는 냉장고의 음식과 재료를 모두 먹어치우거나 여러 개의 라면을 한꺼번에 끓여 먹거나 과자 한 박스를 먹는 등 하루에 필요한 열량의 30배를 먹어치우기도 한다. 이러한 폭식행동은 주로 밤에, 혼자 있을 때, 집에 있을 때, 우울하거나 스트레스를 받을 때 자주 나타난다.

음식을 씹고 나서 뱉어 버리는 사람들도 있지만, 대부분의 폭식증 환자들은 폭식을 한 후 토한다. 처음에는 목구멍에 손가락을 집어넣어 토하지만 나중에는 흉부나 복부의 근육을 수축해서 토하는 방법을 스스로 터득하기도 한다. 또는 구토제를 사용하거나 설사제나 이뇨제를 복용하기도 한다. 폭식한 후에 체중이 증가했다는 불안감을 느끼지만 토하는 등의 배출행동을 하고 나면 체중이 늘지 않을 것이라는 확신과 더불어 기분이 좋아진다. 처음에는 이런 폭식행동과 배출행동을 비밀로 하기 때문에 가족들이 몇 년 동안이나 모르고 지낼 수도 있다.

이러한 반복적인 구토로 인하여 치아의 법랑질이 손상되어 치아가 손상되며 결국 좀 먹은 것처럼 불규칙한 모양이 된다. 손으로 구역질 반사를 자극하여 구토를 하는 사람들은 치아로 인해 손등에 흉터가 생기기도 한다. 폭식증 여성들은 불규칙한 월경이나 무월경이 흔히 나타난다. 만성적으로 설사제나 이뇨제를 사용하는 사람의 경우에는 수분이나 전해질의 장해로 인하여 심각한 신체적 문제가 야기될 수 있다. 드물지만 치명적인 합병증에는 식도 손상, 위 파열, 심부정맥 등이 있다.

폭식증을 나타내는 사람 중에는 우울증을 동반하는 경우가 많아서 폭식증이 우울증의 한 형태라는 주장이 제기되기도 했으나 대부분 섭식장애가 우울증상에 선행하는 것으로 나타났다. 폭식증 환자는 긴장감, 무기력감, 실패감, 자기비하적 생각을 많이 하며 자해나 자살 기도를 하는 경우도 종종 있다. 또한 이들은 성격적 문제, 대인관계의 어려움, 충동통제의 어려움, 약물남용의 문제를 나타내기도 한다.

신경성 폭식증의 유병률은 청소년과 젊은 성인 여성에게서 1~3%이며, 90%가 여성이다. 일반적으로 후기 청소년기 또는 초기 성인기에 시작되는 경우가 대부분이다. 고도로 산업화된 나라에서 더 흔하며 대개 비슷한 빈도로 발생한다.

2. 원인과 치료

신경성 폭식증과 신경성 식욕부진증은 동전의 양면과 같이 밀접한 관계를 갖고 있다. 신경성 식욕부진증 환자의 40~50%가 폭식증 증세를 가지고 있고, 시간이 지나면 식욕부진증이 폭식증으로 바뀌기도 하지만 그 반대의 경우는 매우 드물다. 그러나 식욕부진증 환자에 비해 폭식증 환자는 매우 이질적인 집단으로서 다양한 성격특성을 지닌 사람들로 구성되어 있어서 공통적인 원인을 찾아내기가 어렵다. 일반적으로 신경성 식욕부진증 환자는 자아 강도가 강하고 초자아의 통제력이 강한 데 비해, 폭식증 환자는 자아강도가 약하고 초자아가 느슨하여 충동조절에 어려움을 나타내며 자기파괴적인 성관계나 약물남용을 보이는 경우가 많다.

정신분석적 입장에서는 폭식증이 부모에 대한 무의식적인 공격성의 표출과 관련되어 있다고 본다. 억압과 부인과 같은 방어기제들이 강렬한 폭식욕구에 의해서 기능을 상실할 때 식욕부진증에서 폭식증으로 전환된다. 식욕부진증 환자들은 대인관계에서 위축되는 경향이 있는 반면, 폭식증 환자들은 타인으로부터 손상이나 처벌을 유발하는 방식의 대인관계를 나타낸다. 이런 처벌에 대한 욕구는 부모상에 대한 강렬한 무의식적 분노에 기인한 것인데, 이런 분노가 음식에로 대치되고 폭식을 통해 무참하게 음식을 먹어대는 것이다. 식욕부진증과 폭식증 환자는 모두 만족스러운 대인관계를 맺지 못하는데, 이러한 대인관계의 갈등이 음식에 대한 갈등으로 대치된다. 식욕부진증 환자는 먹기를 거부함으로써 사람에 대한 공격적 감정을 통제하는 반면, 폭식증 환자는 폭식을 함으로써 사람들을 상징적으로 파괴하고 자기 속에 통합시키려 한다.

대상관계이론에서는 폭식증 환자들이 어린 시절 부모와의 분리에 심한 어려움을 겪었을 것이라고 주장한다. 이들은 엄마로부터 심리적으로 분리되는 것을 도와주는 담요나 인형과 같은 **전이대상**transitional object을 갖지 못했으며 대신 신체 자체를 전이대상으로 사용한다. 즉, 음식을 섭취하는 것은 엄마와 합일되고 싶은 소망을 나타내고, 음식을 토해내는 것은 엄마와 분리하려는 노력을 나타낸다. 폭식증 환자들이 엄마와의 분리에 어려움을 겪는다는 주장을 경험적으로 검증하려는 시도가 있었다(Patton, 1992). 폭식증 환자 40명과 정상인 40명의 여성에게 엄마로부터 버림받는 것과 관련된 자극을 제시했을 때, 폭식증 환자 집단이 정상인 집단보다 과자를 훨씬 더 많이 먹었다. 연구자들은 이러한 결과를 폭식이 엄마로부터 버려지는 것에 대한 무의식적 두려움에 대한 방어라는 점을 보여준다고 해석하였다.

윌리암슨(Williamson, 1990)은 섭식장애에 취약한 사람들이 과도한 음식섭취, 활동부족, 비만, 자신의 몸매에 대한 불만으로 체중조절을 위해 절식을 하게 되는데 이러한 절식에 대한 반동으로 강한 식욕이 생겨 폭식행동을 나타내게 된다고 주장한다. 폭식을 하고 나서 체중 증가에 대한 불안에 휩싸이게 되는데, 먹은 음식을 토하거나 설사제 등의 약물을 복용하게 되면 이러한 불안이 완화된다. 이러한 불안감소가 토하는 행동이나 약물복용 행동을 강화하게 되고 다시 체중조절 노력을 하다가 폭식이 유발되면 불안을 감소시키는 폭식-배출행동이 반복되는 것이다.

폭식증은 식욕부진증과 달리 정상체중이 유지되고 폭식-배출행동이 몰래 이루어지므로 대개 발병 후 수년이 지난 후에야 치료를 받게 된다. 심각한 체중 감소가 없으므로 주로 외래치료를 한다. 그러나 하루에 적어도 한 번 이상 폭식-배출행동을 하거나 심한 우울증이나 경계선 성격장애 등을 함께 지니고 있거나 오랫동안 외래치료를 해도 별로 나아지지 않을 때에는 입원치료를 고려해 보아야 한다.

폭식증 치료의 초기목표는 폭식-배출행동의 악순환을 끊고 섭식행동을 정상화하는 것이다. 이를 위해서 하루에 적어도 세 번 식사를 하게 하고 먹는 양을 점차 늘린다. 아울러 체중에 대한 비합리적인 대도와 비효율적인 문제해결 기술을 수정하며, 우울증과 같은 이차적인 심리적 문제가 있다면 그에 대한 치료를 시도한다. 폭식증의 치료를 위해서는 장기적으로 건전한 식사 습관을 통해 적절한 체중을 유지하면서 신체상에 대한 적응적인 생각을 발전시키는 것이 중요하다.

폭식증에 대한 인지행동치료는 네 가지 요소로 구성된다. 첫째, 음식을 먹되 토하는 등의 배출행위를 하지 못하게 하는 것이다. 이를 통해 토하지 않아도 불안이 사라진다는 것을 배우게 된다. 둘째, 인지적 재구성을 통해 음식과 체중에 대한 비합리적인 신념과 태도를 확인하고 도전하도록 가르친다. 좀 더 적응적인 인지를 형성하도록 격려하고, 행동실험을 통해 자신의 신념의 타당성을 검증해보도록 한다. 셋째, 신체상을 변화시키는 치료로서 자기 신체의 불만족에 관한 정보를 제공하는 동시에 심상을 통한 신체상 둔감화나 자신의 몸에 대한 긍정적 평가기법 등이 사용된다. 마지막으로, 영양상담을 통해 건강하고 균형적인 섭식행동을 유도하거나 신체의 에너지 요구량과 같은 영양학적 정보를 제공한다. 아울러 폭식-배출행동을 대신할 수 있는 건강한 식이요법과 운동 프로그램을 지속하도록 하는 것이 중요하다. 폭식증에 대한 이러한 인지행동치료가 효과적이라는 경험적 증거가 많다.

폭식장애

폭식장애Binge Eating Disorder는 폭식을 일삼으면서 자신의 폭식에 대해 고통을 경험하지만 음식을 토하는 등의 보상행동은 나타내지 않는 경우를 말한다. 폭식장애에 대한 DSM-5-TR의 진단기준은 다음과 같다. 첫째, 반복적인 폭식행동이 나타나야 한다. 이러한 폭식행동은 일정한 시간 동안(예: 2시간 이내) 대부분의 사람이 유사한 상황에서 동일한 시간 동안 먹는 것보다 분명하게 많은 양의 음식을 먹는다. 또한 폭식행위 동안 먹는 것에 대한 조절 능력의 상실감(예: 먹는 것을 멈출 수 없으며, 무엇을 또는 얼마나 많이 먹어야 할 것인지를 조절할 수 없다는 느낌)을 느낀다. 둘째, 폭식행동을 나타낼 때 다음 중 세 가지 이상과 관련되어야 한다: (1) 정상보다 더 빨리 많이 먹음, (2) 불편할 정도로 포만감을 느낄 때까지 먹음, (3) 신체적으로 배고픔을 느끼지 않을 때에도 많은 양의 음식을 먹음, (4) 너무 많은 양을 먹음으로 인한 당혹감 때문에 혼자 먹음, (5) 먹고 나서 자신에 대한 혐오감, 우울감 또는 심한 죄책감을 느낌. 셋째, 폭식행동에 대한 현저한 고통을 느낀다. 넷째, 폭식행동이 평균적으로 1주일에 1회 이상 3개월 동안 나타나야 한다. 마지막으로, 폭식행동이 신경성 폭식증의 경우처럼 부적절한 보상행동과 함께 나타나지 않아야 한다. 또한 폭식행동이 신경성 식욕부진증 또는 신경성 폭식증 상태에서만 나타나는 것이 아니어야 한다. 이러한 다섯 가지 진단조건을 충족시키게 되면 폭식장애로 진단된다.

충동적인 폭식을 하는 사람들 중에는 하제를 사용하거나 굶는 행동과 같은 보상 행동을 하는 사람들과 그렇지 않은 사람들이 있다. 전자가 신경성 폭식증에 해당하는 반면, 후자는 바로 폭식장애에 해당한다. 따라서 폭식장애를 지닌 사람들은 과체중이거나 비만인 경우가 많다. 체중 감소 프로그램에 참가한 비만 집단 중 8~30%가 폭식장애를 지닌 것으로 보고되고 있다(Sullivan et al., 1998). 이들은 폭식을 비정상적인 것이라고 느끼며 폭식 후에는 부정적인 감정을 경험한다. 그러나 이들은 체형이나 체중에 대해서 현저한 왜곡을 보이지 않으며 비정상적으로 날씬한 몸매를 추구하지도 않는다. 폭식장애의 발병 연령은 다양하지만 평균적으로는 30~40대가 가장 많은 것으로 알려져 있다(Fairburn, 1995). 신경성 폭식증의 경우 여성이 대부분인 것과 달리, 폭식장애의 성차는 남자와 여자의 비율이 1 : 1.5 정도이다. 폭식장애는 신경성 폭식증이나 식욕부진증에 비해서는 치료에 대한 반응이 빠르고 예후가 좋은 것으로 알려져 있다(Crow et al., 2002).

폭식행동은 엄격한 절식에 대한 반작용으로 나타날 수 있다(Polivy & Herman, 1985). 흔히 엄격한 절식습관에서 벗어나고자 할 때 폭식행동이 나타나는 경향이 있다. 엄격한 절식은 기아상태와 비슷하기 때문에 신체는 짧은 시간 내에 많은 양의 음식을 섭취하는 새로운 형태의 섭식 행동을 준비하게 된다(Telch & Agras, 1996). 비만인 사람들은 엄격한 절식과 폭식행동의 악순환에 빠져 있는 경우가 많다. 절식은 폭식을 유발하고 또한 폭식했기 때문에 절식을 하게 되는데, 이러한 절식과 폭식이 반복되면서 점진적으로 체중이 증가하게 된다.

또한 부정 정서도 폭식행동을 촉진하는 것으로 알려져 있다. 부정 정서가 많은 사람들은 폭식이 위안을 주고 혐오적 자극으로부터 주의전환을 할 수 있게 해주기 때문에 폭식을 한다(전주리, 2011; Heatherton & Baumeister, 1991). 폭식장애 환자들은 정상적인 섭식을 하기 전보다 폭식을 하기 전에 부정 정서를 더 많이 경험하는 것으로 보고되고 있다(Davis et al, 1988). 또한 실험적으로 유도된 부정 정서는 절식자들에게 과식을 촉발했다(Cools et al., 1992).

스타이스(Stice, 2001)는 섭식 절제와 부정 정서를 모두 고려한 폭식행동의 **이중경로 모델**을 제시하였다. 이 모델에 따르면, [그림 9-2]에 제시되어 있듯이, 날씬한 몸매를 가져야 한다는 사회적 압력과 날씬한 몸매가 아름답다는 마른 신체상에 대한 내면화가 자신의 신체에 대한 불만족을 야기한다. 이러한 신체 불만족은 엄격한 섭식 절제로 이어지고 그 반작용으로 폭식행동을 촉발하게 된다. 또한 신체 불만족은 부정 정서를 유발하고 그 결과로서 폭식행동이 나타날 수 있다는 것이다(조혜진, 2010).

폭식장애에는 인지행동치료, 대인관계 심리치료, 그리고 약물치료가 효과적인 것으로 알려져 있다. 인지행동치료는 환자로 하여금 자신의 섭식행동을 지속적으로 관찰하

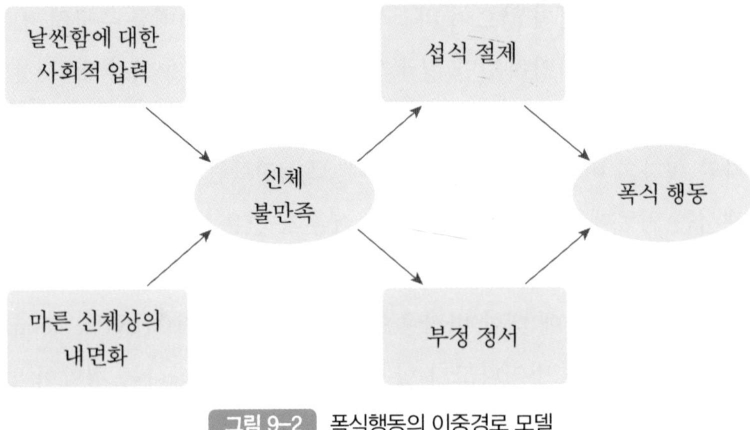

그림 9-2 폭식행동의 이중경로 모델

게 하면서 잘못된 섭식습관을 변화시킨다. 또한 부정 정서를 느낄 수 있는 스트레스 상황에서 폭식이 아닌 다른 방식으로 대처하도록 돕는다. 대인관계 심리치료는 가족이나 친구와의 관계에 초점을 맞추어 갈등영역을 찾아내고 대인행동을 변화시키도록 돕는다. 아울러 항우울제를 사용하는 약물치료도 폭식행동을 감소시키는 데 도움이 될 수 있다.

제4절 이식증

이식증Pica은 영양분이 없는 물질이나 먹지 못할 것(예: 종이, 천, 흙, 머리카락)을 적어도 1개월 이상 지속적으로 먹는 경우를 말한다. 섭취하는 물질은 나이에 따라 다양하다. 유아와 어린 아동은 전형적으로 종이, 헝겊, 머리카락, 끈, 회반죽, 흙 등을 먹는 반면, 나이가 더 든 아동은 동물의 배설물, 모래, 곤충, 나뭇잎, 자갈 등을 먹기도 한다.

이식증에 대한 역학적 자료는 드물다. 이 상태는 흔히 진단되지 않지만 학령기 이전의 아동에서는 드물지 않다. 흔히 이식증은 정신지체를 동반하는데, 정신지체가 심할수록 이식증의 빈도도 증가한다. 이 장애는 대부분 몇 개월 동안 지속되다가 완화되는 경우가 많다.

이식증은 가정의 경제적 빈곤, 부모의 무지와 무관심, 아동의 발달지체와 관련되는 경우가 많다. 정신분석적 입장에서는 충족되지 않은 구순기 욕구를 반영한다고 본다. 일반적으로 이식증 아동의 가정은 심리적 스트레스의 수준이 높다는 연구보고가 있다. 이식증은 영양결핍, 특히 철분 결핍에 의해서 유발될 수 있다는 주장도 있다.

이식증의 치료에는 부모와 아동에 대한 교육이 중요하다. 어머니가 아동이 먹는 것에 대해서 세심한 관심을 가지고 적절하게 양육하도록 교육하는 것이 필요하다. 영양분 결핍에 의해 이식증이 초래된 경우라면 결핍된 양분을 보충해야 한다. 이와 같은 방법이 효과적이지 않을 때는 행동치료적 기법이 사용되기도 한다.

제5절 되새김장애

되새김장애Rumination Disorder는 음식물을 반복적으로 토해내거나 되씹는 행동을 1개월 이상 나타내는 경우를 말한다. 되새김장애의 핵심증상은 반복적인 음식역류이며, 되새김장애를 지닌 사람들은 작은 노력으로도 부분적으로 소화된 음식을 쉽게 토해낸다. 위장장애나 뚜렷한 구역질 반응이 없는 상태에서 부분적으로 소화된 음식을 입 밖으로 뱉어내거나 되씹은 후 삼키는 행동을 나타낸다.

되새김장애가 있는 아동은 평소에 안절부절못하고 배고픔을 느낀다. 많은 양의 음식을 섭취하지만 먹은 후에 즉시 토하므로 체중 감소와 영양실조가 일어날 수 있고 심한 경우에는 사망에 이를 수도 있다. 이 장애의 사망률이 25%에 달한다는 보고도 있다.

되새김장애는 흔하지 않은 것으로 알려져 있으며 여성보다 남성에게서 많다. 보통 생후 3~12개월 사이에 발병하며, 대부분 자연적으로 완화되지만 증상이 심한 일부의 경우에는 상당한 기간 동안 지속될 수도 있다. 되새김장애는 정신지체와 같은 발달지체 상태에서 발생될 수 있다.

되새김장애는 부모의 무관심, 정서적 자극의 결핍, 스트레스가 많은 생활환경, 부모-아동관계의 갈등이 주요한 유발요인으로 알려져 있다. 정신분석적 입장에서는 되새김장애를 엄마로부터 오는 과잉자극에 대처하려는 시도라고 본다. 행동주의적 입장에서는 되새김장애를 정적 자극(예: 엄마의 주의와 관심, 맛있는 음식)에 의해 강화되고 지속되는 행동이라고 본다. 생물학적 입장에서는 식도역류와 같은 신체적 기제가 관여하는 것으로 보고 있다. 대부분의 학자는 되새김장애가 여러 가지 요인의 복합적 결과에 의해 유발되는 것으로 보고 있다.

되새김장애는 아동의 생명을 위협하는 장애가 될 수 있으므로 영양학적 개입과 행동치료를 통해 신속하게 치료하는 것이 중요하다. 아동에게 음식을 먹이고 정서적인 관계를 맺는 어머니의 태도를 변화시키는 교육이 필요하다. 행동치료에 의해 잘 치료되지 않고 지속적인 체중 감소나 폐렴 등의 증상을 나타내면 음식을 토하지 못하게 하는 외과적 처치를 시행해야 한다.

제6절 회피적/제한적 음식섭취장애

회피적/제한적 음식섭취장애Avoidant/Restrictive Food Intake Disorder는 6세 이하의 아동이 지속적으로 먹지 않아 1개월 이상 심각한 체중 감소가 나타나는 경우를 말한다. 이러한 급식장애가 있는 아동은 안절부절못하며 먹는 동안에 달래기가 어렵다. 이들은 정서적으로 무감각하거나 위축되어 있고 발달지체를 보이는 경우가 많다. 때로는 부모-아동의 상호작용 문제(예: 공격적이거나 배척적인 태도로 부적절하게 음식을 주거나, 유아의 음식 거부에 대해 신경질적으로 반응하는 경우)가 유아의 급식 문제를 일으키거나 악화시킬 수 있다. 이 장애를 나타내는 아동은 수면과 각성의 불규칙성과 빈번한 음식역류를 나타내는 경향이 있어 신경학적 결함이 관련된다는 주장도 제기되고 있다. 이 밖에 부모의 정신장애나 아동 학대 및 방치도 이 장애에 영향을 미치는 것으로 보고되고 있다.

소아과에 입원하는 아동 중 1~5%는 적절한 체중 수준에 도달하지 못하는데, 이들 중 절반은 특별한 신체적 장애 없이 회피적/제한적 음식섭취장애를 나타내기도 한다. 이러한 음식섭취장애는 흔히 생후 1년 이내에 발생하지만 2~3세의 아동에게도 나타날 수 있다. 회피적/제한적 음식섭취장애는 여아와 남아에서 비슷한 비율로 나타난다.

물질관련 및 중독 장애

우리가 섭취하는 물질 중에는 중독성을 지니고 있어 몸과 마음에 부정적인 영향을 미치는 것들이 있다. 그 대표적인 물질이 알코올이다. 알코올은 적당히 마시면 긴장을 완화시키고 대인관계를 향상시키는 긍정적인 효과를 지니고 있지만, 과음을 하거나 장기적인 음주를 하게 되면 알코올에 대한 의존성이 생겨서 '술 없이는 살 수 없는 중독상태'에 빠지게 된다. 그 결과 개인의 심리적 기능이 손상되고 정상적인 사회활동이 어려워지며 결국 재정적 곤란, 가정의 파탄, 심리적 황폐화를 초래하여 폐인상태로 전락하기도 한다. 이처럼 무서운 결과를 초래하는 것이 알코올중독alcohol addiction 또는 알코올 의존alcohol dependence이다. 우리 사회에는 알코올뿐만 아니라 정부에서 '마약과의 전쟁'을 선포할 만큼 여러 가지 중독성 마약이 은밀히 유포되고 있어 사회적 문제가 되고 있다. 물질뿐만 아니라 행위에도 중독현상이 나타날 수 있는데, 그 대표적인 경우가 도박증이다.

물질관련 및 중독 장애 Substance-Related and Addictive Disorders는 술, 담배, 마약과 같은 중독성 물질을 사용하거나 중독성 행위에 몰두함으로써 생겨나는 다양한 부적응적 증상을 포함하고 있다. 이 장애범주는 크게 **물질관련장애**Substance-Related Disorders와 **비물질관련장애**Non-Substance-Related Disorders로 구분된다.

물질관련장애는 **물질 사용장애**Substance Use Disorders와 **물질유도성 장애**Substance-Induced Disorders로 구분되며 어떤 물질에 의해서 부적응 문제가 생겨나느냐에 따라 열 가지 유목으로 구분된다. 물질관련장애를 유발할 수 있는 물질로는 알코올, 담배, 카페인, 대마, 환각제, 흡입제, 아편제, 진정제·수면제 또는 항불안제, 흥분제, 기타 물질(예: 스테로이드, 코르티솔, 카바 등)이 있으며 물질별로 구체적인 진단이 가능하다. 예컨대, 알코올관련장애는 알코올 사용장애, 알코올중독, 알코올금단, 알코올유도성 정신장애 등으로 구분되어 진단될 수 있다.

비물질관련장애로는 **도박장애**Gambling Disorder가 있다. 도박장애는 12개월 이상의 지속적인 도박행동으로 인해 심각한 적응문제와 고통을 경험하는 경우를 뜻한다. 도박장애의 주된 증상으로는 쾌락을 얻기 위해 점점 더 많은 돈을 거는 도박의 욕구, 도박에

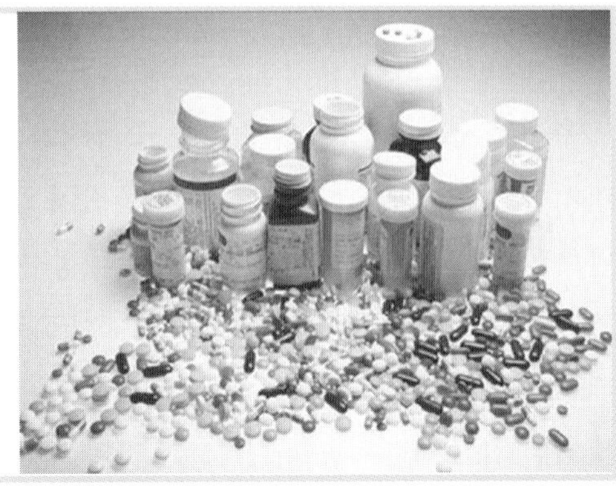

표 9-2 물질관련 및 중독 장애의 하위유형과 핵심증상

하위장애			핵심증상
물질 관련장애	물질 사용장애		술, 담배, 마약과 같은 중독성 물질을 사용하거나 중독성 행위에 몰두함으로써 생겨나는 다양한 부적응적 증상
	물질 유도성 장애	물질중독	특정한 물질의 과도한 복용으로 인해 일시적으로 나타나는 부적응적 증상
		물질금단	물질 복용의 중단으로 인해 일시적으로 나타나는 부적응적 증상
		물질유도성 정신장애	물질 남용으로 인해 일시적으로 나타나는 정신장애 증상
비물질 관련장애	도박장애		심각한 부적응 문제를 유발하는 지속적인 도박행동

집착하며 몰두함, 도박을 하지 못하면 안절부절못함, 도박을 숨기기 위한 반복적인 거짓말 등이 있다.

알코올관련장애

알코올관련장애Alcohol-Related Disorders는 알코올의 사용으로 인해 발생되는 다양한 심리적 장애를 말하며 크게 알코올 사용장애와 알코올유도성 장애로 분류된다. 알코올유도성 장애에는 알코올중독, 알코올금단, 그리고 다양한 알코올유도성 정신장애들이 포함된다.

1. 알코올 사용장애

알코올 사용장애 Alcohol Use Disorder는 과도한 알코올 사용으로 인해 발생하는 부적응적 문제를 말한다. 알코올 사용장애에 대한 DSM-5-TR의 진단기준은 〈표 9-3〉과 같다.

표 9-3 알코올 사용장애의 진단기준

심각한 기능손상이나 고통을 유발하는 알코올 사용의 부적응적인 패턴이 다음 중 2개 이상의 형태로 12개월 이상 나타나야 한다.

1. 알코올을 흔히 예상했던 것보다 더 많은 양 또는 더 오랜 기간 마신다.
2. 알코올 사용을 줄이거나 통제하려는 지속적인 노력을 기울이지만 매번 실패한다.
3. 알코올을 획득하고 사용하고 그 효과로부터 회복하는 데 많은 시간을 허비한다.
4. 알코올을 마시고 싶은 갈망이나 강렬한 욕구를 지닌다.
5. 반복적인 알코올 사용으로 인해서 직장, 학교나 가정에서의 주된 역할 의무를 수행하지 못한다.
6. 알코올의 효과에 의해서 초래되거나 악화되는 사회적 또는 대인관계적 문제가 반복됨에도 불구하고 지속적으로 알코올을 사용한다.
7. 알코올 사용으로 인해서 중요한 사회적, 직업적 또는 여가 활동이 포기되거나 감소된다.
8. 신체적 위험이 존재하는 상황에서도 반복적으로 알코올을 사용한다.
9. 알코올에 의해서 초래되거나 악화될 수 있는 지속적인 신체적 또는 심리적 문제가 있음을 알면서도 알코올 사용을 계속한다.
10. 내성tolerance이 다음 중 하나의 방식으로 나타난다.
    a. 원하는 효과를 얻기 위해서 현저하게 증가된 양의 알코올이 필요하다.
    b. 같은 양의 알코올을 지속적으로 사용함에도 현저하게 감소된 효과가 나타난다.
11. 금단withdrawal이 다음 중 하나의 방식으로 나타난다.
    a. 알코올의 특징적인 금단 증후군이 나타난다.
    b. 금단 증상을 감소하거나 피하기 위해서 알코올(또는 관련된 물질)을 마신다.

DSM-5-TR에서는 위에서 제시된 11개의 진단기준 중 2개 이상에 해당하면 알코올 사용장애로 진단된다. 이러한 11개 진단기준은 알코올뿐만 아니라 다른 물질의 경우에도 마찬가지로 해당된다. 특정한 물질의 과도한 사용이 11개 기준 중 2개 이상에 해당되면 그 물질의 사용장애로 진단된다.

옐리네크(Jellinek, 1952)은 알코올 사용장애가 단계적으로 발전하는 장애라고 주장하면서 4단계의 발전과정을 제시하였다. 첫 단계는 **전알코올 증상단계**prealcoholic phase로서 사교적 목적으로 음주를 시작하여 즐기는 단계이다. 술은 마시면 긴장이 해소되고 대인관계가 원활해지는 등의 알코올에 대한 긍정적 효과를 경험하게 된다. 이 단계는 대부분의 음주자가 경험하는 단계라고 할 수 있다. 두 번째 단계는 **전조단계**prodromal

phase로서 술에 대한 매력이 증가하면서 점차로 음주량과 빈도가 증가하는 시기이다. 이 시기에는 자주 과음을 하게 되며 종종 음주 동안에 일어났던 사건을 기억하지 못하는 망각현상blackout이 생겨난다. 세 번째 단계는 결정적 단계crucial phase로서 음주에 대한 통제력을 서서히 상실하게 되는 단계이다. 이 단계에서는 술을 아침에도 마시는 등 수시로 술을 마시고 혼자 술을 마시기도 하고 때로는 식사를 거르면서 술을 마시기도 한다. 빈번한 과음으로 인해 여러 가지 부적응적 문제가 발생하게 되는데, 직장적응에 심각한 문제가 발생하며 폭행 등으로 인하여 친구나 가족을 잃기도 한다. 그러나 이 단계에서는 자신에 대한 통제력이 일부 유지되고 있어서 며칠 간 술을 끊을 수 있다. 마지막으로 만성단계chronic phase에 들어서게 되면 알코올에 대한 내성이 생기고 심한 금단증상을 경험하게 되어 알코올에 대한 통제력을 완전히 상실하게 된다. 며칠간 지속적으로 술을 마시기도 하고 외모나 사회적 적응에 무관심해지며 마치 술을 마시기 위해 사는 사람처럼 살아간다. 이 시기에는 영양실조와 여러 신체적 질병이 나타나며 가족, 직장, 대인관계 등의 생활전반에 심각한 부적응이 나타나면서 폐인상태로 빠져든다.

2. 알코올유도성 장애

알코올유도성 장애Alcohol-Induced Disorder는 알코올의 섭취나 사용으로 인해 나타나는 부적응적인 후유증을 말한다. 알코올중독alcohol intoxication은 과도하게 알코올을 섭취하여 심하게 취한 상태에서 부적응적 행동(예: 부적절한 공격적 행동, 정서적 불안정, 판단력장애, 사회적 또는 직업적 기능손상)이 나타나는 경우를 말한다. 알코올중독 상태에서는 다음 중 한 가지 이상의 증상이 나타난다: (1) 불분명한 말투, (2) 운동 조정 장해, (3) 불안정한 걸음, (4) 안구 진탕, (5) 집중력 및 기억력 손상, (6) 혼미 또는 혼수. 이러한 알코올중독은 술에 만취되어 부적응적인 행동이나 신체생리적 변화가 나타나는 상태를 의미하며, 이러한 알코올중독이 반복하여 나타나게 되면 알코올 남용이나 의존을 고려해 보아야 한다.

알코올금단alcohol withdrawal은 지속적으로 사용하던 알코올을 중단했을 때 여러 가지 신체생리적 또는 심리적 증상이 나타나는 상태를 말한다. 알코올금단은 알코올 섭취를 중단한 이후 몇 시간 또는 며칠 이내에 다음 중 2개 이상의 증상이 나타날 때 해당된다: (1) 자율신경계 기능 항진(발한 또는 맥박수가 100회 이상 증가), (2) 손 떨림 증가, (3) 불면증, (4) 오심 및 구토, (5) 일시적인 환시, 환청, 환촉 또는 착각, (6) 정신운동성 초조증, (7) 불안, (8) 대발작. 이러한 증상으로 인해 사회적, 직업적 또는 다른 중요한 기능 영역에서 임상적으로 심각한 고통이나 장해를 나타내면 알코올금단으로 진단될 수 있다. 이러한 금단 증상은 알코올 사용이 중단되거나 감소된 후에 알코올의 혈중 농도가 급속히 떨어지는 4~12시간 이내에 시작되는 경우가 대부분이지만 며칠 후에 나타나는 경우도 있다. 알코올금단 증상은 금주 후 이틀째에 그 강도가 절정을 이루고 4~5일째에는 현저하게 개선된다. 그러나 급성 금단증상기가 지난 후에도 불안, 불면, 자율신경계의 기능 저하가 미약한 형태로 3~6개월 동안 지속될 수도 있다. 이러한 금단증상은 보통 알코올 투여나 다른 뇌 억제제에 의해 완화되며 반복적인 알코올 사용의 주된 원인이 된다.

이 밖에도 알코올유도성 장애에는 알코올 사용으로 인해 나타나는 증상의 특성에 따라 다양한 하위유형이 있다. 예컨대, 알코올 섭취로 인해 불안장애 증세가 나타나는 알코올유도성 불안장애alcohol-induced anxiety disorder, 발기불능 등의 성기능에 어려움이 나타나는 알코올유도성 성기능부전alcohol-induced sexual dysfunction, 지속적인 알코올 섭취로 인지기능이 저하되는 알코올유도성 신경인지장애alcohol-induced neurocognitive disorder를 비롯하여 알코올유도성 우울장애, 수면장애, 정신병적 장애 등이 있다.

3. 유병률 및 수반되는 문제들

알코올관련장애는 일반 인구에 있어서 유병률이 높은 장애 중의 하나이며, 우리나라에서는 특히 그러하다. 1990~1991년에 시행된 성인(15~54세)의 미국 표본인구조사에서 대략 14%가 일생 중 알코올 사용장애를 경험했다. 우리나라의 경우 2021년에 보건복지부가 실시한 정신장애 실태조사에 따르면, 알코올 사용장애의 평생 유병률은 11.6%였다. 특히 한국인 남성의 경우 알코올 사용장애의 평생 유병률은 17.6%(여성의 경우는 5.4%)로서 6명 중 1명은 살아가는 동안 한 번 이상의 병적인 음주, 즉 알코올 사용장애를 나타내는 셈이다.

알코올 사용장애는 남녀 비율이 5:1로 남성에게 더 흔하지만 비율은 연령, 문화권, 계층 등에 따라 매우 다양하다. 여성은 남성에 비해 인생의 후반기에 과도한 음주를 시작하며 알코올관련장애가 더 늦은 시기에 발생하지만 일단 발생하면 매우 급속도로 진행되는 경향이 있다. 문화권에 따라 알코올 사용장애의 남녀 비율이 달라지는데, 아시아와 라틴 문화권에서 남자의 알코올관련장애 비율이 높은 것으로 알려져 있다. 일반적으로 남녀 모두 20~34세에서 음주비율이 가장 높은 것으로 알려져 있으나, 이정균 등(1988)의 역학조사에서는 알코올 의존의 경우 40세 이상의 집단이 가장 높았으며 나이가 많아짐에 따라 유병률이 높아지는 경향을 나타낸 반면, 알코올 남용의 경우는 25세 이후에 유병률이 높게 나타났으며 특히 시골지역보다 서울지역에서 높은 유병률을 보였다. 우리나라의 알코올 소비량은 1960년에 국민 1인당 0.7리터에 불과했으나 1995년에는 5.4리터로 세계에서 가장 높다.

알코올관련장애는 사고, 폭력, 자살과의 관련성이 매우 높다. 교통사고 운전자의 30%가 음주상태였으며, 남자 살인자의 42%와 강간범죄자의 76%가 술에 취한 상태에서 범죄를 저지른 것으로 나타났다. 과도한 알코올 섭취상태에서는 자제력이 약화되고 슬픈 기분이나 흥분감이 유발되어 자살을 시도하는 경우가 많다. 알코올관련장애는 직장 결근, 직업 관련 사고, 그리고 피고용인의 고용 생산성 저하에 영향을 준다. 아울러 알코올관련장애는 마약이나 다른 중독성 약물의 사용이 동반되는 경우가 흔하며 우울장애, 불안장애, 조현병 등 다른 정신장애와 함께 나타나는 경우가 많다. 특히 청소년의 경우, 품행장애와 반복적인 반사회적 행동은 알코올 사용장애와 함께 발생하는 경향이 높다.

또한 알코올관련장애는 다양한 신체적 질병을 유발한다. 많은 양의 알코올을 반복해서 섭취하면 간, 내장, 심장혈관, 중추신경계 등을 포함하여 거의 모든 신체 장기에 악영향을 미친다. 만성 음주자의 간질환을 조사한 한 연구(홍세용 등, 1985)에 의하면 이들 중 7.5%가 지방간을, 15%가 알코올성 간염을 지닌 것으로 진단되었으며, 27.5%는 알코올성 간염이 의심되는 환자였다. 이 밖에도 위염, 위궤양, 십이지장궤양을 일으키고 식도, 위, 내장의 암 발생률이 높다. 또한 지속적인 알코올 섭취는 중추신경계를 손상시켜 주의력, 기억력, 판단력 등의 인지적 기능을 손상시키며 심한 경우에는 새로운 경험을 기억하지 못하는 심한 지속성 기억상실증인 코르사코프증후군Korsakoff syndrome을 유발하기도 한다. 또한 어머니가 임신 중 알코올을 과다하게 섭취하면 태아에게 부정적인 영향을 줄 수 있다. 그중의 하나가 태아알코올증후군fetal alcohol syndrome으로서 산모의 과도한 음주로 인하여 태아의 체중미달, 발육부진, 신체적 기형, 정신지체 등을 초래하게 된다.

4. 원인과 치료

생물학적 입장에서는 알코올 의존 환자들이 유전적 요인이나 알코올 신진대사에 신체적인 특성을 지닌다고 본다. 알코올 의존자의 가족이나 친척 중에는 알코올 의존자가 많다는 것이 자주 보고되었으며, 알코올 의존자의 아들이 알코올 의존자가 되는 비율은 25%로서 일반인보다 4배나 높았다(Goodwin et al., 1977). 한 연구(Hesselbrock & Hesselbrock, 1992)에 따르면, 병원에 입원한 알코올 의존자의 가까운 친척 중 80% 이상이 알코올과 관련된 문제를 지니고 있었다. 쌍둥이 연구에서도 일란성 쌍둥이가 이란성 쌍둥이보다 알코올 사용장애의 공병률이 높으며 이 장애의 증상이 심할수록 이들의 차이가 더 크게 나타났다(Kendler et al., 1992). 이러한 연구는 알코올 사용장애에 유전적 요인이 매우 중요한 영향을 미치고 있음을 보여주는 것이다.

알코올 사용장애에 유전적 요인이 영향을 미친다면, 과연 어떤 특성이 유전되는가에 대한 의문이 제기된다. 이에 관해서 구체적인 유전 기제가 밝혀지지는 않았지만 알코올에 대한 신체적 반응은 유전되는 것으로 알려져 있다. 보통 사람들은 소량의 알코올에도 졸림, 가슴 두근거림, 얼굴 빨개짐, 메슥거림, 두통 등의 불쾌한 반응을 경험하는 반면, 알코올관련장애의 가족력이 높은 사람은 이러한 불쾌한 신체적 반응이 적다고 한다.

알코올 사용장애자는 일반인에 비해서 알코올에 대한 신진대사 기능이 다르다는 주장이 제기되었다. 즉, 알코올 사용장애자는 에탄올ethanol에 대한 신진대사 기능이 우수하여 중추신경계에 대한 영향이 적다는 주장이다. 그러나 이를 검증하기 위한 많은 연구에서 알코올 사용장애자와 일반인들 간에 알코올 대사에 있어서의 어떠한 차이도 밝혀내지 못했다(Mendelson & Mello, 1985). 리버(Lieber, 1982)에 따르면, 일반인은 알코올 대사의 경로가 하나인 반면, 알코올 의존자는 알코올을 분해하는 2개의 신진대사 경로를 가지고 있어 더 많은 양의 술을 마실 수 있다는 것이다. 그러나 이러한 경로가 알코올의존의 원인인지 아니면 그 결과인지는 아직 밝혀지지 않았다. 또한 이러한 특이한 알코올 신진대사 경로가 어떤 요인에 의해서 생성되는 것인지에 대해서도 아직 알려진 바가 없다.

알코올 사용장애에는 사회문화적 요인이 중요하다는 주장도 제기되고 있다. 우선 가족과 또래집단이 음주행위에 중요한 영향을 미친다. 가족구성원 모두가 술을 잘 마시는 경우에는 자녀들이 술과 쉽게 접하게 되고 부모의 행동을 모방하게 될 뿐만 아니라 과음이나 폭음에 대해서 허용적인 가족들로 인해 심각한 알코올 사용장애로 발전하기 쉽다. 또한 청소년의 경우 또래집단이 술이나 약물을 접하게 되는 중요한 요인으로 알려져 있다. 또한 종족과 문화적 요인도 음주행동에 중요한 영향을 미치는 것으로 알려져 있다. 주로 가정에서 술을 마시는 이탈리아계 미국인이나 유태계 미국인은 알코올 의존에 잘 빠지지 않는 반면, 가정보다 술집에서 술 마시기를 좋아하는 아일랜드계 미국인은 알코올 사용장애자가 될 가능성이 높다(Cahalan, 1978).

한국인의 경우, 알코올 사용장애의 유병률이 유난히 높은 이유는 한국의 사회문화적 요인에서 찾아볼 수 있다. 한국문화는 술에 대해서 유난히 관용적인 문화라고 할 수 있다. 특히 남자의 경우, 대부분의 만남에서 술을 마시고 또한 술을 잘 마시는 사람이 동료들로부터 호주가로 긍정적인 평가를 받게 된다. 심리적 긴장과 스트레스를 해소할 수 있는 배출통로가 제한되어 있어 음주를 통해 이를 해소하는 경향이 강하며, 과음을 하고 실수나 폭행을 한 경우에는 비교적 관용적으로 수용되는 경향이 있다. 이처럼 술에 대해 관용적인 한국의 사회문화적 특성이 알코올 사용장애의 유병률을 높이는 주요한 요인일 수 있다.

정신분석적 입장에서는 알코올중독자들이 심리성적 발달과정에서 유래한 독특한 성격특성을 지니고 있다고 본다. 알코올중독자들은 구순기에 자극결핍이나 자극과잉으로 인해 구순기에 고착된 구강기 성격을 지니고 있으며 이들은 의존적이고 피학적이며 위장된 우울증을 지니고 있다는 주장이 제기되었다(Knight, 1971). 알코올을 비롯한 물질의 남용자들은 가혹한 초자아와 관련된 심각한 내면적 갈등을 지니고 있으며 이러한 긴장, 불안, 분노를 회피하기 위해서 알코올이나 약물을 사용한다는 주장도 있다(Wurmser, 1974). 대상관계이론의 입장을 지닌 사람들은 알코올중독은 자기파괴적인 자살행위의 의미를 지니고 있으며 이는 알코올중독자가 동일시하여 내면화시킨 "나쁜 어머니"를 파괴하고자 하는 무의식적 소망에서 비롯된 것이라고 주장하기도 한다.

행동주의적 입장에서는 불안을 줄여 주는 알코올의 강화효과 때문에 알코올 의존이 초래될 수 있다는 주장이 제기되었다(Conger, 1956; Kushner et al., 2000). 이러한 주장은 쥐들이 불안에 노출되면 알코올을 더 많이 마신다는 실험연구에서 지지되기도 했으나, 알코올 의존자가 술을 계속 마시면 불안과 우울이 오히려 증가한다는 점에서 설명의 한계가 노출되었다(Mendelson & Mello, 1985). 이러한 점을 개선하기 위하여, 인지적 사회학습이론에서는 알코올 의존에 고전적 조건형성과 조작적 조건형성은 물론 모방학습과 인지적 요인이 개입된다고 주장한다. 즉, 술과 즐거운 체험이 반복적으로 짝지어지는 고전적 조건형성을 통해 술에 대한 긍정성이 습득되고, 술을 마시면 일시적으로나마 긴장과 불안이 완화되므로 조작적 조건형성을 통해 음주행위가 강화된다. 또한 부모나 친구들이 즐겁고 멋있게 술 마시는 모습을 보면서 모방학습을 통해 음주행위를 학습하는 동시에 술에 대한 긍정적인 기대라는 인지적 요인이 개입됨으로써 상습적인 음주행위로 발전되어 알코올 사용장애가 나타나게 된다는 주장이다.

인지적 입장에서는 알코올 사용장애자들이 지니고 있는 알코올에 대한 긍정적 기대와 신념의 중요성을 강조하고 있다. 음주행동에 대한 대표적 이론인 **음주기대이론**alcohol expectancy theory(Goldman et al., 1999; Leigh, 1989)에 따르면, 알코올의 효과는 음주결과에 대한 기대나 신념의 결과라는 것이다. 이러한 주장은 여러 경험적 연구의 결과(예: Marlatt & Rohsenow, 1980; Wilson & Lawson, 1978)로부터 출발한다. 즉, 피험자에게 진짜 술과 가짜 술을 마시게 하고 그 효과를 보고하게 한 결과, 진짜 술의 섭취 여부보다는 술을 섭취했다는 믿음이 술의 효과 지각에 중요하였다. 또한 술의 효과 지각에는 알코올 섭취의 결과에 대해 어떤 기대나 신념을 지니고 있느냐는 점이 중요한 역할을 하였다. 음주기대이론에 따르면, 이러한 음주기대는 직접적 경험뿐 아니라 대리학습과 같은 간접적 경험을 통해서 형성되는데, 음주기대는 음주행동의 촉발과 유지에 관여하며 알코올 사용장애를 초래하는 중요한 인지적 요인이라는 것이다. 국내에서 행해진 김석도(2000)의 연구에서, 음주자들은 술에 대해서 긍정적 정서(예: 기분이 좋아질 것이다, 스트레스를 덜 느낄 것이다), 사교적 촉진(예: 사람들과 어울리는 것이 더 쉬워질 것이다, 나는 더욱 자유롭게 말할 수 있을 것이다), 성적 증진(예: 성적으로 더 왕성해질 것이다, 성욕을 더 느낄 것이다) 등의 긍정적 기대를 지니고 있으며 이러한 기대수준이 높을수록 더 잦은 음주행동을 나타내는 것으로 밝혀졌다.

알코올 사용장애의 치료목표를 금주로 할 것인가 아니면 절주로 할 것인가에 대한 논란이 있다. 완전히 술을 끊게 할 것인가 아니면 술을 마시되 스스로 절제하여 과음하지 않도록 할 것인가에 대해서 오랜 기간 논쟁이 진행되었다. 금주를 주장하는 입장은 알코올 사용장애자들이 조금이라도 술을 마시게 되면 술에 대한 유혹을 이기지 못하고 통제력을 상실하게 되어 재발하게 되므로 아예 술을 입에 대지 않도록 하는 것이 효과적이라고 주장하는 반면, 절주를 주장하는 입장은 완전히 술을 회피하는 것이 현실적으로 거의 불가능하므로 술에 대한 통제력을 증진시켜서 과음에 대한 유혹을 이겨내도록 하는 것이 보다 근본적인 치료라는 주장이다. 이러한 주장을 경험적으로 확인하기 위해서, 금주를 목표로 치료하는 경우와 절주를 목표로 치료하는 경우의 치료효과를 비교하는 연구들이 다수 이루어졌으나 상반된 결과들이 보고되고 있다. 그러나 최근에는 금주를 목표로 하는 치료프로그램이 많이 개발되고 있는 추세이다. 절주를 목표로 하는 치료프로그램은 미국보다 캐나다나 유럽에서 사용되는 경향이 있다.

알코올 사용장애가 심한 사람은 입원치료를 받는 것이 바람직하다. 우선 알코올금단 증상은 신체적으로나 심리적으로 매우 견디기 어렵기 때문에 술을 쉽게 구할 수 있는 상황에서는 술에 대한 유혹을 뿌리치기 어렵다. 술로부터 차단된 병원상황에서 금단증상을 줄일 수 있는 진정제 투여를 받게 된다. 이러한 약물치료와 더불어 알코올이 몸과 마음에 미치는 부정적 영향을 교육하고, 가정과 직장 및 사회적 활동에서 받게 되는 스트레스에 대한 대처훈련, 자기주장훈련, 이완훈련, 명상 등이 함께 시행되는 것이 일반적이다.

알코올 사용장애의 정도가 상대적으로 약한 사람의 경우에는 심리치료가 도움이 될 수 있다. 알코올 사용장애자들이 술을 마시게 되는 개인적 이유는 각기 다를 수 있다. 예컨대, 지속적인 가정불화로 인한 심리적 갈등, 대인기술의 미숙으로 인한 사회적 부적응, 직장 스트레스의 해소방법 부재 등으로 인해 반복되는 심리적 고통을 나름대로 풀기 위해 과도한 음주를 하는 경우가 많다. 따라서 알코올 사용장애자로 하여금 이렇게 반복적인 음주를 하게 만드는 심리사회적 갈등을 해소할 수 있도록 돕는 것이 필요하다. 개인 심리치료에서는 알코올 사용장애자들이 지니는 개인적 고민과 갈등을 깊이있게 다룰 수 있다. 또한 이들에게 스트레스 대처훈련, 사회적 기술훈련, 의사소통훈련, 감정표현훈련, 자기주장 훈련, 부부관계 증진 훈련 등을 통해 심리적 갈등을 완화하는 기술을 습득시켜 알코올에 대한 의존도를 약화시킬 수 있다. 아울러 알코올의 금단현상에는 외래방문을 통한 약물치료가 도움이 될 수 있다.

제2절 담배관련장애

담배tobacco는 중독성 물질인 **니코틴**nicotine을 함유하는 여러 종류의 담배(궐련, 시가, 씹는 담배, 냄새 맡는 담배 등)를 포함하고 있다. 담배는 미국 인디언이 처음 사용하였으며, 콜럼버스가 신세계로부터 담배를 유럽으로 가져간 이후 유럽을 비롯하여 전 세계로 급속히 확산되었다. 오늘날에는 흡연의 직접 또는 간접적인 영향으로 사망하는 사람이 세계적으로 연간 수백만 명에 이르고 이에 따르는 경제적인 손실이 엄청나다.

담배관련장애Tobacco-Related Disorders는 담배의 사용으로 인해 발생되는 다양한 심리적 장애를 말하며 크게 담배 사용장애와 담배금단으로 분류된다. 담배 사용장애Tobacco Use Disorder는 장기간의 니코틴 섭취로 인해 니코틴에 대한 내성과 금단현상을 비롯한 여러 가지 문제가 발생하여 일상생활에 부적응을 나타내는 경우를 말한다. 담배를 처음 피우면 기침, 구토, 어지러움 등을 유발하지만 담배에 내성이 생기면 이러한 증상이 사라지고 적당한 각성효과를 얻기 위해서는 더 많은 담배를 피워야 한다. 아울러 오랫동안 피워 오던 담배를 끊으면 불쾌감, 우울감, 불면, 과민성, 불안, 집중력 저하 등의 금단증상이 나타난다. 건강, 청결, 타인에 대한 배려 등의 이유로 금연을 하려고 노력하지만 실패하게 된다. 담배는 합법적으로 판매되고 있기 때문에 담배를 구하기 위해 많은 시간을 허비하지는 않지만, 특히 줄담배를 피우는 사람은 적지 않은 시간을 흡연으로 허비한다. 담배로 인해 현저한 사회적 부적응을 나타내는 경우는 드물지만 최근에는 관공서, 병원, 학교, 회사를 비롯하여 사회의 많은 곳에서 금연을 의무화하고 있기 때문에 담배를 피우는 사람들은 이러한 곳에서 활동하는 데에 어려움을 겪게 된다. 장기간의 흡연은 여러 가지 신체적 질병이 발생할 위험성을 증대시키며, 특히 신체적 질병(기관지염, 만성 호흡기장애 등)으로 인해 담배를 끊어야 함에도 불구하고 계속 담배를 피우는 사람의 경우 심각한 건강문제가 발생할 수 있다. 이러한 문제들이 12개월 이상 지속되어 사회적, 직업적 또는 다른 중요한 기능에 현저한 곤란이 초래될 때 담배사용장애로 진단될 수 있다.

2021년에 보건복지부가 실시한 정신장애 실태조사에 따르면, 한국인의 경우 담배 사용장애의 평생 유병률은 9.5%였으며 남성은 17.7%이고 여성은 1.1%로 나타났다. 한국인 남성의 경우, 담배 사용장애는 유병률이 가장 높은 정신장애로 나타났다. 장기간의 흡연과 관련된 의학적인 문제에는 폐암, 후두암, 기종 및 심장 혈관 질환 등이 있다. 하루 2갑을 30년 정도 피운 사람은 비흡연자보다 2배의 사망률을 보인다(Bennett, 1980).

담배 사용장애를 유발하는 니코틴의존은 지속적인 흡연행위로부터 비롯된다. 담배를 피우는 것이 백해무익하다는 것을 알면서도 왜 담배를 끊지 못하는 것인가? 담배는 흔히 청소년기에 가족 또는 친구들의 영향에 의해서 처음 피우기 시작한다. 흡연하는 친구들의 권유, 부모나 친구의 흡연행위에 대한 모방, 매스컴이나 영화 등에서 빈번하게 나타나는 흡연행동, 담배회사의 대대적인 광고 등이 청소년으로 하여금 담배를 피우게 한다. 처음 담배를 피우면 기침, 눈물, 구토, 어지러움 등의 불쾌한 경험을 하게 되지만, 이런 현상은 곧 사라지게 되며 여러 가지 긍정적인 효과를 경험하게 되면서 흡연행위가 강화되고 지속된다. 담배는 단기적으로 여러 가지 긍정적인 효과를 나타내지만 장기적으로 매우 부정적인 효과를 지니고 있다. 담배를 피우면 심리적 각성을 높여 주의집중력을 향상시켜 줄 뿐만 아니라 불안이나 우울과 같은 부정적 감정을 감소시켜

주고 긍정적 감정을 증가시켜 준다. 이러한 즉시적인 긍정적 효과가 흡연행위를 강화하게 되는 것이다.

생물학적 입장에서는 니코틴의 신체적 의존이 나타나는 생물학적 기제를 설명하려고 한다. **니코틴 일정효과 이론**nicotine fixed-effect theory에 따르면, 니코틴이 신경계통 내의 보상중추를 자극하기 때문에 강화효과를 지니며 이러한 강화효과가 단기적이므로 일정한 수준의 보상중추 자극을 위해 지속적인 흡연욕구가 생겨나게 된다고 한다. 또 다른 이론인 **니코틴 조절 이론**nicotine regulation theory에 따르면, 인체 내에 적당량의 니코틴 수준을 유지하기 위한 조절기세가 있어서 적정량에 이르지 못하면 흡연욕구를 상승시켜 니코틴 섭취를 유도한다는 것이다. **다중 조절 모델**multiple regulation model은 정서적 상태와 니코틴의 조건형성에 의해서 흡연행동을 설명한다. 즉, 불안 수준이 높아지면 흡연을 하게 되고 흡연을 중지하면 불안 수준이 높아지는 경험을 반복하게 되면, 니코틴 수준과 불안 수준의 연합이 형성된다. 따라서 니코틴 수준이 낮아지거나 불안 수준이 높아지면 담배를 피우는 흡연행동이 나타나게 된다는 설명으로서, 정서적 조절과 니코틴의 신체적 조절을 결합한 설명이라고 할 수 있다.

담배를 피우게 되는 심리적 원인은 매우 다양한 것으로 밝혀졌다. 흡연행동은 그 심리적 원인에 따라 다음의 아홉 가지 유형으로 구분될 수 있다: (1) 타인과 함께 있을 때 담배를 피우는 사회형(파티나 모임에서 담배를 피우게 된다), (2) 자극을 위해 담배를 피우는 자극형(바쁘고 힘든 일을 할 때 담배를 피우게 된다), (3) 편안함을 위해서 담배를 피우는 긴장이완형(나는 담배를 피우면 마음이 편안해진다), (4) 부정적 감정을 느낄 때 담배를 피우는 감정발산형(무언가에 화가 날 때 담배를 피운다), (5) 혼자 있을 때 담배를 피우는 고독형(혼자 있으면 심심하여 담배를 피우게 된다), (6) 사회적 능력이나 자신감을 증가시키기 위해서 담배를 피우는 자신감 증진형(나는 담배를 피울 때 다른 사람에 대한 자신감이 생긴다), (7) 담배 피우는 동작과 감각에서 즐거움을 느끼는 감각운동형(담배 피우는 즐거움은 담배를 꺼내고 불을 붙이는 단계에서 느끼게 된다), (8) 식욕억제를 위해 담배를 피우는 음식대체형(단것을 먹고 싶을 때 대신 담배를 피운다), (9) 자각 없이 담배를 피우는 습관형(나는 나도 몰래 담배가 입에 물려져 있다).

담배를 끊기가 어려운 이유는 담배에 대한 갈망이 매우 집요하고 금단증상이 매우 불쾌한 반면, 담배를 구하기는 너무 쉽기 때문이다. 금연을 위한 주요한 방법은 니코틴 대체치료, 다중양식치료, 최면치료 등이 있다. **니코틴 대체치료**nicotine replacement therapy는 니코틴에 대한 갈망과 금단증상을 제거하기 위해서 니코틴이 들어 있는 껌이나 패치를 사용하는 방법이다. **다중양식치료**multimodel intervention에서는 금연의 동기를 강화시키고 그 구체적 계획을 스스로 작성하며 인지행동적 기법을 통해 금연계획을 실행에 옮기게 한다. 흡연자는 자신이 매일 피우는 시간, 상황, 담배개비 수를 관찰하여 기록하고, 담배를 피우게 하는 상황을 회피하거나 변화시킴으로써 흡연행위 유발자극을 통제하게 하며, 금연에 대해서 스스로 자기강화를 하도록 하여 금연행위를 지속시키도록 한다. 아울러 니코틴 껌, 혐오치료, 급속흡연법 등이 함께 사용되기도 한다. 이 밖에도 최면을 통해 금연동기를 강화하거나 담배에 대한 혐오감을 증진시키는 방법과 침술을 통해 흡연욕구를 감소시키는 방법도 사용되고 있다. 그러나 어떤 금연치료방법을 사용하든 대부분 1년 이내에 재발하는 경향이 있기 때문에 치료 후에 금연상태를 유지하는 것이 중요하다. 그러나 더욱 중요한 것은 일단 담배를 피우게 되면 금연하는 것이 매우 어렵기 때문에 처음부터 담배를 피우지 않도록 하는 것이 좋다.

제3절 기타의 물질관련장애

1. 카페인관련장애

카페인caffeine은 우리가 일상생활에서 흔히 섭취하는 커피, 홍차, 청량음료를 비롯하여 진통제, 감기약, 두통약, 각성제, 살 빼는 약 등에 포함되어 있으며 초콜릿과 코코아에도 적은 함량이지만 카페인이 포함되어 있다. 카페인이 포함된 음료나 약물을 장기간 섭취하면 내성이 생기고 금단 현상도 나타나는 등 의존성이 생겨난다. 그러나 카페인으로 인한 내성과 금단현상은 물질 사용장애의 진단기준에 해당될 만큼 현저한 부적응을 초래하지는 않는 것으로 알려져 있다.

카페인관련장애로는 카페인중독과 카페인금단이 있다. 카페인중독Caffeine Intoxication은 250mg 이상의 카페인(끓인 커피 2~3컵 이상)을 섭취했을 때 다음 중 5개 이상의 증후가 나타날 경우를 말한다: (1) 안절부절못함, (2) 신경과민, (3) 흥분, (4) 불면, (5) 안면홍조, (6) 잦은 소변, (7) 소화내장기의 장해, (8) 근육 경련, (9) 두서없는 사고와 언어의 흐름, (10) 빠른 심장박동 또는 심부정맥, (11) 지칠 줄 모르는 기간, (12) 정신운동성 초조. 이러한 증상으로 인하여 사회적, 직업적 또는 다른 중요한 기능영역에서 현저한 고통이나 장애를 유발할 때 카페인중독으로 진단된다.

카페인금단Caffeine Withdrawal은 카페인을 지속적으로 사용하다가 중단했을 경우에 나타나는 증후군으로서 (1) 두통, (2) 현저한 피로감이나 졸림, (3) 불쾌한 기분, 우울한 기분 또는 짜증스러움, (4) 집중 곤란, (5) 감기 같은 증상(구토, 토역질 또는 근육통/뻣뻣해짐)이 있다. 이 밖에도 카페인의 과용으로 인해 불안증상이나 불면이 나타나는 카페인 유도성 장애가 있다.

2. 대마관련장애

대마cannabis는 식물 대마로부터 추출된 물질이다. 대마의 잎과 줄기를 건조시켜 담배로 만든 것이 대마초, 즉 마리화나marijuana이다. 해시시hashish는 대마 잎의 하단부와 상단부에서 스며 나온 진액을 건조한 것으로서 마리화나보다 훨씬 강력한 효과를 나타낸다. 대마관련장애는 이러한 대마계 물질이나 이와 화학적으로 유사한 합성물질에 대한 의존과 중독 현상을 말한다.

대마 사용장애Cannabis Use Disorder는 과도한 대마 사용으로 인해 발생하는 부적응적 문제를 말한다. 대마 사용장애는 대마에 대한 내성으로 인하여 강박적으로 대마를 사용하여 현저한 부적응을 나타내는 경우를 말한다. 대마는 생리적 의존이 잘 발생하지 않으며 금단증상도 심각하지 않은 것으로 알려져 있다. 대마의존이 있는 사람들은 몇 개월 또는 몇 년에 걸쳐서 매우 심하게 대마를 사용하고, 물질을 구하고 사용하는 데 하루 중 많은 시간을 보낸다. 이는 흔히 가정, 학교, 직장 또는 여가활동에 지장을 준다.

대마의존이 있는 사람은 이 물질이 신체적 문제(예: 흡연과 연관된 만성적 기침)나 심리적 문제(예: 반복적인 고용량 사용에 따른 과도한 진정)를 야기한다는 사실을 알고 있음에도 불구하고 지속적으로 사용한다. 대마남용은 주기적인 대마사용으로 직장 또는 학교에서의 활동에 지장을 초래하거나, 차를 운전하는 상황과 같이 신체적으로 위험한 일을 반복적으로 나타내는 경우를 말한다. 대마 소지로 인하여 체포되어 법적인 문제가 생기기도 한다.

대마중독Cannabis Intoxication은 대마의 사용으로 인하여 심각한 부적응적 행동변화나 심리적 변화(운동조정장애, 앙양된 기분, 불안, 시간이 느리게 지나가는 느낌, 판단력 장애, 사회적 위축)가 나타나는 경우를 말하며 흔히 결막 충혈, 식욕 증가, 구갈, 빈맥 등의 증상이 수반된다. 대마중독은 전형적으로 '기분고조상태'의 느낌으로 시작되고 부적절한 웃음, 자신만만한 태도와 더불어 고양된 기분이 뒤따르고 몸떨림, 수면발작, 단기기억장애, 고등 정신기능 장애, 판단력 장애, 왜곡된 감각적 지각, 운동수행의 손상, 시간이 느리게 가는 느낌 등을 경험한다. 때로는 심각한 수준의 불안, 우울 또는 사회적 위축이 나타나기도 한다. 대마를 흡연하는 경우 중독은 몇 분 이내에 나타나지만, 경구 복용을 하는 경우는 몇 시간이 지나야 나타나기도 한다.

3. 환각제관련장애

환각제hallucinogen는 환각효과를 나타내는 다양한 물질들을 말한다. 이러한 환각제에는 펜사이클리딘phencyclidine, 엘에스디LSD, 암페타민류, 항콜린성 물질 등이 속한다. 환각제는 주로 경구 투여되며 주사제로도 사용된다. 환각제를 사용하면 시각이나 촉각이 예민해지는 등 감각기능이 고양되고, 신체상과 시공간지각이 변화되며, 다행감이나 만화경 같은 환시, 현실감각의 상실, 감정의 격변, 공감각synesthesia(음악소리가 색깔로 보이는 등의 감각변형 현상) 등을 경험하게 된다. 잊었던 어린 시절의 기억이 회상되고, 종교적 통찰의 느낌을 갖게 되며, 신체로부터 이탈되는 경험이나 외부세계로 함입되는 느낌을 갖게 되고 의식의 확장이나 황홀경을 경험하게 된다. 그러나 환각제는 불안, 우울, 공포, 피해망상, 판단력 장애와 더불어 다양한 신체적 부작용을 유발하여 결과적으로 심각한 부적응 상태를 초래하게 된다.

환각제 사용장애Hallucinogen Use Disorder는 환각제 사용으로 인한 내성과 금단 현상으로 인해 반복적으로 환각제를 사용하는 경우를 말한다. 환각제는 다행감과 환각효과에 대해서 내성이 빨리 발전하는 반면에 동공산대, 과잉반사, 혈압상승과 같은 자율신경효과에 대해서는 내성이 생기지 않는다. 대부분의 환각제는 반감기가 길고 작용시간이 광범위하기 때문에 환각제 의존이 있는 사람들은 약의 효과를 얻고 회복하는 데 며칠 동안의 시간을 보내야 한다. 환각제의 중독상태에서는 기억력 장애나 공황장애로 나타나는 '지옥여행' 경험을 하게 되며 이러한 유해성을 잘 알면서도 계속 환각제를 사용하게 된다. 일부 환각제는 사용한 다음날 불면증, 피곤함, 졸림, 균형 상실, 두통 등의 후유증을 초래한다. 또한 환각제 중독상태에서 판단력이 상실되어 자신이 날 수 있다는 믿음을 갖고 창문 밖으로 뛰어내리는 위험한 행동을 하기도 한다. 환각제 사용자는 환각제중독에 의해 생긴 부적응적 증상으로 인해 학교, 직장, 가정에서 자신의 역할을 완수하지 못한다. 또한 신체적으로 해로운 상황(예: 오토바이나 자동차를 운전하는 경우)에서도 환각제를 사용하고 환각제 중독이나 소지로 인해 법적 문제가 생긴다. 중독상태에서의 부적절한 행동, 고립된 생활양식, 그리고 중요한 타인과의 갈등으로 인해 사회적 문제와 대인관계 문제가 생길 수 있다.

환각제유도성 장애로는 환각제 중독과 환각제 지속성 지각장애가 대표적이다. 환각제중독Hallucinogen Intoxication은 환각제 사용 중 또는 그 직후에 발생되는 부적응적 행동변화나 심리적 변화(예: 심한 불안이나 우울, 관계망상, 정신을 잃을 것 같은 공포, 편집성 사고, 판단력 장애, 사회적 또는 직업적 기능손상)와 지각적 변화(예: 주관적인 지각 강화, 이인증, 비현실감, 착각, 환각, 공감각)를 말한다. 환각제 사용 후 다음 중 2개 이상의 징후가 나타나면 환각제중독으로 진단된다: (1) 동공산대, (2) 빈맥, (3) 발한, (4) 가슴 두근거림, (5) 시야 혼탁, (6) 진전, (7) 운동조정 곤란. 일반적으로 환각제에 중독되면 수다스럽고 산만해지며 기분이 빨리 변하는 동시에 정신이상이나 죽음에 대한 두려움과 함께 공포와 불안이 심해진다. 환각제 중독상태에서 초래되는 지각장애와 판단력 장애로 인하여 자동차 사고나 죽음, 싸움, 높은 곳에서 날려는 시도가 나타나기도 한다.

4. 흡입제관련장애

흡입제inhalants는 환각을 유발할 수 있는 다양한 휘발성 물질을 의미하며 주로 코를 통해 체내로 유입된다. 대표적인 흡입제는 본드, 부탄가스, 가솔린, 페인트 시너, 분무용 페인트, 니스 제거제, 고무시멘트, 세척제, 구두약 등이다. 흡입된 대부분의 화학물질은 정신활성 효과를 유발할 수 있는 여러 가지 물질의 복합체이다. 이 장애를 일으키는 정확한 물질을 알아내는 것은 어려우며 사용된 물질이 복합적이고 확인하기 어렵기 때문에 흡입제라는 용어를 사용하고 있다. 흡입제를 적신 헝겊조각을 입이나 코에 대고 흡입하는 방법이 가장 흔하고 흡입제를 종이나 플라스틱 봉지에 넣고 봉지 내에 있는 기체를 마시기도 한다.

흡입제 사용장애Inhalant Use Disorder는 과도한 흡입제 사용으로 인해 나타나는 다양한 부적응적 문제를 의미한다. 흡입제는 사용 중단 후 24~48시간에 금단증후군이 시작되어 2~5일 동안 지속되며 흔히 수면장애, 몸 떨림, 과민성, 발한, 메스꺼움, 순간적인 착각 등의 증상이 나타나는 경향이 있다. 그러나 흡입제에 특징적인 금단증후군은 분명히 밝혀져 있지 않으며 또한 금단증상을 줄이기 위해 흡입제를 사용한다는 증거도 없다. 그러나 흡입제는 원래 의도한 것보다 더 오랜 기간 사용되고 더 많은 양을 사용하기 때문에 흡입제 사용을 끊거나 조절하기가 어렵다. 흡입제는 값이 싸고 합법적으로 판매되기 때문에 구입하는 데에 많은 시간이 들지 않지만, 흡입제를 사용하고 회복하는 데는 상당한 시간이 소요된다. 흡입제가 간질환이나 신경계의 손상과 같은 신체적 문제를 유발할 수 있다는 사실을 알면서도 사용하는 경향이 있다. 이러한 흡입제의 반복사용으로 인해 중요한 사회적, 직업적 활동이 포기되거나 감소되어 현저한 부적응이 나타날 경우에는 흡입제 사용장애로 진단될 수 있다.

흡입제유도성 장애에는 흡입제중독이 대표적이다. 흡입제중독은 휘발성 흡입제를 의도적으로 사용하거나 단기간에 많은 용량에 노출되어 현저한 부적응적 증상을 나타내는 경우를 말한다. 휘발성 흡입제 사용 도중, 사용 직후 또는 노출 이후에 심각한 부적응적 행동변화나 심리적 변화(예: 호전성, 공격성, 정서적 둔마, 판단력 장애, 사회적-직업적 기능 손상)가 나타나고 다음과 같은 증상이 2개 이상 나타나면 흡입제중독으로 진단된다: (1) 현기증, (2) 안구진탕증, (3) 운동조정 곤란, (4) 불분명한 언어, (5) 불안정한 보행, (6) 기면, (7) 반사의 감소, (8) 정신운동성 지연, (9) 진전, (10) 전반적인 근육약화, (11) 시야 혼탁이나 복시, (12) 혼미나 혼수, (13) 다행감.

5. 아편제관련장애

아편opium은 양귀비라는 식물에서 채취되는 진통효과를 지닌 물질로서 의존과 중독 현상을 나타내는 대표적인 마약이다. 이러한 아편과 유사한 화학적 성분이나 효과를 나타내는 물질들을 아편제opioids라고 하는데, 천연 아편제(예: 모르핀), 반합성 아편제(예: 헤로인), 모르핀과 유사한 작용을 하는 합성 아편제(예: 코데인, 하이드로 모르핀, 메사돈, 옥시코돈, 메페리딘, 펜타닐)를 포함한다. 아편제는 진통제, 마취제, 설사억제제, 기침억제제로 처방되고, 적절한 의학적인 목적 이외의 사용은 법적으로 허용되지 않고 있다. 헤로인은 이러한 약물들 중에서 가장 흔하게 남용되는 약물이고, 정제된 헤로인은 주사를 통해 사용되며, 때로는 흡연을 하거나 코로 흡입하기도 한다.

아편제 사용장애Opioids Use Disorder에는 아편제 의존과 남용이 포함된다. 아편제는 매우 강한 의존성을 초래할 수 있어서 아편제의존이 있는 사람들은 매우 강한 내성을 지니며, 아편제 사용을 중단할 경우 매우 심한 금단증상을 경험한다. 아편제에 의존된 사람들의 일상생활은 아편물질을 얻고 투약하는 일로 이루어지는 경우가 대부분이다. 아편제 의존을 나타내는 사람들은 아편물질을 보통 불법적으로 비밀거래선을 통해 구하거나 자신의 신체적 문제를 조작하거나 과장하여 의사로부터 구입하기도 한다. 아편제 의존을 지닌 사람들은 약물과 관련된 범죄(예: 약물의 소지 및 유포, 절도, 강도 등)로 인해 법적 문제를 야기하게 되며 흔히 가정불화, 이혼, 실직, 경제적 곤란 등의 문제를 수반하게 된다.

아편제남용은 아편제 사용으로 인해 법적 문제나 부적응적 사건이 반복적으로 발생하는 경우를 말한다. 불법적인 아편제 거래와 사용으로 인해 법적인 문제가 생길 뿐만 아니라 아편제에 중독된 상태에서 저지르는 불법적인 행동(예: 가택침입, 절도, 강도, 장물취급, 위조, 사고 등)으로 인해 빈번한 법적 문제가 발생하게 된다. 그러나 아편제남용은 아편제의존에 비해 아편물질을 적게 사용하고 심각한 내성이나 금단증상이 발생하지 않는 경우에 해당된다.

아편제유도성 장애에는 아편제 중독과 아편제 금단이 대표적이다. 아편제중독은 아편제 사용도중 또는 직후에 발생되는 심각한 부적응적 행동 변화나 심리적 변화(예: 초기 다행감에 뒤따르는 무감동, 불쾌감, 정신운동성 초조 또는 지연, 판단력 장해)가 나타나는 경우를 말한다. 아편제 사용 도중 또는 직후에 나타나는 동공 축소와 함께 (1) 졸림 또는 혼수, (2) 불분명한 발음, (3) 집중력 장해와 기억력 장해 중 한 가지 이상의 증상이 나타나면 아편제중독으로 진단될 수 있다. 아편제의 중독 증상은 보통 몇 시간 동안 지속되며, 과용량 사용했을 경우에는 혼수상태, 호흡저하, 의식소실을 나타내며 죽음을 초래할 수도 있다.

아편제금단은 지속적으로(몇 주 또는 그 이상) 사용하던 아편제의 중단(또는 감량) 후에 특징적인 금단증후군이 나타나는 경우를 말한다. 아편제 중단 이후 몇 분에서 며칠 이내에 다음 증상 중 3개 이상이 나타날 때, 아편제금단이라고 진단된다: (1) 불쾌한 기분, (2) 오심 또는 구토, (3) 근육통, (4) 눈물을 흘리거나 콧물을 흘림, (5) 동공산대, 입모(털이 일어남) 또는 발한, (6) 설사, (7) 하품, (8) 발열, (9) 불면증.

6. 자극제관련장애

자극제stimulants는 암페타민과 코카인을 비롯한 중추신경계를 자극하는 물질을 의미한다. 대표적인 자극제인 암페타민amphetamine은 중추신경계 흥분제로서 각성과 흥분의 효과를 지니고 있다. 암페타민은 초기에는 천식 치료제로 사용되었으나 신경흥분작용이 알려지면서 우울증 치료에 사용되기도 했고 제2차 세계대전 중에는 피로감 제거를 위해 병사들에게 제공되었으며 오늘날은 과잉 활동을 수반하는 주의력결핍 아동의 치료에 사용하기도 한다. 적은 양의 암페타민은 각성 수준과 심장박동을 증가시키며 식욕을 감퇴시키고 유쾌감과 자신감을 높여주는 효과를 나타낸다. 그러나 많은 양을 복용하면 예민해지고 안절부절못하며 두통, 현기증, 및 불면이 초래되며 때로는 의심이 많아지고 적대적이 되어 타인에게 공격적 행동을 하는 경우도 있다. 오랫동안 과다한 용량을 사용하면 망상을 포함해 정신병 상태가 되기도 하며 뇌손상을 야기한다는 보고도 있다. 이러한 암페타민과 그 유사물질들은 의존과 중독 현상을 나타낼 수 있다. 우리나라에서는 히로뽕(또는 필로폰)이라고 불리는 메스암페타민methamphetamine이 이에 속한다.

자극제 사용장애는 암페타민이나 코카인과 같은 자극제의 과도한 사용으로 인해 파생되는 부적응 문제를 의미한다. 자극제는 매우 강력한 행복감을 느끼게 하는 효과를 지니고 있기 때문에 이 물질을 사용한 사람들은 매우 짧은 기간 내에 자극제 의존으로 발전될 수 있다. 자극제 사용이 가능할 때마다 자극제 사용을 거부하기가 점차 어려워진다는 것을 알게 되면서 자극제 의존의 초기 징후가 나타난다. 반감기가 짧기 때문에 '기분고조상태'를 유지하기 위해 자주 투여하게 된다. 자극제의존자들은 매우 단기간의 약물사용을 위해서 많은 액수의 돈을 소비한다. 그 결과 자극제 사용자들은 약물을 구입하기 위한 자금을 구하기 위해 절도, 매춘 또는 약물 거래에 관여하게 된다. 자극제를 구입하거나 복용하기 위해 직업이나 자녀양육 등을 등한시하기도 한다. 자극제의 지속적 사용은 편집적 사고, 공격적 행동, 불안, 우울, 체중 감소와 같은 심리적·신체적 합병증을 유발하게 된다. 투여방법에 상관없이 반복적으로 사용하게 되면 내성이 생겨난다.

7. 진정제, 수면제 또는 항불안제 관련장애

진정제, 수면제 또는 항불안제sedatives or hypnotics or anxiolytics는 벤조디아제핀 계열의 약물, 카바메이트 제제, 바비튜레이트와 그 유사 수면제를 포함한다. 이러한 약물들은 알코올처럼 뇌기능 억제제이고 알코올과 유사한 문제를 일으킬 수 있다. 이러한 약물은 알코올과 혼합되어 고용량으로 사용될 경우 치명적일 수 있다.

진정제, 수면제 또는 항불안제 중독은 이러한 약물의 사용 후에 심각한 부적응적 변화(예: 부적절한 성적, 공격적 행동, 불안정한 기분, 판단력 장애, 사회적·직업적 기능장애)가 나타나며 (1) 불명료한 발음, (2) 운동조정 곤란, (3) 불안정한 보행, (4) 안구진탕, (5) 주의력 장애와 기억력 장애, (6) 혼미나 혼수와 같은 징후 중 한 가지 이상을 보일 경우를 말한다.

진정제, 수면제 또는 항불안제 금단은 지속적으로 사용해오던 약물을 중단하거나 감량했을 때 (1) 자율신경계 항진, (2) 손 떨림의 증가, (3) 불면, (4) 오심 또는 구토, (5) 일시적인 시각적·촉각적·청각적 환각이나 착각, (6) 정신운동성 초조, (7) 불안, (8) 대발작 경련 중 두 가지 이상의 징후가 나타나는 경우를 말한다.

제4절 비물질관련장애: 도박장애

개인택시 운전기사인 H씨는 오늘도 하루 종일 경마장에 머물고 있다. 1년 전에 우연히 친구와 함께 경마장을 방문하여 경마를 알게 된 후에 푹 빠져들고 말았다. 자신이 선택한 말이 다른 말들과 선두를 다투며 달리다가 마지막에 속도를 내며 1등으로 결승선을 통과할 때의 짜릿한 쾌감은 무엇과도 비교할 수 없다. 그뿐만 아니라 자신이 선택한 말이 1등으로 들어오면 엄청난 배당금을 받을 수 있다. 게다가 1등과 2등으로 들어오는 말까지 모두 맞추는 복승식 마권은 그야말로 대박을 낼 수 있다. H씨는 이러한 재미에 빠져 택시운전은 접어둔 채 경마신문을 샅샅이 읽으며 경마에 나설 말들의 특성과 승률을 파악하느라 여념이 없다. 매번 자신의 예측을 빗나가는 결과 때문에 그동안 많은 돈을 잃었다. 택시운전으로 번 돈뿐만 아니라 개인택시를 담보로 빌린 돈까지 경마로 탕진했다. 하지만 언젠가 대박을 낼 것이라는 기대감 속에서 H씨는 벌써 1년 이상 많은 시간을 경마장에서 보내고 있다.

1. 주요증상과 임상적 특징

우리 주변에는 화투나 카드 게임을 비롯하여 경마, 경륜, 슬롯머신과 같은 도박성 게임이 오락의 한 형태로 많은 사람에 의해서 행해지고 있다. 그러나 자칫 이러한 도박성 게임에 빠져들게 되면 경제적 파산과 가정 파탄을 초래하는 비참한 상태로 전락하게 된다. 카지노나 경마장 등에서 병적 도박으로 패가망신하는 사람들에 대한 이야기를 신문과 방송매체를 통해 종종 접하게 된다.

DSM-5-TR에서는 비물질관련장애로서 도박장애를 포함시키고 있다. **도박장애** Gambling Disorder는 H씨의 경우처럼 도박이나 노름을 하고 싶은 충동으로 반복적인 도박을 하게 되는 경우로서 **병적 도박** pathological gambling이라고 하기도 한다. 도박장애는 12개월 동안에 다음의 특성 중 4개 이상의 항목에 해당하는 도박행동이 지속적이고 반복적으로 일어나서 사회적 · 직업적 부적응을 초래할 때 진단된다.

(1) 원하는 흥분을 얻기 위해서 점점 더 많은 액수의 돈을 가지고 도박을 하려는 욕구를 지닌다.
(2) 도박을 줄이거나 중단하려고 시도할 때는 안절부절못하거나 신경이 과민해진다.
(3) 도박을 통제하거나 줄이거나 중단하려는 노력이 거듭 실패로 돌아간다.
(4) 도박에 집착한다(예: 과거의 도박경험을 계속 떠올리고, 다음번에 돈을 걸었을 때 승산을 예상하거나 계획하고, 도박을 해서 돈을 벌 수 있는 방법을 생각한다).
(5) 정신적인 고통(예: 무기력감, 죄책감, 불안감, 우울감)을 느낄 때마다 도박을 하게 된다.
(6) 도박으로 돈을 잃고 나서 이를 만회하기 위해 다음 날 다시 도박판으로 되돌아간다.
(7) 도박에 빠져 있는 정도를 숨기기 위해서 거짓말을 한다.
(8) 도박으로 인해서 중요한 대인관계, 직업, 교육이나 진로의 기회를 위태롭게 하거나 상실한다.
(9) 도박으로 인한 절망적인 경제상태에서 벗어나기 위해 다른 사람에게 돈을 빌린다.

도박장애를 지닌 사람들은 도박에 손을 대기 시작하는 초기에 돈을 따는 경험을 하게 된다고 한다. 따라서 지속적으로 도박을 하게 되지만 결국에는 돈을 잃게 되고 이때부터는 잃은 돈을 회복하기 위해 도박에 빠져들게 된다. 그러나 점점 더 많은 액수의 돈을 잃게 되어 도박에서 헤어나지 못하게 된다. 도박장애는 갑자기 발병하지는 않으며, 대개 몇 년 동안 사교적 도박을 해오다가 발병한다.

병적인 도박자 60명에 대한 심리적 특성을 분석한 버글러(Bergler, 1958)에 따르면, 이들은 모험을 즐기고 도박이 흥미, 활동, 생각의 대부분을 차지하며 자신이 돈을 딸 것이라는 낙관주의로 가득 차 있고 자신이 실패할 가능성을 계산하지 못한다. 이들은 돈을 따고 있을 때 적당한 시점에서 도박을 그만두지 못하고, 돈을 계속 따면 나중에는 그 돈을 한꺼번에 몽땅 걸며, 도박을 하는 동안에 즐거운 긴장감과 스릴을 만끽한다. 이들은 경쟁적이고 독립적이며 자만심이 강하여 권위적인 사람의 간섭을 싫어하고 대

도박장애를 지닌 사람들이 많은 카지노와 경마장

부분 다른 사람에 의해 강제로 치료기관에 끌려온다.

도박장애를 지닌 사람들은 도박을 하면서 엄청난 스트레스를 받기 때문에 스트레스로 인한 고혈압이나 소화성 궤양, 편두통과 같은 질병을 나타내기도 한다. 이들 중에는 기분장애, 알코올 남용이나 마약남용, 반사회성 성격장애, 자기애성 성격장애, 경계선 성격장애의 비율이 높다. 도박장애로 인해 치료를 받는 사람들 중 20% 정도가 자살을 시도한 적이 있다는 보고가 있다.

도박장애의 유병률은 성인인구의 1~3%로 추정되고 있다. 이들 중 약 1/3은 여자인데 우울하거나 도피의 수단으로 도박을 하는 경향이 강하다. 여성 도박자가 치료기관을 찾아오는 경우는 극히 드물며 **단도박**Gamblers Anonymous 모임에 참여하는 여자의 비율은 2~4%밖에 되지 않는다. 이러한 현상은 도박장애가 특히 여자에게 더 오명으로 작용하기 때문인 것으로 해석되고 있다. 도박장애는 남자의 경우는 초기 청소년기에, 여자의 경우는 주부 도박단의 예에서 볼 수 있듯이 인생의 후기에 시작되는 경향이 있다. 우리나라의 경우, 도박장애의 평생 유병률은 1.0%로 나타났으며 도박장애 고위험군의 유병률은 2.3%이며 성인의 3.3%가 문제성 도박을 경험한 것으로 나타났다(조맹제, 2011).

2. 원인과 치료

정신역동적 입장에서는 오이디푸스 갈등과 관련된 무의식적 동기로 도박장애를 설명하고 있는데 공격적이거나 성적인 에너지를 방출하려는 욕구가 무의식적으로 대치되어 도박행동으로 나타난다고 본다. 버글러(Bergler, 1958)는 '자신이 반드시 돈을 딸 것'이라는 불합리한 확신의 기원을 어린 시절에 지니고 있던 전지전능감에서 찾고 있다. 성장하면서 이러한 유아적 전지전능감에 상처를 입게 되고 무의식적 공격성이 증가하게 되면, 자신을 처벌하고자 하는 무의식적 욕구가 도박행동에 빠져들게 한다는 것이다.

학습이론에서는 모방학습과 조작적 조건형성으로 도박장애를 설명한다. 병적 도박자들은 대부분 어렸을 때 부모, 형제, 친구와 놀이로 도박을 하다가 심각한 도박행동이 시작되었다고 보고한다. 즉, 도박행동은 모방학습을 통해 습득되며, 도박에서 따는 돈이나 돈을 따는 과정에서 느끼는 강한 흥분이 도박행동을 계속하게 만드는 강한 정적 강화물이 된다. 돈을 잃는 데도 도박을 지속하는 이유는 간헐적으로 돈을 따는 강화경험을 하기 때문이다. 특히 어떤 행동이 가장 집요하게 계속되는 경우는 일정한 방식으로 보상이 주어지기보다는 도박의 경우처럼 간헐적으로 예측할 수 없도록 보상이 주어지는 경우이다. 특히 즉시적인 강화물이 주어지는 카지노나 슬롯머신이 병적 도박을 유발할 가능성이 높다.

인지적 입장에서는 병적 도박자들이 인지적 왜곡을 지니고 있다고 주장한다. 이들은 자신이 돈을 따게 될 주관적 확률을 객관적 확률보다 현저하게 높게 평가한다. 즉, 자신의 능력이나 운이 게임의 결과에 작용하여 자신이 돈을 딸 확률이 현저하게 높다는 비현실적인 낙관주의에 빠져 있는 경우가 많다. 병적 도박자들이 지니고 있는 또 다른 전형적인 비합리적 생각은 돈을 계속 잃었기 때문에 나쁜 운이 끝나고 이를 보상할 수 있는 행운이 곧 찾아올 것이라는 믿음이다. 이러한 비현실적인 생각과 인지적 왜곡이 도박장애에서 벗어나지 못하게 한다.

도박장애는 일종의 중독상태라는 주장이 제기되고 있다. 알코올중독이나 마약 중독과 마찬가지로, 도박장애는 내성과 금단증상을 나타내어 도박에 의존하게 만든다는 주장이다. 도박을 하는 사람이 처음에 10만 원을 딴 것에 대한 내성이 생기게 되면, 다음에는 똑같이 10만 원을 따도 이에 만족하지 못하고 더 큰 액수를 따려고 하기 때문에 더 큰 액수에 더 모험적인 방식으로 도박을 하게 된다. 또한 병적 도박자들은 도박을 중단하면 안절부절못하고 우울해지거나 과민하고 집중력이 저하되는 금단증상을 보인다.

도박장애는 우울증이 변형된 상태라는 주장도 제기되고 있다. 병적 도박자 중에는 우울증을 지닌 사람들이 많을 뿐만 아니라 도박을 그만두게 하면 우울증상을 나타내는 경우가 흔하다. 이들은 우울하고 불쾌한 내면적 정서상태를 변화시키려는 시도로서 도박을 하게 된다는 것이다. 도박을 하면 마치 암페타민이나 아편을 복용한 것과 유사하게 교감신경계가 활성화되고 주관적 흥분감이 증가하여 기분이 좋아지고 피로감이 줄어들게 되므로 자신을 괴롭히는 고통스러운 부정적 정서상태에서 벗어날 수 있다.

도박장애는 치료가 어렵고 재발률도 높다. 병적 도박자는 자발적으로 치료를 받으려 하지 않으며 가족이나 법원에 의해서 강제로 치료를 받는 경우가 흔하다. 도박장애는 원인이 다양한 만큼 치료법도 다양하게 제시되고 있다. 정신분석적 치료에서는 도박에 자꾸 빠져들게 하는 무의식적인 동기에 대한 통찰을 유도함으로써 도박행동을 감소시키고자 한다. 행동치료에서는 도박에 대한 매혹을 제거하고 혐오감을 형성시킴으로써 도박을 멀리하게 만드는 혐오적 조건형성을 사용하기도 한다.

도박장애에 가장 널리 적용되고 있는 치료법은 도박과 관련된 부적응적 인지와 행동을 변화시키는 데 초점을 맞추는 인지행동치료이다(Rash & Petry, 2014). 페트리와 동료들(Petry et al., 2006)은 8회기로 구성된 인지행동치료를 병적 도박자에게 실시하여 도박행동의 감소 효과가 1년 후까지 지속되었다고 보고한 바 있다. 이들이 사용한 인지행동치료의 주된 내용은 도박 촉발요인 찾아내어 변화시키기, 도박경험 정밀하게 분석하기, 대안적 활동 증가시키기, 도박충동 대처하기, 대인갈등 해결기술 육성하기, 도박과 관련된 비합리적 인지 찾아내어 수정하기, 재발 방지하기로 구성되었다.

최근에 톨차드(Tolchard, 2017)는 노출과 인지재구성을 중심으로 한 통합적 인지행동치료를 제안했다. 그에 따르면, 도박장애의 치료를 위해서는 도박 단서에 반복적으로 노출시켜 둔감화를 통해 도박 충동을 감소시키는 것이 중요하다. 아울러 도박 충동을 유발하는 부적응적인 인지를 찾아내어 수정해야 한다. 재발방지를 위해서는 도박을 하지 못하도록 병적 도박자의 돈을 다른 사람이 관리하게 하거나 인지행동적 기법을 계속 사용하게 하여 재발을 방지하도록 돕는 것이 중요하다.

도박장애에는 약물치료가 적용될 수도 있다. 클로미프라민이나 선택적 세로토닌 억제제와 같은 항우울제가 병적 도박에 효과적이라는 주장이 있다. 이 밖에도 집단치료와 단도박 모임도 도움이 될 수 있다. 단도박 모임은 병적 도박자들이 도박의 유혹을 극복하도록 돕는 자조집단self-help group이다. 도박장애의 증상이 매우 심각하거나 자살의 위험성이 있을 경우에는 입원치료도 고려해야 한다.

인터넷게임장애

도박 외에도 중독현상을 나타낼 수 있는 다양한 행동이 비물질관련 중독장애로 고려되고 있다. 예컨대, 게임, 쇼핑, 주식거래, 섹스와 같은 다양한 행동에 대한 과도한 몰두로 인해서 부적응이 초래되는 경우가 흔하다. 중독현상은 쾌락을 경험하기 위한 행동의 빈도와 강도가 점점 더 증가하는 내성tolerance과 그러한 행동을 하지 않으면 심한 고통을 경험하는 금단withdrawal으로 인해서 개인이 그러한 행동을 조절할 수 없는 부적응 상태에 이르게 하는 공통적인 특징을 지닌다.

DSM-5-TR에서는 도박장애가 유일하게 비물질관련 중독장애에 포함되어 있다. 그러나 〈추가 연구가 필요한 부적응 상태〉에 **인터넷게임장애**(IGD: Internet Gaming Disorder)가 포함되어 있다. 또한 2018년에 발간된 ICD-11에서는 **게임장애**(Gaming Disorder)를 공식적인 행동장애로 포함시켰다.

DSM-5-TR에 따르면, 인터넷게임장애는 게임을 하기 위해서, 그리고 흔히 다른 사용자들과 함께 게임을 하기 위해서 지속적이고 반복적으로 인터넷을 사용하는 행동으로 인해 현저한 손상이나 고통이 초래되는 경우를 의미한다. 다음의 9개 증상 중 5개 이상이 12개월 동안 나타날 경우에 인터넷게임장애로 진단된다: (1) 인터넷 게임에 몰두함, (2) 게임을 못하게 할 경우 금단 증상을 나타냄, (3) 내성, 즉 더 오랜 시간 동안 게임을 하려는 욕구가 나타남, (4) 게임 참여를 조절하려는 시도가 실패함, (5) 게임으로 인해 이전에 즐겼던 취미와 오락 활동에 대한 흥미가 감소함, (6) 심리사회적 문제를 잘 알고 있음에도 불구하고 게임을 계속함, (7) 가족, 치료자 또는 타인에게 게임한 시간을 속임, (8) 부정적인 기분(예: 무력감, 죄책감, 불안)에서 벗어나기 위해서 게임을 함, (9) 게임의 참여로 인해 삶의 중요한 영역(대인관계, 직업, 학업 또는 진로 등)에서 심각한 문제가 발생함. 인터넷게임장애는 일상생활이 손상되는 정도에 따라 경도, 중등도, 고도로 구분된다.

인터넷게임장애를 나타내는 사람들은 다른 활동을 소홀히 하고 컴퓨터 앞에 앉아 오랜 시간 게임을 한다. 이들은 일반적으로 하루에 8~10시간 이상, 한 주에 적어도 30시간 이상 게임을 하면서 보낸다. 만약 게임을 하지 못하도록 제지하면 불안해하고 분노하게 된다. 이들은 흔히 식사도 하지 않고 잠도 자지 않은 채 게임을 하기도 하고 학교, 직장, 가족과 관련된 일상적인 활동을 소홀히 한다. 인터넷게임장애의 중요한 특징은 지속적이고 반복적으로 컴퓨터 게임을 하는 것이며 팀을 이루어 경쟁하는 그룹 게임을 하는 경우가 흔하다.

인터넷게임장애의 12개월 유병률은 4.7%이며 국가에 따라 0.7~15.6%의 넓은 범위를 나타내고 있다(American Psychiatric Association, 2022). 여러 연구의 결과를 종합하면, 청소년 남성이 인터넷게임장애에 가장 취약한 집단이다. 청소년 남성의 유병률은 평균 6.8%인 반면, 청소년 여성은 그보다 현저하게 낮은 1.3%이다.

인터넷게임장애의 발생에는 생물학적, 심리적, 사회환경적 요인이 관련하는 것으로 알려져 있다(Torres-Rodriguez et al., 2018). 생물학적 요인으로는 중독에 취약한 유전적 기질과 신경생리적 결함, 그리고 다른 정신장애(우울장애, 불안장애, ADHD, 자폐스펙트럼장애 등)의 공존이 보고되고 있다. 심리적 요인으로는 미숙성과 충동성, 정서불안정성, 감각추구 성향, 그리고 낮은 자존감과 자기조절능력이 관여하는 것으로 알려져 있다. 또한 갈등이 많고 애정과 의사소통이 부족한 가정환경, 학교성적 부진, 열악한 사회적 환경과 더불어 사별, 주요한 생활사건, 급격한 삶의 변화와 같은 스트레스 요인이 인터넷게임장애에 영향을 미치는 것으로 보고되고 있다.

인터넷게임장애의 치료를 위해서는 약물치료, 인지행동치료, 가족치료가 적용되고 있다(Zajac et al., 2020). 약물치료에서는 항우울제나 ADHD 치료제가 사용되고 있으며, 인지행동치료에서 게임에 영향을 미치는 사고와 행동의 변화뿐만 아니라 마음챙김과 부모의 심리교육에 초점을 맞추고 있다. 또한 가족의 관계와 소통 증진에 초점을 맞추는 가족치료도 적용되고 있다(서장원, 2017).

요약

1. 급식 및 섭식 장애는 개인의 건강과 심리사회적 기능을 현저하게 방해하는 부적응적인 섭식행동과 섭식-관련 행동을 의미한다. DSM-5-TR에서는 급식 및 섭식 장애의 하위유형으로 신경성 식욕부진증, 신경성 폭식증, 폭식장애, 이식증, 되새김장애, 회피적/제한적 음식섭취장애를 제시하고 있다.
2. 신경성 식욕부진증은 체중 증가와 비만에 대한 극심한 두려움을 지니고 있어서 음식 섭취를 현저하게 감소시키거나 거부함으로써 체중이 비정상적으로 저하되는 경우를 말한다. 정신분석적 입장에서는 성적 욕구에 대한 부정, 부모로부터의 독립과 자기주장, 적대적인 어머니상에 대한 공격과 같은 무의식적 동기가 식욕부진증의 발생에 관여하는 것으로 본다. 인지적 입장에서는 신경성 식욕부진증 환자들이 자신의 신체를 뚱뚱한 것으로 왜곡하여 지각하는 경향이 있으며 이상적인 몸매와의 심한 괴리감으로 인해 과도한 체중 감소의 노력을 하게 된다고 주장한다. 신경성 식욕부진증 환자는 영양실조로 인한 여러 가지 합병증의 위험이 있기 때문에 입원치료를 하는 경우가 많다.
3. 신경성 폭식증은 짧은 시간 내에 많은 양을 먹는 폭식행동과 이로 인한 체중 증가를 막기 위해 배출행동이 반복되는 경우를 말한다. 정신분석적 입장에서는 폭식증이 부모에 대한 무의식적인 공격성의 표출과 관련되어 있다고 본다. 행동주의적 입장에서는 폭식증을 음식에 대한 접근행동과 회피행동이 반복되는 상태라고 설명한다. 폭식장애는 폭식을 일삼으면서 자신의 폭식에 대해 고통을 경험하지만 음식을 토하는 등의 보상행동은 나타내지 않는 경우를 말한다. 이식증은 영양분이 없는 물질이나 먹지 못할 것(예: 종이, 천, 흙, 머리카락)을 적어도 1개월 이상 지속적으로 먹는 경우를 말한다. 되새김장애는 핵심증상이 반복적인 음식역류로서 음식물을 반복적으로 토해내거나 되씹는 행동이 1개월 이상 나타날 때 진단된다. 회피적/제한적 음식섭취장애는 6세 이하의 아동이 지속적으로 먹지 않아 1개월 이상 심각한 체중 감소가 나타나는 경우를 말한다.

4. 물질관련 및 중독 장애는 술, 담배, 마약과 같은 중독성 물질을 사용하거나 중독성 행위에 몰두함으로써 생겨나는 다양한 부적응적 증상을 포함하고 있다. 이 장애범주는 크게 물질관련장애와 비물질관련장애로 구분된다. 물질관련장애를 유발할 수 있는 물질로는 알코올, 담배, 카페인, 대마, 환각제, 흡입제, 아편제, 흥분제, 진정제·수면제·항불안제 등이 있다. 비물질관련장애로는 도박장애가 있다.
5. 알코올관련장애는 알코올의 사용으로 인해 발생되는 다양한 심리적 장애를 말하며 크게 알코올 사용장애와 알코올유도성 장애로 분류된다. 알코올 사용장애는 알코올의 과도한 사용으로 나타나는 다양한 부적응 문제를 의미한다. 알코올 사용장애는 유병률이 매우 높은 장애로서 흔히 사고, 폭력, 자살, 신체적 질병을 유발한다. 알코올 사용장애는 유전적 요인이나 알코올 신진대사 기능과 밀접한 관계가 있으며 가족과 또래집단의 음주행위에 의해 영향을 받는 것으로 알려져 있다. 또한 불안을 감소시키는 알코올의 강화효과나 알코올에 대한 긍정적 기대와 신념이 알코올 사용장애를 초래할 수 있다. 심한 알코올 사용장애를 지닌 사람은 술로부터 차단하여 약물치료를 받게 되는 입원치료가 필요하다. 알코올유도성 장애는 알코올의 과도한 섭취로 인해 일시적으로 발생하는 다양한 신체적·심리적 증상을 의미한다.
6. 물질관련장애는 알코올 외에 다양한 물질에 의해 발생할 수 있다. 담배관련장애는 중독성 물질인 니코틴을 함유하는 여러 종류의 담배를 사용함으로 인해 발생되는 다양한 심리적 장애를 말한다. 이 밖에도 일상생활에서 흔히 섭취하는 음료나 치료약에 포함되어 있는 카페인, 식물 대마로부터 추출된 물질인 대마, 환각제, 흡입제, 아편제 등의 다양한 중독성 물질을 섭취하는 경우에 물질관련장애가 발생할 수 있다.
7. 비물질관련장애에 속하는 도박장애는 노름이나 도박을 하고 싶은 충동으로 반복적인 도박을 하는 장애로서 심각한 사회적 부적응을 초래하게 된다. 정신분석적 입장에서는 도박장애를 오이디푸스 갈등과 관련하여 공격적이거나 성적인 에너지를 방출하려는 욕구가 무의식적으로 대치된 것이라고 본다. 학습이론에서는 다른 사람의 도박행동에 대한 모방학습과 간헐적으로 돈을 따는 강화에 의해서 도박장애가 유발되고 지속된다고 설명한다. 인지적 입장에 따르면, 도박장애를 지닌 사람은 자신이 돈을 따게 될 주관적 확률을 높게 평가하는 낙관적 성향을 지니며 비현실적이고 미신적인 인지적 왜곡을 나타낸다.

제10장

성기능부전과 변태성욕장애

제10장 성기능부전과 변태성욕장애

인간에게 있어서 성性은 매우 기본적이며 중요한 삶의 영역이다. 성은 종족보존을 위해 자손을 잉태하는 생식기능을 담당할 뿐만 아니라 사랑을 표현하는 주요한 수단이다. 성인이 된 남자와 여자는 성행위를 통해서 서로의 사랑을 교환하고 확인한다. 그러나 인간은 이러한 성적 활동에 있어서 곤란을 겪거나 비정상적인 성적 취향을 나타내기도 한다.

DSM-5-TR에서는 성과 관련되어 나타나는 다양한 이상행동을 세 가지의 독립된 장애 범주, 즉 성기능부전, 변태성욕장애, 성별 불쾌감으로 나누어 제시하고 있다. **성기능부전**Sexual Dysfunctions은 원활한 성행위를 방해하는 다양한 기능장애를 포함하며 **성기능장애**라고 불리기도 한다. **변태성욕장애**Paraphilic Disorders는 성행위 대상이나 성행위 방식에서 비정상성을 나타내는 다양한 장애를 포함하며, **성별 불쾌감**Gender Dysphoria은 자신에게 주어진 생물학적 성에 대한 불쾌감을 느끼며 다른 성이 되고자 하는 강렬한 열망을 지닌 장애를 말한다.

성기능부전

성생활은 남녀가 사랑을 나누는 삶의 중요한 영역이다. 남녀의 사랑이 깊어지면 육체적 교합을 통해 서로의 사랑을 확인한다. 성행위를 통해 사랑을 나누는 것만큼 커다란 기쁨과 즐거움도 없다. 또한 성은 자기가치감을 확인하는 중요한 영역이기도 하다. 사랑하는 사람에게 충분한 성적 만족감을 줄 수 있는 자신의 능력은 자기가치감의 주요한 바탕이 된다. 그러나 불행하게도 성기능의 문제로 인하여 만족스러운 성생활을 하지 못하는 경우가 많다. 성기능부전은 성행위를 하는 과정에서 경험되는 다양한 기능적 곤란을 의미한다. 성기능부전으로 인하여 사랑하는 사람에게 충분히 사랑을 표현할 수 없는 것만큼 고통스러운 것도 없다. 더구나 성기능의 문제는 다른 사람에게 드러낼 수 없는 은밀한 것이기에 더욱 고민스러운 것이다.

성기능부전을 이해하기 위해서는 정상적인 성반응의 과정과 단계를 살펴보는 것이 필요하다. 성행위를 하는 과정에서 일반적으로 네 단계의 변화가 나타나는데, 이를 **성반응주기**sexual response cycle라고 한다(Masters & Johnson, 1970). 첫째는 **성욕구 단계**desire stage로서 성행위를 하고자 하는 욕구를 느끼며 서서히 성적인 흥분이 시작되는 단계이다. 성적인 욕구는 흔히 다양한 외부적인 자극에 의해서 촉발되며 때로는 내면적인 상

표 10-1 **성기능부전의 하위유형과 핵심증상**

하위장애		핵심증상
남성 성기능 부전	남성 성욕감퇴장애	성적 욕구가 없거나 현저하게 저하됨
	발기장애	성행위를 하기 어려울 만큼 음경이 발기되지 않음
	조기사정	여성이 절정감에 도달하기 전에 미리 사정을 하게 됨
	사정지연	사정의 어려움으로 인해 성적 절정감을 느끼지 못함
여성 성기능 부전	여성 성적관심/흥분장애	성적 욕구가 현저하게 저하되어 있거나 성적인 자극에도 신체적 흥분이 유발되지 않음
	여성 극치감장애	성행위 시에 절정감을 거의 느끼지 못함
	성기-골반 통증/삽입장애	성교 시에 생식기나 골반에 지속적인 통증을 경험함

상에 의해서도 유발된다. 두 번째 단계는 성적 흥분의 고조 단계excitement stage로서 성적인 쾌감이 서서히 증가하고 신체생리적인 변화가 나타난다. 남성의 경우는 음경이 발기되고 여성의 경우는 질에서 분비물이 나오며 성기부분이 부풀어 오른다. 세 번째는 절정 단계orgasm stage로서 성적인 쾌감이 절정에 달하는 극치감을 경험하게 된다. 마지막 단계는 해소 단계resolution stage로서 성행동과 관련된 생리적 반응이 사라지면서 전신이 평상시 상태로 돌아가게 된다. 이러한 성반응주기의 4단계에서 마지막 해소 단계를 제외한 어느 한 과정에서 문제가 발생하게 되는 것이 성기능부전이다.

정상적인 성행위에서는 4단계의 성반응주기가 나타난다. 성기능부전은 성반응주기 중 해소 단계를 제외한 한 단계 이상에서 비정상적인 반응이 나타나는 경우를 말한다. DSM-5-TR에서는 성기능부전을 다양한 하위장애로 나누고 있으며 남성과 여성에게 나타나는 장애를 구분하고 있다. 남성에게 나타나는 성기능부전으로는 남성 성욕감퇴장애, 발기장애, 조기사정, 사정지연이 있으며, 여성에게 나타나는 성기능부전으로는 여성 성적관심/흥분장애, 여성 극치감장애, 성기-골반 통증/삽입장애가 있다.

남성 성기능부전

1. 남성 성욕감퇴장애

성적 욕구는 성행위가 시작되는 촉발요인이다. 성행위가 이루어지기 위해서는 먼저 성적 욕구를 느껴야 한다. 성욕은 연령이나 성별에 따라 다르고 상황에 따라 변하는 것이 일반적이다. 남성의 경우, 성적 욕구를 느끼지 못하거나 성욕이 현저하게 저하하여 스스로 고통스럽게 생각하거나 대인관계(부부관계나 이성관계)에 어려움을 겪게 될 경우를 **남성 성욕감퇴장애**Male Hypoactive Sexual Desire Disorder라고 한다.

DSM-5-TR에 따르면, 남성 성욕감퇴장애는 최소한 6개월 이상 성적 공상이나 성행위 욕구가 지속적으로 결여되어 있는 상태를 말한다. 성적 공상이나 성행위 욕구의 결여 여부는 개인의 나이와 그가 살고 있는 사회문화적인 맥락을 고려하여 임상가가 결정한다. 이러한 문제로 인하여 개인에게 심각한 고통이 초래된 경우에 남성 성욕감퇴장애로 진단된다.

성욕감퇴장애를 지닌 남성들은 성적인 자극을 추구하는 동기가 거의 없고, 성적인 표현을 하지 못하는 것에 대해서도 좌절감을 느끼는 정도가 약하다. 따라서 성행위를 스스로 주도하지 않으며, 단지 상대방에 의해서 성행위가 요구되었을 때만 마지못해 응하게 된다. 이런 경우에도 성행위에 매우 소극적으로 임하거나 성적인 쾌감을 느끼지 못하는 경우가 많다. 이런 이유로 인해서 부부관계나 이성관계를 위시한 대인관계에서 어려움을 겪게 된다.

성욕감퇴장애는 부부나 성적 파트너 간의 상대적인 성욕구 차이를 반드시 고려하여 판단해야 한다. 부부간에도 성욕구의 강도나 빈도 면에서 차이가 있을 수 있으므로 두 사람의 성욕구 수준을 함께 고려해야 한다. 성욕의 감퇴는 대상과 상황에 상관없이 전반적으로 일어날 수도 있고, 특정한 대상이나 성행위에 제한되어 나타나는 경우도 있다. 후자의 경우, 배우자나 특정한 대상에게는 성적인 욕구를 느끼지 못하지만 다른 대상에게는 그렇지 않을 수도 있다.

성욕감퇴장애의 유병률은 연령대나 문화적 배경에 따라 다르다. 젊은 남성(18~24세)의 약 6%와 노년기 남성(66~74세)의 약 41%가 성욕구의 저하나 결핍을 경험한다. 그러나 6개월 이상의 지속적인 성욕구 결핍을 나타내는 경우는 16~44세의 남성 중 1.8%에 불과한 것으로 보고되고 있다.

성욕감퇴장애는 흔히 성인기에 발생한다. 상당기간 적절하게 성적 관심을 보이다가 심리적인 고통, 스트레스, 인간관계의 문제로 인해 성욕구의 문제가 생기는 경우가 많다. 예컨대, 친밀한 관계나 신뢰관계에 문제가 일어나면 일시적인 성욕감퇴가 발생할 수 있다. 성욕의 상실은 심리적 요인이나 관련된 요인에 따라서 일시적으로 나타났다가 회복되지만 때로는 지속적으로 나타나기도 한다. 오랜 기간 유지되는 성욕감퇴장애는 사춘기부터 시작되는 경우가 흔하다.

성적 욕구의 감퇴는 심리적인 원인에 의해 생겨나는 경우가 대부분이다. 부부간의 미움과 갈등이 가장 흔한 심리적 문제이다. 때로는 어렸을 때 심한 성적인 공포감이나 성적 학대를 경험했을 경우에도 성욕감퇴장애가 발생할 수 있다. 또는 오랫동안 성관계를 맺을 수 있는 적절한 파트너를 만나지 못했을 때, 성관계 시 자신이 실수 없이 잘 해내야 된다는 불안감을 안고 있을 때, 마음에 들지 않는 사람과 성관계를 할 때, 임신에 대한 두려움을 지니고 있을 때 성욕이 감퇴될 수 있다. 이 밖에도 성에 대한 종교적인 신념이나 자신의 신체에 대한 부정적 이미지가 영향을 미칠 수 있다.

우울증은 흔히 성욕감퇴와 밀접하게 연관되어 있다. 성욕감퇴는 우울증의 결과로 나타날 수도 있고 때로는 성욕감퇴로 인해 우울증이 나타날 수도 있다. 이 밖에도 신체적 질병으로 인한 쇠약, 통증, 불안 등이 성욕을 저하시킬 수 있다.

2. 발기장애

40대 초반의 남성인 K씨는 요즘 심한 좌절감에 빠져 있다. K씨는 6개월 전만 해도 대기업의 과장으로 직장에서 유능함을 인정받으며 행복한 가정생활을 하고 있는 자신만만한 사람이었다. 그런 K씨에게 고민이 생겨나기 시작한 것은 6개월 전 어느 날 밤이었다. 그 날도 직장에서 바쁜 일과를 끝내고 직장동료와 술을 마신 후에 귀가하여 아내와 잠자리에 들게 되었다. 그동안 부부간의 성생활에 별 문제가 없었던 K씨는 그날도 평소처럼 아내와 성관계를 맺으려 하였다. 그러나 그날은 평소처럼 발기가 잘 되지 않았다. 몇 번의 시도 끝에 결국 그날은 성관계를 할 수가 없었다. 아내에게 다소 미안하게 생각되었지만 취기 때문이라고 생각하였다.

다음 날 밤에 또다시 아내와 부부관계를 시도하였다. 어제의 실패를 생각하고 이를 보상하기 위해서 오늘은 아내와 평소보다 더 멋진 성관계를 맺을 생각이었다. 그런데 이날 밤에도 생각처럼 발기가 되지 않았다. 어제와 같은 무기력한 자신의 모습을 다시는 아내에게 보여주지 않기 위해서 애를 썼지만 결국 그날 밤에도 실패하고 말았다. 평소 아내에게 당당하고 자신만만하던 K씨였기에 아내에게 민망한 생각이 들었고 자존심이 몹시 상할 수밖에 없었다. 이후에도 아내와의 성관계에서 몇 번 더 실패를 하고 난 K씨는 자신감을 잃게 되었다. 아내를 쳐다보기가 두려웠고 아내와 잠자리를 같이 해야 될 밤이 두려워졌다. 아내와의 잠자리를 피하기 위해서 늦게까지 술을 마시고 만취하여 귀가하거나 일부러 야근을 하기도 했다. 자존심이 강한 K씨는 이러한 문제를 아무에게도 상의하기 싫었다. 성기능에 대한 고민으로 인하여 직장생활에도 집중하기 어려웠고 대인관계도 위축되었다.

성욕구를 느끼게 되면, 성적 자극과 애무를 통해 성적인 흥분이 고조된다. 흥분이 고조되면 남성은 음경이 확대되고 단단해짐으로써 여성의 질에 삽입이 가능해진다. 그러나 성행위의 욕구가 있음에도 불구하고 음경이 발기되지 않아 성교에 어려움을 겪는 경우를 **발기장애**Erectile Disorder라고 하며 **발기부전**impotence이라고 부르기도 한다. DSM-5-TR에 따르면, 성행위 시에 남성의 성기가 발기되지 않거나 성행위를 마칠 때까지 발기 상태를 유지하지 못하는 일이 대부분(75~100%)의 성행위 시에 반복적으로 6개월 이상 나타날 경우에 발기장애로 진단된다.

이러한 발기장애는 발기가 부분적으로 이루어지지만 성교가 가능하도록 충분히 발기가 되지 않는 불완전한 발기imcomplete erection와 전혀 발기가 되지 않는 발기불능complete erectile failure으로 구분되기도 한다. 발기장애는 특정한 대상과 상황에서만 나타나는 경우도 있지만 모든 대상이나 상황에서 언제나 발기가 되지 않는 경우도 있다.

발기장애는 남성에 있어서 가장 빈도가 높은 성기능부전이다. 킨제이 보고에 따르면, 청·장년의 8%가 발기장애의 문제를 지니고 있으며 나이가 증가함에 따라 그 빈도가 늘어나 80대가 되면 75%가 영구적인 발기불능 현상을 보인다고 한다. 성기능부전으로 치료를 원하는 남성의 40~53%가 이 장애를 호소한다는 보고가 있다.

발기장애는 과거에 정상적인 발기가 이루어져 성공적인 성교를 한 경험 여부에 따라 두 가지로 구분하기도 한다. 과거에 성교를 하기 위해 필요한 시간만큼 발기를 유지해본 경험이 전혀 없는 경우를 일차적 발기부전primary impotence이라고 하는 반면, 이전에 적절하게 발기한 경험이 있지만 어느 시점 이후부터는 발기에 어려움을 겪는 경우를 이차적 발기부전secondary impotence이라고 한다. 일차적 발기부전은 성인남성의 약 1~3.5%로 매우 드물며 신체적인 원인에 의해서 발생하는 경우가 많다. 반면, 이차적 발기부전은 성인남성의 10~20% 정도로 보고되고 있으며 심리적인 원인에 의해 발병하는 경우가 많다.

발기장애를 지닌 남자들은 어떤 문화권에서든 굴욕감과 좌절감을 경험한다. 발기가 안 되기 때문에 자기가치감을 상실하게 되고 삶의 의욕을 잃어 우울증에 빠지기도 한다. 그리고 성행위를 해야 되는 상황이 되면, 다시 발기가 안 될지도 모른다는 불안감에 휩싸이게 된다. 그래서 상대가 자신을 남자로서 쓸모없는 인간이라고 생각하거나 성적인 쾌감을 공유할 수 없기 때문에 자신을 싫어하게 될지 모른다고 생각한다. 이러한 두려움이 심할수록 발기는 더욱 안 되고 발기가 안 되면 불안감이 증가되는 악순환이 반복되는 경향이 있다.

발기가 되지 않는 원인을 알아보기 전에 발기가 이루어지는 신체적 과정을 살펴볼 필요가 있다. 발기를 유발하는 첫 단계는 성적인 자극이다. 이 자극으로 인해 여러 가지 호르몬과 효소가 분비되어 음경 해면체의 평활근을 이완시켜 동맥의 피가 대량으로 해면체에 들어오도록 유도한다. 이때 흘러드는 혈액의 양은 정상 상태의 약 10배에 해당한다. 해면체가 부풀어 오를수록 정맥이 압박을 받아 빠져나가는 혈액의 양은 더욱 줄어들게 되어 발기가 유지된다.

발기가 제대로 이루어지지 않는 원인은 다양하다. 하지만 어떤 원인이든 음경 해면체로 들어오는 혈액의 양보다 빠져나가는 양이 많아져서 발생한다. 40대 이전에는 심리적인 이유로 발기가 되지 않는 경우가 많다. 심리적 불안을 느낄 때 방출되는 아드레날린이 음경 혈관을 수축시켜 발기불능이 일어나게 된다.

신체적인 원인에 따라서는 음경 해면체 안으로 혈액이 제대로 들어오지 않는 동맥성 발기불능과 혈액이 지나치게 많이 빠져나가는 정맥성 발기불능으로 나눌 수 있다. 동맥성 발기불능은 동맥에 침전물이 쌓여 혈액의 흐름이 방해받아 생기는 것으로서 50대 이상에서 많이 나타난다. 특히 당뇨병 환자의 40% 이상이 발기부전을 겪는 것은 이 때문이다. 정맥성 발기불능은 발기는 되지만 피가 쉽게 빠져나가 오그라드는 것으로 주로 40대 이전에 나타난다.

발기불능의 원인이 신체적인 것인지 또는 심리적인 것인지를 알아보기 위해서 수면 발기검사NPT(nocturnal penile tumescence)를 사용한다. 이 검사에서는 음경이 위축된 상태에서 음경에 밴드를 부착시키고 수면을 취하게 한다. 흔히 신체적 원인이 없을 때에는 수면 시에 음경이 팽창하게 되는데, 이 경우에는 음경에 부착한 밴드의 상태가 달라진다. 따라서 수면 중에 발기가 이루어지면 심리적 원인에 의한 것으로 추정할 수 있는 반면, 그렇지 않으면 신체적인 원인에 의한 것이므로 정밀신체검사를 받게 된다.

성치료를 개발한 유명한 카플란(Kaplan, 1974)에 따르면, 발기장애는 성행위에 대한 두려움과 여성을 만족시켜야 한다는 강박관념이 중요한 심리적 원인이라고 한다. 즉, 이러한 불안감이 발기불능을 초래하고 발기불능으로 인해 불안감이 높아지는 악순환 과정이 발기장애를 유발하게 된다는 것이다. 이 밖에도 과도한 음주나 흡연, 정신적 사랑과 성적 욕구 사이의 갈등, 상대에 대한 신뢰감 부족, 도덕적 억제 등과 같은 다양한 심리적 요인이 발기장애에 영향을 줄 수 있다.

3. 조기사정

만족스러운 성생활이 이루어지기 위해서는 성행위 시에 두 사람이 함께 절정감을 경험하는 것이 중요하다. 이를 위해서는 남성은 여성이 절정감에 도달할 때까지 사정을 지연시킬 수 있어야 한다. 그러나 여성이 절정감에 도달하기 전에 미리 사정하는 일이 반복적으로 나타날 경우, 이를 **조기사정**Premature Ejaculation이라고 한다. DSM-5-TR에 따르면, 남성의 성기를 여성의 질에 삽입한 후 약 1분 이내에 그리고 사정을 원하기 전에 일찍 사정하게 되는 일이 대부분(75~100%)의 성행위 시에 반복적으로 6개월 이상 나타날 경우에 조기사정으로 진단된다.

대부분의 남성은 상대 여성이 절정감을 느끼기 전에 사정하는 일을 종종 경험한다. 예컨대, 신체적 과로, 과음상태, 스트레스가 심한 상태에서는 빨리 사정을 하는 경향이 있는데 이런 경우를 모두 조기사정이라고 하지는 않는다. 조기사정의 가장 중요한 진단기준은 사정을 자신의 뜻대로 전혀 조절할 수 없다는 점이다. 이렇게 조절할 수 없는 채 빨리 사정하는 일이 상당한 기간 지속되거나 반복적으로 자주 나타날 경우에 한하여 조기사정이라고 한다. 이러한 조기사정세로 인하여 대인관계에 어려움이 초래될 수 있다. 특히 미혼 남성의 경우에는 조기사정에 대한 두려움으로부터 벗어나지 못하고 새로운 상대와 사귀는 것을 주저하게 되어 사회적 고립을 초래할 수도 있다.

조기사정은 남성이 지니는 성기능부전 중 가장 흔한 장애이다. 통계자료에 따르면, 일반 성인남성의 36~38%가 사정을 조절하는 데에 어려움을 겪는다고 한다. 또한 성치료를 받기 위해 전문가를 찾은 남성의 경우에 약 60%가 조루문제를 지니고 있지만 대부분의 남성은 성경험이 많아지고 나이가 들면서 사정의 시기를 조절하는 방법을 배우게 된다.

조기사정은 심리적인 원인에 의해서 유발되는 경우가 대부분이다. 성교 시 상대방을 만족시켜주어야 한다는 강박관념과 불안, 불만스러운 결혼생활과 가정문제, 심리적 스트레스, 과도한 음주와 흡연 등이 조기사정을 일으키는 주요한 심리적 요인으로 알려져 있다. 정신분석학에서는 조기사정을 지닌 남자들이 여성의 질에 대한 무의식적인 공포를 지니고 있다고 주장한다. 이 밖에도 부적절한 상황(예: 상대방의 재촉, 당황스러운 상황, 낯선 상대나 매춘부 등)에서의 반복적 성경험이 조기사정에 영향을 미칠 수 있다.

4. 사정지연

남성은 성적 흥분이 고조되어 극치감을 느끼게 되면 사정을 하게 된다. **사정지연** Delayed Ejaculation은 사정에 어려움을 겪으며 성적 절정감을 느끼지 못하는 경우를 뜻하며 **남성 극치감장애**male orgasmic disorder라고 불리기도 한다. DSM-5-TR에 따르면, 성행위 시에 사정이 현저하게 지연되거나 사정을 하지 못하는 일이 대부분(75~100%)의 성행위 시에 반복적으로 6개월 이상 나타날 경우에 사정지연으로 진단된다.

성교시간이 길수록 정력이 강하다는 속설과는 달리, 사정이 지연되는 문제를 지닌 사람들은 자부심을 갖지 못할 뿐만 아니라 괴로움을 느끼게 된다. 이들은 성행위 시에 절정감을 맛보지 못하기 때문에 좌절감을 느끼고 성행위를 오히려 고통스럽게 느끼는 경우가 많다. 이러한 장애를 지닌 남성은 사정을 하지 못하기 때문에 흔히 불임의 문제가 뒤따르게 된다. 일반 성인남성의 약 4~10%가 절정감 장애를 지니고 있는 것으로 보고되고 있다. 또한 성클리닉을 찾는 사람 중 3~17%가 이 장애로 진단받는다고 한다.

이 장애의 원인은 대부분 심리적인 것으로 알려져 있다. 부부간의 갈등, 상대방에 대한 매력 상실, 여자에게 임신시키는 것에 대한 두려움, 상대방에게 대한 적대감과 증오심 등이 절정감 장애를 초래할 수 있다. 또는 성을 엄격하게 통제하는 환경에서 성장한 남성의 경우, 성행위에 대한 죄의식이나 혐오감이 절정감의 경험을 억제할 수 있다. 때로는 상대방이 성적 행위에 대해서 과도한 주문을 하거나 여성 상대가 절정감 장애를 지니고 있는 경우에도 남성에게 이러한 문제가 발생할 수 있다. 사정의 곤란은 이러한 심리적인 문제와 더불어 약물(예: 알코올, 항우울제, 항정신병 약물, 항고혈압제 등)의 복용에 의해서 유발되는 경우도 있다.

제2절 여성 성기능부전

1. 여성 성적관심/흥분장애

여성의 경우, 성욕구가 현저하게 저하되어 있거나 성적인 자극에도 신체적 흥분이 유발되지 않는 경우가 있다. 남성의 경우에는 성욕 저하와 발기부전이 별개의 현상으로 나타나는 경우가 대부분이어서 남성 성적 흥분장애와 발기장애로 구분하고 있지만, 여성의 경우에는 성욕 저하와 신체적 흥분 저하가 함께 나타나는 경우가 흔하기 때문에 DSM-5-TR에서는 이 둘을 통합하여 여성 성적관심/흥분장애Female Sexual Interest/Arousal Disorder라고 명명하였다.

여성 성적관심/흥분장애는 다음 중 세 가지 이상의 문제를 6개월 이상 나타내어 개인이 심한 고통을 겪을 경우에 진단된다: (1) 성행위에 대한 관심의 빈도나 강도가 감소하거나 결여됨, (2) 성적/색정적 사고나 환상의 빈도나 강도가 감소하거나 결여됨, (3) 성행위를 먼저 시작하려는 시도가 감소하거나 없으며 성행위를 시작하려는 파트너의 시도를 거의 받아들이지 않음, (4) 성행위를 하는 대부분(75~100%)의 기간 동안 성적 흥분/쾌락을 거의 느끼지 못함, (5) 내적인 또는 외적인 성적/색정적 단서(예: 글, 언어, 시각 자료)에 대해서 성적 관심/흥분을 거의 느끼지 못함, (6) 성행위를 하는 대부분(75~100%)의 기간 동안 생식기 또는 비생식기의 감각을 거의 느끼지 못함.

여성은 고조 단계에서 성적 쾌감이 높아지면 질의 입구가 팽창되고 질 벽에서 윤활액이 분비되어 남성의 성기가 삽입될 수 있는 상태가 된다. 그러나 일부 여성의 경우에 성적인 자극을 받아도 성기의 윤활 및 팽창 반응이 나타나지 않아서 남성 성기의 삽입이 어렵거나 성교가 지속되기 어려운 경우가 있다. 이러한 현상이 지속적으로 나타나거나 반복적으로 자주 나타나서 심한 고통을 초래하거나 대인관계(부부관계나 이성관계)에 어려움을 유발할 때, 여성 성적관심/흥분장애로 진단될 수 있으며 **불감증**frigidity이라고 불리기도 한다.

여성 성적관심/흥분장애는 DSM-5에서 진단기준이 새롭게 개정되었기 때문에 그 유병률은 알려져 있지 않다. 여성 성적 흥분장애의 경우, 유병률이 성인 여성의 약 14%로 보고된 바 있다. 성기능의 문제로 치료기관을 찾은 여성의 약 51%가 성적 흥분장애를 호소한다고 한다. 성적 흥분장애를 지닌 여성은 성행위가 괴로울 뿐만 아니라 상대 남성과의 관계에 어려움을 겪을 수 있다. 흔히 성적 흥분을 느끼지 못하는 여성은 성교를 할 때 자신이 흥분하지 못한다는 것을 겉으로 드러내지 않은 채 상대가 빨리 사정하기만을 기다린다. 그러나 자신은 쾌감을 경험할 수 없는 상태에서 상대만이 쾌감을 경험하는 일이 반복되면 성행위에 대한 좌절감과 불쾌감이 강해진다. 따라서 어떻게든 성행위를 피하려 하고 결과적으로 부부간의 관계가 멀어지게 된다.

여성 성적관심/흥분장애는 여러 가지 원인에 의해 생겨날 수 있다. 주요한 심리적 원인으로는 성행위에 대한 죄책감이나 두려움, 성행위 시의 불안과 긴장, 상대에 대한 적개심이나 경쟁심 등이 성적 흥분을 저해할 수 있다. 아울러 금욕적인 가정환경에서 성장한 여성들이나 아동기에 성적 학대를 경험한 여성에게서 성적 흥분장애가 많다는 연구결과도 있다. 이 밖에도 폐경기로 인한 여성호르몬의 감소, 신체적 질병(당뇨병, 위축성 질염 등), 약물복용(질 분비를 감소시키는 항고혈압제나 항히스타민제) 등으로 인해서도 여성의 성적 흥분반응이 저하될 수 있다. 이러한 요인과 심리적 요인이 복합적으로 작용하여 여성 성적 흥분장애가 유발될 수도 있다.

2. 여성 극치감장애

성행위의 기본적 목표는 성적인 쾌감이 극치에 이르는 절정상태를 경험하는 것이다. 여성의 절정 단계는 일반적으로 남성의 음경이 질에 삽입된 상태에서 지속적인 자극이 주어지는 성교를 통해 도달하게 된다. 그러나 때로는 성교 전의 전희 단계에서 절정감을 경험하는 경우도 있고, 음핵에 지속적인 자극이 주어지면 극치감을 느끼는 경우도 있다. 또한 예외적인 경우이긴 하지만, 신체적인 접촉이 전혀 없는 상태에서 단지 성행위에 대한 상상만으로도 극치감을 경험하는 여성들도 있다.

여성이 절정감을 경험하는 과정은 이처럼 다양하다. 그러나 적절한 성적 자극이 주어졌음에도 불구하고 절정감을 느끼지 못하는 경우를 **여성 극치감장애**Female Orgasmic Disorder라고 한다. DSM-5-TR에 따르면, 성행위 시에 절정감을 거의 느끼지 못하거나 절정감의 강도가 현저하게 약화되는 일이 대부분(75~100%)의 성행위 시에 반복적으로 6개월 이상 나타날 경우에 여성 극치감장애로 진단된다.

여성 극치감장애는 여성이 나타내는 성기능부전 중 가장 흔한 것으로서 성인여성의 약 10%가 경험한다는 보고가 있다. 일반적으로 여성은 나이가 많아짐에 따라 절정감을 경험하기 쉽기 때문에 여성 극치감장애는 젊은 여성에게서 더 흔히 나타난다. 평생 전혀 성적 극치감을 경험하지 못해서 오는 일차적 절정감 장애가 있는 반면, 과거에는 극치감을 경험했으나 언젠가부터 이러한 경험을 하지 못하는 이차적 절정감 장애도 있다.

여성 극치감장애는 심리적인 원인에 의해서 나타나는 경우가 대부분이다. 부부간의 갈등이나 긴장, 죄의식, 소극적 태도, 대화 결여 등이 절정감을 억제하는 요소로 알려져 있다. 또한 성에 대한 억제적 문화나 종교적 태도가 영향을 미칠 수 있다. 이 장애를 지닌 여성들은 흔히 성적 행위에 몰두하지 못하고 극치감을 느끼는 것에 대해 죄의식이나 수치감을 느끼는 경향이 있다. 또는 절정 단계에 가까워지면 극치감을 경험하지 못할 것에 대해 미리 걱정하거나 자신이 시간을 너무 오래 끌어 남자에게 부담이 될지 모른다는 우려를 하여 성적 흥분이 고조되지 못하는 경우도 있다. 이 밖에도 부적절한 성경험, 충격적 성경험(예: 강간, 성폭행), 우울증, 신체적 질병 등으로 인해 절정감 장애가 발생할 수도 있다.

3. 성기-골반 통증/삽입장애

성행위는 인간에게 커다란 쾌감과 즐거움을 주는 활동이다. 그러나 이와 반대로 성교 시에 지속적으로 통증을 경험하여 성행위를 고통스럽게 느끼는 사람들이 있다. 이러한 경우를 **성기-골반 통증/삽입장애**Genito-Pelvic Pain/Penetration Disorder라고 한다. DSM-5-TR에 따르면, 성기-골반 통증/삽입장애는 다음 중 한 가지 이상의 문제를 6개월 이상 나타내어 개인이 심한 고통을 겪을 경우에 진단된다: (1) 성행위 시에 질 삽입의 어려움, (2) 질 삽입이나 성교를 시도하는 동안 외음질(생식기의 입구 부분)이나 골반에 심한 통증을 느낌, (3) 질 삽입이 예상될 경우에 외음질이나 골반의 통증에 대한 심한 불안과 공포를 느낌, (4) 질 삽입을 시도하는 동안 골반 저부 근육이 심하게 긴장하거나 수축됨.

성교 통증dyspareunia은 성교 시에 지속적으로 생식기에 통증을 느끼는 경우를 말한다. 이러한 통증은 성교를 하는 동안에 자주 경험되지만 때로는 성교 전이나 성교 후에 느껴질 수도 있다. 여성의 경우, 남자의 성기가 삽입되는 순간에는 가벼운 통증을 느끼고 완전히 삽입되었을 때 심한 통증을 느끼는 것이 일반적이다.

통증의 정도는 가벼운 불쾌감에서 살이 찢기는 듯한 심한 통증까지 다양하다. 지속적으로 성교 통증을 경험하게 되면, 성행위를 회피하게 되고 때로는 성욕구장애나 성적 흥분장애와 같은 다른 성기능부전으로 발전되어 만성화될 수 있다.

성기-골반 통증/삽입장애의 유병률은 알려져 있지 않지만, 미국 여성의 경우 약 15%

가 성교 통증을 경험한다는 보고가 있다. 성교 통증은 신체적인 원인에 의해 발생하는 경우가 많다. 성기-골반 통증을 호소하는 경우는 폐경기 전후에 가장 흔한 것으로 보고되고 있다. 그러나 심리적 요인이 통증의 발생과 지속 과정에 영향을 미칠 수 있다. 어린 시절에 성적인 학대나 강간을 당하면서 느꼈던 고통스러운 경험이 성인이 되어 성교 시에 통증을 유발할 수 있다. 이 밖에도 성행위에 대한 죄의식, 상대방에 대한 거부감이나 혐오감, 상대방을 조종하려는 무의식적 동기 등이 성교 통증에 영향을 미칠 수 있다.

성기능부전의 원인과 치료

성기능부전의 연구와 치료에서 선구자적 역할을 한 마스터스와 존슨(Masters & Johnson, 1970)에 따르면, 성기능부전은 즉시적 원인과 역사적 원인에 의해 유발된다. 성기능부전을 지닌 사람들은 성행위 시에 성기능을 제대로 발휘하지 못하여 상대방을 실망시키고 실패할 것을 두려워하며 성행위에 몰두하지 못하고 자신의 성적 반응상태를 관찰한다. 이러한 성적 수행에 대한 공포와 관찰자적 역할이 성기능부전의 **즉시적 원인**을 구성하며 성기능을 위축시키고 성적 쾌감은 감소시킨다. 성기능부전에 영향을 미치는 **역사적 원인**에는 종교적 신념, 충격적 성경험, 동성애적 성향, 잘못된 성지식, 과도한 음주, 신체적 문제, 사회문화적 요인 등이 포함된다. 이러한 요인들이 복합적으로 작용하여 성적 수행에 대한 두려움과 관찰자적 역할을 형성하게 된다. 성기능부전에 대한 마스터스와 존슨의 치료방법은 부부를 치료대상으로 단기간에 집중적인 치료를 시도하며 감각집중법을 통해 성반응주기의 각 단계에서 체험되는 신체적 감각에 주의를 집중하여 이를 충분히 느낌으로써 성적 쾌감을 증진하고 성행위에 몰입하도록 유도한다.

정신분석적 입장에서는 성기능부전을 상대방이 성적 만족을 느끼지 못하도록 좌절시킴으로써 상대방에 대한 무의식적인 불만과 분노를 표현하는 의미로 해석하고 있다. 남성의 경우, 어린 시절에 어머니에게 느꼈던 분노와 적개심이 무의식적으로 억압되었다가 성인이 된 후 성행위 과정에서 표출되거나 오이디푸스 갈등에서 경험한 거세불안이 성기능부전을 유발할 수 있다. 여성의 경우, 성기능부전이 상대에 대한 적대감뿐만 아니라 경쟁심에 의해 초래될 수도 있는데 어린 시절의 무의식적인 남근선망과 관련되어 있다고 여겨진다. 전통적인 성치료기법과 정신역동적 치료를 혼합하여 새로운 성치료법을 제시한 카플란(Kaplan, 1974)은 성기능부전이 기본적으로 불안에 의해 야기된다고 보았다. 성기능 문제를 유발하는 불안의 근원과 종류에 따라서 성기능부전의 유형이 달라지며 치료방법이 달라져야 한다고 주장하였다.

인지적 입장에서는 성행위 시에 정서적 흥분과 신체적 반응을 위축시키는 인지적 요소에 초점을 맞추고 있다. 성기능부전을 나타내는 사람은 성에 관해서 현실적으로 실현되기 어려운 과도한 기대와 믿음을 지니고 있어서 성행위 시에 좌절과 실패감을 느끼기 쉬우며 이로 인한 불안이 성기능 문제를 악화시키게 된다. 아울러 성행위에 몰두하지 못하고 자신의 상태를 확인하려는 자기초점적 주의가 나타나며 자신의 신체적 반응과 상대방의 반응을 부정적으로 해석하는 경향이 있다. 이러한 부정적인 생각이 불안감과 좌절감을 증폭시키고 성적 흥분과 신체적 반응을 억제한다. 성기능부전에 관한 인지행동치료에서는 환자들이 성에 대해서 올바른 지식과 현실적인 기대를 지니도록 도우며 성에 대한 불안감을 증가시키는 부적응적인 신념과 부정적 사고를 교정함으로써 편안한 마음으로 성행위에 임할 수 있도록 유도한다. 불안과 긴장을 감소시키기 위해 체계적 둔감법, 모방학습, 긴장이완훈련, 성적 기술 교육 등을 실시한다.

변태성욕장애

변태성욕장애Paraphilic Disorders는 성행위 대상이나 성행위 방식에서 비정상성을 나타내는 장애로서 성도착장애라고 지칭하기도 한다. 인간이 아닌 대상(예: 동물, 물건)을 성행위 대상으로 삼거나, 아동을 비롯하여 동의하지 않은 사람을 대상으로 성행위를 하거나, 자신이나 상대방이 고통이나 굴욕감을 느끼게 하는 성행위 방식이 이에 포함된다.

변태성욕장애의 진단적 기준은 '부적절한 대상이나 목표'에 대해서 강렬한 성적 욕망을 느끼고 성적 상상이나 행위를 반복적으로 나타내는 것이다. 여기에서 의미하는 부적절한 성적 대상이나 목표는 구체적으로 다음과 같다. 첫째, 인간이 아닌 존재를 성적 대상으로 삼는 경우로서 동물애증, 물품음란장애 등이 이에 속한다. 둘째, 아동을 위시하여 동의하지 않는 사람을 대상으로 성행위를 하는 경우로서 소아성애장애나 강간이 이에 속한다. 셋째, 자신이나 상대방이 고통이나 굴욕감을 느끼게 하는 성행위 방식을 나타내는 경우로서 성적 가학장애, 성적 피학장애, 노출장애 등이 이에 속한다. 이러한 부적절한 대상이나 목표에 대한 성적 상상이나 행위가 6개월 이상 지속되고 이러한 문제로 인하여 스스로 심각한 고통을 받거나 현저한 사회적 · 직업적 부적응을 나타낼 때 변태성욕장애라고 진단된다.

변태성욕장애에는 매우 다양한 하위유형이 있는데, DSM-5-TR에서는 관음장애, 노출장애, 마찰도착장애, 성적 피학장애, 성적 가학장애, 소아성애장애, 물품음란장애, 복장도착장애 등이 제시되고 있다. 문화권마다 수용되는 성적 행위나 대상이 다르기 때문에 변태성욕장애는 사회문화적 요인을 고려하여 진단되어야 한다. 임상 장면에서 가장 흔하게 나타나는 변태성욕장애는 소아성애장애, 관음장애, 노출장애이다. 임상에서 관찰되는 변태성욕장애 환자의 약 반수는 기혼자인 것으로 보고되고 있다. 변태성욕장애는 남녀의 발생비율이 20:1로 추정될 만큼 압도적으로 남자에게 많이 나타난다. 여성은 성적 피학장애로 진단되는 경우가 있으나 대부분의 변태성욕장애는 남성에게 나타나며 보통 두 개 이상의 도착 장애를 동시에 보인다. 대개 18세 이전에 발병하여 20대 중반까지 흔히 나타나다가 그 이후에 감소하는 경향이 있다.

변태성욕장애는 대부분 법적 구속의 대상이 될 수 있다. 관음장애, 노출장애, 마찰도착장애, 소아성애장애, 아동에 대한 성적 가학장애는 체포된 성범죄자의 대부분에 해당된다. 성적 피학장애의 경우와 같이, 다른 사람에게 해를 입히지는 않지만 자신의 성도착적 상상이 현실화되어 자해적 결과가 초래될 수 있다. 또한 배우자나 성적 파트너 등이 성도착적 성행위를 수치스러워하여 강하게 반발하게 되면 사회적·성적 관계에 부적응의 문제가 발생하게 된다.

표 10-2 **변태성욕장애의 하위유형과 핵심증상**

하위장애	핵심증상
관음장애	성적 흥분을 위해서 다른 사람이 옷을 벗거나 성행위를 하고 있는 모습을 몰래 훔쳐봄
노출장애	성적 흥분을 위해서 자신의 성기를 낯선 사람에게 노출시킴
마찰도착장애	성적 흥분을 위해서 원하지 않는 상대방에게 몸을 접촉하여 문지름
성적 피학장애	성적 흥분을 위해서 상대방으로부터 고통이나 굴욕감을 받고자 함
성적 가학장애	성적 흥분을 위해서 상대방에게 고통이나 굴욕감을 느끼게 함
소아성애장애	사춘기 이전의 아동(보통 13세 이하)을 상대로 성적인 행위를 함
물품음란장애	물건(예: 여성의 속옷)을 통해서 성적 흥분을 느끼고자 함
복장도착장애	다른 성의 옷을 입음으로써 성적 흥분을 느끼고자 함

1. 관음장애

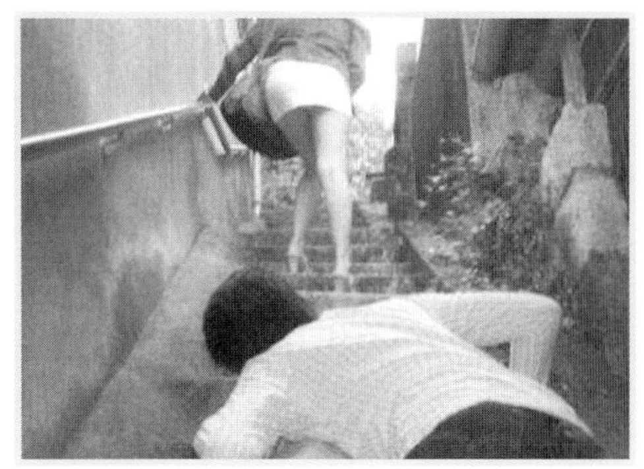

관음장애Voyeuristic Disorder는 다른 사람이 옷을 벗고 있거나 성행위를 하고 있는 모습을 몰래 훔쳐봄으로써 성적 흥분을 느끼는 경우를 말한다. 관찰되는 상대방은 낯선 사람인 경우가 대부분이며, 관음증을 지닌 사람들은 관음행위 도중이나 이러한 목격내용을 회상하면서 자위행위를 하는 경향이 있다. 관찰되는 상대방과의 성행위를 하는 장면을 상상하긴 하지만, 실제로 이런 일이 발생하는 경우는 매우 드물다. 관음행위는 타인의 사생활을 침범하는 범죄행위로 처벌될 수 있다. 관음장애의 평생 유병률은 남성의 경우 약 12%, 여성의 경우 약 4%로 추정되고 있다. 관음증적 행동은 대개 15세 이전에 시작되며 만성화되는 경향이 있다.

2. 노출장애

노출장애Exhibitionistic Disorder의 주요 증상은 낯선 사람에게 자신의 성기를 노출시키는 것이다. 때로는 성기를 노출하거나 또는 노출했다는 상상을 하면서 자위행위를 하기도 한다. 노출증적 행동을 나타내는 경우에 낯선 사람과 성행위를 하려고 시도하는 경우는 거의 없다. 이들은 보는 사람을 놀라게 하거나 충격을 주고자 하거나, 바라보고 있는 사람이 성적으로 흥분할 것이라는 상상을 하기도 한다. 이처럼 성기노출과 관련된 성적 공상이나 행위가 6개월 이상 지속되어 사회적 적응에 문제가 발생했을 때 노출증으로 진단된다. 과도한 노출증은 법적 구속의 사유가 된다. 보통 18세 이전에 발생되지만 그 이후에도 시작될 수 있다. 노출장애의 유병률은 남성의 2~4%로 추정되고 있다. 나이 든 사람들이 이 문제로 구속된 적이 거의 없는 점으로 미루어 보아 40세 이후에는 상태가 완화되는 것으로 보인다.

3. 마찰도착장애

마찰도착장애Frotteuristic Disorder는 동의하지 않는 사람에게 자신의 성기나 신체 일부를 접촉하거나 문지르는 행위를 반복적으로 나타내는 경우이다. 이러한 행위는 체포될 염려가 없는 밀집된 지역(예: 대중교통수단, 붐비는 길거리)에서 행해진다. 상대방의 허벅지나 엉덩이에 자신의 성기를 문지르거나, 손으로 상대방의 성기 또는 유방을 건드린다. 접촉행위 중 피해자와 비밀스러운 애정 관계를 맺게 된다는 상상을 하곤 한다. 발병은 보통 청소년기에 시작된다. 대부분의 행위는 15~20세 사이에 발생하며 그 후 발생 빈도는 점차 줄어든다.

4. 성적 피학장애

성적 피학장애Sexual Masochism Disorder는 굴욕을 당하거나 매질을 당하거나 묶이는 등 고통을 당하는 행위를 중심으로 성적 흥분을 느끼거나 성적 행위를 반복하는 경우이다. 고통을 당하는 행위는 실제적인 것일 수도 있고 가상적인 것일 수도 있다. 타인이 자신의 몸을 묶게 하거나 뾰족한 물건으로 찌르게 하거나 채찍으로 때리게 하거나 스스로 매우 굴욕적인 행동을 하는 등 매우 다양한 피학적 행동을 원한다. 성적 피학장애의 극단적 형태는 저산소 기호증으로서 가슴을 압박하거나 올가미, 플라스틱 주머니, 마스크 등을 사용한 산소부족 상태에서 성적 쾌감을 느끼려는 경우이며 죽음에 이르는 경우도 있다. 성적 피학적 상상은 아동기부터 존재하는 경향이 있으며, 상대방과 더불어 행하

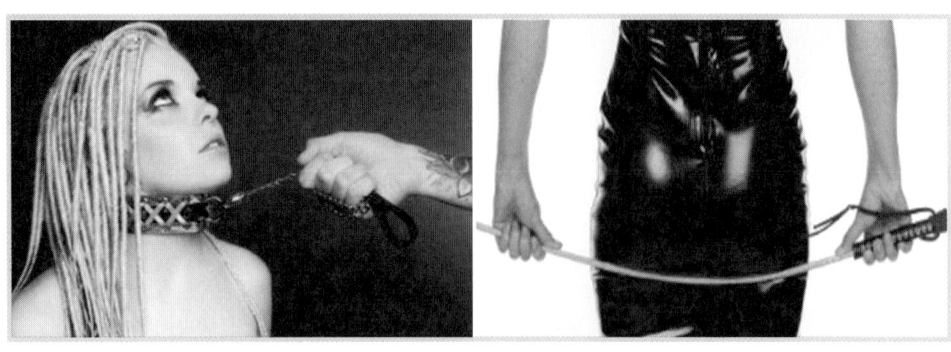

는 피학적 성행위는 대개 성인 초기에 시작된다. 성적 피학장애는 보통 만성적이며 동일한 피학적 성행위를 반복하는 경향이 있다. 성적 피학장애를 지닌 사람들 중에는 현저하게 유해한 성행위를 하지 않는 경우가 많지만, 시간이 경과함에 따라 피학행위의 정도가 심화되어 심각한 신체적 상해나 죽음까지 초래하는 경우도 있다.

5. 성적 가학장애

성적 가학장애 Sexual Sadism Disorder는, 성적 피학장애와 반대되는 경우로서, 상대방으로 하여금 고통이나 굴욕감을 느끼게 함으로써 성적 흥분을 즐기거나 그러한 성적 행위를 반복하는 경우이다. 성적 가학 행동의 초점은 상대방의 심리적 또는 육체적 고통을 통하여 성적 흥분을 얻는 것이다. 가학적 상상이나 행위는 상대방에 대한 가해자의 우월성을 상징하는 행동들로서 상대방을 묶거나 기어 다니도록 하거나 구타, 채찍질하기, 불로 태우기, 담뱃불로 지지기, 목조르기 등의 다양한 행동을 포함한다.

가학적인 성적 공상은 아동기부터 시작되는 경향이 있지만, 가학적 행위가 시작되는 연령은 대부분 초기 성인기이다. 성적 가학장애는 보통 만성적이며, 동의하지 않는 상대에게 가학적 성행위를 행하여 체포될 때까지 반복되는 경향이 있다. 성적 가학장애는 심한 육체적 손상을 일으키지 않은 채로 지속되기도 하지만, 대부분 시간이 경과함에 따라 강도가 높아지며 상대방에게 심한 손상을 입히거나 죽음에 이르게 하는 경우도 있다.

6. 소아성애장애

소아성애장애Pedophilic Disorder는 사춘기 이전의 아동(보통 13세 이하)을 대상으로 하여 성적 공상이나 성행위를 6개월 이상 반복적으로 나타내는 경우를 말한다. 소아성애장애로 진단되려면 나이가 적어도 16세 이상이어야 하며 성적 대상이 되는 아동보다 적어도 5세 이상의 연상이어야 한다. 남성의 경우, 8~10세의 여자 아이를 선호하는 경향이 있지만 남자 아이를 대상으로 하는 경우도 있다. 전형적인 예로는 소아의 옷을 벗기고 바라보거나 성기를 만지거나, 아동이 있는 자리에서 자위행위를 하거나 자신의 성기를 만지게 하거나, 아동의 성기에 손가락을 넣거나 자신의 성기를 접촉시키는 경우로서 위협이나 폭력이 사용되기도 한다. 소아성애장애는 법적으로 심각한 문제가 되는 변태성욕장애이다.

소아성애장애의 유병률은 남성의 경우 3~5%에 이르는 것으로 추정되고 있다(American Psychiatric Association, 2013). 소아성애적 성행위가 자신의 친자식, 의붓자식, 친척에게 국한되어 행해질 경우에는 근친상간incest이 된다. 미국에서 대학생 796명을 대상으로 조사한 결과, 여성의 19%와 남성의 8.6%가 어린 시절 성행위의 대상이 되었다고 보고했으며 이들 여성피해자의 28%와 남성피해자의 23%가 근친상간의 경험이 있다고 보고하였다(Finkelhor, 1983).

7. 물품음란장애

물품음란장애Fetishistic Disorder는 물건에 대해서 성적 흥분을 느끼며 집착하는 경우를 말한다. 성적 흥분을 느끼는 물건은 주로 여성의 내의, 브래지어, 스타킹, 신발, 부츠 또는 기타 착용물이다. 물품음란장애가 있는 사람은 물건을 만지거나 문지르거나 냄새 맡으면서 자위행위를 하거나, 성교 시 상대방에게 그런 물건을 착용하도록 요구한다. 보통 그런 물건들은 성적 흥분을 위해서 필요하며, 그런 물건이 없을 경우에는 발기부전이 일어나기도 한다. 발병은 보통 청소년기에 시작되며 일단 발병하면 만성적 경과를 나타낸다.

8. 복장도착장애

복장도착장애Transvestic Disorder는 이성의 옷으로 바꿔 입음으로써 성적 흥분을 하는 경우를 말한다. 보통 복장도착장애를 지닌 남자는 여자 옷을 수집하여 바꿔 입으며 자신을 성적 공상 속의 남자 주인공과 상대 여성이라고 상상하면서 자위행위를 하는 경향이 있다. 이 장애는 이성애적인 남자에게서만 주로 보고되고 있으며, 성별 불쾌감으로 인하여 이성의 옷을 입는 경우는 복장도착장애로 진단되지 않는다. 복장도착 행동은 남성 복장에 여성 의복의 한 종목(예: 내의나 양말)만 착용하는 경우부터 전체적으로 여장을 하고 화장을 하는 경우까지 다양하다.

9. 기타의 변태성욕장애

이상에서 소개한 변태성욕장애 외에도 매우 다양한 유형이 보고되고 있으며 기타의 변태성욕장애로 분류되고 있다. 이러한 변태성욕장애로는 동물과의 성행위나 그러한 공상을 통해 성적 흥분을 얻는 동물애증zoophilia, 상대방에게 음란하고 외설스러운 말을 함으로써 흥분을 얻는 외설언어증coprolalia, 특히 전화를 통해 낯선 사람에게 음란한 말을 함으로써 성적 흥분을 추구하는 전화외설증telephone scatologia, 상대방의 성기에 대변을 문질러 바름으로써 흥분을 얻는 분변애증coprophilia, 소변을 통해서 성적 쾌감을 얻는 소변애증urophilia, 심지어는 시체와 성관계를 맺고자 하는 시체애증necrophilia이 보고되고 있다. 이처럼 인간이 성적 쾌락을 위해서 행할 수 있는 성적 행위와 그 대상은 상상을 초월할 만큼 다양하다.

변태성욕장애의 원인과 치료

변태성욕장애의 원인에 대해서는 과학적 연구를 통해 밝혀진 바가 거의 없다. 전통적으로 변태성욕장애에 대해서는 정신분석적 설명이 가장 활발하게 제기되었다. 정신분석적 입장에서는 변태성욕장애를 유아적인 성적 발달단계에 고착되어 성인기까지 지속되는 것으로 보고 있다. 특히 오이디푸스 콤플렉스가 잘 해소되지 않은 사람들이 지니고 있는 아버지에 의한 거세불안이 변태성욕장애의 형태로 나타날 수 있다고 주장한다. 예컨대, 노출장애 환자는 자신의 성기를 낯모르는 여성이나 소녀에게 노출시킴으로써 자신이 거세되지 않았다는 사실을 확인하려는 무의식적 동기를 지니고 있다는 것이다. 환자는 자신의 노출 행동에 대해서 여성이 충격을 받는 모습을 보면서 거세불안을 극복하고 이성을 정복했다는 느낌을 갖게 된다.

관음장애는 소아기에 부모의 성교장면을 목격하거나 엿듣게 되는 충격적 경험과 관련되어 있다고 주장한다. 소아는 부모의 성교장면을 충격적으로 받아들이며 자신이 목격하고 있다는 사실을 부모가 알지 못하도록 꼼짝하지 않은 채 몰래 지켜보거나 엿듣게 된다. 이러한 충격적 경험은 아동의 거세불안을 촉발하며 수동적으로 경험했던 충격을 성인이 되어서 능동적으로 극복하려는 시도가 관음장애로 나타난다는 설명이다. 물품음란장애의 경우, 성적 흥분을 불러일으키는 물건은 상징적으로 여성의 성기를 뜻하며 이러한 비인격적인 물건을 대상으로 성적 흥분을 느끼는 것은 덜 위협적일 뿐 아니라 마음대로 주무를 수 있기 때문에 거세불안을 극복하도록 돕는다.

성적 가학장애를 보이는 사람들은 어린 시절에 성적인 외상경험을 지니는 경우가 많으며 자신이 경험했던 외상경험을 타인에게 가함으로써 복수를 하는 동시에 아동기의 외상을 극복하려는 무의식적 시도인 반면, 성적 피학장애를 지닌 사람들은 아동기에 학대받은 경험을 반복하는 것인데 이는 거세를 당하는 대신 희생물이 됨으로써 덜 가혹한 불행을 받아들이는 무의식적인 시도라고 설명되고 있다. 이 밖에도 대상관계 이론에서는 도착적 성행위를 대상관계로부터의 도피라고 주장하는 반면, 자기심리학에서는 성도착 행위를 자기응집력을 회복하기 위한 필사적 시도라고 설명하기도 한다.

행동주의적 입장에서는 고전적 조건형성 과정을 통해 변태성욕장애가 발생한다고 주장한다. 예컨대, 여자의 슬리퍼에 대한 물품음란장애를 지닌 한 사람이 어린 시절에 배다른 누이의 슬리퍼가 자신의 성기를 스쳤던 반복적인 경험을 보고하였는데, 이는 슬리퍼와 성적 흥분이 잘못 조건형성되었을 가능성을 시사한다. 라크만(Rachman, 1966)은 남성 피험자들에게 여자의 누드사진을 계속해서 보여주면서 누드사진 사이에 여성의 부츠사진을 섞어서 반복적으로 보여주었더니 피험자들이 부츠사진만 보고도 성적 흥분을 일으키게 되었다고 보고하였다.

또한 변태성욕장애자들은 사회적으로 고립되어 있으며 대인관계가 미숙하고 자기주장적이지 못하다는 보고도 있다. 따라서 이들은 정상적인 이성관계를 형성하여 성적 욕구를 해소하지 못하기 때문에 결과적으로 비정상적인 대상을 통해 성적 욕구를 만족시키려는 시도가 변태성욕장애로 나타날 수 있다. 어린아이, 동물, 여성의 물건 등과 같이 자신의 마음대로 통제할 수 있는 대상을 통해 성적 욕구를 발산하는 동시에 현실생활에서 좌절된 지배 욕구를 충족하게 된다는 주장도 있다.

변태성욕장애를 지닌 사람을 치료하는 일은 매우 어려운 일이다. 왜냐하면 이들은 성도착적 행동을 통해 오랜 기간 성적 쾌락을 얻어 왔으며 이를 포기하는 일에는 사실상 관심이 없기 때문이다. 이들은 자신의 행동을 장애로 생각하기보다는 개인적인 독특한 성적 취향이라고 생각하는 경향이 있다. 변태성욕장애자가 치료를 받게 되는 경우는 대부분 법적인 문제가 되어 강제로 치료에 응하는 경우일 뿐이며 사실상 치료에 대한 동기가 거의 없다.

변태성욕장애에 가장 효과적인 치료방법은 없으며, 개인의 특성에 따라 적절한 치료적 접근이 필요하다. 이러한 통합적 치료에는 개인 심리치료, 정신분석적 심리치료, 인지적 재구성, 행동적 재조건화와 재발예방 같은 방법이 동원될 수 있다. 변태성욕장애에 대한 일반적인 치료목표는 환자가 자신의 성도착 행동을 장애로 인정하여 치료에 응하도록 하고 성도착 행위의 피해자가 느낄 수 있는 고통과 불쾌감을 공감할 수 있도록 하며, 사회적 고립과 부적절한 대인관계를 개선하여 정상적인 이성관계가 가능하도록 유도하고, 성도착 행동이 유발되기 쉬운 상황을 인식하여 회피하는 방법을 비롯한 재발예방 계획을 세울 수 있도록 돕는 것이다.

성별 불쾌감

1. 주요증상과 임상적 특징

성별 불쾌감Gender Dysphoria은 자신의 생물학적 성과 성역할에 대해서 지속적으로 불쾌감을 느끼는 경우를 말한다. 이러한 불쾌감으로 인해서 반대의 성에 대한 강한 동일시를 나타내거나 반대의 성이 되기를 소망한다. 예를 들어, 신체적으로 남성임에도 불구하고, 남자라는 것과 남자의 역할을 싫어하여 여성의 옷을 입고 여성적인 놀이나 오락을 좋아하는 등 여자가 되기를 소망하며 대부분 성전환 수술을 원하게 된다. 이러한 장애는 아동에서부터 성인에 이르기까지 다양한 연령대에서 나타날 수 있으며 성정체감장애gender identity disorder 또는 성전환증transsexualism이라고 불리기도 한다.

청소년이나 성인의 경우, 성별 불쾌감으로 진단되려면 다음 중 두 가지 이상을 6개월 이상 나타내야 한다: (1) 자신에게 부여된 일차적 성과 경험된/표현된 성에 있어서 현저한 불일치를 나타낸다; (2) 자신의 경험된/표현된 성과의 현저한 불일치 때문에 일차적 성 특성을 제거하려는 강한 욕구를 지닌다; (3) 반대 성의 일차적 성 특성을 얻고자 하는 강한 욕구를 지닌다; (4) 반대 성이 되고자 하는 강한 욕구를 지닌다; (5) 반대 성으로 대우받고자 하는 강한 욕구를 지닌다; (6) 자신이 반대 성의 전형적 감정과 반응을 지니고 있다는 강한 신념을 지닌다. 이러한 문제로 인해서 심각한 고통을 느끼거나 사회적 적응에 현저한 지장이 초래될 경우에 성별 불쾌감으로 진단된다.

성별 불쾌감의 유병률은 성인 남성의 경우 0.005~0.014%이며 여성의 경우는 0.002~0.003%로 알려져 있다. 성전환 수술을 받은 사람은 성인 남자는 3만 명 중 1명이고 성인 여자는 10만 명 중 1명이었다는 보고가 있다. 아동의 경우 정신건강 진료소에 의뢰되는 남녀의 비는 5:1 정도로 남자가 월등하게 더 많은 반면, 성인의 경우는 남자가 여자보다 2~3배 정도 많다.

성별 불쾌감은 동성애homosexuality와 구분되어야 한다. 동성애는 동성인 사람에 대해서 성적인 애정과 흥분을 느끼거나 성적 욕구를 충족시키기 위한 성행위를 하는 경우를 말한다. 동성애자는 자신의 생물학적 성이나 성역할에 대해서 불편감을 겪지 않으며 성전환을 원하지도 않는다. 물론 일부의 동성애자 중에는 성별 불쾌감을 지니는 경우도 있다. 동성애는 과거에 정신장애로 여겨진 적이 있었으나, 1973년 미국의 정신의학회에서 다수의 동성애자들이 양호한 사회적 적응을 하고 있어 동성애를 정신장애 분류체계에서 삭제하였다. 현재 동성애는 독특하지만 정상적인 성적 성향이자 생활방식으로 인정되고 있다.

2. 원인과 치료

성별 불쾌감은 선천적 요인 또는 후천적 요인에 의해서 유발된다는 주장이 경합하고 있다. 선천적 원인으로는 유전자의 이상이 성별 불쾌감을 유발할 수 있다는 주장이 제기되었다. 그러나 일란성 쌍둥이에서 성정체감이 각기 다른 경우가 발견되어, 유전적 요인은 성별 불쾌감을 결정하는 한 요인일 뿐이라고 여겨지고 있다(Galen & Rotery, 1992). 또 다른 생물학적 원인으로는 태내 호르몬의 이상이 성별 불쾌감을 유발할 수 있다는 주장이 있다. 태아는 처음에 여성의 신체적 조직을 지니고 있으며 Y염색체로부터 발생되는 안드로겐이라는 남성호르몬에 의해서 남성의 성기가 발달하고 남성적인 특성이 나타나게 된다. 이처럼 남성 또는 여성의 육체적·심리적 특성은 호르몬의 영향을 받게 되는데, 성별 불쾌감을 지닌 사람들의 경우 태아의 유전적 결함이나 어머니의 약물복용 등으로 인한 태내기의 호르몬 이상에 의해 육체적 특성과 심리적 특성에 괴리가 나타난 것이라는 주장이다. 그러나 성별 불쾌감 환자가 뇌구조나 호르몬 분비에 있어서 정상인과 차이가 없다는 연구들이 다수 보고되고 있다(Gladue, 1985).

성별 불쾌감은 후천적인 경험이나 학습에 의해서 유발될 수 있다는 다양한 주장도 제기되고 있다. 프로이트는 성별 불쾌감을 성장과정 중 오이디푸스 갈등이 중요시되는 남근기 상태에 고착된 현상으로 설명하고 있다. 즉, 이성의 부모와 과도하게 동일시하게 되면 이후에 성별 불쾌감이 생긴다는 것이다. 일부 연구자들과 임상가들은 성별 불쾌감의 원인으로 부모와 가족의 중요성을 강조해왔다(Stoller, 1975). 즉, 남성 성별 불쾌감 환자의 경우는 아버지가 없거나 무기력한 반면, 어머니는 지배적이고 통제적인 경향이 있다. 그러나 여성 성별 불쾌감 환자의 경우는 어머니가 우울증적 경향이 있고 아버지는 냉담하고 무관심한 경향이 있어서 딸이 아버지를 대신해서 지지적이고 남성적인 역할을 해야 하며 이때 딸의 남성적 행동은 아버지에 의해 강조되고 여성성은 무시된다.

그린(Green, 1974)은 반대 성의 행동이 나타나게 되는 과정을 학습원리에 의해 설명하고 있다. 성정체감 혼란이 생기기 쉬운 경우는 동성의 부모가 소극적이거나 존재하지 않는 반면, 반대 성의 부모가 지배적이어서 아동이 반대 성의 부모를 모델로 삼아 사회적 행동을 습득하게 되는 경우이다. 또한 아동이 반대 성의 행동을 모방하기 시작할 때 부모가 관심과 흥미를 보이고 귀여워하는 등의 보상을 주게 되면 이러한 행동은 강화될 수 있다. 그뿐만 아니라 또래관계에서도 강화가 이루어질 수 있다. 여성스러운 남자 아이는 여자 아이를 선호하여 함께 지내는 시간이 많은 반면, 남성스러운 여자 아이는 남자 아이와 더 많은 시간을 보낸다. 따라서 반대 성의 행동이 함께 어울리는 또래들에 의해서 강화될 수 있다. 이렇듯이 부모와 또래의 영향에 의해서 후천적으로 성별 불쾌감이 발달할 수 있다는 주장이다.

성별 불쾌감에 대한 치료는 그 목표와 방법에 있어서 매우 복잡한 문제가 관여된다. 우선 성별 불쾌감을 지닌 사람들은 대부분 반대 성에 대한 동일시가 확고하여 강력하게 성전환 수술을 원한다. 성별 불쾌감을 지닌 사람에게는 성전환 수술이 주요한 해결 방법이 된다. 그러나 성전환 수술은 두 번 할 수 없는 것이므로 수술 전에 신중하게 선택하도록 해야 한다. 성전환 수술을 받은 사람들의 70~80%는 수술 후의 생활에 만족하는 반면, 약 2%가 수술 후의 후유증으로 자살한다는 보고가 있다. 심리치료는 성별 불쾌감에 수반되는 우울이나 불안 등의 심리적 문제를 다루어 주는 것 외에는 이 장애의 치료에 한계가 있는 것으로 알려져 있다.

요약

1. 성기능부전은 원활한 성행위를 방해하는 다양한 기능장애를 포함하고 있다. 남성에게 나타나는 성기능부전으로는 최소한 6개월 이상 성적인 욕구를 지속적으로 느끼지 못하는 남성 성욕감퇴장애, 성적 활동을 하는 동안에 발기에 어려움을 겪게 되는 발기장애, 성행위 시에 너무 일찍 또는 자신이 원하기 전에 사정을 하게 되는 조기사정, 성행위 시에 사정이 되지 않거나 현저하게 지연되는 사정지연이 있다. 여성에게 나타나는 성기능부전으로는 성적 활동에 대한 관심이 현저하게 저하될 뿐만 아니라 성행위 시에 성적인 흥분이 적절하게 일어나지 않는 여성 성적관심/흥분장애, 여성이 성행위 시에 절정감을 경험하지 못하는 여성 극치감장애, 성행위 시에 생식기나 골반에 현저한 통증을 경험하는 성기-골반 통증/삽입장애가 있다.
2. 성기능부전은 즉시적 원인과 역사적 원인에 의해 유발될 수 있다. 성기능부전을 지닌 사람들이 성행위 시에 성기능을 제대로 발휘하지 못하여 상대방을 실망시키고 실패할 것을 두려워하며 성행위에 몰두하지 못하고 자신의 성적 반응상태를 관찰한다. 이러한 성적 수행에 대한 공포와 관찰자적 역할이 성기능부전의 즉시적 원인을 구성하며 성기능을 위축시킨다. 성기능부전에 간접적인 영향을 미치는 역사적 원인으로는 종교적 신념, 충격적 성경험, 동성애적 성향, 잘못된 성지식, 과도한 음주, 신체적 문제, 사회문화적 요인 등이 있다.
3. 변태성욕장애는 인간이 아닌 대상(예: 동물, 물건)을 성행위 대상으로 삼거나, 아동을 비롯하여 동의하지 않은 사람을 대상으로 성행위를 하거나, 자신이나 상대방이 고통이나 굴욕감을 느끼게 하는 성행위를 하는 것을 포함한다. 변태성욕장애의 하위 유형으로는 관음장애, 노출장애, 마찰도착장애, 성적 피학장애, 성적 가학장애, 소아성애장애, 물품음란장애, 복장도착장애 등이 있다. 변태성욕장애 환자들은 사회적으로 고립되어 있으며 대인관계가 미숙하고 자기주장적이지 못하여 정상적인 이성관계를 형성하여 성적 욕구를 해소하지 못하기 때문에 결과적으로 비정상적인 대상을 통해 성적 욕구를 해소하려는 시도가 나타난다는 주장이 제시되고 있다.

4. **성별 불쾌감**은 자신의 생물학적 성과 성역할에 대해서 지속적으로 불쾌감을 느끼는 경우를 말한다. 반대의 성에 대해서 강한 동일시를 나타내거나 반대의 성이 되기를 소망하는 경우로서 성정체감 장애 또는 성전환증이라고 불리기도 한다.

제11장

신경발달장애와 기타의 정신장애

제11장 신경발달장애와 기타의 정신장애

신경발달장애

신경발달장애Neurodevelopmental Disorders는 중추신경계, 즉 뇌의 발달 지연 또는 뇌 손상과 관련된 것으로 알려진 정신장애를 포함하고 있다. 심리사회적 문제보다는 뇌의 발달장애로 인해 흔히 생의 초기부터 나타나는 아동기 및 청소년기의 정신장애를 포함하고 있다. 신경발달장애는 다음과 같은 여섯 가지 하위장애로 분류되고 있다: (1) 지적 발달장애, (2) 의사소통장애, (3) 자폐스펙트럼장애, (4) 주의력결핍 과잉행동장애, (5) 특정학습장애, (6) 운동장애.

표 11-1 신경발달장애의 하위유형과 핵심증상

하위장애		핵심증상
지적 발달장애		지적 능력이 현저하게 낮아서 학습 및 사회적 적응에 어려움을 나타냄
의사소통장애	언어장애	언어의 발달과 사용에 지속적인 곤란을 나타냄
	말소리장애	발음의 어려움으로 인한 언어적 의사소통의 곤란
	아동기 발병 유창성장애	말더듬으로 인한 유창한 언어적 표현의 곤란
	사회적 의사소통장애	언어적·비언어적 의사소통 기술을 사회적 상황에서 적절하게 사용하지 못함

자폐스펙트럼장애		사회적 상호작용과 의사소통의 심각한 곤란, 제한된 관심과 흥미 및 상동적 행동의 반복
주의력결핍 과잉행동장애		주의집중의 곤란, 산만하고 부주의한 행동, 충동적인 과잉행동
특정학습장애		읽기, 쓰기, 수리적 계산을 학습하는 것의 어려움
운동장애	틱장애	신체 일부를 갑작스럽게 움직이거나 소리를 내는 부적응적 행동의 반복
	발달성 협응장애	운동발달이 늦고 동작이 현저하게 미숙함
	상동증적 운동장애	특정한 패턴의 행동을 아무런 목적 없이 반복함

제1절 지적 발달장애

1. 주요증상과 임상적 특징

아동 중에는 전반적인 지적 능력이 떨어져 학업을 비롯한 대부분의 적응활동에서 부진함을 나타내는 아동들이 있다. 이러한 아동은 나이에 비해서 현저하게 미숙한 적응양상을 나타내게 된다. 이처럼 지능이 비정상적으로 낮아서 학습 및 사회적 적응에 어려움을 나타내는 경우를 **지적 발달장애**Intellectual developmental disorder라고 한다. 좀 더 정확하게 말하면, 표준화된 지능검사에서 70 미만의 지능지수IQ를 나타내는 경우를 뜻하며 **지적 장애**Intellectual Disability라고 불리기도 한다. 지적 발달장애는 이상행동의 판정기준 중 통계적 기준이 적용되는 대표적인 경우이다. 대부분의 표준화된 지능검사에서 산출되는 지능지수는 평균이 100점이고 표준편차가 15점으로 구성되어 있다. 70점이라는 지능지수는 평균점수로부터 2배의 표준편차만큼 낮은 점수에 해당하는 지능수준을 의미한다.

DSM-5-TR에서는 지적 발달장애를 지적 기능과 적응 기능에서의 결손이라고 정의하고 있다. **지적 기능**intellectual function은 추리, 문제해결, 계획, 추상적 사고, 판단, 학교에서의 학습 및 경험을 통한 학습을 의미한다. 적응 기능adaptive function은 가정, 학교, 직장, 지역사회와 같은 다양한 환경에서 의사소통, 사회적 참여, 독립적인 생활과 같은 일상생활을 영위할 수 있는 능력을 뜻한다. 지적 발달장애는 표준화된 지능검사와 임상적 평가에 의해서 지적 기능의 손상이 나타날 뿐만 아니라 의사소통, 사회적 참여, 독립적인 생활의 일상적 기능 중 한 가지 이상을 제약하는 손상이 있을 경우에 진단된다. 지적 발달장애는 그 심각도에 따라서 네 가지 등급, 즉 경도mild, 중등도moderate, 중증도severe, 고중증도profound로 구분된다.

지적 발달장애의 유병률은 일반 인구의 약 1%이며, 남자가 전체의 60%로서 여자보다 남자에게 더 흔하다. 특별한 신경학적 원인이 밝혀지지 않는 경미한 지적 발달장애의 경우에는 하류계층에서 더 많이 나타난다. 심한 지적 발달장애일수록 어린 시기에 발견되는 경향이 있다. 지적 발달장애는 지속되는 경향이 있으나 반드시 평생 지속되는 것은 아니며, 진행경과는 원인이 되는 신체적 요인과 환경적 요인에 의해 영향을 받는다. 특히 경미한 지적 발달장애아는 적절한 교육과 훈련을 통해 여러 가지 적응 기술을 습득시킬 경우 지적 발달장애에 더 이상 해당되지 않는 양호한 적응상태를 나타낼 수도 있다. 지적 발달장애는 자폐증과 같은 전반적 발달장애, 의사소통장애, 학습장애 등과 잘 구별되어야 한다.

2. 원인과 치료

지적 발달장애를 유발하는 원인은 매우 다양하다. 지적 발달장애를 유발하는 주요한 원인으로는 유전자 이상, 임신 중 태내환경의 이상, 임신 및 출산과정의 이상, 후천성 아동기 질환, 그리고 열악한 환경적 요인이 알려져 있다.

약 5%에 해당하는 지적 발달장애가 유전자의 이상에 의해 유발되는 것으로 밝혀져 있다. 유전자의 돌연변이, 방사선, 약제 및 화학 물질, 바이러스 등에 의한 염색체 이상은 심한 정도의 지적 발달장애를 유발하는 경향이 있다. 염색체 이상에 의해 유발되는 대표적인 지적 발달장애는 눈과 입이 돌출되는 독특한 외모를 나타내는 **다운 증후군** Down's syndrome이다.

임신 중인 어머니가 약물복용을 하거나 감염성 질환에 걸렸을 때 자녀에게 지적

다운 증후군을 지닌 지적 발달장애자

발달장애가 발생할 수 있다. 윌슨(Wilson, 1973)에 따르면, 아스피린, 기니네, 인슐린, 여성호르몬제, 헤로인, 모르핀, 알코올, 코카인, 니코틴 등과 같은 다양한 약물이 지적 발달장애에 영향을 미친다. 특히 임신상태에서 과도한 알코올을 섭취하면, 기형적 외모와 심한 지적 발달장애를 나타내는 태아 알코올 증후군fetal alcohol syndrome의 자녀를 낳을 수 있다.

또한 임신 및 출산과정에서의 이상이 지적 발달장애를 초래할 수 있다. 태아나 신생아가 뇌발달에 필요한 단백질, 탄수화물, 지방질을 적절하게 공급받지 못하면 지적 발달장애가 발생할 수 있다. 태아나 신생아의 두개골절과 같은 물리적 외상, 조산이나 난산, 출산 시의 무산소증 등도 지적 발달장애를 유발할 수 있다. 이러한 요인들이 지적 발달장애를 초래하는 경우가 약 10%로 추산되고 있다.

아울러 신생아나 아동의 신체적 질병과 사고가 지적 발달장애를 유발할 수 있다. 뇌에 영향을 주는 여러 가지 감염질환, 뇌 손상을 유발하는 각종 사고, 납과 같은 독성물질의 섭취 역시 지적 발달장애의 유발요인으로 알려져 있으며 약 5%의 지적 발달장애가 이에 해당한다.

마지막으로 열악한 사회적 환경도 아동의 지능저하를 유발할 수 있다. 사회경제적 지위가 낮고 빈곤한 가정의 경우, 아동기에 지능발달을 위한 풍부한 지적 자극을 제공받지 못한 아동은 지적 발달장애를 나타낼 수 있다. 열악한 환경요인에 의한 경우는 대부분 경미한 지적 발달장애를 나타내는 경향이 있다. 이 밖에 자폐증과 같은 아동기의 정신장애도 지적 발달장애 상태를 초래할 수 있다. 이러한 환경적 요인에 의한 지적 발달장애는 전체의 15~20%에 해당된다. 그러나 아직 30% 정도의 지적 발달장애는 그 원인이 밝혀져 있지 않은 상태이다.

지적 발달장애의 치료는 그 목표와 방법이 지적 발달장애의 수준에 따라 달라진다. 그러나 일반적으로 일상생활에 필요한 다양한 적응기술을 학습시키고 이러한 적응기술이 유지되도록 하는 것을 목표로 한다. 지적 발달장애는 여러 가지 신체적 이상에 기인할 수 있으므로 신경학적 평가와 더불어 지능을 비롯한 심리평가를 받은 후에 적절한 교육 및 재활 프로그램을 적용하는 것이 바람직하다. 가능한 한 지적 발달장애를 빨리 확인하여 조기에 집중적인 교육을 시키는 것이 효과적이다. 지적 자극이 부족한 환경에 의해 유발된 경미한 지적 발달장애아의 경우는 체계적이고 집중적인 교육을 통해 적응수준이 현저하게 향상될 수 있다. 지적 발달장애아를 둔 부모는 여러 가지 심리적 고통을 경험하게 되는데, 이러한 심리적 문제를 잘 극복하고 인내심을 지니고 자녀의 교육에 임할 수 있도록 돕는 것이 필요하다.

제2절 의사소통장애

언어는 자신의 의사를 표현하고 전달하는 매우 중요한 심리적 기능이다. **의사소통장애** Communication Disorder는 정상적인 지능수준에도 불구하고 의사소통에 사용되는 말이나 언어의 사용에 결함이 있는 경우를 말한다. 이러한 의사소통장애에는 네 가지 하위유형, 즉 언어장애, 말소리장애, 아동기 발병 유창성장애, 사회적 의사소통장애가 있다.

1. 언어장애

언어장애 Language Disorder는 언어의 발달과 사용에 지속적인 곤란을 나타내는 경우를 말한다. 이러한 언어장애는 어휘의 부족, 문장 구조의 빈곤(문법규칙에 따라 문장을 구성하기 위해 단어를 조합하는 능력의 부족), 대화 능력의 장해(어떤 주제나 사건들을 설명하거나 대화를 하기 위해서 어휘를 사용하고 문장을 연결하는 능력의 손상)를 비롯한 언어의 이해나 표현 능력의 손상에 의한 것이다. 이러한 손상으로 인해서 언어능력이 나이에 비해 현저하게 저하되어 효과적인 의사소통, 사회적 참여, 학업적 성취, 직업적 수행에서 기능적 저하를 초래할 때 언어장애로 진단된다. 언어장애의 증상은 초기 아동기에 시작된다.

언어장애를 지닌 아동은 어휘가 제한되어 있거나 짧고 단순한 구조의 말을 주로 사용하며 어순이나 시제가 잘못된 언어적 표현을 사용한다. 또한 단어나 어휘를 부적절하게 사용하고 문장의 주요 부분을 생략하며 길고 복잡한 문장을 만들지 못한다. 언어장애는 학업적 · 직업적 성취나 사회적 적응에 심각한 어려움을 초래하게 된다.

언어장애의 원인은 크게 신체적 원인과 환경적 원인으로 나눌 수 있다. 뇌 손상이나 감각기능(예: 청력)의 결함과 같은 신체적 원인이 언어발달을 지체시킬 수 있다. 아울러 언어발달이 이루어지는 유아기에 적절한 언어적 환경과 자극이 주어지지 못하면 역시 언어발달이 지연될 수 있다. 예컨대, 유아의 발성이나 발음에 부모가 무관심하여 발성을 늦게 시작하는 경우, 아동에게 충분한 언어적 자극이나 이야기를 해주지 않아 언어적 이해력이 부족한 경우, 언어적 의사소통을 자극하고 강화해주지 않아 언어적 표현에 대한 의욕을 잃는 경우, 몸짓에 의한 의사소통을 통해 언어 사용이 제한되는 경우에 언어장애가 유발될 수 있다.

언어장애를 나타내는 아동은 먼저 이비인후과, 소아과, 치과 등에서 감각적 · 신체적 문제가 있는지를 점검하는 것이 필요하다. 아울러 아동이 지니고 있을지 모르는 정서적 문제나 부모-자녀관계를 잘 탐색하여 이를 해결해주는 것이 중요하다. 그리고 언어치료사나 교사에 의해 아동에게 체계적인 언어교육을 실시해야 한다. 부모 역시 아동에게 적절한 언어적 자극을 제시하고 아동의 언어적 표현을 격려하고 강화하는 꾸준한 노력을 통해서 아동의 언어적 발달을 촉진할 수 있다.

2. 말소리장애

말소리장애Speech Sound Disorder는 발음의 어려움으로 인해서 언어적 의사소통에 지장을 초래하는 경우를 말한다. 나이나 교육수준에 비해서 현저하게 부정확하거나 잘못된 발음을 사용하고 단어의 마지막 음을 발음하지 못하거나 생략하는 등의 문제를 나타낸다. 혀 짧은 소리를 내는 경우가 가장 흔하며, 단어를 발음할 때 한 음을 생략하거나 다른 음으로 대치하는 경우도 있다. 이러한 발음의 문제로 인하여 학업적 · 직업적 성취나 사회적 의사소통에 현저한 어려움을 겪게 될 때 말소리장애로 진단된다.

말소리장애는 6~7세 아동의 약 2~3%가 나타내는 것으로 알려져 있으며, 17세경이 되면 그 비율이 0.5%로 떨어진다. 남성에서 더 흔하며, 말소리장애가 심한 경우에는 아동의 말을 가족도 이해하지 못할 수 있다.

말소리장애는 청각장애, 발성기관의 구조적 결함(예: 언청이), 신경학적 장애(예: 뇌성마비), 인지장애(예: 지능 저하)와 같은 기질적 문제에 의해 유발될 수 있다. 그러나 취학 전 아동의 상당수는 원인불명의 음성학적 장애를 갖고 있는데 이런 경우를 '기능적 음성학적 장애'라고 부른다. 이 경우에는 정서적 불안과 긴장, 사회적 상황에 대한 부적절감이나 공포, 과도한 분노나 적대감 등과 같은 심리적 원인에 의해서 말소리장애가 나타날 수 있다. 예컨대, 편안한 상태에서는 정확한 발음을 구사할 수 있으나, 불안하거나 흥분한 상태에서 불명료한 발음을 나타내는 경우가 있다.

말소리장애의 치료는 크게 두 가지 방법으로 나눌 수 있다. 그 하나는 음성학적 문제를 유발하는 신체적 또는 심리적 문제를 해결하는 방법이다. 예컨대, 수술을 통해 발성기관을 치료하거나 정서적 불안과 긴장을 완화할 수 있도록 심리치료를 하는 방법이 있다. 다른 방법은 올바른 발성 습관을 교육하는 것이다. 언어치료사에 의해 정확한 발음을 가르치고 올바른 발성을 위한 호흡조절능력을 키워주며 정확한 발음을 일상적 대화에서 사용할 수 있도록 지도하는 것이 바람직하다.

3. 아동기 발병 유창성장애

아동기 발병 유창성장애 Childhood-Onset Fluency Disorder는 말을 더듬는 행동으로 인해서 언어의 유창성에 장해가 있는 경우를 뜻하며 **말더듬** stuttering이라고 불리기도 한다. 말더듬은 말을 시작할 때 첫 음이나 음절을 반복하여 사용하거나(예: 난-난-난-난 기분이 좋다) 특정한 발음을 길게 하거나(예: 나는 하~악교에 간다) 말을 하는 도중에 부적절하게 머뭇거리거나 갑자기 큰 소리로 발음하는 등 다양한 형태로 나타난다. 말더듬은 또래 아동으로부터 놀림의 대상이 되므로 말더듬에 대한 두려움을 지니게 되며 말을 하지 않거나 말하는 상황을 회피하게 된다. 말더듬으로 인해 사회적 관계에서 좌절감과 불안을 경험하게 되고 낮은 자존감과 사회적 위축이 초래될 수 있으며 성인의 경우 직업 선택이나 승진에 어려움을 겪게 된다.

말더듬의 유병률은 아동기에서는 1% 정도이고 청소년기에는 0.8%로 감소한다. 남자에게 3배 정도 더 흔하다. 말더듬은 전형적으로 2~7세에 점진적으로 발생하는데,

눈에 띄지 않는 가벼운 말더듬이 보통 몇 개월에 걸쳐 현저한 말더듬으로 발전하게 된다. 말더듬은 악화와 호전을 반복하면서 더듬는 단어가 점점 확대된다. 말을 더듬는 아동의 약 60% 정도는 자연적으로 회복되는데 대부분 16세 이전에 회복된다.

말더듬의 원인은 명확하게 밝혀진 것이 없으나 다양한 요인이 관여하는 것으로 알려져 있다. 말더듬은 흔히 말을 더듬는 사람을 흉내 내거나 정서적 흥분이나 불안상태에서 우연히 말을 더듬게 되면서 시작된다. 또는 심리적 압박감이나 긴장감이 고조되어 자연스러운 말과 행동이 억제되는 상황에서 말더듬이 시작되기도 한다. 이렇게 시작된 말더듬이 반복되면서 점차 증상이 악화되어 스스로 통제하기 어려운 심한 말더듬의 상태로 발전하게 된다. 또한 다른 사람 앞에서 말을 더듬는 것에 대한 불안과 두려움으로 인하여 심리적·신체적 긴장이 증대되기 때문에 말더듬이 더욱 악화된다. 아울러 말하는 상황을 회피하게 되므로 말더듬을 교정할 수 있는 기회를 갖지 못하여 말을 더듬는 증상이 지속되게 된다.

말더듬의 치료는 개인이 나타내는 증상과 심리적 특성을 고려하여 시행되어야 한다. 우선 개인이 어려움을 겪는 말더듬 행동의 정밀한 평가와 분석이 이루어져야 한다. 아울러 이러한 말더듬이 악화되는 상황과 그에 관련되는 심리적 요인에 대한 분석이 이루어진 후에 적절한 치료가 시행되어야 한다. 예컨대, 말더듬에 대한 과도한 의식과 그로 인한 불안과 긴장, 타인에게 말을 더듬는 모습을 노출하지 않으려는 강렬한 욕구, 자신의 말더듬을 타인이 알게 될 경우에 매우 심각한 결과가 초래될 것이라는 생각, 말을 해야 되는 상황에 대한 회피행동 등이 말더듬을 유지시키는 경우가 많다. 이러한 요인을 수정하는 인지행동적 치료와 더불어 언어치료적 훈련을 병행하는 것이 가장 바람직하다.

4. 사회적 의사소통장애

사회적 의사소통장애 Social Communication Disorder는 DSM-5에서 처음으로 추가된 장애로서 언어적·비언어적 의사소통 기술의 사회적 사용에 지속적인 어려움을 나타내는 경우를 말한다. 이러한 의사소통 기술의 사회적 활용은 (1) 인사하기나 정보 교환과 같은 사회적 목적을 위해서 맥락에 적절하게 의사소통하는 능력, (2) 맥락이나 듣는 사람의 필요에 맞추어 의사소통을 적절하게 변화시키는 능력(예: 놀이할 때와 교실에서 달리 말하기, 아이와 어른에게 달리 말하기), (3) 대화와 이야기하기에서 규칙을 따르는 능력(예: 대화에서 번갈아 말하는 것, 잘 이해하지 못했을 때 되묻기), (4) 명시적으로 표현되지 않은 것이나 언어의 함축적이거나 이중적 의미를 이해하는 능력을 말한다. 이러한 네 가지 기능 모두에서 어려움을 나타내어 사회적 적응에 현저한 지장이 초래되는 경우에 사회적 의사소통장애로 진단된다. 사회적 의사소통장애는 초기 아동기에 시작된다.

과거에는 사회적 의사소통에서 심각한 결함을 나타내지만 자폐스펙트럼장애의 진단에 필요한 반복적인 상동행동 패턴을 보이지 않는 경우 '기타의 전반적 발달장애'로 분류되었다. 이러한 진단명으로는 장애의 특징적인 문제점을 식별할 수 없기 때문에 효율적인 치료적 개입을 하기가 어려웠다. DSM-5에서 사회적 의사소통장애라는 새로운 진단범주를 사용함으로써 적합한 치료를 효율적으로 제공할 수 있고 반복적 상동행동 패턴이 나타나지 않는데도 불구하고 자폐스펙트럼장애(혹은 전반적 발달장애)의 진단이 내려지는 것을 방지할 수 있게 되었다.

제3절 자폐스펙트럼장애

30대 주부인 M씨는 이제 눈물이 말라 버렸다. 어느새 열 살이 된 아들에 대한 슬픔 때문이다. M씨는 대학졸업 후 직장생활을 몇 년 하다가 중매로 현재의 남편을 만나 결혼하고 즐거운 신혼생활을 하였다. 임신이 되어 정성어린 태교를 하였고 자녀양육을 위한 서적을 탐독하며 태어날 자녀에 대한 기대에 부풀어 있었다. 마침내 눈빛이 초롱초롱하고 건강한 아들을 낳게 되었다. 그런데 M씨는 아들을 기르면서 다른 아이들과 좀 다르다는 느낌을 갖게 되었다. 젖을 먹여도 잘 물지 않고 안아주어도 허리를 뒤로 젖히며 자주 심하게 울어대곤 하였다. 엄마와 눈을 마주치려 하지 않았으며 옹알이를 할 때가 되었는데 전혀 부모에 대한 반응이 없었다. 그러나 좀 더 크면 나아질 것으로 생각하고 있었으나, 세 살이 되어도 거의 말을 하지 않았으며 마치 부모를 싫어하듯이 혼자 놀곤 하였다. 아무리 발달이 늦어도 이제는 '엄마'나 '아빠'라는 말을 할 때가 되었는데, 이런 말을 따라하도록 하는 부모의 노력에도 전혀 반응이 없었다. 아들은 또래아이들과 어울리지 않고 혼자서 장난감을 가지고 놀거나 때로는 머리를 반복적으로 벽에 부딪히는 이상한 행동을 보이기도 했다. 아무래도 아들에게 문제가 있는 것 같아 네 살이 된 아들을 데리고 전문가를 찾아간 결과 '자폐증'이라는 진단을 받게 되었으며 M씨는 충격과 슬픔에 휩싸이게 되었다. 그러나 총명하게 생기고 때로는 장난감을 조립하는 능력이 뛰어난 아들이 치료될 수 있다는 기대를 지니고 여러 자폐증 치료 전문기관을 찾아다니며 자폐증에 관한 서적을 구해 읽었다. 자폐증의 치료가 어렵다고 하지만 M씨는 아들이 개선될 수 있다는 믿음을 갖고 아들의 치료에 전념하였다. 그러나 M씨의 헌신적인 노력에도 불구하고 아들은 쉽게 변하지 않아 좌절감 속에서 수없이 눈물을 흘리게 되었다. 그래도 이제 열 살이 된 아들이 가끔씩 '엄마'라고 부르는 소리에 감동을 받으며 느리지만 조금씩 변하는 아들의 모습 속에서 희망을 잃지 않고 있다. 요즘은 자폐아를 둔 부모의 모임에 참석하면서 서로의 고통을 나누며 아들의 치료에 노력하고 있다.

1. 주요증상과 임상적 특징

자폐스펙트럼장애Autism Spectrum Disorder는 심각한 부적응을 나타내는 대표적인 발달장애이다. 자폐스펙트럼장애를 지닌 아동은 M씨 아들의 경우처럼 부모의 마음을 몹시 괴롭고 안타깝게 한다. 어려서부터 마치 부모와 애정 어린 관계를 거부하는 듯한 행동을 나타내며 말을 배우지 못하고 혼자서 생활하며 때로는 뛰어난 재능을 지닌 듯한 모습을 보이기도 하기 때문이다.

자폐스펙트럼장애는 사회적 상호작용과 의사소통에서 장애를 나타낼 뿐만 아니라 제한된 관심과 흥미를 지니며 상동적인 행동을 반복적으로 나타내는 장애들을 포함한다. DSM-IV에서 전반적 발달장애에 포함되었던 자폐증, 소아기 붕괴성 장애, 아스퍼거 장애, 기타의 전반적 발달장애가 DSM-5에서 자폐스펙트럼장애로 통합한 것이다. 이러한 네 가지의 장애들은 증상의 심각도만 다를 뿐 연속선상에 존재하는 하나의 장애를 나타내는 것이라는 연구결과를 반영한 것이다. 자폐스펙트럼장애의 진단기준은 〈표 11-2〉와 같다.

표 11-2 자폐스펙트럼장애의 진단기준

A. 다양한 맥락에 걸쳐 사회적 의사소통과 상호작용에 지속적인 결함이 나타난다. 이러한 결함은 현재 또는 과거에 다음과 같은 방식으로 나타난다.
  1. 사회적-정서적 상호작용의 결함을 나타낸다. 예컨대, 다른 사람에게 비정상적인 방식으로 사회적 접근을 시도하고, 정상적으로 번갈아가며 대화하지 못하며, 다른 사람과 관심사나 감정을 공유하지 못하고, 심한 경우에는 사회적 상호작용을 시작하지 못하거나 그에 반응하지 못한다.
  2. 사회적 상호작용을 위해 사용되는 비언어적 의사소통 행동에 결함을 나타낸다. 예컨대, 언어적·비언어적 의사소통을 통합된 형태로 사용하지 못하고, 눈 맞춤과 몸동작에서 비정상성을 나타내며, 심한 경우에는 표정이나 비언어적 의사소통을 전혀 사용하지 못한다.
  3. 대인관계를 발전시키고 유지하며 이해하는 데 결함이 나타난다. 예컨대, 다양한 사회적 맥락에 맞게 행동을 조율하지 못하고, 다른 사람과 상상적 놀이를 함께하거나 친구를 사귀는 데 어려움을 나타내며, 심한 경우에는 또래친구에 대해서 전혀 관심을 나타내지 않는다.

B. 행동, 흥미 또는 활동에 있어서 제한적이고 반복적인 패턴이 다음 네 가지 중 2개 이상의 증상으로 나타난다.
  1. 정형화된 혹은 반복적인 운동 동작, 물체 사용이나 언어사용(예: 단순한 운동 상동증, 장난감을 한 줄로 정렬하거나 물체를 뒤집는 행동, 반향언어, 기이한 어구의 사용).
  2. 동일한 것에 대한 고집, 일상적인 것에 대한 완고한 집착 또는 언어적·비언어적 행동의 의식화된 패턴을 나타낸다(예: 작은 변화에 대한 심한 불쾌감, 경직된 사고패턴, 의식화된 인사법, 매일 동일한 일상활동을 하거나 동일한 음식을 먹으려는 욕구).
  3. 매우 제한적이고 고정된 흥미를 지니는데 그 강도나 초점이 비정상적이다(예: 특이한 물건에 대한 강한 애착 또는 집착, 과도하게 제한되어 있거나 고집스러운 흥미).
  4. 감각적 자극에 대한 과도한 혹은 과소한 반응성을 나타내거나 환경의 감각적 측면에 대해서 비정상적인 관심을 나타낸다(예: 고통이나 온도에 대한 현저한 무감각, 특정한 소리나 재질에 대한 혐오 반응, 특정한 물건을 만지거나 냄새를 맡는 데 집착함, 빛이나 물건의 움직임에 매료됨).

C. 이러한 증상들은 어린 아동기에 나타난다.

D. 이러한 증상들은 사회적, 직업적 또는 다른 중요한 기능 영역에 심각한 손상을 초래한다.

E. 이러한 장해는 지적 발달장애나 전반적 발달 지연에 의해 더 잘 설명되지 않는다.

자폐스펙트럼장애는 두 가지의 핵심증상을 나타낸다. 그 첫째는 사회적 상호작용의 결함으로서 대인관계에 필요한 눈 마주치기, 표정, 몸짓 등이 매우 부적절하여 부모나 친구와 친밀한 관계를 형성하지 못하는 것이다. 다른 핵심증상은 제한된 반복적 행동 패턴으로서 특정한 패턴의 기이한 행동을 똑같이 반복하게 되며 특정한 대상이나 일에 비정상적으로 고집스럽게 집착하는 행동을 나타내는 것이다. DSM-5-TR에서는 자폐스펙트럼장애를 두 핵심증상의 심각도에 따라 각각 세 수준(도움이 필요함, 상당한 도움이 필요함, 매우 많은 도움이 필요함)으로 평가한다.

자폐스펙트럼장애를 지닌 아동의 가장 큰 특성은 대인관계의 형성과 의사소통이 이루어지지 않는다는 점이다. 마치 다른 사람을 무시하거나 관계를 맺지 않으려는 듯이, 상대방의 말에 대응하지 않고 부적절한 행동을 나타내게 된다. 자폐스펙트럼장애의 증상은 매우 어린 유아기부터 나타날 수 있는데, 이런 아동은 부모와 눈을 마주치려 하지 않고, 부모의 자극에 관심이나 웃음을 나타내지 않으며, 부모가 안아주려 해도 몸을 뒤로 뻗치며 마치 부모의 사랑을 거부하는 듯한 행동을 나타내어 부모의 마음을 몹시 아프게 한다.

부모와 관계형성이 이루어지지 못하므로 자폐스펙트럼장애를 지닌 아동들은 나이에 알맞은 언어를 습득하지 못하며 의사소통에 심각한 문제를 나타내게 된다. 적절한

자폐증을 소재로 다른 영화 〈말아톤〉과 〈레인 맨〉

어휘나 문장을 구사하는 언어능력이 현저하게 부족할 뿐만 아니라 타인의 말에 주의를 기울여 경청하지 못하고 부적절하거나 괴상한 말을 사용하여 타인과 원활한 의사소통이 이루어지지 않는다. 또한 자폐스펙트럼장애를 지닌 아동은 관심사가 매우 좁으며 그러한 관심사에 몰두하거나 반복적인 행동을 나타내는 경향이 있다. 또한 이들은 주변 상황이 항상 똑같게 유지되는 것을 고집하고 사소한 변화에 저항하거나 신경질적인 반응을 보인다.

자폐스펙트럼장애를 지닌 아동은 지적 발달장애에 해당하는 지적 기능과 적응 기능을 나타내는 경우가 대부분이다. 그러나 자폐스펙트럼장애를 동반하지 않는 지적 발달장애 아동들은 전반적인 지적 기능이 저조한 데에 비해, 자폐스펙트럼장애 아동 중에는 자신이 관심을 갖는 영역에서 놀라운 기억력이나 우수한 지적 능력을 나타내는 경우가 있다. 자폐스펙트럼장애 아동이 나타내는 문제행동은 아동의 발달수준과 생활연령에 따라 매우 다양하다.

자폐스펙트럼장애의 유병률은 아동과 성인을 포함한 전체 인구의 1~2% 정도인 것으로 알려져 있다(American Psychiatric Association, 2022). 미국, 유럽, 일본, 아프리카를 대상으로 한 조사에 따르면, 자폐스펙드럼장애는 문화에 상관없이 상당히 일정한 빈도를 나타낸다. 자폐스펙트럼장애는 여자 아동에 비해 남자 아동에게 3배 정도 더 흔하게 나타난다. 자폐스펙트럼장애를 나타내는 여자 아동은 상당히 심각한 자폐스펙트럼장애와 더불어 심한 지적 발달장애를 나타내는 경향이 있다.

2. 원인과 치료

자폐스펙트럼장애는 주로 생물학적 원인에 의해 초래되는 것으로 알려지고 있다. 자폐증을 처음 보고한 캐너(Kanner, 1943)는 자폐아들이 타인과의 정서적 교류를 하기 어려운 것은 유전 때문이라고 주장했다. 폴스타인과 러터(Folstein & Rutter, 1977)에 따르면, 자폐증을 지닌 쌍둥이를 조사한 결과 9쌍의 일란성 쌍둥이 중 3쌍이 모두 자폐증인 반면, 10쌍의 이란성 쌍둥이 중에는 모두 자폐증을 보인 쌍은 없었다. 자폐증 환자의 형제 중 2~3%가 자폐증인 것으로 보고되고 있는데, 이러한 비율은 정상인 형제에서 예상되는 발생 비율의 50~100배에 해당되는 것이다. 이러한 조사자료들은 자폐스펙트럼장애가 유전적인 영향을 받는다는 것을 보여주지만, 유전적 요인과 더불어 다른 생물학적 요인이나 환경적 요인이 복합적으로 작용하여 자폐스펙트럼장애를 유발하는 것으로 보는 견해가 일반적이다.

자폐아들이 뇌에 신경학적 손상을 지니고 있다는 증거가 제시되고 있다. 자폐아가 분명한 신경해부학적 이상을 공통적으로 나타내고 있지는 않지만 20~35%의 자폐아가 청소년기에 간질을 일으킨다. 간질은 뇌의 기능손상에 의해 나타난 것으로 자폐스펙트럼장애의 원인은 아닌 것으로 평가되고 있다. 자폐아의 뇌손상에 관한 여러 연구자료에 따르면, 자폐아의 대뇌 반구, 시상, 기저핵, 뇌간에서는 일관성 있는 이상을 발견할 수 없었으나 소뇌가 작다는 결과가 가장 많이 보고되었다(Courchesne, 1991). 또한 자폐아의 40% 이상에서 EEG의 이상이 발견되고 있다. 특히 지적 발달장애가 심한 자폐아의 경우, 뇌의 기능손상에 대한 여러 가지 신경생리학적 증거가 확인되고 있다.

이 밖에도 자폐아의 1/3 정도가 정상인보다 높은 세로토닌 수준을 나타낸다는 보고가 있다. 그러나 높은 세로토닌 수준은 심각한 지적 발달장애와 조현병과 같은 다른 정신장애 환자에서도 발견되는 신경화학적 특성이므로 자폐스펙트럼장애의 유발에만 관여하는 원인적 요인으로 생각되지는 않는다. 자폐아가 외부 자극에 대해서 극단적으로 예민하거나 둔감한 행동을 나타내는 것은 과도한 도파민 활동과 관련된다는 주장도 제기되고 있다.

현재 자폐스펙트럼장애는 대부분 생물학적인 원인에 의해 유발되는 것으로 생각되고 있지만, 일부의 정신분석학자들은 일부의 자폐스펙트럼장애가 심리적 원인에 의해 유발될 수 있다고 주장한다(Spensley, 1995). 초기 유아기 단계에서 아이는 감각을 경험하지만 자신의 신체를 비롯하여 외부대상을 인식하지 못하는 정상적인 자폐증 단계를 나타낸다. 이러한 자폐증 상태에서 아이는 어머니와의 상호작용을 하면서 자신을 어머니로부터 분리하여 독립된 개체로 인식하며 성장하게 된다. 그는 이러한 초기 유아기 단계에서 어머니와의 상호작용에 심각한 문제가 생기면 자폐증이 나타날 수 있음을 주장하면서 자폐증을 단절형 자폐증encapsulated autism과 융합형 자폐증entangled autism으로 구분하고 있다. 단절형 자폐증은 아이가 자신 이외의 모든 경험을 완전히 부정하는 자폐적인 갑옷을 입는 경우인 반면, 융합형 자폐증은 어느 정도 분화되어 있지만 자신의 신체가 엄마의 신체와 뒤엉키고 혼동된 느낌을 갖는 경우이다.

현재 자폐스펙트럼장애의 치료를 위해 가장 널리 사용되고 있는 방법은 **응용행동분석**(ABA: Applied Behavior Analysis)이다. ABA는 새로운 기술과 행동을 습득시키기 위해서 다양한 행동치료 기법을 응용하는 개입방법이다. ABA는 자폐스펙트럼장애 아동의 인지적 능력, 의사소통 기술, 일상생활의 적응 기술 등을 상당히 개선하는 효과를 나타내는 것으로 보고되었다(Makrygianni et al., 2018).

ABA는 자폐스펙트럼장애 아동이 나타내는 일상생활의 어려움을 구체적으로 평가하고 그에 따라 아동에게 필요한 맞춤형 훈련프로그램을 계획한다. 예컨대, 자기돌봄 기술, 의사소통 기술, 놀이 기술을 증가시키고 부주의와 공격성을 감소시키는 훈련과정을 작은 단계들로 나누어 아동이 각 단계의 행동을 습득할 때마다 칭찬하고 강화물을 제공한다. 각 단계마다 학습 효과를 평가하고 그에 따라 훈련과정을 재조정한다. ABA는 많은 시간이 투여되는 방법으로서 주당 20시간 이상의 훈련이 필요하다.

최근에는 ABA에 근거한 **조기집중 행동개입**(EIBI: Early Intensive Behavioral Intervention)이 자폐스펙트럼장애를 개선하는 유망한 치료방법으로 여겨지고 있다(Matson & Smith, 2008). EIBI는 조기 개입과 집중 훈련을 강조하며 5세 이전의 아동에게 다양한 적응 기술을 개인화된 방식으로 훈련시킨다(Healy & Lydon, 2013). 치료자와 부모가 아동에게 일대일로 구체적인 행동을 집중적으로 습득시키면서 조금씩 점진적으로 행동변화를 유도한다. EIBI는 치료기관이나 가정에서 매주 20~40시간씩 실시되며 1~4년 동안 지속적으로 진행된다. 최근의 연구(Smith et al., 2021)에 따르면, 3세 전후의 자폐스펙트럼장애 아동 19명에게 2년 동안 EIBI를 시행한 결과 자폐증상이 뚜렷하게 감소하고 전반적 지능수준과 언어적 적응행동이 향상되었으며 그러한 개선효과가 10년 후에도 지속되었다.

주의력결핍 과잉행동장애

초등학교 1학년 아동인 J군의 부모는 요즘 걱정이 많다. J군을 초등학교에 입학시키고 나서 J군의 문제로 자주 학교에 불려가게 되었다. 평소 부산하고 장난이 심하긴 해도 총명하던

J군이 초등학교에 가고 나서 여러 가지 문제를 일으키고 있기 때문이다. 담임교사의 말에 따르면, 수업시간에도 주의를 집중하지 못할 뿐 아니라 자리에 가만히 앉아 있지 못하고 떠들며 옆에 앉은 아이를 건드리고 때리는 행동을 하여 수업을 진행할 수 없다는 것이다. 부모의 간곡한 부탁으로 담임교사가 J군에게 특별한 배려를 하며 수업을 진행해보았지만 전혀 개선되는 조짐이 나타나지 않았다. 부모가 야단을 치기도 하고 달래보기도 했지만 J군의 행동은 변하지 않아 최근에는 특수학교로 전학을 고려하고 있다.

1. 주요증상과 임상적 특징

주의력결핍 과잉행동장애Attention-Deficit/Hyperactivity Disorder(이하 ADHD)는 J군의 경우처럼 매우 산만하고 부주의한 행동을 나타낼 뿐만 아니라 자신의 행동을 적절히 통제하지 못하고 충동적인 과잉행동을 나타내는 경우를 말한다. 이 장애를 지닌 아동은 같은 또래의 아동에 비하여 현저하게 부산한 행동을 보이며 안절부절못하고 충동적인 행동을 나타내기 때문에 가정이나 학교생활에 커다란 어려움을 겪게 된다.

ADHD의 핵심증상은 부주의와 과잉행동-충동성이다. 부주의inattention는 다음과 같은 증상으로 나타난다: (1) 세부적인 면에 대해 면밀한 주의를 기울이지 못하거나, 학업, 작업 또는 다른 활동에서 부주의한 실수를 저지른다; (2) 일을 하거나 놀이를 할 때 지속적으로 주의를 집중할 수 없다; (3) 다른 사람이 직접 말을 할 때 경청하지 않는 것으로 보인다; (4) 지시를 완수하지 못하고, 학업, 잡일, 작업장에서의 임무를 수행하지 못한다; (5) 과업과 활동을 체계화하지 못한다; (6) 지속적인 정신적 노력을 요구하는 과업(학업 또는 숙제 같은)에 참여하기를 피하고, 싫어하고, 저항한다; (7) 활동하거나 숙제하는 데 필요한 물건들(예: 장난감, 학습과제, 연필, 책 또는 도구)을 잃어버린다; (8) 외부의 자극에 의해 쉽게 산만해진다; (9) 일상적인 활동을 잊어버린다.

과잉행동-충동성은 다음과 같은 증상으로 나타난다: (1) 손발을 가만히 두지 못하거나 의자에 앉아서도 몸을 옴지락거린다; (2) 앉아 있도록 요구되는 교실이나 다른 상황에서 자리를 떠난다; (3) 부적절한 상황에서 지나치게 뛰어다니거나 기어오른다; (4) 조용히 여가 활동에 참여하거나 놀지 못한다; (5) '끊임없이 활동하거나' 마치 '자동차(무엇인가)에 쫓기는 것'처럼 행동한다; (6) 지나치게 수다스럽게 말을 한다; (7) 질문이 채 끝나기 전에 성급하게 대답한다; (8) 차례를 기다리지 못한다; (9) 다른 사람의 활동을 방해하고 간섭한다.

부주의와 과잉행동-충동성 중 한 가지 이상의 증상이 발달수준에 맞지 않게 6개월 이상 나타나서 사회적·학업적·직업적 활동에 직접적으로 부정적인 영향을 미칠 경우에 ADHD로 진단된다. ADHD 아동은 지능수준에 비해서 학업성취도가 저조하고 또래 아이들에게 거부당하거나 소외될 가능성이 높다. ADHD는 흔히 학습장애, 의사소통장애, 운동조정 장애를 동반하는 경우가 많다. 또한 이 장애를 지닌 아동들은 가정과 학교에서 크고 작은 말썽과 사고를 자주 일으키기 때문에 부모나 교사로부터 꾸중과 처벌을 받기 쉽다. 따라서 부정적 자아개념을 형성하고 정서적으로 불안정하며 공격적이고 반항적인 행동을 나타내는 경향이 있는데, ADHD를 지닌 아동의 40~50%가 나중에 품행장애의 진단을 받는다.

ADHD의 경과와 예후는 매우 다양하다. 흔히 청소년기에 호전되는 경향이 있으나 성인기까지 지속되는 경우도 있다. 대부분 과잉행동은 개선되지만 부주의와 충동성은 오래 지속되는 경우가 흔하다. ADHD 아동의 종단적 추적 연구에서, 약 31%의 ADHD 아동이 청년기에도 그 증상을 그대로 유지했으며 낮은 자존감과 직업수행의 저조 등 적응의 어려움을 지니는 경우가 많았다. 이 장애가 청소년기까지 지속되는 경우, 품행장애가 발생될 위험성이 높으며 이러한 품행장애를 나타내는 청소년의 약 50%는 성인이 되어 반사회성 성격장애를 나타낸다는 보고가 있다.

ADHD의 유병률은 아동의 경우 약 5%이며 성인의 경우 약 2.5%로 보고되고 있다. 그러나 미국의 경우 초등학교 학생의 2~20%가 주의력결핍 및 과잉행동의 특성을 나타낸다는 보고도 있다. 미국에서는 ADHD가 외래 정신건강 진료소에 의뢰되는 아동의 약 50%에 해당할 만큼 흔한 아동기 장애로 알려져 있다. 이 장애는 남아가 여아에 비하여 6~9배 정도 높은 빈도를 나타내고 있다. 이 장애의 발병 시기는 보통 3세경이지만 초등학교에 입학할 때까지는 진단을 내리지 않는다.

2. 원인과 치료

ADHD로 진단되는 아동들은 매우 다양하고 이질적인 집단이어서 그 원인 역시 매우 다양하다. 일반적으로 이 장애는 유전적 요인이나 미세한 뇌손상 등의 생물학적 요인과 부모의 성격이나 양육방식과 같은 심리사회적 요인이 복합적으로 작용하여 유발되는 것으로 여겨지고 있다.

ADHD를 나타내기 쉬운 취약성은 유전적 요인과 밀접한 관계를 지닌 것으로 알려져 있다. 굿맨과 스티븐슨(Goodman & Stevenson, 1989)의 연구에 따르면, 238쌍의 쌍둥이 연구에서 ADHD의 공병률이 일란성 쌍둥이는 51%였고 이란성의 쌍둥이는 33%였다. 형제자매 중에 과잉행동을 나타내는 사람이 있으면, 다른 형제자매들이 ADHD를 나타낼 가능성이 일반인보다 2배 정도 높다.

ADHD는 출생 과정에서의 미세한 뇌손상이나 출생 후의 고열, 감염, 독성물질, 대사장애, 외상 등으로 인한 뇌손상에 의해 유발될 수 있다는 주장이 제기되고 있다. ADHD 아동에서는 중추신경계의 현저한 손상이 발견되지 않지만 비정상적인 뇌파를 보이는 등 경미한 뇌손상이 있는 것으로 여겨져서 과거에 미세 두뇌기능 장애minimal brain dysfunction로 불리기도 했다.

ADHD는 신경전달물질에 의한 기능장애로 노르에피네프린이나 도파민이 관여한다는 주장도 제기되었다. 이러한 주장은 암페타민과 같은 흥분제가 ADHD 아동의 부주의와 과잉행동을 개선하는 데에 효과적이라는 점에 근거하고 있다. 즉, 이러한 흥분제가 노르에피네프린이나 도파민에 영향을 주어 ADHD가 치료된 것이며 ADHD는 이러한 신경전달물질의 기능장애에 기인한다는 주장이다. 그러나 이러한 약물효과에 대해서는 그 해석이 다양하여 현재 어떤 신경전달물질이 관여하는지에 대해서는 분명하게 밝혀진 바가 없다.

ADHD를 나타내는 아동은 유아기나 학령기 전기에 신체적으로 건강하지 못하고, 운동발달이 더디며, 지나치게 활동적이고, 부모에게 요구가 많은 경향이 있다. 베틀하임(Bettelheim, 1973)은 취약성-스트레스 이론을 제안하여 아동의 과잉활동적인 기질과 부모의 잘못된 양육방식이 결합되면 ADHD가 발생한다고 보았다. 과잉활동적이고, 요구가 많으며, 기분의 기복이 심한 아동은 부모를 자주 화나게 만들 수 있다. 이때 부모가 인내심을 잃고 화를 잘 내면, 아동은 스트레스를 받게 된다. 그러면 아동은 어머니의 지시에 잘 따르지 않게 되고 부모는 자녀에게 더욱 부정적이고 거부적으로 반응하게 되어 점차적으로 관계가 악화된다. 부모가 더 많은 명령을 하고 처벌을 가하게 되면, 오히려 과잉행동이 증가하고 부모에 대해 부정적인 반응을 나타냈다는 연구결과(Barkley et al., 1985; Tallmadge & Barkley, 1983)가 있다. 이러한 아동은 유치원이나 학교에 입학한 후에도 교사의 지시나 요구를 따르지 않고 학교의 규칙을 위반하게 된다. 그러나 바클리(Barkley, 1990)는 흥분제를 통해 아동의 과잉행동이 감소하면 부모의 명령과 처벌행동도 역시 감소한다는 사실을 보고하면서 부모와 아동 간의 관계는 양방향적임을 시사하고 있다.

ADHD의 치료에는 약물치료와 행동치료, 그리고 두 치료를 혼합하는 방법이 효과적인 것으로 알려져 있다(Subcommittee on ADHD, 2011). ADHD의 치료에는 리탈린Ritalin, 덱세드린Dexedrine, 페몰린Pemoline과 같은 중추신경계 자극제가 처방되고 있다(Pelham, 1987). 가장 대표적인 ADHD 치료약물인 리탈린의 경우, ADHD 아동의 약 60~70%에게 주의집중력을 높여 학업성취도를 향상시키고 산만한 행동을 감소시키는 등 증상을 호전시키는 것으로 보고되었다.

그러나 약물치료만으로는 만족스러운 ADHD의 치료 효과를 기대하기 어렵다. 치료약물은 식욕감퇴, 두통, 불면, 틱과 같은 부작용을 초래할 뿐 아니라 ADHD 아동의 30~40%에서는 효과를 나타내지 못한다. ADHD는 행동치료와 부모교육에 의해서 현저하게 호전될 수 있다. 행동치료는 아동의 바람직한 행동을 증가시키고 문제행동을 없애거나 줄이기 위해 보상과 처벌을 체계적으로 사용하는 것이다. 부모나 치료자는 아동이 긍정적 행동을 할 때마다 다양한 방식의 보상을 통해 이러한 행동을 증가시키는 반면, 문제행동에 대해서는 바람직한 행동을 가르쳐서 대치시키도록 유도하고 이러한 바람직한 행동에 대해서 보상을 해준다. 콜스와 동료들(Coles et al., 2020)은 5~13세의 ADHD 아동 127명을 대상으로 부모와 교사에게 아동의 문제행동에 개입하는 행동치료적 방법을 교육했다. 부모와 교사로부터 행동치료적 개입을 받은 아동들은 약물을 복용하지 않아도 될 정도로 ADHD 증상이 호전되었다. 이러한 연구결과는 ADHD 아동에게 약물치료보다 행동치료적 개입이 우선적으로 고려되어야 한다는 점을 시사하고 있다.

제5절 특정학습장애

1. 주요증상과 임상적 특징

특정학습장애Specific Learning Disorder는 정상적인 지능을 갖추고 있고 정서적인 문제가 없음에도 불구하고 지능수준에 비하여 현저한 학습부진을 보이는 경우를 말한다. 이러한 장애를 지닌 아동들은 흔히 읽기, 쓰기, 산술적 또는 수리적 계산과 관련된 기술을 학습하는 데 어려움을 나타낸다.

DSM-5-TR에 따르면, 특정학습장애는 학업적 기술을 배우고 사용하는 데에서의 어려움을 의미한다. 다음 중 한 가지 이상의 증상을 6개월 이상 나타낼 경우에 특정학습장애로 진단된다: (1) 부정확하거나 느리고 부자연스러운 단어 읽기, (2) 읽은 것의 의미를 이해하는 것의 어려움(예: 글을 정확하게 읽지만 내용의 순서, 관계, 추론적 의미, 또는 더 깊은 의미를 이해하지 못함), (3) 맞춤법이 미숙함(예: 자음이나 모음을 생략하거나 잘못 사용함), (4) 글로 표현하는 것에 미숙함(문장 내에서 문법적 또는 맞춤법의 실수를 자주 범함), (5) 수 감각, 수에 관한 사실, 산술적 계산을 숙달하는 데의 어려움(예: 수와 양을 이해하는 데의 어려움, 산술계산의 중간에 길을 잃어버림), (6) 수학적 추론에서의 어려움(예: 양적인 문제를 해결하기 위해서 수학적 개념, 사실 또는 절차를 응용하는 데에서의 심한 어려움).

특정학습장애는 나이나 지능에 비해서 실제적인 학습기능이 낮은 경우를 뜻한다. 학습장애아는 정상적인 지능을 갖추고 있고 정서적인 문제가 없음에도 불구하고 지능수준에 비하여 현저한 학습부진을 보인다. 학습장애는 읽기, 쓰기, 산수 등의 기초적 학습능력에 관련된 심리적 과정에 장애가 있기 때문에 정상적인 지능에도 불구하고 학습에 큰 어려움을 보이게 된다. 학습장애는 결함이 나타나는 특정한 학습기능에 따라서 읽기 장애, 산술 장애, 쓰기 장애로 구분된다. DSM-5-TR에서는 특정학습장애를 읽기 손상형, 쓰기 손상형, 수학 손상형으로 구분하며 심각도에 따라 세 수준으로 평가한다.

특정학습장애의 유병률은 학령기 아동의 경우 5~15%이며 성인의 경우 약 4%로 추정되고 있다. 읽기 곤란형은 단독으로 나타나거나 또는 다른 학습장애와 동반하여 나타나는 비율이 전체 학습장애의 80%로서 가장 많으며, 학령기 아동의 4% 정도가 이에 해당한다. 읽기 곤란형은 남자 아동에게서 3~4배 정도 더 흔하게 나타난다. 쓰기 곤란형은 다른 학습장애를 동반하지 않는 경우가 거의 없으며 독립적인 유병률에 대해서는 알려진 바가 없다. 산술 곤란형은 단독으로 발생하는 비율이 전체 학습장애의 20% 정도이고 학령기 아동의 1% 정도로 평가된다.

2. 원인과 치료

특정학습장애는 여러 가지 생물학적 원인이 관여되어 있는 것으로 여겨지고 있다. 학습장애에 대한 취약성은 상당부분 유전된다는 근거들이 보고되고 있다. 스웨덴에서 이루어진 한 가계 연구(Hallgren, 1950)에 따르면, 읽기 장애로 진단을 받은 사람의 친척 중에 읽기 장애나 쓰기 장애를 지닌 사람이 많았다. 쌍둥이 연구(Herman, 1959)에서 일란성 쌍둥이의 경우에는 읽기 장애의 일치율이 100%였으나 이란성 쌍둥이의 경우에는 약 30%만이 일치하였다.

특정학습장애는 뇌손상과 관련된다는 주장도 있다. 출생 전후의 외상이나 생화학적 또는 영양학적 요인에 의한 뇌손상이 인지처리 과정의 결함을 초래하여 학습장애를 유발할 수 있다는 주장이다. 임신기간 동안에 급격하게 발달하는 태아의 뇌는 손상을 입기 쉽다. 산모의 알코올, 담배, 약물의 복용, 외부적 충격에 의해 태아의 뇌는 손상을 입기 쉬우며 이러한 미세한 뇌손상이 나중에 특정한 학습기능에 어려움을 유발할 수 있다. 이 밖에 뇌의 좌-우반구 불균형이 학습장애를 유발할 수 있다는 주장도 제기되고 있다. 정상적인 뇌는 좌반구가 우반구보다 큰데, 뇌의 크기가 이와 반대이거나 좌-우반구의 크기가 같을 때 읽기 장애를 보이는 경우가 많다는 보고도 있다(Hynd et al., 1991).

특정학습장애는 감각적 또는 인지적 결함과 깊은 관련성을 지니고 있다. 대부분의 학습장애 아동은 읽기에 문제를 보이는데, 이는 학습장애 아동이 다른 아동에 비해서 소리를 정확하게 구분하는 청각적 변별력이 떨어지기 때문에 발생하는 경우가 종종 있다. 읽기의 경우는 여러 글자의 모양과 발음 간의 규칙성을 빨리 파악하는 것이 중요하며, 산술계산에서 가감승제의 규칙성을 이해하여 새로운 문제에 적용하는 것이 중요하다. 학습장애 아동은 이러한 규칙학습능력에 손상이 있을 수 있다. 또한 학습내용이 많아지고 복잡해지면 정보를 체계적으로 정리하여 효과적으로 기억하는 인지적 방략이 중요하다. 그런데 학습장애 아동은 이러한 인지적 학습방략을 적절하게 사용하지 못하는 경향이 있다(송종용, 1999, 2016).

학습장애는 후천적인 환경적 요인에 의해서 유발될 수도 있다. 가정을 비롯한 교육환경은 아동의 학습과정에 영향을 미치고 이는 아동의 뇌기능에 영향을 미칠 수 있다. 불화가 심하고 아동을 신체적 또는 심리적으로 학대하는 가정환경에서 아동은 불안에 휩싸여 지적 잠재력을 발휘하지 못하고 학습저하를 나타내게 된다. 또한 아동의 학습저하는 부모로부터 꾸중이나 처벌을 유도하여 아동의 불안을 증대시켜 학습기능을 저하시키는 악순환을 초래한다.

일반적으로 학습장애에 대한 심리치료는 세 가지 요소로 구성된다. 첫째는 학습을 위한 기술을 가르치는 것이다. 읽기, 산술, 쓰기 과제를 해결하는 데에 필요한 구체적인 학습기술을 체계적으로 가르치는 것이 필요하다. 둘째는 아동에게 심리적인 지지를 해주어 자존감과 자신감을 키워주는 것이다. 학습장애 아동은 흔히 수동성과 무기력감을 나타내는데 이를 극복하고 동기를 유발시키는 일이 필요하다. 마지막으로, 학습장애 아동이 가정과 학교에서 효과적으로 공부하고 자신의 생활을 관리할 수 있도록 지도하는 것이 중요하다.

제6절 운동장애

운동장애Motor Disorders는 나이나 지능수준에 비해서 움직임 및 운동능력이 현저하게 미숙하거나 부적응적인 움직임을 반복적으로 나타내는 경우로서 여러 하위유형으로 구분된다. 운동장애의 하위유형으로는 틱장애, 발달성 협응장애, 상동증적 운동장애가 있다.

1. 틱장애

초등학교 4학년 학생인 Y군은 요즘 학교에 가기가 싫다. 친구들로부터 심한 놀림을 받고 있기 때문이다. 학업성적이 다소 부진한 Y군은 엄격한 성격의 아버지로부터 야단을 자주 맞는 편이다. 부모로부터 공부에 대한 압력을 받으면서부터 Y군은 눈을 깜박거리고 어깨를 움찔거리는 습관이 생겨났다. 비교적 편안하게 느끼는 어머니와 함께 있을 때는 괜찮지만 무서워하는 아버지가 퇴근하면 이러한 행동이 증가하는 경향이 있었다. 학교에서도 선생님의 꾸중을 듣거나 시험을 볼 때 이러한 행동이 나타나곤 했다. 최근에는 이러한 행동이 심해져서 갑자기 고개를 옆으로 확 젖히거나 때로는 손을 번쩍 들었다 내리는 행동이 나타나기 시작했다. Y군은 간혹 수업 중에도 손을 번쩍 들었다 내리는 행동을 나타내기도 했는데, 이때 교사는 Y군이 무슨 질문을 하기 위해 손을 든 것으로 오해하기도 하였다. 이런 일이 학교에서 반복되면서 또래아이들이 Y군의 행동을 따라하며 놀리고 있다. Y군은 이런 행동을 하지 않으려고 애쓰지만 어떤 순간이 되면 자신도 몰래 갑자기 이런 행동이 나타나서 당황하게 된다.

틱장애Tic Disorder는 Y군의 경우처럼 얼굴 근육이나 신체 일부를 갑작스럽게 움직이거나 갑자기 이상한 소리를 내는 이상행동을 반복적으로 나타내는 경우를 말한다. 틱tic은 갑작스럽고 재빨리 일어나는 비목적적인 행동이 동일하게 반복되는 현상을 말하며 운동 틱과 음성 틱으로 구분된다.

운동 틱motor tic은 눈, 머리, 어깨, 입, 손 부위를 갑자기 움직이는 특이한 동작이 반복되는 경우로서 단순 운동 틱과 복합 운동 틱으로 구분된다. **단순 운동 틱**simple motor tic은 하나의 근육집단이 수축되어 나타나는 것으로 눈 깜빡거리기, 얼굴 찡그리기, 머리 휘젓기, 입 벌리기, 어깨 움츠리기, 목을 경련하듯이 갑자기 움직이기 등으로 나타난다. 반면, **복합 운동 틱**complex motor tic은 여러 근육집단의 수축과 관계되는 것으로서 특이한 표정 짓기, 손짓하는 행동, 뛰어오르기, 발 구르기를 비롯하여 상당히 복잡한 행동들(예: 갑자기 한 손을 높이 들었다가 목 뒤를 만진 뒤 고개를 뒤로 젖히는 행동)로 구성되는 경우도 있다.

음성 틱vocal tic은 갑자기 소리를 내는 행동으로서 헛기침하기, 킁킁거리기, 컥컥거리기, 엉뚱한 단어나 구절을 반복하기, 외설스러운 단어를 반복하기 등이 있다. 이러한 틱은 당사자에게 저항할 수 없는 것으로 경험되기도 하지만, 경우에 따라서는 일시적으로 억제될 수도 있다. 모든 형태의 틱은 스트레스를 받는 동안에는 악화되는 반면, 편안한 상태로 어떤 활동에 집중할 때는 감소된다. DSM-5-TR에서는 틱장애를 세 하위 유형, 즉 투렛장애, 지속성 운동 및 음성 틱장애, 일시성 틱장애로 구분하고 있다.

1) 투렛장애

투렛장애Tourette's Disorder는 다양한 운동 틱과 한 개 이상의 음성 틱이 1년 이상 지속적으로 나타나는 경우로서 틱장애 중에서 가장 심각한 유형이다. 이 장애는 18세 이전에 시작된다. 1885년 프랑스 의사인 투렛Tourette이 처음으로 이런 증후군을 기술하였으며 그의 이름을 따라 투렛장애라고 불리고 있다.

투렛장애에서 운동 틱이 나타나는 신체부위, 빈도 및 심각도는 시간이 지남에 따라 변한다. 흔히 초기에는 틱이 얼굴과 목에 나타나고 점차로 몸통이나 신체 하부로 이동하면서 다양하게 나타난다. 음성 틱은 헛기침하기, 코를 킁킁거리기, 목을 그르렁거리기에서부터 음란한 말을 내뱉거나 상대방의 말을 따라하는 경우까지 다양하다. 투렛장애에서는 이러한 운동 틱과 음성 틱이 복합적으로 나타나는데 그 심한 정도는 매우 다양하다. 심한 경우에는 마치 로봇 춤을 추듯 복잡한 형태의 틱증상을 나타내기도 한다. 예컨대, 갑자기 손을 머리 위로 내뻗으며 고개를 휘젓고 헛기침을 한 뒤 무릎을 구부리면서 음란한 말을 내뱉는 일련의 행동으로 구성된 복합 틱을 반복하는 경우도 있다. 이러한 틱이 갑자기 반복되어 나타나기 때문에 일상생활이나 학교생활에서 심각한 지장이 초래된다. 드물게는 갑작스러운 틱행동으로 인해 머리를 찧거나 피부가 상하고 뼈를 다치는 등의 신체적 손상을 당하기도 한다. 투렛장애를 나타내는 아동은 흔히 강박증적 사고와 행동을 동반한다. 아울러 주의가 산만하고 충동적인 경향이 있으며, 틱증상으로 인해 사회적 상황을 피하고 우울감을 나타내기도 한다. 이러한 여러 가지 점에서 투렛장애는 사회적 · 학업적 · 직업적 기능에 심각한 장애를 초래한다.

투렛장애는 인구 1만 명당 약 4~5명에게 발생하는 매우 드문 장애이다. 투렛장애는 다양한 민족과 인종 집단에서 광범위하게 보고되고 있으며 여성보다 남성에서 1.5~3배 정도 더 흔하게 나타난다. 투렛장애는 2세경에도 발병할 수 있으나 대부분 아동기 또는 초기 청소년기에 발병하며 운동 틱의 평균 발병 연령은 7세이다. 투렛장애의 틱증상은 악화와 완화를 거듭하며 오랜 기간 동안 지속되는데 대체로 청소년기와 성인기에 감소하는 경향이 있다.

유전적 요인이 투렛장애의 발병에 관여한다는 여러 가지 근거가 제시되고 있다. 투렛장애와 만성 틱장애가 동일한 가족 내에서 흔히 발생한다는 점은 이 장애의 유전성을 강하게 시사한다. 또한 투렛장애가 있는 어머니의 자녀 중 아들에서 투렛장애가 나타나는 비율이 높은 것으로 나타났다. 쌍둥이 연구에 의하면 일란성 쌍생아에서의 일치율이 이란성의 경우보다 현저하게 높다.

신경화학적 또는 신경해부학적 요인이 투렛장애와 관련되어 있다는 주장이 제기되고 있다. 할로페리돌Haloperidol이나 피모자이드Pimozide와 같은 도파민 억제제는 틱증상을 억제하며, 도파민 활동을 증가시키는 약물인 암페타민과 코카인은 틱증상을 악화시킨다는 점에 근거하여 투렛장애가 도파민의 과잉 활동에 기인한다는 주장이 제기되고 있다.

투렛장애의 가장 효과적인 치료방법은 약물치료이다. 할로페리돌은 투렛장애에 가장 많이 사용되는 약물이며 이 밖에도 피모자이드, 클로니딘 등이 사용되고 있다. 그러나 증상이 가벼울 때는 약물을 사용하지 않는다. 심리치료는 대체로 커다란 효과를 기대하기 어렵지만, 행동장애나 적응문제가 있을 때는 적용될 필요가 있다. 특히 습관반전법habit reversal treatment과 같은 행동치료 기법이 투렛장애에 효과적이라는 보고가 있다.

2) 지속성 운동 또는 음성 틱장애

지속성 운동 또는 음성 틱장애 Persistent Motor or Vocal Tic Disorder는 운동 틱 또는 음성 틱 중 한 가지의 틱이 1년 이상 지속적으로 나타나는 경우를 말한다. 이 경우, 틱은 1년 이상의 기간 동안 거의 매일 또는 간헐적으로 하루에도 몇 차례씩 일어나야 한다. 이러한 틱장애의 경우는 운동 틱과 음성 틱이 함께 나타나지는 않으며, 이 두 가지 틱이 함께 나타날 경우에는 투렛장애로 진단된다.

만성 운동 또는 음성 틱장애는 투렛장애와 마찬가지로 같은 가족 내에서 흔히 발생하며 쌍둥이 연구에서 일란성 쌍둥이가 이란성 쌍둥이보다 더 높은 일치율이 보고되고 있다. 따라서 유전적 요인이 중요한 원인으로 추정되고 있다. 대부분 18세 이전에 시작되며 흔히 6~8세 때 발병하여 대개 4~6년간 지속되다가 초기 청소년기에 사라지는 경향이 있다. 틱이 얼굴에 국한되는 경우가 사지나 몸통에 틱이 나타나는 경우보다 예후가 좋다.

만성 틱장애는 틱의 심각성과 빈도에 따라 치료적 접근을 달리한다. 심한 경우에는 할로페리돌과 같은 약물이 사용될 수 있지만 부작용이 심하므로 신중하게 사용해야 한다. 경미한 틱장애의 경우에는 행동치료를 비롯한 심리치료를 통해 도움을 받을 수 있다. 특히 틱장애로 인한 불안이나 우울장애가 수반되는 경우에는 심리치료가 필요하다.

3) 일시성 틱장애

일시성 틱장애 Provisional Tic Disorder는 운동 틱이나 음성 틱 중 한 가지 이상의 틱이 나타나지만 1년 이상 지속적으로 나타나지는 않는 경우를 말한다. 이 장애는 18세 이전에 시작된다.

일시성 틱장애는 신체적 원인, 심리적 원인 또는 복합적 원인에 의해 유발되는 것으로 알려져 있다. 신체적 원인에 의한 틱장애는 대부분 점점 악화되어 투렛장애로 이행되고 틱장애의 가족력이 있다. 반면에 심리적 원인에 의한 틱장애는 서서히 사라지는 경향이 있으며 스트레스나 불안에 의해 틱증상이 악화될 수 있다.

가벼운 틱증세는 자연히 사라지는 경우가 많으므로 가족이 무시하는 것이 좋다. 그러나 틱이 심해져서 아동에게 정서적 문제를 야기하면 전문가의 평가와 치료를 받아야 한다. 주변 환경에서 주어지는 긴장이나 불안감을 제거해주는 지지적 심리치료나 가족치료가 흔히 적용된다. 증상의 제거에는 일반적으로 행동치료가 효과적이며, 증상이 심하지 않으면 약물치료는 하지 않는다.

2. 발달성 협응장애

발달성 협응장애 Developmental Coordination Disorder는 앉기, 기어 다니기, 걷기, 뛰기 등의 운동발달이 늦고 동작이 서툴러서 물건을 자주 떨어뜨리고 깨뜨리거나 운동을 잘 하지 못하는 경우를 뜻한다. 이 장애는 나이나 지능수준에 비해서 움직임과 운동능력이 현저하게 미숙한 경우에 진단되는데, 움직임에 관여하는 근육운동의 조정능력에 결함을 나타내는 것으로서 운동기술장애motor skills disorder라고 불리기도 한다.

이 장애의 증상은 나이와 발달단계에 따라 다양하다. 예를 들면, 아주 어린 아동은 서투른 동작을 나타내고 운동 발달 과제(예: 걷기, 기어 다니기, 앉기, 신발끈 묶기, 단추 잠그기, 바지의 지퍼 잠그기)가 지연된다. 좀 더 나이가 많은 아동은 퍼즐 맞추기, 공놀이 하기, 그림 그리기, 글씨 쓰기 등에서 어려움을 나타낸다. 일반적으로 운동기술장애를 나타내는 아동은 의사소통장애를 함께 나타내는 경향이 있다.

발달성 협응장애의 유병률은 5~11세 아동의 6% 정도로 보고되고 있다. 이 장애는 아동이 달리기, 수저 사용하기, 단추 잠그기, 공놀이 등과 같은 동작을 처음 시도하게 될 때 흔히 발견된다. 이 장애의 경과는 다양하며 청소년기와 성인기까지 지속되는 경우도 있다.

3. 상동증적 운동장애

상동증적 운동장애Stereotypic Movement Disorder는 특정한 패턴의 행동을 아무런 목적 없이 반복적으로 지속하여 정상적인 적응에 문제를 야기하는 경우를 말한다. 이러한 정형적 동작에는 손을 흔들기, 몸을 좌우로 흔들기, 머리를 벽에 부딪치기, 손가락 깨물기, 피부 물어뜯기, 몸에 구멍 뚫기 등이 있으며 때로는 심한 신체적 손상을 초래하여 의학적 치료를 받아야 하는 경우가 흔하다. 틱행동은 비의도적이고 급작스러운 방식으로 나타나는 반면, 정형적 행동은 다분히 의도성이 있고 율동적이며 자해적인 측면이 있다.

파괴적, 충동조절 및 품행장애

파괴적, 충동조절 및 품행장애Disruptive, Impulse Control, and Conduct Disorders는 정서와 행동에 대한 자기통제의 문제를 나타내는 다양한 장애를 포함하고 있다. 특히 다른 사람의 권리를 침해하거나 사회적 규범을 위반하는 부적응적 행동들이 이에 해당된다. DSM-

표 11-3 파괴적, 충동조절 및 품행장애의 하위유형과 핵심증상

하위장애	핵심증상
품행장애	난폭하고 잔인한 행동, 기물파괴, 도둑질, 거짓말, 가출 등 타인의 권리를 침해하거나 사회적 규범을 위반하는 행동
적대적 반항장애	어른에게 거부적이고 적대적이며 반항적인 행동
간헐적 폭발장애	공격적 충동의 조절 실패로 인한 심각한 파괴적 행동
병적 도벽	남의 물건을 훔치고 싶은 충동의 조절 실패로 인한 반복적인 도둑질
병적 방화	불을 지르고 싶은 충동의 조절 실패로 인한 반복적인 방화행동
반사회성 성격장애	사회적 규범이나 타인의 권리를 무시하는 폭행이나 사기 행동을 지속적으로 나타내는 성격적 문제

5-TR은 이 장애범주의 하위장애로 품행장애, 적대적 반항장애, 간헐적 폭발장애, 병적 도벽, 병적 방화, 반사회성 성격장애를 포함시키고 있다.

제1절 품행장애

중학교 2학년 학생인 A군의 부모는 요즘 걱정이 많다. 초등학교 때에도 부산하고 과격한 행동을 나타내던 A군이 중학교에 들어간 이후 성적이 매우 부진할 뿐만 아니라 또래학생을 심하게 때리는 일이 자주 발생하였다. 최근에는 저학년 학생을 때리고 돈을 빼앗는 일이 발생하여 A군의 부모는 학교에 불려가 사죄를 해야 했다. 담임교사의 말에 따르면, A군은 수업시간에 매우 산만하고 옆 학생들을 괴롭혀 수업진행에 어려움이 많으며 결석과 지각을 자주 한다고 했다. 매일 아침 A군을 제시간에 학교에 보냈던 부모는 이 말을 듣고 매우 놀랐으며, 집에 돌아와 A군을 다그쳐 물은 결과 학교근처를 배회하거나 오락실에서 시간을 보냈다고 한다. 이런 A군에게 부모는 매질을 가했고 다시는 그런 행동(돈을 빼앗고 친구를 때리고 학교에 가지 않는 일)을 하지 않겠다는 다짐을 받곤 했으나 전혀 개선이 되지 않았다. 요즘은 부모에게 거짓말을 자주 하고 몰래 돈을 훔쳐가는 일이 빈번해지고 있다.

품행장애Conduct Disorder는 폭력, 방화, 도둑질, 거짓말, 가출 등과 같이 난폭하거나 무책임한 행동을 통해 타인을 고통스럽게 하는 행위를 반복적으로 나타내는 경우를 말한다. 청소년들이 나타내는 소위 '비행 행동'이 빈번한 경우는 이러한 품행장애에 해당된다.

품행장애로 진단되기 위해서는 다른 사람의 기본적 권리를 해치거나 나이에 적합한 사회적 규범을 어기는 행동양상이 지속적으로 반복되어야 한다. 품행장애는 크게 네 가지의 문제행동, 즉 사람과 동물에 대한 공격, 재산파괴, 사기나 절도, 중대한 규칙위

표 11-4 **품행장애의 진단기준**

사람과 동물에 대한 공격

(1) 자주 다른 사람을 못살게 굴거나, 협박하거나 겁먹게 한다.
(2) 자주 싸움을 건다.
(3) 다른 사람에게 심한 신체손상을 줄 수 있는 무기를 사용한다.
(4) 사람에게 신체적으로 잔인하게 대한다.
(5) 동물에게 잔인하게 대한다.
(6) 피해자가 보는 앞에서 도둑질을 한다(예: 노상강탈, 지갑 날치기, 강도, 무장강도).
(7) 다른 사람으로 하여금 강제로 성행위를 하게 한다.

재산파괴

(8) 심각한 파괴를 일으킬 작정으로 고의로 불을 지른다.
(9) 다른 사람의 재산을 고의로 파괴한다(방화에 의한 것은 제외).

사기 또는 절도

(10) 다른 사람의 집, 건물 또는 자동차를 부수고 침입한다.
(11) 물품이나 호의를 취득하거나 의무를 피하려고 자주 거짓말을 한다.
(12) 피해자와 마주치지 않고 사소한 것이 아닌 물건을 훔친다(예: 파괴하거나 침입하지 않고 물건을 사는 체하고 훔치기, 문서위조).

중대한 규칙위반

(13) 부모가 금지하는데도 자주 외박을 하며, 이는 13세 이전부터 시작되었다.
(14) 부모나 대리부모와 집에서 같이 살면서 최소한 두 번 이상 가출, 외박을 한다(또는 한 번 가출했으나 장기간 귀가하지 않음).
(15) 무단결석을 자주 하며, 이는 13세 이전부터 시작하였다.

반이며, 〈표 11-4〉에 제시된 15개 항목 중 3개 이상이 지난 12개월간 지속되고 이 중 1개 항목 이상이 지난 6개월 동안에 반복적으로 나타날 때 품행장애로 진단된다.

품행장애는 흔히 여러 형태의 공격적 행동으로 나타난다. 공격적인 반사회적 행동으로 약자를 괴롭히거나 폭력을 남발하거나 잔인한 행동을 나타낸다. 어른에게 반항적이고 적대적이며 복종하지 않는 경향이 있다. 또한 잦은 학교결석, 성적 저조, 흡연, 음주, 약물남용과 더불어 거짓말, 잦은 가출, 공공기물 파괴행동 등을 나타낸다. 자신이 한 잘못된 행동에 대해서 죄책감을 느끼거나 후회하지 않으며 흔히 다른 사람의 탓으로 돌린다. 이들의 문제행동에 대한 처벌은 그런 행동을 감소시키기보다 오히려 반항심과 분노를 증가시켜 문제행동을 더 악화시키는 경향이 있다. 이러한 품행장애를 나타내는 아동이나 청소년은 대부분 가정이나 학교에서 비행을 일삼는 문제아로 여겨진다.

품행장애는 소아기와 청소년기에서 상당히 흔한 장애이다. 18세 이하 남자의 6~16%, 여자의 2~9%에서 나타난다고 추정된다. 남자가 여자보다 4~12배 정도 많은 것으로 보고되고 있다. 품행장애는 남자에게 더 일찍 나타나는데 평균적으로 남자는 10~12세이고 여자는 14~16세에 시작된다. 품행장애는 발병 연령에 따라 10세 이전에 문제행동이 나타나는 아동기-발병형childhood-onset type과 그 이후에 나타나는 청소년기-발병형adolescent-onset type으로 구분되며, 문제행동의 심각한 정도에 따라서 경미한 정도, 상당한 정도, 심한 정도로 분류된다.

품행장애는 갑자기 발병되지 않으며 시간을 두고 서서히 여러 가지 증상이 발생되다가 결국은 심각한 수준에 이르게 된다. 품행장애의 정도가 경미하고 다른 정신장애가 없으며 지능이 정상일 경우에는 예후가 좋은 반면, 품행장애 증상이 어린 나이에 시작되고 문제행동의 수가 많은 경우는 예후가 좋지 않으며 성인기에 반사회성 성격장애로 발전될 수 있다. 또한 반사회성 성격장애나 알코올 의존이 있는 부모의 자녀에서 품행장애가 더 빈번하게 발생한다. 품행장애와 반사회적 행동의 유병률은 사회경제적 수준이 낮은 계층에서 높다.

아동·청소년기에 나타나는 품행장애는 다양한 요인이 복합적으로 작용하여 발생하는 것으로 추정되고 있다. 가장 주목을 받고 있는 원인적 요인은 부모의 양육태도와 가정환경이다. 부모의 강압적이고 폭력적인 양육태도 또는 무관심하고 방임적인 양육태도는 모두 품행장애를 촉발할 수 있다. 또한 부모의 불화, 가정폭력, 아동학대, 결손가정, 부모의 정신장애나 알코올 사용장애 등은 품행장애와 밀접한 관련을 맺고 있다.

이러한 열악한 가정환경은 아동을 불만이 많고 화를 잘 내며 충동적이고 공격적인 사람으로 유도할 수 있다. 특히 품행장애를 지닌 아동이나 청소년은 성숙한 대인관계의 형성에 필수적인 심리적 특성인 '좌절감에 대한 인내력'이 결여되어 있다. 아울러 도덕적인 윤리의식의 발달이 결여되어 타인의 고통에 무관심하고 사회적 규범을 준수하지 않는데, 정신분석적 입장에서는 품행장애를 초자아 기능의 장애로 간주하기도 한다. 학습이론에서는 품행장애에서 나타나는 문제행동이 부모를 통한 모방학습이나 조작적 조건형성에 의해서 습득되고 유지되는 것이라고 주장한다. 반두라와 월터(Bandura & Walter, 1963)는 아동이 타인의 공격행동이나 TV에서 나타나는 폭력행동을 관찰하고 모방하여 학습할 수 있음을 보여주었다. 이러한 공격적 행동은 원하는 목적을 달성하는 효과적인 방법이기 때문에 강화되는 경향이 있다.

사회경제적 수준이 낮고 도시에 거주하는 가정의 아동 중에 품행장애가 많은 점은 사회문화적 요인의 중요성을 보여준다. 사회경제적 수준이 낮은 계층은 낮은 교육수준, 높은 실업률, 경제적 곤란, 가족생활의 파탄, 가정교육의 부재 등으로 인해 품행장애가 유발될 가능성이 높다. 이러한 하류계층은 가정불화와 더불어 폭력적이고 부적절한 양육행동을 통해 자녀에게 심리적 불만과 공격성을 증대시켜 품행장애를 유발할 수 있다. 또한 빈곤계층에 속한 아동들은 사회적·경제적 욕구를 정당한 방법으로는 성취할 수 없기 때문에 반사회적인 행동을 사용하게 되며 이러한 행동이 빈곤계층에서는 쉽게 용납되기 때문이라는 해석도 있다.

품행장애는 다각적인 방법을 통해 치료되어야 한다. 우선 부모, 가족, 교사, 정신건강 전문가의 협력적 노력이 필요하다. 부모는 품행장애 아동에 대해서 실망과 분노를 느끼고 비난과 처벌을 가하며, 아동은 부모의 이러한 행동에 대한 저항과 반발을 통해 문제행동이 악화될 수 있는데, 이러한 악순환을 끊는 것이 중요하다. 정신건강 전문가나 교사의 개입을 통해 품행장애 아동에 대한 부모의 태도를 변화시키는 것이 중요하다. 아울러 가정불화가 있는 가정의 경우에는 부부갈등이나 갈등표현방법을 변화시키도록 유도할 필요가 있다.

제2절 적대적 반항장애

적대적 반항장애Oppositional Defiant Disorder는 어른에게 거부적이고 적대적이며 반항적인 행동을 지속적으로 나타내는 경우를 뜻한다. DSM-5-TR에 따르면, 이 장애는 세 가지의 핵심증상, 즉 분노하며 짜증내는 기분, 논쟁적이고 반항적인 행동, 복수심으로 이루어져 있다.

적대적 반항장애를 지닌 아동들은 화를 잘 내고, 어른의 요구나 규칙을 무시하며, 어른에게 논쟁을 통해 도전하고, 고의적으로 타인의 기분을 상하게 하거나 귀찮게 한다. 자신의 실수나 잘못에 대해서 다른 사람을 비난하고, 심술을 잘 부리며, 복수심이 강하여 타인을 괴롭히는 경향이 있다. 이러한 여러 가지 반항적 행동들이 6개월 이상 지속되어 학교나 가정에서 많은 문제가 생기는 경우, 적대적 반항장애로 진단된다.

학령기 아동의 16~22%가 이러한 반항적 성향을 나타낸다고 한다. 빠른 경우에는 3세경부터 시작될 수도 있으나 전형적으로 8세 이전에 시작되며 청소년기 이후에 시작되는 경우는 드물다. 이 장애는 사춘기 이전에는 남자에게 많으나 사춘기를 지나면 남녀 비율이 비슷해진다. 여아는 적대적 반항장애로, 남아는 품행장애로 진단되는 경향이 많다는 보고도 있다.

적대적 반항장애의 원인은 잘 밝혀져 있지 않으나 부모와 자녀 간의 갈등이 중요한 역할을 하는 것으로 보인다. 이 장애를 지닌 아동의 부모는 대부분 권력, 지배, 자율에 관심이 많다고 한다. 기질적으로 자기주장과 독립성이 강한 아동에게 지배성향이 강한 부모가 일방적으로 아동의 행동을 힘이나 권위로 과도하게 억제하려 하는 경우, 부모와 자녀 간의 투쟁과정에서 아동은 적대적 반항장애를 나타낼 수 있다. 아동기 후기나 청소년기는 부모에 대한 과잉의존에서 벗어나 자율성을 키우고 자기결정권을 강화하는 시기로서 외부적 압력이나 제한에 대해서 반항적이고 적대적인 행동을 나타내기 쉬운 발달단계이다. 적대적 반항장애를 변훈련 과정에서 부모와 자녀가 힘겨루기를 하는 일종의 항문기적 문제라고 보는 정신분석학자도 있다. 행동주의적 입장에서는 적대적 반항행동이 가족 내에서 모방학습을 통해 학습되고 조작적 조건형성을 통해 강화될 수 있다고 주장한다. 즉, 집요한 반항행동이나 적대적 논쟁행동은 자신의 요구를 관철시키거나 부모의 요구를 철회하게 하는 등의 보상적 결과를 통해 강화될 수 있다.

적대적 반항장애는 성장하면서 자연적으로 사라질 수도 있지만 부모나 교사와의 관계를 악화시킬 뿐 아니라 교우관계나 학업성취도를 저하시키고 품행장애나 기분장애로 발전될 수 있는 위험성을 지니고 있다. 따라서 장애의 정도가 심한 경우에는 개인심리치료를 받게 하는 것이 좋다. 치료사는 아동과 좋은 치료적 관계를 형성하고 아동의 욕구불만과 분노감을 잘 수용해줄 필요가 있다. 아울러 자신이 원하는 바를 효과적으로 실현할 수 있는 적응적 행동을 습득시키고 강화해주는 것이 중요하다. 그리고 이러한 치료원칙을 부모에게 이해시키고 아동을 대하는 태도를 변화시켜 좀 더 효과적인 부모-자녀 의사소통과 관계개선이 이루어지도록 유도하는 것이 필수적이다.

제3절 간헐적 폭발장애

간헐적 폭발장애Intermittent Explosive Disorder는 공격적 충동이 조절되지 않아 심각한 파괴적 행동으로 가끔씩 나타나게 되는 경우를 말한다. 이 장애를 지닌 사람은 언어적 공격행위와 더불어 재산 파괴와 신체적 공격을 포함하는 폭발적 행동을 반복적으로 나타낸다. 이러한 공격성의 강도는 자극사건이나 심리사회적 스트레스 사건에 비해 현저하게 지나친 것이다.

간헐적 폭발장애를 지닌 사람은 마치 공격적 발작을 하듯이 폭발적인 행동을 나타낸다. 이러한 폭발적 행동을 하기 전에 긴장감이나 각성상태를 먼저 느끼고 행동을 하고 나서는 즉각적인 안도감을 느낀다. 공격적 행동을 하고 나서 흔히 후회하며 당황스러워 한다. 이러한 행동으로 인하여 직업 상실, 학교적응의 곤란, 이혼, 대인관계의 문제, 사고, 입원, 투옥 등의 문제가 초래될 수 있다.

간헐적 폭발장애의 유병률은 미국의 경우 2.7%로 보고되고 있다. 이 장애는 35세 이하의 젊은 사람들에게서 더 흔한 것으로 알려져 있으며 주된 발병 시기는 10대 후반에서 30대까지이며 갑작스럽게 이러한 장애가 나타나는 경우가 많다.

간헐적 폭발장애의 원인은 분명하게 밝혀진 것이 별로 없다. 어렸을 때 부모나 다른 사람에게 학대를 받거나 무시를 당한 것이 원인이 된다는 주장이 있다. 가족의 분위기가 폭력적일 경우 이러한 장애가 나타날 가능성이 높다고 한다.

간헐적 폭발장애는 매우 드물기 때문에 치료에 대한 연구가 거의 없다. 심리치료적 방법으로는 과거에 누적된 분노나 적개심을 비공격적인 방법으로 표출하고 심리사회적 스트레스에 대한 인내력을 증대시키는 방법이 도움이 될 수 있다. 리튬, 카바마제핀, 벤조디아제핀 등이 효과를 나타낸다는 보고가 있다. 최근에는 세로토닌이 공격행동과 관련된다는 연구에 근거하여 세로토닌 재흡수를 차단하는 약물이 효과적이라고 제안되고 있다.

제4절 병적 도벽

병적 도벽Kleptomania은 남의 물건을 훔치고 싶은 충동을 참지 못해 반복적으로 도둑질을 하게 되는 경우를 말하며 절도광이라고도 한다. 병적 도벽을 지닌 사람들은 개인적으로 쓸모가 없거나 금전적으로 가치가 없는 물건을 훔치려고 하는 충동을 억누르지 못하고 물건을 훔치는 일이 반복적으로 일어난다. 물건을 훔치기 직전에 긴장감이 높아지며, 물건을 훔치고 나서 기쁨, 만족감, 안도감을 느낀다. 병적 도벽은 분노나 복수심을 나타내기 위해 물건을 훔치거나 망상이나 환각에 대한 반응으로 물건을 훔치는 것과는 다르다. 품행장애, 조증 상태, 반사회성 성격장애를 지닌 사람들도 물건을 훔치는 행동을 할 수 있는데, 반복적인 도벽행위가 이런 장애로 설명되지 않을 때 병적 도벽으로 진단된다.

병적 도벽은 매우 드물다. 상습적 소매치기 중에서 병적 도벽인 경우는 100명 중 5명이 채 안 되는 것으로 보고되고 있다. 병적 도벽은 청소년기부터 시작되며 점차 만성화되는 경향이 있다. 병적 도벽은 남자보다 여자에게 더 흔한 것으로 알려져 있다.

병적 도벽에 대한 원인은 잘 알려져 있지 않다. 생물학적 입장에서는 뇌의 특정부분이 손상되었거나 신경학적 기능이상으로 인해서 물건을 훔치는 행동이 나타난다고 본다. 물건을 훔치는 행동을 보이고 서서히 진행되는 치매 양상을 나타내는 사람의 경우, 뇌 촬영의 결과 전두엽의 대뇌피질이 퇴화되어 있고 뇌측실이 커진 것으로 발견되었다. 뇌의 구조적 손상으로 인해 충동조절능력과 행동억제능력이 저하되어 도벽이 나타날 수 있다는 주장이다.

정신분석적 입장에서는 물건을 훔치는 행동이 아동기에 잃어버린 애정과 쾌락에 대한 대체물을 추구하는 행위라고 본다. 억압된 성적 욕구를 분출하는 대체수단으로 도벽이 나타난다는 주장도 있다. 또한 어렸을 때 사랑하는 사람을 빼앗아간 사람에 대한 복수로 물건을 훔치는 행동이 나타난다고 보기도 한다.

병적 도벽에 대한 치료방법은 잘 알려져 있지 않으나 병적 도벽 환자에 대한 정신역동적 치료의 사례들이 보고되고 있다. 병적 도벽에는 체계적 둔감법, 혐오적 조건형성, 사회적 강화요인의 변화 등을 통한 행동치료가 유용한 것으로 보고되고 있다.

제5절 병적 방화

병적 방화 Pyromania는 불을 지르고 싶은 충동을 조절하지 못해 반복적으로 방화를 하는 경우를 말한다. 병적 방화를 지닌 사람은 사전에 미리 계획을 세우고 나름대로의 목적을 지니고 방화를 한 번 이상 한다. 이들은 불을 지르기 전에 긴장감을 느끼며 흥분한다. 불에 대해서, 그리고 불과 관련되는 상황에 대해서 매혹을 느끼며 호기심과 함께 이끌린다. 예를 들면, 불을 지르는 도구나 불을 질렀을 때의 상태 또는 불을 지르고 난 뒤의 결과에 대해서 많은 관심을 보인다. 불을 지르거나 또는 남이 불을 지르는 것을 볼 때 기쁨이나 만족감 또는 안도감을 느낀다. 보험금을 노리는 경우와 같이 경제적 이익을 위해서, 사회정치적인 이념을 구현하기 위해서, 범죄현장을 은폐하기 위해서, 분노나 복수심을 표현하기 위해서, 생활환경을 개선하기 위해서, 다른 정신장애에 의한 판단력 장애로 인해 불을 지르는 것이 아니어야 한다. 또한 품행장애, 조증 상태, 반사회성 성격장애에 의해 설명되지 않는 반복적 방화행위에 대해서만 병적 방화로 진단될 수 있다.

정신분석적 입장에서는 병적 방화를 지닌 사람들은 성적 욕구를 해소할 수 있는 대체수단으로 불을 지르게 된다고 본다. 프로이트는 불의 상징적 의미에 대해서 불이 일으키는 따뜻한 느낌은 성적인 흥분 뒤에 일어나는 감각과 비슷한 감각을 일으킨다고 주장한다. 그리고 불꽃의 모양이나 움직임은 남자의 성기를 연상시킨다고 언급하기도 했다. 페니켈(Fenichel, 1954)은 불의 가학적이고 파괴적인 상징적 의미를 강조했다. 이밖에도 병적 방화의 주된 동기는 복수심이라는 주장도 있고 대인관계 능력이 없는 사람이 다른 사람과 의사소통을 하고자 하는 방식으로 불을 지른다는 주장도 있다.

또한 뇌의 기능적 결함으로 병적 방화가 나타날 가능성도 제기되고 있다. 지적 발달장애, 알코올중독, 변태성욕장애 환자들이 방화행동을 자주 보인다고 한다. 병적 방화의 치료방법에 대한 과학적 연구나 체계적인 자료가 거의 없으며, 다른 충동통제 장애와 마찬가지로 정신역동치료나 행동치료에 대한 치료사례가 보고되고 있다.

배설장애

어린 아동은 대소변을 가리는 자기조절능력을 배우는 것이 중요하다. 대부분의 아동은 4~5세가 되면 대소변을 스스로 가릴 수 있게 된다. 그러나 대소변을 가릴 충분한 나이가 되었음에도 불구하고 이를 가리지 못하고 옷이나 적절치 못한 장소에서 배설하는 경우를 배설장애Elimination Disorders라고 하며, 유뇨증과 유분증으로 구분된다.

제1절 유뇨증

유뇨증Enuresis은 배변훈련이 끝나게 되는 5세 이상의 아동이 신체적인 이상이 없음에도 불구하고 옷이나 침구에 반복적으로 소변을 보는 경우를 말한다. 특히 연속적으로 3개월 이상 매주 2회 이상 부적절하게 소변을 볼 경우에 유뇨증으로 진단된다. 이러한 유뇨증이 밤에만 나타나는 야간형 유뇨증(야뇨증), 낮에만 나타나는 주간형 유뇨증, 밤과 낮 구분 없이 나타나는 주야간형 유뇨증이 있다.

야간형 유뇨증은 가장 흔한 경우로서 수면의 초기에 흔히 나타난다. 특히 REM수면단계에서 소변보는 행위와 관련된 꿈을 꾸면서 침구에 소변을 보는 경우가 많다. 주간형 유뇨증은 남자보다 여자에게 많고 9세 이후에는 흔하지 않다. 특히 수업이 있는 날의 오후에 가장 흔하게 일어난다. 주간형 유뇨증은 때로는 사회적 불안이나 학업 및 놀이에 열중하여 화장실 가기를 싫어하기 때문에 발생하기도 한다. 유뇨증을 지닌 아동은 사회활동의 제약(예: 친구 집에서 자거나 캠핑 가는 일을 하지 못함), 친구들로부터의 놀림과 배척, 부모에 대한 불안과 분노, 낮은 자존감 등의 문제를 나타낼 수 있다.

유뇨증의 원인은 아직 명확하게 밝혀져 있지 않다. 그러나 유전적 요인, 중추신경계의 미성숙, 방광의 부분적 기능장애, 요 농축능력의 장애, 자발적 배뇨를 할 수 없을 정도의 낮은 방광 용적, 심리사회적 스트레스나 심리적 갈등, 부적절한 대소변 훈련이 유뇨증의 유발과 관련된 것으로 여겨지고 있다. 유뇨증이 유전적 요인과 관련되어 있음을 시사하는 여러 가지 보고가 있다. 유뇨증을 지닌 아동의 약 75%에서 같은 장애를 가진 직계가족이 있다. 쌍둥이 연구에서 일란성 쌍둥이가 이란성 쌍둥이보다 유뇨증의 일치율이 높았다. 대부분의 유뇨증 아동은 해부학적으로 정상적인 방광을 지니고 있지만 정상 아동보다 소변을 더 자주 보며 방광에 소변이 조금만 차도 요의를 느끼는 경향이 있다.

심리사회적 스트레스도 유뇨증을 유발하는 요인으로 알려져 있다. 동생의 출생,

2~4세 사이의 병원입원, 부모의 이혼이나 사망, 입학, 이사와 같은 사건이 일어난 후에 유뇨증이 유발되는 경우가 흔하다. 정신분석적 입장에서는 부모에 대한 불만, 두려움, 분노 등의 억압된 감정이 유뇨증이라는 수동공격적인 복수의 형태로 나타난다고 보고 복수성 유뇨증revengeful enuresis이라고 명명하기도 했다.

유뇨증은 복합적인 요인에 의해 나타나므로 적절한 평가를 통해 다양한 치료방법이 적용되어야 한다. 유뇨증의 치료에는 행동치료적 기법이 효과적인 것으로 알려져 있다. 잠자리 요나 기저귀에 전자식 경보장치bell and pad를 하여 소변이 한 방울이라도 떨어지면 즉시 벨이 울려 잠자는 아동을 깨우게 하는 방법이 가장 안전하고 효과적인 방법으로 알려져 있다. 아동의 유뇨증이 심리적 갈등에 의한 것일 때는 놀이치료와 가족치료가 도움이 될 수 있다.

제2절 유분증

유분증Encorpresis은 4세 이상의 아동이 대변을 적절치 않은 곳(옷이나 마루)에 반복적으로 배설하는 경우를 말한다. 특히 이러한 행동이 3개월 이상 매주 1회 이상 나타날 경우에 유분증으로 진단된다.

유분증이 있는 아동은 수줍음이 많고 난처한 일이 일어날 수 있는 상황(예: 야영, 학교)을 피하려고 한다. 유분증을 지닌 아동은 사회활동의 제약(예: 친구 집에서 자거나 캠핑 가는 일을 하지 못함), 친구들로부터의 놀림과 배척, 부모에 대한 불안과 분노, 낮은 자존감 등의 문제를 나타낼 수 있다. 유분증이 있는 아동은 흔히 유뇨증을 함께 나타내기도 한다.

적절한 시기에 대소변 훈련을 시키지 않았거나, 대소변 훈련과정에서 일관성이 없었거나, 지나치게 강압적이거나, 발달단계에 맞지 않게 너무 일찍 대소변 훈련을 시키면 대소변 가리기에 문제가 발생하기 쉽다. 이러한 대소변 훈련과정에서 부모와 아동은 통제와 자율의 갈등을 경험하게 되며, 이러한 갈등이 유분증을 악화시키고 다른 행동적 문제를 초래할 수 있다. 정신분석적 입장에서는 유분증을 분노의 표현으로 보고 있다.

유분증은 다양한 심리사회적 스트레스, 즉 입학이나 동생의 출산, 부모불화, 어머니와의 이별, 병에 걸리거나 입원하는 사건에 의해 촉발될 수 있다. 때때로 변기를 사용하는 것에 대한 남다른 공포를 지닌 아동도 있다. 유분증이 있는 아동은 대체로 주의가 산만하고 집중력이 낮으며 과잉행동을 나타낸다는 점에서 유분증이 뇌신경발달의 지연과 관련되어 있다는 주장도 제기되고 있다.

유분증의 치료에는 대변가리기 훈련, 행동치료, 심리치료가 적용된다. 규칙적인 시간에 대변을 보게 하는 습관을 기르는 훈련을 시키거나 대변을 잘 가리는 행동에 대해서 보상을 주는 행동치료 기법이 효과적이다. 아울러 가족 내의 긴장을 줄이고 아동을 수용하는 분위기를 유도하는 동시에 유분증으로 인해 낮아진 아동의 자존심을 높여주고 자신감을 길러주는 것이 중요하다.

신경인지장애

신경인지장애Neurocognitive Disorders는 뇌의 손상으로 인해 의식, 기억, 언어, 판단 등의 인지적 기능에 심각한 결손이 나타나는 경우를 뜻하며 주요 신경인지장애, 경도 신경인지장애, 섬망으로 구분된다.

제1절 주요 및 경도 신경인지장애

주요 신경인지장애Major Neurocognitive Disorder는 한 가지 이상의 인지적 영역(복합 주의, 실행 기능, 학습 및 기억, 지각-운동 기능 또는 사회적 인지)에서 과거의 수행 수준에 비해 심각한 인지적 저하가 나타나는 경우를 말한다. 이러한 인지적 저하는 본인이나 잘 아는 지인 또는 임상가에 의해서 인식될 수 있다. 아울러 표준화된 신경심리검사나 다른 양화된 임상적 평가에 의해서 인식될 수 있다. 이러한 인지적 손상으로 인해서 일상생활을 독립적으로 영위하기 힘들 경우에 주요 신경인지장애로 진단된다. 주요 신경인지장애는 알츠하이머병, 뇌혈관 질환, 외상성 뇌 손상, HIV 감염, 파킨슨병 등과 같은 다양한 질환에 의해서 유발될 수 있다. DSM-5-TR에서는 주요 신경인지장애를 그 원인적 요인으로 작용하는 질환에 따라 다양한 하위유형으로 구분하고 있다.

경도 신경인지장애Minor Neurocognitive Disorder는 주요 신경인지장애에 비해서 증상의 심각도가 경미한 경우를 말한다. 인지 기능이 과거의 수행 수준에 비해 상당히 저하되었으나 이러한 인지적 손상으로 인해서 일상생활을 독립적으로 영위할 수 있는 능력이 저해되지 않은 경우를 말한다. 경도 신경인지장애는 주요 신경인지장애과 마찬가지로 알츠하이머병, 뇌혈관 질환, HIV 감염과 같은 다양한 질환에 의해서 유발될 수 있으며 그 원인적 질환에 따라 다양한 하위유형으로 구분되고 있다.

과거에 치매dementia라고 불렀던 장애가 DSM-5-TR에서는 그 심각도에 따라 경도 또는 주요 신경인지장애로 지칭되고 있다. 이러한 신경인지장애는 노년기에 나타나는 가장 대표적인 정신장애로서 기억력이 현저하게 저하되고, 언어기능이나 운동기능이 감퇴하며, 물체를 알아보지 못하고 일상생활에 필요한 여러 가지 적응능력이 전반적으로 손상된다.

제2절 섬망

섬망Delirium은 의식이 혼미해지고 주의집중 및 전환능력이 현저하게 감소하게 될 뿐만 아니라 기억, 언어, 현실판단 등의 인지기능에 일시적인 장애가 나타나는 경우를 말한다. 섬망의 핵심증상은 주의 장해(주의를 집중하거나 유지하거나 전환하는 능력의 손상)와 각성 저하(환경에 대한 현실감각의 감소)이다. 이러한 증상은 단기간(몇 시간에서 며칠까지)에 발생하여 심해지며 하루 중에서 그 심각도가 변동한다. 이러한 섬망은 물질 사용이나 신체적 질병과 같은 다양한 원인에 의해서 나타날 수 있다.

섬망은 노년기에 흔히 나타나는 인지장애의 하나로서 의식이 혼미해지고 현실감각이 급격히 혼란되어 시간과 장소에 대한 인식에 장애가 나타나며 주위를 알아보지 못하고 헛소리를 하거나 손발을 떠는 증상들이 나타난다. 흔히 섬망은 단기간에 증상이 나타나며 하루 중에도 증상이 변화하는 경우가 많다. 이러한 증상이 과도한 약물복용이나 신체적 질병(예: 간질환, 당뇨, 뇌수막염)의 직접적 결과로 발생한 것이라는 명백한 근거가 있을 때 진단된다. 섬망은 일련의 증상이 급격하게 갑자기 나타나고 그 원인을 제거하면 증상이 갑자기 사라지는 경우가 많다.

기타의 정신장애 범주들

DSM-5-TR에는 앞에서 소개한 여러 정신장애 외에도 임상가들이 관심을 지녀야 할 세 범주의 정신적 문제들을 제시하고 있다. 그 첫째는 기타 정신장애Other Mental Disorders로서 다른 정신장애의 진단기준에 미치지 못하지만 현저한 고통을 유발하거나 사회적 부적응을 초래하는 증상들을 나타내는 경우를 말한다. 특정한 정신장애라고 할 수는 없지만 부적응적인 증상을 나타내는 경우에 기타 정신장애로 진단할 수 있다.

둘째는 약물치료로 유발된 운동장애 및 약물치료의 기타 부작용Medication-Induced Movement Disorders and Other Adverse Effects of Medication이다. 이 범주는 정신장애나 다른 질병에 대해서 약물치료를 할 때 나타날 수 있는 다양한 운동장애를 포함하고 있다. 예컨대, 약물에 의해서 유발된 파킨슨병, 근육긴장이상, 좌불안석, 운동이상 등이 포함된다.

DSM-5-TR의 마지막 범주는 임상적 주의의 초점이 될 수 있는 기타의 상태Other Conditions That May Be a Focus of Clinical Attention이다. 이 범주는 정신건강 전문가들이 주의를 기울일 필요가 있거나 정신질환의 진단, 경과, 예후, 치료에 영향을 줄 수 있는 여러 가지 문제 상태를 포함하고 있다. 예컨대, 가족 양육이나 일차적 지지집단과 관련된 관계 문제, 가족이나 타인에 의한 학대와 방임, 교육과 직업 문제, 주거와 경제 문제, 사회환경이나 범죄 또는 법체계와 관련된 문제 등이 포함되어 있다.

이밖에도 DSM-5-TR에 공식적인 진단범주에 포함되지 못했지만 앞으로 고려되어야 할 장애들을 〈추가 연구가 필요한 부적응 상태Conditions for Further Study〉라는 제목으로 포함시키고 있다. 여기에 포함된 예비적 정신장애로는 과도하게 인터넷 게임에 몰두하는 인터넷게임장애Internet Gaming Disorder, 자살시도를 반복하는 자살행동장애Suicidal Behavior Disorder, 자살의도는 없지만 반복적으로 자신의 신체를 손상시키는 비자살적 자해Nonsuicidal Self-Injury 등이 있다.

요약

1. 신경발달장애는 중추신경계, 즉 뇌의 발달 지연 또는 뇌 손상과 관련된 것으로 알려진 정신장애를 포함하고 있다. 심리사회적 문제보다는 뇌의 발달장애로 인해 흔히 생의 초기부터 나타나는 아동기 및 청소년기의 정신장애를 포함하고 있다. 신경발달장애는 다음과 같은 여섯 가지 하위유형으로 분류되고 있다: (1) 지적 발달장애, (2) 의사소통장애, (3) 자폐스펙트럼장애, (4) 주의력결핍 과잉행동장애, (5) 특정학습장애, (6) 운동장애.
2. 지적 발달장애는 지능이 비정상적으로 낮아서 학습 및 사회적 적응에 어려움을 나타내는 경우로서 지적 장애라고 불리기도 한다. 의사소통장애는 의사소통에 필요한 말이나 언어의 사용에 결함이 있는 경우로서 그 하위장애로는 언어장애, 말소리장애, 아동기 발병 유창성장애(말더듬), 사회적 의사소통장애가 있다. 자폐스펙트럼장애는 사회적 상호작용과 의사소통에서 장애를 나타낼 뿐만 아니라 제한된 관심과 흥미를 지니며 상동적인 행동을 반복적으로 나타내는 장애를 뜻한다. 주의력결핍 과잉행동장애는 주의집중에 어려움을 나타내며 매우 산만하고 부주의한 행동을 나타낼 뿐만 아니라 자신의 행동을 적절히 통제하지 못하고 충동적인 과잉행동을 나타내는 경우에 진단된다. 특정학습장애는 정상적인 지능을 갖추고 있고 정서적인 문제가 없음에도 불구하고 지능수준에 비하여 읽기, 쓰기, 수리적 계산과 관련된 학습부진을 보이는 경우를 말한다. 운동장애는 나이나 지능수준에 비해서 움직임 및 운동능력이 현저하게 미숙하거나 부적응적인 움직임을 반복적으로 나타내는 경우로서 하위유형으로는 틱장애, 발달성 협응장애, 상동증적 운동장애가 있다.
3. 파괴적, 충동조절 및 품행장애는 정서와 행동에 대한 자기통제의 문제를 나타내는 다양한 장애를 의미하며 품행장애, 적대적 반항장애, 간헐적 폭발장애, 병적 방화, 병적 도벽, 반사회성 성격장애가 있다.
4. 품행장애는 난폭하고 잔인한 행동, 기물파괴, 도둑질, 거짓말, 가출 등 타인의 권리를 침해하거나 사회적 규범을 위반하는 행동을 지속적으로 나타내는 경우를 말하며 청

소년들이 흔히 나타내는 비행행동이 이러한 품행장애에 해당된다. 적대적 반항장애는 어떤 사람과의 상호작용에서 화를 잘 내고 논쟁적이거나 도전적이며 앙심을 품고 악의에 찬 행동을 나타내는 경우에 진단되며, 간헐적 폭발장애는 공격적 충동이 조절되지 않아 심각한 파괴적 행동을 나타내는 경우를 말한다. 이 밖에도 남의 물건을 훔치고 싶은 충동을 참지 못해 반복적으로 도둑질을 하게 되는 병적 도벽, 불을 지르고 싶은 충동을 조절하지 못해 반복적으로 방화를 하게 되는 병적 방화, 그리고 사회적 규범이나 타인의 권리를 무시하는 반사회성 성격장애가 이 장애범주의 하위유형에 포함되어 있다.

5. 배설장애는 아동기나 청소년기에 흔히 진단되는 장애로서 대소변을 가릴 충분한 연령이 되었음에도 불구하고 이를 가리지 못하고 옷이나 적절치 않은 장소에서 배설하는 것을 말한다.
6. 신경인지장애는 뇌의 손상으로 인해 의식, 기억, 언어, 판단 등의 인지적 기능에 심각한 결손이 나타나는 경우를 뜻하며 주요 신경인지장애, 경도 신경인지장애, 섬망으로 구분된다.

제12장

정신장애의 치료와 예방

제12장 정신장애의 치료와 예방

제1절 정신장애의 치료

사노라면 누구나 필연적으로 크고 작은 갈등과 좌절을 경험하게 된다. 가족 간의 불화와 반목, 학업과 직업에서의 좌절과 실패, 인간관계에서의 갈등과 배신 등으로 때로는 참기 어려운 슬픔과 분노에 휩싸이기도 하고 때로는 해결책이 보이지 않는 갈등과 혼란 속에서 처절한 고독과 절망을 경험하기도 한다. 이러한 고통에서 벗어나려는 발버둥이 때로는 자신을 더욱 깊은 자기파멸의 늪 속으로 이끌기도 하고 때로는 다른 사람에게 깊은 상처를 안겨주는 비극적인 결과를 초래하기도 한다.

대부분의 사람은 크고 작은 심리적 문제에 직면하게 되면 가족과 친구를 비롯한 주변 사람들과 상의하며 조언을 구한다. 일부 사람들은 종교인, 심지어 주술사나 역술인에게 조언을 구하는 경우도 있다. 이처럼 주변 사람들의 조언과 도움을 통해 삶 속에서 부딪치는 다양한 심리적 어려움을 극복할 수 있다.

그러나 이러한 도움을 통해서 쉽게 극복하기 어려운 심리적 문제들도 많다. 특히 이 책에서 살펴본 다양한 정신장애의 경우에는 정신건강 전문가의 도움을 받는 것이 바람직하다. 정신장애가 발생한 초기에 치료를 받을수록 치료효과는 더 좋다. 심리적인 문제의 심각성을 무시하고 오랜 기간 방치하여 심각한 정신장애로 악화되는 경우가 흔하다. 자신이든 가족 구성원이든 심리적 문제의 양상과 심각도를 잘 판단하여 적절한 치료를 받는 것이 정신건강을 유지하는 지름길이다. 정신장애를 치료하는 주된 방법에는 크게 심리치료와 약물치료가 있다(권석만, 2012).

1. 심리치료

심리치료psychotherapy는 스스로 해결할 수 없는 심리적 문제나 장애를 지닌 사람을 돕는 전문적인 직업적 활동이다. 월버그(Wolberg, 1977)에 따르면, 심리치료란 "증상을 제거·수정·경감하고 장애행동을 조절하며 긍정적인 성격발달을 증진하기 위한 목적으로 훈련된 사람이 환자와 전문적인 관계를 형성하여 정신적 문제를 심리학적 방법으로 치료하는 것"이다. 심리치료에 관한 많은 저술을 한 임상심리학자 가필드(Garfield, 1995)는 심리치료를 다음과 같이 설명하고 있다. "심리치료는 두 사람(두 사람 이상이 될 수도 있지만) 사이의 상호작용으로 이루어진다. 그중의 한 명인 환자 또는 내담자는 치료를 통해 도움을 받을 수 있다고 생각되는 문제를 해결하기 위해서 도움을 받고자 한다. 나머지 한 사람은 필요한 치료적 도움을 제공할 수 있도록 전문적인 훈련을 받고 필요한 자원을 가지고 있는 치료자이다. 둘 사이의 상호작용은 제스처, 동작, 표정, 감정표현을 통해서도 이루어지지만 주로 언어를 통해서 이루어진다. 따라서 치료자와 내담자 간의 언어적인 상호작용을 통해서 치료자가 내담자로 하여금 어려움을 극복하도록 도와주는 것이 심리치료이다." 현대사회에는 심리적 문제나 장애로 인하여 개인적 고통은 물론 대인관계나 직업적 적응에 심각한 어려움을 겪는 사람들이 많다. 특히 개인주의적 경향이 만연하고 경쟁이 치열해지는 현대사회를 살아가는 현대인들은 과거

정신건강 전문가의 심리치료 모습

어떤 시대보다도 심리적 고독과 갈등을 많이 경험하고 있다. 이러한 사회적 변화 속에서, 심리치료는 심리적인 문제와 장애를 지닌 사람들을 돕기 위해서 20세기에 새롭게 탄생한 전문분야라고 할 수 있다.

2. 심리치료를 제공하는 정신건강 전문가

심리치료와 심리상담은 정신건강 증진활동으로서 다양한 학문분야와 전문가들이 시행하고 있다. 예컨대, 임상심리사, 상담심리사, 정신과의사, 사회복지사, 간호사 등과 같은 다양한 정신건강 전문가들이 심리치료와 심리상담에 참여하고 있다. 이러한 여러 분야의 정신건강 전문가들은 그들의 교육 및 훈련 배경에 따라 구분되는 경우가 많으나 활동영역이 상당히 중첩되어 명쾌한 구분이 쉽지 않다.

심리치료와 가장 밀접한 관계를 맺고 있는 학문분야는 정신의학이다. 정신의학은 의학적 모델에 근거하여 정신장애를 연구하고 치료하는 의학의 한 전문분야이다. 정신과의사는 정신장애를 치료하는 가장 주된 전문가 집단으로서 20세기에 심리치료가 발달하는 데 크게 기여하였다. 그러나 21세기로 접어들면서 많은 정신과의사가 생물의학적 입장에 근거한 정신병리 이론과 약물치료에 치중하면서 심리치료에 대한 관심이 급격하게 감소하였다.

임상심리학은 정신장애에 대한 평가 및 진단과 더불어 심리치료를 주된 역할로 수행하는 정신건강 분야이다. 임상심리사는 정신과병원에서 정신장애 환자를 대상으로 한 수련과정을 필수적으로 이수해야 하며 심리진단, 심리치료 및 예방 그리고 연구활동을 수행하는 전문가 집단이다. 한국의 경우에는 보건복지부에서 국가가 공인하는 정신보건 임상심리사 자격증과 한국심리학회에서 공인하는 임상심리전문가 자격증 제도가 시행되고 있다.

상담심리학은 정상적인 적응을 하고 있는 사람들이 생활 속에서 직면하는 다양한 적응문제(예: 진로 및 직업문제, 학업문제, 경미한 심리적 문제 등)의 해결을 도와주는 심리학의 한 분야이다. 근래에는 심리치료와 심리상담의 경계가 모호해지면서 많은 상담심리사가 심리장애의 치료에 깊은 관심을 지니고 있다. 최근에는 다양한 기관과 단체에서 전문적인 교육과 훈련 없이 상담심리사 또는 심리상담사라는 명칭의 자격증을 남발하는 현상이 나타나고 있다. 한국심리학회에서 공인하는 상담심리전문가 자격증이 가장 오랜 역사를 지니고 있을 뿐만 아니라 사회적 신뢰도 역시 가장 높다.

사회복지학 분야에서는 정신보건 사회복지사가 주로 정신장애를 유발하는 사회환경적 요인에 주된 관심을 지니며 치료과정에서도 가족과 지역사회의 사회환경적 개입을 하는 정신건강 전문가이다. 보건복지부에서 정신보건 사회복지사 자격증을 발급하고 있으며, 많은 사회복지사가 가족치료를 위시한 심리치료와 심리상담 활동에 참여하고 있다. 정신보건 간호사는 주로 정신병동이나 정신보건센터에서 정신장애 환자들을 돌보고 간호하는 일을 담당하는 전문 간호사로서 보건복지부에서 정신보건 간호사 자격증을 발급하고 있다. 정신보건 간호사들도 정신장애 환자를 간호하는 일과 더불어 심리치료와 심리상담 활동에 참여하고 있다.

3. 심리치료와 약물치료

정신장애는 조속히 발견하여 신속하게 치료하는 것이 중요하다. 모든 장애가 그러하듯이, 조기에 발견하여 치료할수록 적은 비용으로 빨리 회복될 수 있다. 정신장애가 만성화되면, 치료하기가 어려울 뿐만 아니라 치료기간도 길어진다.

정신장애를 치료하는 방법은 크게 심리치료와 약물치료가 있다. 정신장애로부터 회복하기 위해서는 효과적인 치료방법을 잘 선택하는 것이 중요하다. 치료의 효과, 치료비용과 시간 등을 고려하여 신중한 선택이 필요하다. 어떤 치료를 받느냐에 따라 커다란 차이가 나타날 수 있다(권석만, 2012).

현재 정신장애를 치료하는 대표적인 방법은 심리치료와 약물치료이다. 약물치료drug therapy는 생물의학적 이론에 근거한 치료법으로서 뇌중추신경계의 신경전도물질에 영향을 주는 화학물질, 즉 약물을 통해 증상을 완화하는 방법이다. 1950년대 이후 향정신성 약물의 급격한 개발이 이루어져 다양한 정신장애의 치료에 사용되고 있다. 약물치료는 여러 가지 부작용이 따른다는 약점을 지니고 있으나 최근에는 이러한 부작용을 최소화하는 여러 가지 약물이 개발되고 있다. 예컨대, 프로작Prozac은 신경전도물질인 세로토닌의 재흡수를 선택적으로 억제하여 우울증상을 완화하는 화학물질인 플루옥세틴Fluoxetine의 상표명으로서 우울증 치료에 널리 사용되고 있다. 약물치료는 한국의

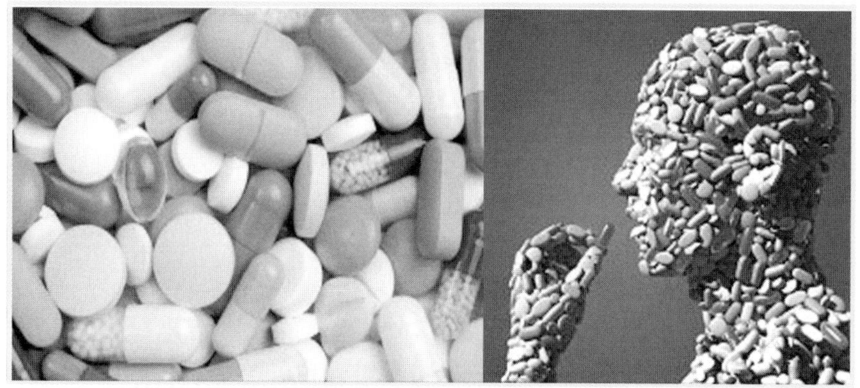
정신장애를 치료하는 약물들

경우 정신건강 전문가 중 정신과의사들만이 사용할 수 있다.

약물치료는 환자의 입장에서 커다란 노력 없이 비교적 저렴한 가격으로 증상을 완화시킬 수 있다는 점에서 매우 효과적이고 경제적인 치료수단이다. 또한 조현병이나 양극성장애와 같은 심각한 정신장애의 경우에는 약물치료가 필수적이다. 그러나 약물치료는 여러 가지 한계를 지니고 있다. 첫째, 모든 심리적 장애가 약물치료에 의해서 호전되는 것은 아니다. 예컨대, 성격장애를 비롯한 일부 장애의 경우에는 치료약물이 개발되어 있지 않으며, 약물치료에 가장 좋은 반응을 나타내는 우울증의 경우에도 일부의 환자들은 약물치료가 도움이 되지 못한다. 약물치료만으로 해결할 수 없는 심리적 문제나 장애가 많다. 둘째, 상당수의 사람들은 약물치료를 원하지 않을 뿐만 아니라 약물치료의 크고 작은 부작용으로 인해서 약물치료를 중단하게 된다. 일부 사람들은 심리적 문제를 지니고 있더라도 자신의 정신세계가 화학물질인 약물에 의해서 영향 받는 것을 원하지 않는다. 또한 약물은 필연적으로 크고 작은 부작용을 유발하기 때문에 증상은 완화되어도 다른 심리적·신체적 기능이 약화되는 희생을 감수해야 한다. 셋째, 심리적 문제와 증상을 약물치료에 의존하게 되면 결국 환자 스스로 심리적 방법을 활용하여 문제증상에 대처하는 능력을 학습하지 못하거나 대처능력이 손상될 수 있다. 이러한 이유 때문에 약물치료를 받은 환자들은 증상이 재발되어 약물치료를 반복적으로 받게 되는 악순환에 빠질 수 있다. 약물치료의 가장 근본적인 한계는 약물치료가 증상을 완화시킬 뿐 심리적 장애의 원인을 치료하지 못한다는 점이다. 예컨대, 대인기술의 부족이나 피해의식적인 사고경향 때문에 인간관계가 고립되어 우울증에 빠진 사람의 경우, 항우울제를 복용함으로써 침체된 기분과 의욕상실에서는 어느 정도 회복될 수 있으나 대인기술과 피해의식이 개선되는 것은 아니다.

그러나 약물치료는 증상을 완화시킴으로써 심리적 문제를 개선하고 악화를 방지하는 데 커다란 도움이 될 수는 있다. 예컨대, 심한 무기력감과 의욕상실의 우울증상을 지닌 사람의 경우, 학업이나 직업과 같은 현실적인 과제를 수행하지 못하고 대인관계를 회피함으로써 문제상황이 더욱 악화될 수 있다. 이 경우에 약물치료는 우울증상을 호전시킴으로써 최소한의 현실적인 과제를 수행하고 대인관계를 유지하게 할 수 있다. 그러나 우울증상을 갖게 된 심리적 원인을 밝혀 치유하지 않는 한 항상 재발의 위험이 있을 뿐만 아니라 치유과정에서 심리적으로 성장할 수 있는 기회를 상실하게 된다.

심리치료와 약물치료는 각기 다른 장점과 한계점을 지니고 있다. 어떤 치료를 선택하느냐는 것은 최종적으로 심리적 문제를 지닌 사람의 판단에 달려 있다. 어떤 치료법도 만병통치적인 것은 아니다. 심리치료와 상담 전문가들도 약물치료에 대한 기본적인 이해가 필요하다. 현실판단력이 현저하게 저하되어 있거나 생물학적 원인이 중요한 역할을 하는 정신장애(예: 조현병, 양극성장애 등)의 경우에는 입원치료와 더불어 약물치료가 필수적이다. 또한 현실적응을 훼손할 수 있는 심각한 증상을 지니고 있어서 신속하게 증상을 완화시킬 필요가 있거나 심리치료를 통해 호전되기 어려운 조건을 지닌 내담자의 경우에는 약물치료를 받거나 심리치료와 병행하도록 권장하는 것이 바람직하다.

대부분의 심리적 문제와 증상은 개인의 변화와 성장을 요구하는 신호라고 할 수 있다. 즉, 심리적 고통과 증상은 심리적 성장을 위한 진통이라고 할 수 있다. 자신의 삶의 방식을 되돌아보고 성찰하며 좀 더 효율적인 새로운 변화와 성숙을 촉구하는 지혜로운 마음의 표현이라고 할 수 있다. 심리치료는 이러한 심리적 변화와 성장을 돕는 전문적 활동이다. 약물은 증상을 완화시킬 수 있으나 인간을 성숙시킬 수는 없다. 심리치료는 내담자와의 신뢰로운 관계 속에서 내담자로 하여금 자신의 마음을 바라보며 성찰함으로써 좀 더 행복한 삶을 위한 변화의 노력을 통해 성장하도록 돕는 전문적 활동이라고 할 수 있다.

한국인에 대한 정신장애 실태조사

한국인에게는 어떤 정신장애가 가장 흔할까? 한국인은 외국인에 비해 어떤 정신장애에서 유병률이 높을까? 이러한 물음에 대한 가장 직접적인 해답은 역학조사를 통해서 가능하다. 역학조사에서 나타난 정신장애의 분포와 빈도를 비교함으로써 특정한 문화권에서 나타나는 정신장애의 특성을 가장 직접적으로 이해할 수 있기 때문이다.

국내에서 가장 최근에 이루어진 대규모의 정신장애 역학조사는 보건복지부 국립정신건강센터에서 2021년에 실시한 정신장애 실태조사이다. 이 실태조사는 전국 만 18~79세의 성인 5,511명을 대상으로 알코올 사용장애, 담배 사용장애, 우울장애, 불안장애의 유병률을 조사했으며 유병률이 극히 낮은 양극성장애와 조현병 스펙트럼 장애는 제외되었다.

한국인의 경우, 평생 유병률이 가장 높은 정신장애는 알코올 사용장애(11.6%)였으며 다음으로 담배 사용장애(9.5%)가 높았다. 그다음으로는 주요우울장애(7.7%), 범불안장애(1.7%), 외상후 스트레스장애(1.5%)의 순서로 나타났다. 그러나 남성과 여성은 정신장애 유병률에 있어서 현저한 차이를 나타냈다. 한국인 남성의 경우는 담배 사용장애(17.7%)가 가장 높았으며 알코올 사용장애(17.6%), 주요우울장애(5.7%), 외상후 스트레스장애(1.6%), 범불안장애(1.2%)의 순서로 나타났다. 반면에 한국인 여성의 경우는 주요우울장애(9.8%)의 유병률이 가장 높았으며 알코올 사용장애(5.4%), 범불안장애(2.1%), 외상후 스트레스장애(1.6%)의 순서로 나타났다. 주요우울장애는 한국의 성인여성에게 가장 흔한 정신장애로서 성인여성 10명 중 1명은 평생 한 번 이상 심각한 우울증을 경험하는 것으로 나타났다.

정신장애 실태조사에 따르면, 최근 몇 년 동안 정신장애의 유병률이 감소하는 것으로 나타났다. 2021년의 1년 유병률은 9.1%로서 2016년에 비해 3.5% 감소한 것으로 나타났다. 우울장애의 경우, 만 18세 이상 64세 이하를 대상으로 한 1년 유병률은 1.6%로서 2016년 1.8%에 비해 0.2% 감소했다. 최근 코로나19 확산과 관련하여 우울증상이 증가했다는 보고가 많으나 우울장애가 증가한 것은 아닌 것으로 추정된다. 불안장애의 1년 유병률도 2016년에 비해 감소한 것으로 나타났다. 알코올 사용장애의 2021년 1년 유병률은 2016년에 비해 감소하는 추세이나 감소 추세가 뚜렷하지는 않았다. 담배 사용장애의 1년 유병률은 2016년에 비해 다소 증가한 것으로 나타났다.

이 실태조사에 따르면, 한국인 성인의 10.7%는 평생 한 번 이상 심각하게 자살사고를 경험하였으며, 2.5%가 자살계획을 했고, 1.7%가 자살을 시도한 것으로 나타났다. 최근 1년 사이에는 성인의 1.7%가 한 번 이상 심각하게 자살을 생각하고, 0.5%가 자살을 계획하며, 0.1%가 자살을 시도한 것으로 나타났다.

정신건강서비스 이용실태는 정신장애가 있는 것으로 진단된 사람 중에서 평생 12.1%만이 정신과의사, 임상심리학자, 상담심리학자를 비롯한 정신전문가에게 정신건강문제를 의논하거나 치료받은 경험이 있는 것으로 나타났다. 2020년 동안 정신건강서비스 이용비율은 7.2%로서 미국, 캐나나, 호주에 비해 현저하게 낮은 수준이었다. 정신장애별로 서비스 이용률을 살펴보면, 우울장애 28.2%, 불안장애 9.1%, 알코올 사용장애 2.6%, 담배 사용장애 1.1%였다.

역학조사는 한 국가나 지역에 거주하는 사람들이 나타내는 정신장애의 전반적 양상과 빈도를 이해하는 가장 좋은 방법이다. 그러나 역학조사에서 사용한 정신장애의 분류체계, 진단도구, 조사대상 및 표집방법, 조사원의 숙련도 등에 따라 조사결과가 상당히 다르기 때문에 역학조사의 결과는 조심스럽게 해석되어야 한다.

정신장애의 예방: 긍정적 정신건강

정신장애를 치료하는 것 못지않게 중요한 것은 정신장애를 예방하는 일이다. 일단 정신장애가 발생하면 심리적 고통과 부적응을 겪게 될 뿐만 아니라 치료를 받기 위한 비용과 노력을 투여해야 한다. 그러므로 어떠한 문제이든 발생하기 전에 예방하는 것이 최선이다. 정신장애의 예방을 위해 노력하는 것은 개인적인 고통과 불행을 방지하는 일일 뿐만 아니라 국가적으로는 국민의 생산성 저하를 막고 치료적 비용을 절감함으로써 사회적 발전에 기여하는 일이기도 하다.

현대사회의 물질문명은 눈부시게 발전했지만 현대인의 행복도는 그것에 비해 증가하지 않고 있다. 그동안 많은 국가가 질병모델에 근거한 예방활동에 막대한 예산을 투여해왔지만, 정신장애는 결코 감소하지 않고 있으며 일부 장애는 오히려 증가추세에 있다. 예컨대, 전 세계적으로 우울증은 지난 50여 년간 그 유병률이 감소하지 않고 있으며 청소년의 경우에는 증가하고 있다(Burke & Regier, 1996).

우울증을 비롯한 정신장애는 개인의 불행을 초래하는 주된 원인일 뿐만 아니라 국가의 생산성을 저해하는 주요한 요인으로 알려져 있다. 우울증은 전 세계적으로 직업적 부적응을 초래하는 데 가장 큰 역할을 한다는 연구결과가 있다(Lopez & Murray, 1998).

지난 세기 동안 정신장애의 치료와 예방을 위한 이론적 기반이었던 질병모델의 한계를 인식하고 새로운 정신건강 모델을 모색해야 할 때가 되었다.

1. 정신건강에 대한 질병모델의 한계

셀리그먼(Seligman, 2002)은 정신장애의 예방을 위해서 정신건강에 대한 새로운 개념모델이 필요하다고 역설하고 있다. 그는 본래 정신건강의 질병모델에 근거한 교육과 훈련을 받은 임상심리학자였다. 1970년대에는 우울증의 연구에 몰두하여 학습된 무기력 이론을 제시한 바 있다. 아울러 예방의 중요성을 인식하고 당시에 지배적이었던 정신건강의 질병모델에 근거하여 우울증의 예방 활동에 15년여 동안 몰두해왔다. 그러나 15년 이상 정신장애의 예방활동에 참여하고 나서 그가 내린 결론은 질병모델이 정신장애의 예방에 적절하지 않다는 것이다. 왜냐하면 예방은 결함을 교정하는 것이 아니기 때문이다.

셀리그먼(Seligman, 2002)에 따르면, 정신건강의 질병모델disease model 또는 의료모델medical model은 심리적 문제가 신체적 질병과 같은 속성을 지닌다고 가정한다. 즉, 심리적 문제는 어떤 물질적 실체(뇌의 손상, 생화학 물질의 이상, 병원균의 침입 등)에 의한 결함이나 손상에 의해 생겨나는 일종의 질병이라고 간주한다. 따라서 이러한 질병을 초래하는 물질적 실체나 결함을 제거함으로써 심리적 문제가 개선될 수 있다고 여긴다. 이러한 질병모델은 그동안 정신장애를 연구하고 치료하는 이론적 토대가 되어 왔다. 오늘날 널리 사용되고 있는 DSM이나 ICD와 같은 정신장애 분류체계 역시 질병모델의 소산이다. 질병모델은 필연적으로 정신건강 분야를 장애-중심적, 병원-중심적, 의사-중심적, 치료-중심적, 약물-중심적인 방향으로 유도하게 한다.

정신장애의 질병모델은 지난 50여 년간 정신건강 분야를 주도해왔다. 그리고 그동안 커다란 성과를 거두었다. 다양한 정신장애의 원인에 대한 이해가 증대되었으며, 1950년대 초까지 적절한 치료방법이 없었던 주요한 정신장애에 대한 효과적인 치료법들이 다양하게 개발되었다. 요즘에는 조현병이나 양극성장애와 같은 심각한 정신장애를 치료할 수 있는 방법들도 제시되고 있다. 그러나 국가적 입장에서나 개인적인 입장에서 치료보다 더 중요한 것은 예방이다. 매년 막대한 정부예산이 정신장애자의 치료와 보호 그리고 재활에 투여되고 있다. 대형 정신병원이 매년 증가하고 있으며 정신병원 입원환자 수가 증가하고 있다. 국가적 차원에서 깊은 관심을 가지고 노력해야 할 점은 정신장애를 예방하는 것이다. 정신장애가 일단 발생하면 환자는 물론 가족들도 심리적 고통을 겪게 될 뿐만 아니라 재정적 부담을 안게 된다. 또한 정신장애가 재발되고 만성화되는 경우도 드물지 않다. 21세기의 정신건강 분야는 예방 활동에 더 많은 노력을 기울여야 할 것이다.

그렇다면 질병모델은 정신장애의 예방에 적절한가? 과연 지난 50여 년간 질병모델에 근거하여 우울증, 약물중독, 조현병과 같은 심각한 문제들을 얼마나 예방할 수 있었는가? 심리적 문제를 뇌 손상으로 설명하는 입장에서 어떤 예방방법을 제시할 수 있는가? 약물을 주된 치료법으로 사용하는 전문가들은 어떤 예방활동을 할 수 있는가? 증상 제거를 목표로 하는 심리치료가 과연 예방활동에 어떤 기여를 할 수 있는가?

질병모델은 정신장애의 예방에 부적합하다. 이미 많은 학자와 임상가가 질병모델로는 예방에 있어서 성과를 거둘 수 없다는 결론에 도달했다(Catalono et al., 1998). 질병모델에 근거한 정신장애 이론이나 치료는 예방활동에 도움을 주지 못한다. 손상과 결함에 대한 이론과 치료기법은 예방활동에 적절하지 않기 때문이다. 그동안 많은 국가가 질병모델에 근거한 예방활동에 막대한 예산을 투여해왔지만 효과적이지 못했다. 우리나라의 경우, 1995년에 정신보건법이 시행된 이후 지난 10여 년 동안 정신병원의 병상 수나 입원환자가 오히려 증가하였다(오수성, 2007; 이용표, 2007). 이러한 현상은 사회적 변화를 비롯한 여러 요인에 의한 것일 수도 있지만 그동안 질병모델에 기초한 예방활동이 실효를 거두지 못했음을 입증하는 것이라고 할 수 있다.

나아가서 질병모델은 정신장애의 예방뿐만 아니라 치료에 있어서도 재고될 필요가 있다. 그동안 심리학은 정신장애 증상과 부적응적인 문제행동을 제거하는 데에 집중해왔다. 그러나 증상 제거만으로는 정신장애를 온전하게 치유할 수 없다는 인식이 최근에 확산되고 있다. 증상 제거를 목표로 하는 치료활동은 잦은 재발을 초래하는 불완전한 치료라는 점이 지적되고 있다. 예를 들어, 우울장애는 약물치료나 심리치료를 통해서 비교적 쉽게 증상이 완화될 수 있는 장애이지만, 자주 재발한다는 문제점을 지니고 있다(Simons et al., 1985). 처음 우울장애가 발병하여 치료를 받은 환자들의 약 50~60%가 재발한다. 그리고 이들 중 약 70%가 다시 우울장애를 겪게 되며, 또 그중 90% 정도가 재발경험을 하게 된다. 단극성 우울장애의 경우, 약물치료를 받고 우울증상에서 회복된 환자의 70%가 6개월 이내에 재발한다는 연구결과가 있다(Ramana et. al., 1995).

2. 긍정적 정신건강

진정한 정신건강은 부적응 증상의 부재상태를 넘어서 행복하고 자기실현적인 삶을 사는 것이라고 할 수 있다(Ralph & Corrigan, 2005). 소극적 의미의 건강은 질병이나 장애가 없는 상태를 뜻하지만, 적극적 의미의 건강은 개인이 행복하고 자신의 능력과 환경을 활용하여 최대한 번영한 삶을 사는 것이다. 세계보건기구(World Health Organization, 1948)에 따르면, "건강health이란 육체적, 정신적 그리고 사회적으로 온전한 웰빙 상태이며, 단순히 질병이나 허약함이 없는 상태가 아니다"(p. 100). 최근에는 건강의 개념이 영적인 안녕, 직업적 만족, 환경적 안전 등을 포함할 뿐만 아니라 이처럼 다양한 구성요소들의 균형과 통합을 아우르는 개념으로 확장되고 있다(Adams et al., 1997; Owen, 1999).

'육체적으로 건강하다'는 것이 질병이 없는 상태일 뿐만 아니라 최선의 신체적 기능상태를 유지하면서 질병에 대한 저항력을 잘 갖춘 상태를 의미하듯이, '정신적으로 건강하다'는 것은 정신장애가 없음을 넘어서 주관적인 안녕과 더불어 최선의 심리적 기능을 발휘하는 상태를 의미한다. 최근에 세계보건기구(WHO, 2005)는 정신건강mental health을 정신장애가 없는 상태 그 이상의 웰빙well-being 상태로서 개인이 (1) 자신의 능력을 잘 발휘하고, (2) 인생의 정상적 스트레스에 효과적으로 대처할 수 있으며, (3) 생산적으로 결실을 거두며 일을 하고, (4) 지역사회에 공헌하는 삶의 상태라고 정의하고 있다. 아울러 정신적으로 건강한 사람은 다음과 같은 특성을 지닌 사람으로 규정되고 있다: (1) 분명한 자기정체성을 가지고 인생의 목표를 자율적으로 추구해 가는 사람, (2) 환경의 변화를 잘 수용하고 적응하는 능력이 있는 사람, (3) 대인관계에서 상대방의 입장과 요구를 이해하는 공감능력을 지니고 있어서 대인관계를 원만하게 유지할 수 있는 사람, (4) 만족스러운 이성관계를 유지할 수 있는 사람, (5) 자기 능력의 한계를 현실적으로 받아들이는 사람, (6) 직업적응을 잘 하며 자기 능력의 실현을 통해 성취감을 경험하고 있는 사람.

긍정심리학은 질병모델에 근거한 소극적인 정신건강을 넘어서 적극적인 정신건강을 지향할 수 있는 이론적 근거를 제시하고 있다. 정신건강은 결함과 손상의 부재상태가 아니라 개인의 강점과 능력이 최대한 발현되는 상태, 즉 **긍정적 정신건강**positive mental health이라는 좀 더 적극적인 개념으로 이해되어야 한다. 긍정적 정신건강은 성장과 행복 증진을 통해서 촉진될 수 있다. 따라서 긍정심리학은 정신건강에 대해서 심리적 웰빙을 지향하는 성장모델을 질병모델의 대안으로 제시하고 있다.

정신건강의 **성장모델**growth model은 긍정적 정신건강을 지향하며 정신장애의 예방에 초점을 맞추는 '성장-지향적 예방모델'이라고 할 수 있다(권석만, 2008; Seligman, 2002). 성장모델은 여러 가지 점에서 질병모델과는 다르다. 첫째, 성장모델은 개인의 행복과 자기실현을 지향함으로써 긍정적 정신건강을 추구한다. 부적응적 장애나 증상의 제거라는 소극적인 목표를 추구하기보다 행복과 자기실현이라는 적극적인 목표를 추구한다. 둘째, 성장모델은 인간의 긍정적 성품과 강점에 초점을 맞춘다. 질병모델처럼 인간의 결함과 장애에 초점을 맞추기보다 긍정적 성품과 강점에 주목한다. 개인이 지닌 대표 강점과 재능을 발견하고 육성하여 인간관계와 직업활동을 비롯한 다양한 삶의 영역에서 발휘하도록 지원한다. 셋째, 성장모델은 정신장애의 예방에 초점을 맞춘다. 즉, 성장모델은 정신장애를 지닌 일부 사람에게 적용되는 것이 아니라 모든 사람에게 적용되어 행복을 지원함으로써 정신장애의 예방 효과를 거두고자 한다. 대표강점을 잘 발휘함으로써 긍정 정서를 경험하며 최고의 기능상태에서 의미 있는 활동에 적극적으로 임하게 될 때, 우리는 행복과 긍정적 정신건강을 이루게 된다. 이러한 긍정적 상태는 정신장애의 취약성을 억제할 뿐만 아니라 스트레스에 대한 저항력을 강화함으로써 정신장애의 발생을 억제하게 된다. 마지막으로, 성장모델은 생물·심리·사회적 모델이다. 긍정적 정신건강을 위해서는 신체적 건강이 뒷받침되어야 한다. 신체적 질병이나 장애가 없음은 물론 활기차게 최고의 기능을 발휘할 수 있는 육체적 건강을 함양하고 유지할 수 있어야 한다. 또한 개인이 속한 사회적 환경도 매우 중요하다. 가족, 학교, 기업체, 지역사회는 구성원의 행복 증진을 위해서 노력하는 긍정 기관으로 변화해야 한다. 구성원의 긍정적 성품과 강점을 충분히 발휘할 수 있는 사회환경적 지원이 이루어져야 한다. 이처럼 성장모델은 긍정적 정신건강에 영향을 미치는 생물학적, 심리학적 그리고 사회환경적 요인들을 종합적으로 고려한다.

예방의 주된 초점은 개인의 약점과 결함을 교정하는 것이 아니라 그들의 강점과 능력을 함양하는 데에 모아져야 한다. 긍정심리학자들은 인간의 강점이 정신장애의 발병을 억제한다는 것을 밝혀내었다(Keyes & Lopez, 2002). 일례로, 셀리그먼은 학습된 낙관주의learned optimism를 함양함으로써 우울증의 발병률이 감소했음을 입증하였다. 그와 동료들(Seligman et al., 1995)은 아동과 성인들에게 학습된 낙관주의의 교육프로그램을 실시했다. 이 프로그램은 결함을 교정하는 것이 아니라 낙관주의라는 새로운 삶의 기술을 습득시키는 것을 목표로 했다. 예를 들면, 생활 속에서 일어나는 사건들의 의미를 긍정적인 방향으로 귀인하도록 변화시켰다. 이러한 교육을 받은 아동과 성인 집단은 모두 비교집단에 비해서 우울증의 발병률이 약 50% 정도 감소했다. 즉, 개인의 강점을 개발하고 육성함으로써 우울증의 발병을 억제할 수 있었다. 21세기에는 정신장애의 예방을 위해서 인간의 강점과 능력을 연구하고 함양하는 데에 많은 노력이 집중되어야 한다(Bornstein et al., 2003).

정신장애의 치료 역시 증상제거를 넘어서 재발방지에 초점이 모아져야 한다. 우울증의 재발에 영향을 미치는 요인을 조사한 연구(Thunedborg et al., 1995)에 따르면, 행복감 척도에서 높은 점수를 나타낸 사람이 우울증상 척도에서 낮은 점수를 나타낸 사람보다 우울증의 재발률이 현저하게 낮았다. 현대 이상심리학에서 정신장애의 치료는 증상으로부터의 회복보다 재발의 예방에 초점을 두는 경향이 나타나고 있다. 따라서 보다 완전한 치료를 위해서 부적응적 증상의 제거뿐만 아니라 행복하고 만족스러운 삶으로 유도하기 위한 다양한 방법이 강구되고 있다.

3. 긍정적 정신건강을 위한 행복과 웰빙 증진

이상심리학의 궁극적 목표는 인간을 불행하고 고통스럽게 만드는 이상행동과 정신장애를 이해하고 치료함으로써 인간의 행복한 삶을 지향하는 것이다. 최근에 심리학에서는 인간의 행복과 복지에 대한 관심이 늘어나고 있다. 최근에는 행복happiness, 삶의 질quality of life, 웰빙well-being에 관한 연구가 증가하고 있으며 긍정심리학positive psychology이라는 새로운 학문분야가 대두되고 있다.

인간은 쾌락을 추구하고 고통을 회피하는 기본적인 성향을 지니고 있다. 그런데 인간은 일반적으로 쾌락추구보다는 고통회피를 우선시하는 경향이 있다. 인간이 경험하는 감정을 기술하는 어휘 중에는 긍정적 감정보다 부정적 감정을 기술하는 것이 훨씬 많다. 즉, 인간은 긍정감정보다 부정감정에 더 많은 관심을 보이기 때문에 그러한 감정을 세분하여 기술하고 표현하는 어휘가 많은 것으로 이해된다. 인간에 대한 학문적 관심에 있어서도 마찬가지의 현상이 나타나고 있다. 심리학의 경우, 인간의 불행과 고통을 반영하는 이상행동과 정신장애에 대해서는 상세한 분류체계, 원인에 대한 여러 이론 그리고 다양한 치료법이 개발되어 있다. 그러나 인간이 추구하는 행복과 성숙에 대해서는 학술적 이해가 상대적으로 매우 부족한 실정이다. 인간의 부정적 상태를 다룬 심리학적 연구논문이 긍정적 상태를 다룬 논문보다 17배나 많다는 조사결과(Myers & Diener, 1995)는 이러한 현실을 잘 보여주고 있다.

그러나 최근에 이상심리학 분야에서는 인간의 행복과 성숙에 대한 관심이 증가하고 있다. 정신장애에 대한 보다 완전한 치료를 위해서는 부적응적 증상을 제거하는 것뿐만 아니라 좀 더 즐겁고 행복한 삶을 영위하도록 유도하는 것이 필요하다는 인식이 확산되고 있다(Fava & Ruini, 2003). 예컨대, 정신장애는 치료 후에 재발하는 경향이 있으며 재발의 방지를 위해서는 증상제거뿐 아니라 긍정적 경험을 증가시키는 일이 중요하다는 연구결과가 보고되고 있다. 단극성 우울증의 경우, 약물치료를 받고 우울증에서 회복된 환자의 70%가 6개월 이내에 재발한다는 임상적 보고가 있다(Ramana et al., 1995).

선넷보그와 그의 동료들(Thunedborg et al., 1995)은 흥미로운 연구결과를 발표한 바 있다. 이들은 우울증 치료를 받고 나서 재발한 사람들과 그렇지 않은 사람들의 차이점을 밝히고자 했다. 그 결과, 우울증이 재발한 사람들은 치료를 받은 후에 우울증상이 사라졌지만 일상생활 속에서 행복감을 느끼지 못하는 사람들이었다. 중립적인 기분상태에서 살아가다가 새로운 좌절이나 실패를 경험하면 다시 우울증상을 나타냈다. 반면에 재발하지 않은 사람들은 즐겁고 행복한 삶을 살고 있었으며 설혹 좌절과 실패를 경험하더라도 이를 잘 극복할 수 있었던 것이다. 즉, 우울증의 재발을 방지하는 것은 증상제거가 아니라 행복한 삶을 살도록 도움으로써 우울증에 대한 면역력을 길러주는 것이었다. 이러한 연구결과에 따르면, 정신장애에 대한 온전한 치료는 증상제거를 넘어서 적응 능력과 행복한 삶의 기술을 길러주는 것이어야 한다.

1) 정신건강을 위한 긍정 예방

이상행동과 정신장애를 치료하고 예방하는 실무적 활동을 담당하는 심리학의 전문 분야는 **임상심리학**clinical psychology이다. 임상심리학에도 최근에 긍정심리학의 영향하에 정신장애의 치료를 넘어서 정신건강 증진을 추구하는 **긍정 임상심리학**positive clinical psychology이라는 새로운 분야가 부각되고 있다(권석만, 2008; Seligman & Peterson, 2003). 긍정 임상심리학의 주요한 관심사는 정신장애의 예방이다. 긍정심리학은 기존의 질병 모델보다 정신장애를 더욱 효과적으로 예방할 수 있는 대안적 모델의 기초가 되고 있다. 긍정 임상심리학에서는 개인의 행복 증진과 강점 함양을 통해 정신장애의 발생을 억제하고자 하는 정신건강의 성장모델에 근거한다. 성장모델은 개인의 긍정적 성품과 강점을 함양하여 정서적·심리적·사회적 안녕을 증진함으로써 정신장애를 예방하고자 한다.

긍정 임상심리학은 정신장애의 억제뿐만 아니라 긍정적 정신건강을 증진하는 데에 깊은 관심을 지니며 이를 **긍정 예방**positive prevention이라고 한다. 기존의 예방이 정신장애의 취약성을 억제하는 데에 초점을 맞추었다면, 긍정 예방은 심리적 강점과 덕성의 개발을 통해 행복과 자기실현을 촉진하는 데에 초점을 맞춘다. 긍정 임상심리학은 아동과 청소년, 성인, 노년을 대상으로 그 발달단계에 적절한 긍정적 개입을 통해서 정신장애의 예방과 더불어 개인의 행복과 성장을 촉진하고자 한다.

2) 정신장애의 예방

정신건강 분야에서의 예방은 정신장애의 발생을 억제할 뿐만 아니라 그 악영향을 최소화하기 위한 전반적 노력을 포함하며 1차 예방, 2차 예방, 3차 예방으로 구분된다. **1차 예방**primary prevention은 정신장애가 발생하는 것을 막기 위한 노력을 의미한다. 이러한 예방활동이 지역사회의 모든 사람을 대상으로 이루어질 경우에는 전반적 예방universal prevention이라고 부르는 반면, 취약성을 지닌 일부 집단을 대상으로 할 경우에는 선별적 예방selective prevention이라고 한다. **2차 예방**secondary prevention이란 정신장애가 발생했을 때 그러한 장애를 초기에 발견하여 치료하려는 노력을 말한다. 정신장애가 이미 발생했지만 심각한 상태로 진전되기 전에 치료를 함으로써 그 영향을 최소화하려는 노력이다. **3차 예방**tertiary prevention은 정신장애가 이미 상당히 심각한 만성적 상태에 이른 경우 더 이상의 악화를 막고 합병증을 최소화하기 위한 노력들을 말한다. 3차 예방의 주된 목적은 재활이라고 할 수 있다. 심리치료는 2차 예방과 3차 예방에 해당된다.

예를 들어, 부부불화의 경우 이러한 세 가지 예방을 적용하면 다음과 같다. 부부간에 잦은 대화시간을 갖고 사랑을 나누는 것은 부부불화를 막기 위한 1차 예방이라고 할 수 있다. 왜냐하면 평소에 부부가 자주 대화를 하여 서로에 대한 이해와 믿음이 돈독하다면 부부싸움을 하게 될 이유가 없기 때문이다. 그러나 만약 부부가 사소한 싸움을 하게 되었다면, 그 싸움이 심각한 갈등으로 확대되지 않도록 취하는 조치들이 2차 예방이라고 할 수 있다. 서로 냉정하게 생각해보는 시간을 갖거나 친구가 개입하여 중재하는 것이 이에 해당할 것이다. 하지만 부부싸움이 확대되어 심각한 상태에 이르렀다면, 그러한 싸움이 가족 전체의 불화, 직장에서의 부적응, 건강상의 문제로 확산되지 않도록 어떤 한계 내에서 종결되도록 노력하는 것이 3차 예방이라고 할 수 있다.

3) 웰빙과 정신건강의 증진

긍정 임상심리학은 적극적인 의미의 예방, 즉 긍정 예방을 지향한다. 긍정 예방은 정신장애의 취약성보다 행복과 자기실현을 위한 심리적 강점에 초점을 맞춘다. 사실, 예방이라는 용어는 장애가 발생하지 않도록 억제한다는 소극적인 의미를 담고 있다. 그러나 긍정 예방은 좀 더 적극적인 의미를 지니고 있으며 정신장애의 억제보다 정신건강의 증진에 주된 관심을 지닌다. 예방prevention이 질병이나 장애와 같은 부정적 상태의 발생을 억제하는 소극적 활동이라면, 증진enhancement은 행복이나 성취와 같은 긍정적 상태의 발현을 촉진하는 적극적 활동을 뜻한다.

[그림 12-1]에서 볼 수 있듯이, 긍정적 정신건강의 증진 역시 다양한 활동으로 구분될 수 있다. 1차 증진primary enhancement은 개인이 행복한 삶을 살도록 돕는 노력을 의미한다. 이러한 노력은 주관적 행복에 초점을 맞추어 개인의 욕구가 잘 충족되어 만족감을 느끼도록 돕는 행복감 증진hedonic enhancement과 개인의 효과적인 기능수준에 초점을 맞추어 추구하는 목표가 잘 달성되도록 돕는 자기실현 증진eudaemonic enhancement으로 구분될 수 있다. 행복감 추구와 자기실현 추구는 각기 다른 동기라는 점이 요인분석 연구를 통해서 확인된 바 있다(Compton et al., 1996; Keyes et al., 2000). 2차 증진secondary

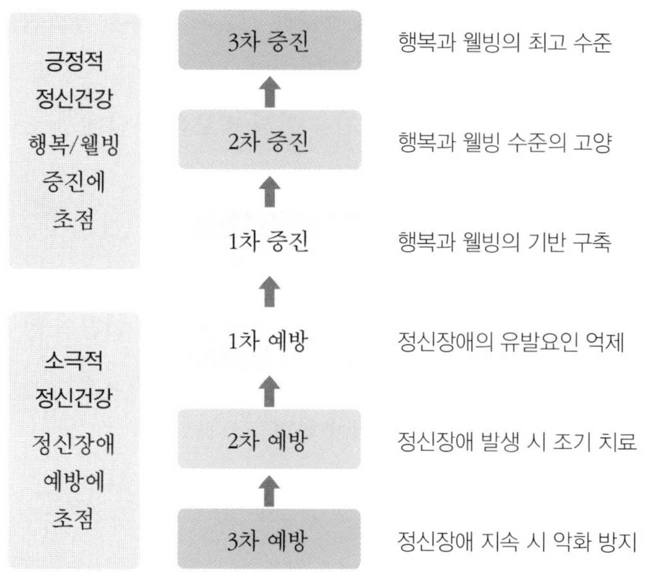

그림 12-1 정신장애 예방과 정신건강 증진의 단계 모형

enhancement은 이미 구축된 어느 정도의 행복 수준을 더 높은 수준으로 끌어올리는 노력을 뜻한다. 즉, 1차 증진을 통해서 기초적인 만족과 성취에 이르게 된 후에 더 나은 상태를 위해서 취해지는 노력이 2차 증진이라고 할 수 있다. 3차 증진tertiary enhancement은 행복과 웰빙을 최고의 수준으로 끌어올릴 뿐만 아니라 이러한 상태를 유지하면서 다양한 삶의 영역으로 확산되도록 노력하는 것을 의미한다.

긍정 임상심리학은 정신장애의 예방활동뿐만 정신건강의 증진활동에 깊은 관심을 지닌다. 즉, 정신장애로 인한 부적응적 상태를 평균적인 적응상태로 변화시키는 노력뿐만 아니라 정상적이고 평균적인 적응상태를 좀 더 행복하고 생산적인 상태로 유도하고 개인의 잠재력을 최대한 발현할 수 있도록 돕는 일에 기여한다. 이를 위해서 행복증진과 강점개발을 위한 효과적인 개입방법을 개발하고 그 효과를 검증하는 노력이 필요하다.

긍정 임상심리학은 정신건강이라는 의료관리시스템을 넘어서 아동발달, 교육, 직업, 여가와 관련된 활동이다. 인생의 모든 영역에서 인간의 삶을 개선시키는 것은 심리학의 임무이다. 정신장애를 진단하고 치료하는 다양한 방법을 보유하고 있는 기존의 임상심리학은 긍정심리학과의 접목을 통해 이러한 실천적 활동을 효과적으로 실행할 수 있다. 긍정 임상심리학은 불행과 장애의 극복을 넘어서 행복과 성장을 지향하는 좀 더 완전한 치료와 예방 그리고 정신건강 증진을 통해서 모든 사람에게 도움을 주는 역할을 해야 할 것이다.

정신건강은 부적응적인 심리적 증상의 부재 상태가 아니라 개인이 긍정적 성품을 발휘하여 행복과 자기실현을 이루는 상태라고 할 수 있다. 셀리그먼(Seligman, 2002)의 말처럼, 심리학은 인간의 약점과 장애에 대한 학문만이 아니라 인간의 강점과 덕성에 대한 학문이기도 해야 한다. 진정한 치료는 손상된 것을 고치는 것만이 아니라 우리 안에 있는 최선의 가능성을 이끌어내는 것이어야 한다.

요약

1. 정신장애의 치료를 위해서는 **정신건강 전문가**의 도움을 받는 것이 바람직하다. 정신장애가 발생한 초기에 치료를 받을수록 치료효과가 좋다. 심리적 문제의 양상과 심각도를 잘 판단하여 적절한 치료를 받는 것이 정신건강을 유지하는 지름길이다. 정신장애를 치료하는 주된 방법에는 크게 심리치료와 약물치료가 있다.
2. **심리치료**는 증상을 제거·수정·경감하고 장애행동을 조절할 뿐만 아니라 긍정적인 성격발달을 증진하기 위한 목적으로 훈련된 사람이 환자와 전문적인 관계를 형성하여 정신적 문제를 심리학적 방법으로 치료하는 것이다. 심리치료는 약물치료에 비해 많은 시간과 비용을 필요로 하지만 심리적 문제에 대처하는 방법을 습득하게 함으로써 정신장애의 재발 방지에 효과적이다. 심리치료를 제공하는 정신건강 전문가로는 임상심리사, 상담심리사, 정신과의사, 사회복지사, 간호사 등이 있다.
3. **약물치료**는 뇌중추신경계의 신경전달물질에 영향을 주는 화학물질, 즉 약물을 통해 심리적인 증상을 완화하는 방법이다. 약물치료는 환자의 입장에서 커다란 노력 없이 비교적 저렴한 가격으로 증상을 완화시킬 수 있다는 점에서 매우 효과적이고 경제적인 치료방법이다. 그러나 모든 정신장애가 약물치료에 의해서 호전되는 것은 아니며 약물치료는 필연적으로 다양한 부작용을 유발한다. 약물치료는 증상을 완화시킬 뿐 근본적인 원인을 치료하지 못할 뿐만 아니라 약물치료에 의존하게 되면 환자 스스로 증상에 대처하는 능력을 육성하지 못한다는 한계를 지니고 있다.
4. 정신장애를 치료하는 것 못지않게 중요한 것은 정신장애를 **예방**하는 일이다. 현대사회에서 정신장애는 결코 감소하지 않고 있을 뿐만 아니라 오히려 증가하고 있다. 정신장애의 치료와 예방을 위한 이론적 기반인 질병모델의 한계가 노출되고 있다. 정신건강의 **질병모델** 또는 **의료모델**은 심리적 문제가 어떤 물질적 실체(뇌의 손상, 생화학 물질의 이상, 병원균의 침입 등)에 의한 결함이나 손상에 의해 생겨나는 일종의 질병이라고 간주하고 이러한 물질적 실체나 결함을 제거함으로써 심리적 문제가 개선될 수 있다고 본다. 이러한 질병모델은 장애-중심적, 병원-중심적, 의사-중심적, 치

료-중심적, 약물-중심적 노력을 유도함으로써 정신장애의 효과적인 예방을 인도할 수 없다.

5. 진정한 정신건강은 정신장애의 부재를 넘어서 행복하고 자기실현적인 삶의 상태를 의미한다. 최근에 세계보건기구는 **정신건강**을 정신장애가 없는 상태 그 이상의 웰빙 상태로 규정하면서 개인이 (1) 자신의 능력을 잘 발휘하고, (2) 인생의 정상적 스트레스에 효과적으로 대처할 수 있으며, (3) 생산적으로 결실을 거두며 일을 하고, (4) 지역사회에 공헌하는 삶의 상태라고 정의하였다. 이러한 **긍정적 정신건강**의 개념이 제시되면서 정신건강의 **성장모델**이 대안으로 부각되고 있다. 성장모델은 개인의 행복과 자기실현을 지향함으로써 긍정적 정신건강을 추구하는 동시에 인간의 긍정적 성품과 강점에 초점을 맞추는 '성장-지향적 예방모델'이라고 할 수 있다.
6. 긍정적 정신건강을 위해서는 정신장애의 예방과 더불어 정신건강의 증진을 위한 체계적인 노력이 필요하다. **1차 예방**은 정신장애가 발생하는 것을 막기 위한 노력을 의미하며, **2차 예방**은 정신장애가 발생했을 때 그러한 장애를 초기에 발견하여 치료하려는 노력을 말한다. **3차 예방**은 정신장애가 이미 상당히 심각한 만성적 상태에 이른 경우 더 이상의 악화를 막고 합병증을 최소화하기 위한 노력들을 말한다. **예방**이 질병이나 장애와 같은 부정적 상태의 발생을 억제하는 소극적 활동이라면, **증진**은 행복이나 성취와 같은 긍정적 상태의 발생을 촉진하는 적극적 활동을 뜻한다. **1차 증진**은 개인이 행복감을 느끼고 잠재능력을 발휘할 수 있는 기반을 구축하도록 돕는 것을 의미하며, **2차 증진**은 이미 어느 정도로 구축된 행복 수준을 더 높은 수준으로 끌어올리는 노력을 뜻한다. **3차 증진**은 행복과 웰빙을 최고의 수준으로 끌어올릴 뿐만 아니라 이러한 상태를 유지하면서 다양한 삶의 영역으로 확산되도록 노력하는 것을 의미한다.

참고문헌

고선규, 권정혜(2004). 월경 전 증후군에 대한 인지행동집단치료 효과. 인지행동치료, 4(1), 1-11.

권석만(2008). 긍정심리학: 행복의 과학적 탐구. 학지사.

권석만(2012). 현대 심리치료와 상담 이론. 학지사.

권석만(2014). 이상심리학의 기초. 학지사.

권석만(2017). 인간이해를 위한 성격심리학. 학지사.

권석만(2019). 삶을 위한 죽음의 심리학: 죽음을 바라보는 인간의 마음. 학지사.

권석만(2023). 현대 이상심리학(3판). 학지사.

권정혜, 이정윤, 조선미(1997). 사회공포증의 인지치료-집단인지치료 지침서.

권정혜, 이정윤, 조선미(1998). 수줍음도 지나치면 병. 학지사.

김기환(2017). 분리불안장애. 학지사.

김석도(2000). 음주기대가 음주에 미치는 영향: 기대이론과 기대-가치이론의 비교. 서울대학교 석사학위논문.

김은정(1999). 사회공포증의 사회적 자기처리 및 안전행동. 서울대학교 박사학위논문.

김은정(2016). 사회공포증. 학지사.

보건복지부(2021). 2021년 정신건강실태조사 보고서. 국립정신건강센터.

서장원(2017). 인터넷 중독. 학지사.

송종용(1999). 한글 읽기장애 아동의 작업기억 특성. 서울대학교 박사학위논문.

송종용(2016). 학습장애. 학지사.

신현균(1998). 신체화 집단의 신체 감각에 대한 해석, 추론 및 기억편향. 서울대학교 박사학위논문.

신현균(2016). 신체 증상 및 관련 장애. 학지사.

신현균, 원호택(1997). 한국판 감정표현 불능증 척도 개발 연구. 미발표논문.

오수성(2007). 지역사회 정신건강의 미래. 한국임상심리학회 춘계학술대회 자료집(pp. 3-14).

유성진(2000). 걱정이 많은 사람들의 성격 및 인지적 특성: 위협에 대한 재평가가 걱정에 미치는 영향. 서울대학교 석사학위논문.

유성진(2017). 저장장애. 학지사.

이숙, 이현정(2006). 반응성 애착장애유아에 대한 부모놀이치료 효과. 놀이치료 연구, 10(1), 35-48.

이순희(2000). 도덕적, 인과적 책임감과 불이행에 대한 책임감과 강박증상과의 관계. 서울대학교 석사학위논문.

이용표(2007). 지역사회정신보건의 현황 및 미래 정책변화. 한국임상심리학회 춘계학술대회 자료집(pp. 17-27).

이정균, 곽영숙, 이희, 김용식, 한진희, 최진옥, 이영호(1985). 한국정신장애의 역학적 조사연구-도시 및 시골지역의 평생유병률-. 대한의학협회지, 28, 1223-1244.

이훈진(1997). 편집증과 자기개념 및 귀인양식. 서울대학교 박사학위논문.

전주리(2011). 정서조급성과 폭식행동의 관계. 서울대학교 석사학위논문.

정지현(2000). 걱정이 많은 사람들의 파국적 사고경향. 서울대학교 석사학위논문.

조성호(2016). 경계선 성격장애. 학지사.

조성호(2016). 분열성 성격장애와 분열형 성격장애. 학지사.

조용래(1998). 역기능적 신념과 부적응적 자동적 사고가 사회공포증에 미치는 영향. 서울대학교 박사학위논문.

조혜진(2010). 자기조절과 폭식행동의 관계. 서울대학교 석사학위논문.

최두석(2009). 월경전증후근/월경전 불쾌장애의 진단 및 치료. 대한산부인과학회 연수강좌, 41, 135-146.

최영희(2007). 나의 삶을 바꾼 공황과 공포. 학지사.

홍세용, 양승하, 김의한(1985). 한국인 만성음주자 40 예에 대한 간조직학적 고찰. 대한내과학회 잡지, 29(2), 243-249.

Abraham, K. (1927a). Character-formation on the genital level of the libido. In K. Abraham (Ed.), *Selected papers of Karl Abraham* (pp. 407-417). Hogarth.

Abraham, K. (1927b). Notes on the psycho-analytical investigation and treatment of manic-depressive insanity and allied conditions. In K. Abraham (Ed.), *Selected papers of Karl Abraham* (pp. 137-156). Hogarth.

Abramson, L. Y., Seligman, M. E. P., & Teasdale, J. D. (1978). Learned helplessness in humans: Critique and reformulation. *Journal of Abnormal Psychology, 87*, 32-48.

Adams, T., Bezner, J., & Steinhart, M. (1997). The conceptualization and measurement of perceived wellness: Integrating balance across and within dimensions. *American Journal of Health Promotion, 11*, 208-281.

Akhtar, S. (1987). Schizoid personality disorder: A synthesis of developmental, dynamic, and descriptive feature. *American Journal of Psychotherapy, 41*, 499-518.

Allen, J. G. (2005). *Coping with trauma: Hope through understanding* (2nd ed.). American Psychiatric Association. (권정혜 등 역. 《트라우마의 치유》. 학지사, 2010).

Allen, L.A. & Woolfolk, R.L. (2010). Cognitive behavioral therapy for somatoform disorders. *Psychiatric Clinics of North America, 33*, 579-593.

American Psychiatric Association. (2013). *Diagnostic and Statistical Manual of Mental Disorders-5th edition (DSM-5)*. Author.

American Psychiatric Association. (2022). *Diagnostic and Statistical Manual of Mental Disorders-5th edition-Text Revision (DSM-5-TR)*. Author. (권준수 등 역.《정신질환의 진단 및 통계 편람 제5판 본문개정판》. 학지사, 2023).

Andreason, N. C., & Bardach, J. (1977). Dysmorphophobia: Symptoms or disease? *American Journal of Psychiatry, 134*, 673-676.

Arlow, J. A. (1966). Depersonalization and derealization. In R. M. Loewenstein, L. M. Newman, & M. Schure (Eds.), *Psychoanalysis-A general psychology: Essays in Honor of Heinz Hartmann* (pp. 456-478). International Universities Press.

Balint, M. (1979). *The Basic fault: Therapeutic aspects of regression*. Brunner/Mazel.

Bandura, A., & Walters, R. H. (1963). Social learning and personality development. Holt, Rinehart & Winston.

Barkley, R. A. (1990). *Attention-deficit hyperactivity disorder: A handbook for diagnosis and treatment*. Guilford.

Barkley, R. A., Karlsson, J., & Pollard, S. (1985). Effects of age on the mother-child interaction of hyperactive children. *Journal of Abnormal Child Psychology, 13*, 631-638.

Barlow, D. H., & Craske, M. G. (1989). Mastery of your anxiety and panic. Graywind.

Barlow, D. H., & Lehman, C. L. (1996). Advances in the psychosocial treatment of anxiety disorders: Implications for national health care. *Archives of General Psychiatry, 53*, 727-735.

Barr, R., & Abernathy, V. (1977). Conversion reaction: Differential diagnosis in the light of biofeedback research. *Journal of Nervous and Mental Disease, 164*, 287-292.

Barsky, A. J. (1989). Somtoform disorders. In H. I. Kaplan & B. J. Saddock (Eds.), *Comprehensive textbook of psychiatry* (5th ed., pp. 1009-1027). Williams & Wilkins.

Barsky, A. J., Geringer, E., & Wool, C. A. (1988). A cognitive-educational treatment for hypochondriasis. *General Hospital Psychiatry, 10*, 322-327.

Bateson, G., Jackson, D. D., Haley, J., & Weakland, J. (1956). Toward a theory of schizophrenia. *Behavioral Science, 1*, 251-264.

Baxter, L. R., Schwartz, J. M., Mazziotta, J. C., Phelps, M. E., Pahl, J. J., Guze, B. H., & Fairbanks, L. (1988). Cerebral glucose metabolic rates in nondepressed patients with obsessive-compulsive disorder. *American Journal of Psychiatry, 145*, 1560-1563.

Beck, A. T. (1963). Thinking and depression: 1, Idiosyncratic content and cognitive distortions. *Archives of General Psychiatry, 9*, 324-333.

Beck, A. T. (1964). Thinking and depression: 2, Theory and therapy. *Archives of General Psychiatry, 10,* 561-571.

Beck, A. T. (1976). Cognitive therapy and emotional disorders. International Universities Press.

Beck, A. T. (1983). Cognitive therapy of depression: New perspectives. In P. J. Clayton & J. E. Barrett (Eds.), *Treatment of depression: Old controversies and new approaches* (pp. 265-284). Raven Press.

Beck, A. T., & Emery, G. (1985). *Anxiety disorders and phobias: A cognitive perspective.* Basic Books.

Beck, A. T., & Freeman, A. (1990). *Cognitive therapy of personality disorders.* Guilford.

Beck, A. T., Rush, A. J., Shaw, B. F., & Emery, G. (1979). Cognitive therapy of depression. Guilford. (원호택 등 역,《우울증의 인지치료》. 학지사, 1996).

Bellack, A. S., & Mueser, K. T. (1993). Psychosocial treatment of schizophrenia. *Schizophrenia Bulletin, 19,* 317-336.

Bell-Dolan, D., Reaven, N. M., & Peterson, I. (1993). Depression and social functioning: A multidimensional study of the link-ages. *Journal of Clinical Child Psychology, 22,* 306-315.

Bennett, W. (1980). The nicotine fix. *Harvard Magazine, 82,* 10-14.

Bentall, R. P., Kinderman, P., & Kaney, S. (1994). The self, attributional processes and abnormal beliefs: Towards a model of persecutory delusions. *Behavioral Research and Therapy, 32,* 331-341.

Bergler, E. (1958). *The psychology of gambling.* Hanison.

Bergman, R. L., Piacentini, J., & McCrackenm J. T. (2002). *Journal of American Academy of Child and Adolescent Psychiatry, 41*(8), 938-946.

Bettelheim, B. (1973). Bringing up children. *Ladies Home Journal, 90,* 28.

Bibring, E. (1953). The mechanism of depression. In P. Greenacre (Ed.), Affective disorders: Psychoanalytic contributions to their study (pp. 13-48), International Universities Press.

Bishop, E. R., Jr., Mobley, M. C., & Farr, W. F. Jr. (1978). Lateralization of conversion symptoms. *Comprehensive Psychiatry, 19,* 393-396.

Blake, F. (1995). Cognitive therapy for premenstrual syndrome. *Cognitive and Behavioral Practice, 2,* 167-185.

Blashfield, R. K., & Davis, R. T. (1993). Dependent and histrionic personality disorders. *Comprehensive handbook of psychopathology* (2nd ed.). Plenum.

Blashfield, R. K., & Draguns, J. G. (1976). Evaluative criteria for psychiatric classification. *Journal of Abnormal Psychology, 85,* 140-150.

Bliss, E. L. (1984). A symptom profile of patients with multiple personalities-with MMPI results. *Journal of Nervous and Mental Disease, 172,* 197-202.

Bliss, E. L. (1986). *Multiple personality, allied disorders, and hypnosis.* Oxford University Press.

Bogels, S. M., & Zigterman, D. (2000). Dysfunctional cognitions in children with social phobia, separation anxiety disorder, and generalized anxiety disorder. *Journal of Abnormal Child Psychology, 28*(2), 205-211.

Bornstein, M. H., Davidson, L., Keyes, C. L. M., & Moore, K. A. (2003). *Well-being: Positive development across the life course.* Lawrence Erlbaum.

Bowlby. J (1988). *A Secure Base: Parent-Child Attachment and Healthy Human Development.* Routledge.

Braun, B. G. (1989). Psychotherapy of the survivor of incest with a dissociative disorder. *Psychiatric Clinics of North America, 12,* 307-324.

Braun, B. G., & Sachs, R. G. (1985). The development of multiple personality disorder: Predisposing, precipitating, and perpetuating factors. In R. P. Kluft (Ed.), *Childhood antecedents of multiple personality* (pp. 37-64). American Psychiatric Press.

Brown, G. W. (1959). Experiences of discharged chronic schizophrenic mental hospital patients in various types of living group. *Milbank Memorial Fund Quarterly, 37,* 105.

Brown, G. W., Birley, J. L. T., & Wing, J. K. (1972). Influence of family life on the course of schizophrenic disorders: A replication. *British Journal of Psychiatry, 121,* 241-258.

Brown, H. N., & Vaillant, G. E. (1981). Hypochondriasis. *Archives of Internal Medicine, 141,* 723-726.

Bruch, H. (1987). The changing picture of an illness: Anorexia nervosa. In J. L. Sacksteder, D. P. Schwartz, & Y. Akabane (Eds.), *Attachment and the therapeutic process.* International Universities Press.

Bruch, M. A., (1989). Familial and developmental antecedents of social phobia: Issues and findings. *Clinical Psychology Review, 9,* 37-48.

Burke, J. D., & Regier, D. A. (1996). Epidemiology of mental disorders. In R. E. Hales & S. C. Yudofsky (Eds.), *The American Psychiatric Press Synopsis of Psychiatry* (pp. 79-102). American Psychiatric Press.

Butler, G., & Mathews, A. (1983). Cognitive processes in anxiety. *Advances in Behavior Research and Therapy, 5,* 51-62.

Butler, G., & Mathews, A. (1987). Anticipatory anxiety and risk perception. *Cognitive Therapy and Research, 11,* 551-565.

Cahalan, D. (1978). Subcultural differences in drinking behavior in U. S. national surveys and selected European studies. In P. E. Nathan & G. A. Marlatt (Eds.), *Alcoholism: New directions in behavioral research and treatment.* Plenum.

Cameron, N. (1963). *Personality development and psychopathology.* Mifflin Company.

Catalono, R. F., Berglund, M. L., Ryan, J. A. M., Lonczak, H. S., & Hawkins, J. D. (1998). *Positive youth development in the United States: Research findings on evaluations of positive youth development programs.* Retrieved July 5 1999, from http://aspe. hhs.gov/hsp/positive YouthDev99/

Cigrang. J., Peterson, A., & Schobitz, R. (2005). Three American troops in Iraq: Evaluation of brief exposure therapy treatment for the secondary prevention of combat-related PTSD. *Pragmatic Case Studies in Psychotherapy. 1,* 1-25.

Clark, D. M. (1986). A cognitive approach to panic. *Behaviour Research and Therapy, 24,* 461-470.

Clark, D. M., & Wells, A. (1995). A cognitive model of social phobia. In R. G. Heimberg, M. R. Liebowitz, D. A. Hope, & F. R. Schneier (Eds.), *Social phobia: Diagnosis, assessment, and treatment* (pp. 69-93). Guilford.

Clark, D. M., Salkovskis, P. M. N., Hackmann, A., Wells, A., Fennell, M., Ludgate, S., Ahmad, S., Richards, H. C., & Gelder, M. (1998). Two psychological treatment for hypochondriasis. *British Journal of Psychiatry, 173,* 218-225.

Clark, J. V., & Arkowitz, H. (1975). Social anxiety and self-evaluation of interpersonal performance. *Psychological Reports, 36,* 211-221.

Coles, E, K., Pelham III, W. E., Fabiano, G. A. et al. (2020). Randomized Trial of First-Line Behavioral Intervention to Reduce Need for Medication in Children with ADHD. *Journal of Clinical Child & Adolescent Psychology, 49*(5), 673-687.

Compton, W., Smith, M., Cornish, K., & Quails, D. (1996). Factor structure of mental health measures. *Journal of Personality and Social Psychology, 71,* 406-413.

Conger, J. J. (1956). Alcoholism: Theory, problems and challenge. II. Reinforcement theory and the dynamics of alcoholism. *Quarterly Journal of Studies on Alcohol, 14,* 291-324.

Cools, J., Schotte, D. E., & McNally, R. J. (1992). Emotional arousal and overeating in restraint eaters. *Journal of Abnormal Psychology, 101,* 348-351.

Cortese, S., Konofal, E., Lecendreux, M., Arnulf, I., Mouren, M. C., Darra, F., & Bernadina, B. D. (2005). Restless legs syndrome and attention-deficit/hyperactivity disorder: a review of the literature. *Sleep, 28*(8), 1007-1013.

Courchesne, E. (1991). Neuroanatomic imaging in autism. *Supplement to Pediatrics, 87,* 781-790.

Creamer, M., O'Donnell, M. L., & Pattison, P. (2004). Acute stress disorder is of limited benefit in predicting post-traumatic stress disorder in people surviving traumatic injury. *Behavior Research and Therapy, 42,* 315-328.

Crow, S. J., Agras, W. S., Halmi, K., et al. (2002). Full syndromal versus sub-threshold anorexia nervosa, bulimia nervosa, and binge eating disorder: A multicenter study. *International Journal of Eating Disorder, 32,* 309-318.

Davey, G. C. L., & Levy, S. (1998). Catastrophic worrying: Personal inadequacy and a perseverate iterative styles as features of the catastrophising process. *Journal of Abnormal Psychology, 107,* 576-586.

Davidson, J. R. T., & Foa, E. B. (1991). Refining criteria for posttraumatic stress disorder. *Hospital and Community Psychiatry, 42,* 259-261.

Davis, R., Freeman, R. J., & Garner, D. M. (1988). A naturalistic investigation of eating behavior in bulimia nervosa. *Journal of Consulting and Clinical Psychology, 56,* 272-279.

Davison, G. C., & Neale, J. M. (2001). *Abnormal psychology* (8th ed.). John Wiley & Sons.

De Leon, J., Bott, A., & Simpson, G. M. (1989). Dysmorphophobia: Body dysmorphic disorder or delusional disorder, somatic subtype? *Comprehensive Psychiatry, 30,* 457-472.

Dickstein, D. P., Towbin, K. E., Van Der Veen, J. W., et al., (2009). Randomized double-blind placebo-controlled trial of lithium in youths with severe mood dysregulation. *Journal of Child and Adolescent Psychopharmacology, 19,* 61-73.

Domarus, E. (1944). The specific laws of logic in schizophrenia. In J. S. Kasanin (Ed.), *Language and thought in schizophrenia.* University of California Press.

Dugas, M. J., Freeston, M. H., & Ladouceur, R. (1997). Intolerance of uncertainty and problem orientation in worry. *Cognitive Therapy and Research, 21,* 593-606.

Ehrenreich, J. T., Santucci, L. C., & Weinrer, C. L. (2008). Separation anxiety disorder in youth: Phenomenology, assessment, and treatment. *Psicologia Conductual. 16*(3), 389-412.

Eysenck, H. J., & Eysenck, S. B. G. (1978). Psychopathy, personality, and genetics. In R. D. Hare & D. Schalling (Eds.), *Psychopathic behaviour: Approaches to research* (pp. 197-223). Wiley.

Fairburn, C. G. (1995). *Overcoming binge eating.* Guilford.

Farrington, D. P., & West, D. J. (1990). The Cambridge study in delinquent development: A long-term follow-up of 411 London males. In H. J. Kerner & G. Kaiser (Eds.), *Criminality: Personality, behaviour, life history.* Springer-Verlag.

Fava, G. A., & Ruini, C. (2003). Development and characteristics of a well-being enhancing psychotherapeutic strategy: well-being therapy. *Journal of Behavior Therapy and Experimental Psychiatry, 34,* 45-63.

Fava, G. A., Grandi, S., Rafanelli, C., Fabbri, S., & Cazzaro, M. (2000). Explanatory therapy in hypochondriasis. *Journal of Clinical Psychiatry, 61*(4), 317-322.

Federn, P. (1952). *Ego psychological and the psychoses.* Basic Books.

Finkelhor, D. (1983). *Sexually victimized children.* The Free Press.

Foa, E. B., & Rauch, S. A. M. (2004). Cognitive changes during prolonged exposure versus prolonged exposure plus cognitive restructuring in female assault survivors with Posttraumatic Stress Disorder. *Journal of Consulting and Clinical Psychology, 72,* 879-884.

Foa, E. B., & Riggs, D. S. (1993). Post-traumatic stress disorder in rape victims. In J. Oldham, M. B. Riba, & A. Tasman (Eds.), *American psychiatric press review of psychiatry* (Vol. 12, pp. 273-303). American Psychiatric Press.

Foa, E. B., & Rothbaum, B. O. (1998). *Treating the trauma of rape: Cognitive-behavior therapy for PTSD.* Guilford.

Foa, E. B., Keane, T. M., & Friedman, M. J. (2009). *Effective treatments for PTSD: Practice guidelines of the International Society for Traumatic Stress Studies.* Guilford.

Foa, E. B., Steketee, G., & Rothbaum, B. O. (1989). Behavioural/cognitive conceptualisations of post-traumatic stress disorder. *Behaviour Therapy, 20,* 155-176.

Folstein, S. E., & Rutter, M. (1977). Infantile autism: A genetic study of 21 twin pairs. *Journal of Child Psychology and Psychiatry, 18,* 297-321.

Freud, S. (1924/1962). The loss of reality in neurosis and psychosis. In J. Strachey (Ed. and Trans.), *The standard edition of the complete psychological works of Sigmund Freud, Vol. 19.* Hogarth.

Gabbard, G. O. (1994). *Psychodynamic psychiatry in clinical practice.* American Psychiatric Press.

Garfield, S. L. (1995). *Psychotherapy: An eclectic-integrative approach.* John Wiley and Son.

Gelder, M., Mayou, R., & Geddes, J. (2005). *Psychiatry: An Oxford core text* (3rd ed.). Oxford University Press.

Gladue, B. A. (1985). Neuroendocrine response to estrogen and sexual orientation. *Science, 230,* 961.

Goldberg, J. F., Harrow, M., & Grossman, L. S. (1995). Course and outcome in bipolar affective disorder: a longitudinal follow-up study. *American Journal of Psychiatry, 152*(3), 379-384.

Goldenberg, H. (1977). *Abnormal psychology: A social/community approach.* Brooks/Cole.

Goldman, M. S., Frances, K., Boca, D., & Darkes, J. (1999). Alcohol expectancy theory: The application of cognitive neuroscience. In K. E. Lonard & H. T. Blane (Eds.), *Psychological theories of drinking and alcoholism* (2nd ed.). Guilford.

Goldman-Rakic, P. S., & Selemon, L. D. (1997). Functional and anatomical aspects of prefrontal pathology in schizophrenia. *Schizophrenia Bulletin, 23,* 437-458.

Goldstein, A. J., & Chambless, D. L. (1978). A re-analysis of agoraphobia. *Behavior Therapy, 9,* 47-59.

Goodman, R., & Stevenson, J. (1989). A twin study of hyperactivity: 2. The aetiological role of genes, family relationships, and perinatal adversity. *Journal of Child Psychology and Psychiatry, 30,* 691-709.

Goodwin, D. W., Schulsinger, F., Knop, J., Mednick, S., & Guze, S. B. (1977). Psychopathology in adopted and nonadopted daughter of alcoholics. *Archives of General Psychiatry, 34,* 1005-1009.

Green, R. (1974). *Sexual identity conflicts in children and adults.* Basic Books.

Haenen, M. A., de Jong, P. J., Schmidt, A. J. M., Stevens, S., & Visser, L. (2000). Hypochondriacs?estimation of negative outcomes: Domain-specificity and responsiveness to reassuring and alarming information. *Behaviour Research and Therapy, 38,* 819-833.

Halbreich, U., & Kahn, L. S. (2001). Are women with premenstrual dysphoric disorder prone to osteoporosis? *Psychosomatic Medicine, 63,* 361-364.

Hallgren, B. (1950). Specific dyslexia (cogeniatal word-blindness). *Acta Psychiatrica et Neurologia Scandinavica,* Supplement 65.

Healy, O., & Lydon, S. (2013). Early intensive behavioural intervention in autism spectrum disorders. In M. Fitzgerald (Ed.), *Recent advances in autism spectrum Disorder: Vol. 1* (pp. 567-597). INTECH Open Access Publisher.

Heatherton, T. F., & Baumeister, R. F. (1991). Binge eating as escape from self-awareness. *Psychological Bulletin, 110,* 86-108.

Heimberg, R. G., Brozovich, F. A., & Rapee, R. M. (2010). A cognitive behavioral model of social anxiety disorder: Update and extension. In S. G. Hofmann & P. M. DiBartolo (Eds.), *Social anxiety: Clinical, developmental, and social perspectives* (2nd ed., pp. 395-422). Academic Press.

Heimberg, R. G., Brozovich, F. A., & Rapee, R. M. (2014). A cognitive- behavioral model of social anxiety disorder. In S. G. Hofmann & P. M. DiBartolo (Eds.), *Social Anxiety: Clinical, Developmentak, and Social Perspective* (3rd ed., pp. 705-728). Academic Press.

Heimberg, R. G., Salzman, D. G., Holt, C. S., & Blendell, K. A. (1993). Cognitive-behavioral group treatment for social phobia: Effectiveness at five-year follow-up. *Cognitive Therapy and Research, 17,* 325-339.

Hermann, K. (1959). *Reading disability: A medical study of word-blindness and related handicaps.* Charles C. Thomas.

Hesselbrock, M. N., & Hesselbrock, V. M. (1992). Relationship of family history, antisocial personality disorder and personality traits in young men at risk for alcoholism. *Journal of Studies on Alcohol, 53*(6), 619-625.

Hollon, S. D., & Ponniah, K. (2010). A review of empirically supported psychological therapies for mood disorders in adults. *Depression and Anxiety, 27,* 891-932.

Hollon, S. D., Shelton, R. C., & Loosen, P. T. (1991). Cognitive therapy and pharmacotherapy for depression. *Journal of Consulting and Clinical Psychology, 59,* 88-99.

Holmgren, S., Humble, K., Norring, C., Roos, B., Rosmark, B., & Sohlberg, S. (1983). The anorectic bulimic conflict: An alternative diagnostic approach to anorexia nervosa and bulimia. *International Journal of Eating Disorders, 2,* 3-15.

Hooley, J. M. (1985). Expressed emotion: A review of the critical literature. *Clinical Psychology Review, 5,* 119-139.

Horowitz, M. J. (1976). *Stress response syndromes.* Aronson.

Horowitz, M. J. (1986). Stress-response syndromes: A review of posttraumatic and adjustment disorders. *Hospital and Community Psychiatry, 37,* 241-249.

Hunter, E. C., Baker, D., Phillips, M. L., Sierra, M., David, A. S. (2005). Cognitivebehaviour therapy for depersonalisation disorder: an open study. *Behaviour Research and Therapy, 43,* 1121-1130.

Hynd, G. W., Hern, K. L., Voeller, K. K., & Marshall, R. M. (1991). Neurobiological basis of attention-deficit hyperactivity disorder (ADHD). *School Psychology Review, 20,* 174-186.

Ingvar, D. H., & Franzen, G. (1974). Abnormalities of cerebral blood flow distribution in patients with chronic schizophrenia. *Acta Psychiatrica Scandinavica, 50,* 425-462.

Jacobson K (2004). Agoraphobia and hypochondria as disorders of dwelling. *International Studies in Philosophy, 36,* 31-44.

Jacobson, E. (1959). Depersonalization. *Journal of American Psychoanalytic Association, 7,* 581-610.

Janoff-Bulman, R. (1989). Assumptive worlds and the stress of traumatic events: Applications of the schema construct. *Social Cognition, 7,* 113-136.

Janoff-Bulman, R. (1992). *Shattered assumptions: Toward a new psychology of trauma.* The Free Press.

Jellinek, E. M. (1952). Phases of alcohol addiction. *Quarterly Journal of Studies on Alcohol, 13,* 673-684.

Kanas, N. (1986). Group therapy with schizophrenics: A review of controlled studies. *International Journal of Group Psychotherapy, 36,* 339-351.

Kaney, S., & Bentall, R. P. (1989). Persecutory delusions and attributional style. *British Journal of Medical Psychology, 62,* 191-198.

Kanner, L. (1943). Autistic disturbances of affective contact. *Nervous Child, 2,* 217-250.

Kaplan, H. S. (1974). *The new sex therapy.* Brunner/Mazel.

Kasanin, J. (1933). the acute schizoaffective psychoses. *American Journal of Psychiatry, 13,* 97-123.

Keller, M. B., Lavori, P. W., Mueller, T. I., et al. (1992). Time to recovery, chronicity, and levels of psychopathology in major depression. A 5-year prospective follow-up of 431 subjects. *Archives of General Psychiatry, 49,* 809-816.

Kellner, R. (1985). Functional somatic symptoms and hypochondriasis: A survey of empirical studies. *Archives of General Psychiatry, 42,* 821-833.

Kellner, R. (1986). *Somatization and hypochondriasis*. Praeger-Greenwood.

Kendler, K. S., Heath, A. C., Neale, M. C., Kessler, R. C., & Eaves, L. (1992). A population-based twin study of alcoholism in women. *Journal of the American Medical Association, 268*, 1877-1882.

Kendler, K. S., Walters, E. E., Neale, M. C., Kessler, R. C., Heath, A. C., & Eaves, L. (1995). The structure of the genetic and environmental risk factors for six major psychiatric disorders in women. *Archives of General Psychiatry, 52*, 374-383.

Kernberg, O. F. (1975). *Borderline conditions and pathological narcissism*. Jason Aronson.

Kessler, R. C., Berglund, P., Demler, O., Jin, R., Merikangas, K. R., & Walters, E. E. (2005). Lifetime prevalence and age-of-onset distributions of DSM-IV disorders in the national comorbidity survey replication. *Archives General Psychiatry, 62*, 593-602.

Kessler, R. C., Gillis-Light, J., Magee, W. J., Kendler, K. S., & Eaves, L. J. (1997). Childhood adversity and adult psychopathology. In I. H. Gotlib & B. Wheaton (Eds.), *Stress and adversity over the life courses: Trajectories and turning points* (pp. 29-49). Cambridge University Press.

Keyes, C. L. M., & Lopez, S. J. (2002). Toward a science of mental health: Positive directions in diagnosis and intervention. In C. R. Syner & S. J. Lopez (Eds.), *Handbook of positive psychology* (pp. 45-59). Oxford University Press.

Keyes, C., Shmotkin, D., & Ryff, C. (2000). Optimizing well-being: The empirical encounter of two traditions. *Journal of Personality and Social Psychology, 82*, 1007-1022.

Kimball, C. P., & Blindt, K. (1982). Some thoughts on conversion. *Psychosomatics, 23*, 647-649.

Kirmayer, L. J., Robbins, J. M., & Paris, J. (1994). Somatoform disorders: Personality and the social matrix of somatic distress. *Journal of Abnormal Psychology, 103*, 125-136.

Kissane, D. W., & Block, S. (2002). *Family focused grief therapy: A model of family-centered care during palliative care and bereavement*. Open University Press.

Klein, D. F. (1981). Anxiety reconceptualized. In D. F. Klein & J. Rabkin (Eds.), *Anxiety: New research and changing concepts*. Raven.

Klein, D. F. (1993). False suffocation alarms, spontaneous panics, and related conditions: An integrative hypothesis. *Archives of General Psychiatry, 50*, 306-317.

Kluft, R. P. (1984). Treatment of multiple personality disorder: A study of 33 cases. *Psychiatric Clinics of North America, 7*, 9-29.

Knight, R. (1971). Evaluation of research of psychoanalytic therapy. *American Journal of Psychiatry, 98*, 434-446.

Kohut, H. (1968). The psychoanalytic treatment of narcissistic personality disorder. *Psychoanalytic Study of the Child, 23*, 86-113.

Kreitman, N., Sainsbury, P., Pearce, K., & Costain, W. R. (1965). Hypochondriasis and depression in out-patients at a general hospital. *British Journal of Psychiatry, 3,* 607-615.

Kushner, M. G., Abrams, K., & Borchardt, C. (2000). The relationship between anxiety disorders and alcohol use disorders: A review of major perspectives and findings. *Clinical Psychology Review, 20,* 149-171.

Laing, R. D. (1967). *The politics of experience.* Pantheon.

Lam, D. H., Jones, S. H., Hayward, P., & Bright, J. A. (1999). *Cognitive therapy for bipolar disorder: A therapist's guide to concepts, methods, and practice.* John Wiley and Sons.

Lambrou, C., Veale, D., & Wilson, G. (2011). The role of aesthetic sensitivity in body dysmorphic disorder. *Journal of Abnormal Psychology, 120*(2), 443-453.

Lang, R., Didden, R., Machalicek, W., et al. (2010). Behavioral treatment of chronic skin-picking in individuals with developmental disabilities: A systematic review. *Research in Development Disabilities, 31*(2), 304-315.

Langfeldt, G. (1937). The prognosis in schizophrenia and the factors influencing the course of the disease. *Acta Psychiatrica et Neurologica Scandinavica*, supplement. 13.

Leibenluft, E., Cohen, P., Gorrindo, T., Brook, J. S., & Pine, D. S. (2006). Chronic versus episodic irritability in youth: A community-based, longitudinal study of clinical and diagnostic associations. *Journal of Child and Adolescent Psychopharmacology, 16,* 456-466.

Leigh, B. C. (1989). In search of seven dwarves: Issues of measurement and meaning in alcohol expectancy research. *Psychological Bulletin, 105,* 361-373.

Lemelin, J., Tarabulsy, G. M., & Provost, M. A. (2002). Relations Between Measures of Irritability and Contingency Detection at 6 Months. *Infancy, 3*(4), 543-554.

Lewinsohn, P. M., Antonuccio, D. O., Steinmetz, J. L., & Teri, L. (1984). *The coping with depression course: A psycho-educational intervention for unipolar depression.* Castilia Publishing.

Lieber, C. S. (1982). *Medical disorders of alcoholism: Pathogenesis and treatment.* Saunders.

Liotti, G. (1996). Insecure attachment and agoraphobia. In C. Murray-Parkes, J. Stevenson-Hinde, & P. Marris (Eds.), *Attachment Across the Life Cycle.* Routledge.

Lopez, A. D., & Murray, C. J. L. (1998). The global burden of disease, 1990-2020. *Nature Medicine, 4,* 1241-1243.

Lopez-Duran, N. (2010). Childhood bipolar disorder is not bipolar? DSM-V and the new temper dysregulation disorder with dysphoria. *Child Psychology Research Blog.* Retrieved from http://www.child-psych.org.

Lovaas, O. I. (1987). Behavioral treatment and normal educational and intellectual functioning in young autistic children. *Journal of Consulting and Clinical Psychology, 55,* 3-9.

Maher, B. A. (1974). Delusional thinking and perceptual disorder. *Journal of Individual Psychology, 30,* 98-113.

Maher, B. A. (1988). Delusions as the product of normal cognitions. In T. E. Oltmanns & B. A. Maher (Eds.), *Delusional beliefs*. Wiley-Interscience.

Makrygianni, M. K., Gena, A., Katoudi, S., & Galanis, P. (2018). The effectiveness of applied behavior analytic interventions for children with Autism Spectrum Disorder: A meta-analytic study. *Research in Autism Spectrum Disorders, 51,* 18-31.

Manicavasagar, V., Silove, D., Rapee, R. (2001). Parent-child concordance for separation anxiety: A clinical study. *Journal Affective Disorders, 65,* 81-84.

Marlatt, G. A., & Rohsenow, D. J. (1980). Cognitive processes in alcohol use: Expectancy and the balanced placebo design. In N. K. Mello (Ed.), *Advances in substance abuse: Behavioral and biological research.* JAL Press.

Masi, G., Mucci, M., & MIllepiedi, S. (2001). Separation anxiety disorder in children and adolescents: Epidemiology, diagnosis and management. *CNS Drugs, 15*(2), 93-104.

Masters, W. H., & Johnson, V. E. (1970). *Human sexual inadequacy.* Little Brown.

Masterson, J. F. (1972). *Treatment of the borderline adolescent: A developmental approach.* Wiley.

Masterson, J. F. (1977). Primary anorexia nervosa in the borderline adolescent: An object-relations view. In P. Hartocollis (Ed.), *Borderline personality disorders: The concept, the syndrome, the patient.* International Universities Press.

Mathews, A., & MacLeod, C. (1986). Discrimination of threat cues without awareness in anxiety. *Journal of Abnormal Psychology, 95,* 131-138.

Mathews, A., Mogg, K., Kentish, J., & Eysenck, M. W. (1995). Effective psychological treatment on cognitive bias and generalized anxiety disorder. *Behaviour Research and Therapy, 33,* 293-303.

Matson, J. L., & Smith, K. R. M. (2008). Current status of intensive behavioral interventions for young children with autism and PDD-NOS. *Research in Autism Spectrum Disorders, 2*(1), 60-74.

Maunder, R. G., Hunter, J J., Atkinson, L. et al. (2017). An attachment-based mod-el of the relationship between childhood adversity and somatization in children and adults. *Psychosomatic Medicine, 79*(5), 506-513.

Mazure, C. M. (1998). Life stressors as risk factors in depression. Clinical Psychology: *Science and Practice, 5*(3), 291-313.

McCullough, J. P. (2003). Treatment for chronic depression using cognitive behavioral analysis system of psychotherapy(CBASP). *Journal of Clinical Psychology, 59*(8), 833-846.

McCullough. J. P., & Schramm, Jr E., (2018), Cognitive behavioural analysis system of psychotherapy for persistent depressive disorder. In J. C. Norcross & M. R. Goldfried (Eds.), *Handbook of psychotherapy integration* (3rd ed., pp. 303-321), Oxford University Press.

McGhie, A., & Chapman, J. (1961). Disorders of attention and perception in early schizophrenia. *British Journal of Medical Psychology, 34,* 103-116.

McLean, P. D., and Woody, S. R. (2001). Anxiety disorders in adults: An evidence-based approach to psychological treatment. Oxford University Press.

Mednick, S. A., Gabrielli, W. I., & Hutchings, B. (1984). Genetic factors in criminal behavior: Evidence from an adoption cohort. *Science, 224,* 891-893.

Meichenbaum, D. H. (1977). *Cognitive behavior modification.* Plenum.

Meltzer, H. Y. (1993). New drugs for the treatment of schizophrenia. *Psychiatric Clinics of North America, 16,* 365-385.

Mendelson, J. H., & Mello, N. K. (1985). The diagnosis of alcoholism. In J. H. Mendelson & N. K. Mello (Eds.), *The diagnosis and treatment of alcoholism.* McGraw-Hill.

Michal, M., Beutel, M. E., Jordan, J., Zimmermann, M., Wolters, S., Heidenreich, T. (2007). Depersonalization, mindfulness, and childhood trauma. *Journal of Nervous and Mental Disease, 195,* 693-696.

Michal, M., Luchtenberg, M., Overbeck, G., & Fronius, M. (2006). Visual distortions and depersonalization-derealization syndrome. *Klinische Monatsblatter fur Augenheilkunde, 223*(4), 279-284.

Miklowitz, D. J. (2008). Adjunctive psychotherapy for bipolar disorder: State of evidence. *American Journal of Psychiatry, 165,* 1408-1419.

Millon, T. (1981). *Disorders of personality: DSM-III, Axis II.* Wiley.

Millon, T., & Davis, R. D. (1996). *Disorders of personality DSM-IV and beyond* (2nd ed.). John Wiley & Sons.

Moffitt, T. E. (1987). Parental mental disorder and offspring criminal behavior: An adoption study. *Psychiatry, 50,* 346-360.

Mowrer, O. H. (1939). A stimulus-response analysis of anxiety and its role as a reinforcing agent. *Psychological Review, 46,* 553-565.

Mowrer, O. H. (1950). *Learning theory and personality dynamics.* Ronald.

Myers, D. G., & Diener, E. (1995). Who is happy? *Psychological Science, 6,* 10-19.

Neale, J. M., & Cromwell, R. L. (1970). Attention and schizophrenia. In B. A. Maher (Ed.), *Progress in experimental personality research* (pp. 37-66). Academic Press.

Nemiah, J. C. (1985). Somatoform disorders. In H. I. Kaplan & B. J. Saddock (Eds.), *Comprehensive textbook of psychiatry* (4th ed., pp. 924-942). Williams & Wilkins.

Newman, L., & Mares, S. (2007). Recent advances in the theories of and interventions with attachment disorders. *Current Opinion in Psychiatry, 20*(4), 343-348.

Nezu, A.M., Nezu, C.M. & Lombardo, E.M. (2001). Cognitive behavior therapy for medically unexplained symptoms: A critical review of the treatment literature. *Behaviour Therapy, 32*, 537-583.

Nordahl, T. E., Benkelfat, C., & Semple, W. (1989). Cerebral glucose metabolic rates in obsessive compulsive disorder. *Neuropsychopharmacology, 2*, 23-28.

Obsessive Compulsive Cognition Working Group (1997). Cognitive assessment of obsessive-compulsive disorder. *Behaviour Research and Therapy, 35*, 667-681.

Olweus, D. (1978). Antisocial behaviour in the school setting. In R. D. Hare & D. Schalling (Eds.), *Psychopathic behaviour: Approaches to research* (pp. 319-327). Wiley.

Owen, T. R. (1999). The reliability and validity of a wellness inventory. *American Journal of Health Promotion, 13*, 180-182.

Park, S., & Holzman, P. S. (1992). Schizophrenics show spatial working memory deficits. *Archives of General Psychiatry, 49*, 975-982.

Patton, C. J. (1992). Fear of abandonment and binge eating: A subliminal psychodynamic activation investigation. *Journal of Nervous and Mental Disorder, 180*, 484-490.

Paul, G. L., & Lentz, R. J. (1977). *Psychosocial treatment of chronic mental patients: Milieu versus social-learning programs.* Harvard University Press.

Pelham, W. E. (1987). What do we know about the use and effects of CNS stimulants in the treatment of ADD, In J. Loney (Ed.), *The young hyperactive child: Answers to questions about diagnosis, prognosis, and treatment.* Haworth.

Petry, N. M., Ammerman, Y., Bohl, J., et al. (2006). Cognitive-behavioral therapy for pathological gamblers. *Journal of Consulting and Clinical Psychology, 42*(3), 555-567.

Phillips, K. A., Dwight, M. M., & McElroy, S. L. (1998). Efficacy and safety of fluvoxamine in body dysmorphic disorders. *Journal of Clinical Psychiatry, 59*(4), 165-171.

Phillips, K. A., Grant, J., Siniscalchi, J., & Albertini, R. S. (2001). Surgical and nonpsychiatric medical treatment of patients with body dysmorphic disorder. *Psychosomatics, 42*, 504-510.

Pilkonis, P. A., & Zimbardo, P. G. (1979). The person and social dynamics of shyness. In C. E. Izard (Ed.), *Emotions in personality and psychopathology.* Plenum.

Plomin, R., & Daniels, D. (1986). Genetics and shyness. In W. H. Jones, J. M. Cheek, & S. R. Briggs (Eds.), *Shyness: Perspectives on research and treatment.* Plenum.

Polivy, J., & Herman, C. P. (1985). Dieting and binging: A causal analysis. *American Psychologist, 40,* 193-201.

Potegal, M., & Davidson, R. J. (1997). Young children's post tantrum affiliation with their parents. *Aggressive Behavior, 23*(5), 329-341.

Putnam, F. W. (1989). *Diagnosis and treatment of multiple personality disorder.* Guilford.

Putnam, F. W., Guroff, J. J., Silberman, E. K., Barban, L., & Post, R. M. (1986). The clinical phenomenology of multiple personality disorder: Review of 100 recent cases. *Journal of Clinical Psychology, 47,* 285-293.

Rachman, S. (1966). Sexual fetishism: An experimental analogue. *Psychological Record, 16,* 293-296.

Rachman, S. (1977). The conditioning theory of fear acquisition: A critical examination. *Behaviour Research and Therapy, 15,* 375-387.

Rachman, S. (1998). A cognitive theory of obsession: elaborations. *Behaviour Research and Therapy, 36,* 385-401.

Ralph, R. O., & Corrigan, P. W. (Eds.). (2005). *Recovery in mental illness: Broadening our understanding of wellness.* American Psychological Association.

Ramana, R., Paykel, E. S., Cooper, Z., Hayburst, H., Saxty, M., & Surtees, P. G. (1995). Remission and relapse in major depression. *Psychological Medicine, 25,* 1161-1170.

Rando, T. A. (1993). *Treatment of complicated mourning.* Research Press.

Rando, T. A. (1999). Grief and mourning: Accommodation to loss. In H. Wass & R. A. Neimeyer (Eds.). *Dying: Facing the facts* (3rd). (pp. 211-241), Taylor & Francis.

Rapee, R. M., & Heimberg, R. G. (1997). A cognitive-behavioral model of social phobia. *Behavioral Research and Therapy, 35,* 741-756.

Rash, C. J., & Petry, N. M. (2014). Psychological treatment for gambling disorder. *Psychology Research and Behavior Management, 7,* 285-295.

Reich, J. (1969). The judging of appearance: Psychological and related aspects. *Medical Journal of Australia, 2,* 5-13.

Reich, J., & Yates, W. (1988). Family history of psychiatric disorders in social phobia. *Comprehensive Psychiatry, 29,* 72-75.

Robins, L. N. (1981). Epidemiological approaches to natural history research. *Journal of the American Academy of Child Psychiatry, 20,* 566-580.

Roca, C. A., Schmidt, P. J., Bolch, M., et al. (1996). Implications of endocrine studies of premenstrual syndrome. *Psychiatric Annuals, 26,* 576-580.

Roemer, L., Orsillo, S. M., & Barlow, D. H. (2002). Generalized anxiety disorder. In D. H. Balow (Ed.),

Anxiety and its disorders: The nature and treatment of anxiety and panic (2nd ed.). Guilford.

Rosen, J. C., Reiter, J., & Orosan, P. (1995). Cognitive-behavioral body image therapy for body dysmorphic disorder. *Journal of Consulting and Clinical Psychology, 63,* 263-269.

Rubinov, M., & Bullmore, E. (2022). Schizophrenia and abnormal brain network hubs. *Dialogues in Clinical Neuroscience, 15*(3), 339-349.

Sandin, B., Sanchez-Arribas, C., Chorot, P., & Valiente, R. M. (2015). Anxiety sensitivity, catastrophic misinterpretations and panic self-efficacy in the prediction of panic disorder severity: Towards a tripartite cognitive model of panic disorder. *Behaviour Research and Therapy, 67,* 30-40.

Salkovskis, P. M. (1985). Obsessional-compulsive problem: A cognitive-behavioral analysis. *Behaviour Research and Therapy, 23,* 571-583.

Salkovskis, P. M., Shafran, R., Rachman, S., & Freeston, M. H. (1999). Multiple pathways to inflated reponsibility beliefs in obsessional problems: Possible origins and implications for therapy and research. *Behaviour Research and Therapy, 37,* 1055-1072.

Sanderson, W. C., & Barlow, D. H. (1990). A description of patients diagnosed with DSM-III-revised generalized anxiety disorder. *Journal of Nervous and Mental Disease, 178,* 588-591.

Sarlin, C. N. (1962). Depersonalization and derealization. *Journal of American Psychoanalytic Association, 10,* 784-804.

Satyanarayana, S., Enns, M. W., Cox, B. J., & Sareen, J. (2009). Prevalence and correlates of chronic depression in the Canadian Community Health Survey: mental health and wellbeing. *Canadian Journal of Psychiatry, 54*(6), 389-398.

Schenkel, E., & Siegel, J. M. (1989). REM sleep without atonia after lesions of the medial medulla. *Neuroscience Letter, 98,* 159-165.

Schildkraut, J. J. (1965). The catecholamine hypothesis of affective disorders: A review of supporting evidence. *American Journal of Psychiatry, 112,* 509-522.

Schramm, E., Klein, D. N., Elsaesser, M., Furkawa, T., & Domschke, K. (2020). Review of dysthymia and persistent depressive disorder: History, correlates, and clinical implications. *Lancet Psychiatry, 7,* 801-812.

Seligman, M. E. P. (1971). Phobias and preparedness. *Behavior Therapy, 2,* 307-320.

Seligman, M. E. P. (1975). *Helplessness: On Depression, Development, and Death.* W. H. Freeman.

Seligman, M. E. P. (2002). Positive psychology, positive prevention, and positive therapy. In C. R. Snyder & S. J. Lopez (Eds.), *Handbook of positive psychology* (pp. 3-9). Oxford University Press.

Seligman, M. E. P., & Peterson, C. (2003). Positive clinical psychology. In L. G. Aspinwall & U. M. Staudinger (Eds.), *A psychology of human strengths: Fundamental questions and future directions for a positive psychology* (pp. 305–317). American Psychological Association.

Seligman, M. E. P., Reivich, K., Jaycox, L., & Gillham, J. (1995). *The optimistic child.* Houghton Mifflin.

Sharma, M. P., & Manjula, M. (2013). Behavioural and psychological management of somatic symptom disorders: An overview. *International Review of Psychiatry, 25*(1), 116–124.

Sharp, W. G., Sherman, C., & Gross, A. M. (2007). Selective mutism and anxiety: A review of the current conceptualization of the disorder. *Journal of Anxiety Disorders. 24,* 568–579.

Shear, K., Frank, E. Houck, P. R. & Reynolds, C. F. (2005). Treatment of complicated grief: A randomized controlled trial. *Journal of the American Medical Association, 293,* 2601–2608.

Sheikh, J. I., Leskin, G. A., & Klein, D. F. (2002). Gender Differences in Panic Disorder: Findings From the National Comorbidity Survey. *American Journal of Psychiatry, 159,* 55–58.

Shouse, M. N., & Siegel, J. M. (1992). Pontine regulation of REM sleep components in cats: integrity of the pedunculopontine tegmentum (PPT) is important for the phasic events but not necessary for atonia during REM sleep. *Brain Research, 571,* 50–63.

Silverman, J. (1964). The problem of attention in research and theory in schizophrenia. *Psychological Review, 71,* 352–379.

Simeon, D., Guralnik, O., Schmeidler, J., Sirof, B., & Knutelska, M. (2001). The role of childhood interpersonal trauma in depersonalization disorder. *American Journal of Psychiatry, 158*(7), 1027–1033.

Simeon, D., Knutelska, M., Nelson, D., & Guralnik, O. (2003). Feeling unreal: A depersonalization disorder update of 117 cases. *The Journal of Clinical Psychiatry, 64*(9), 990–997.

Simons, A. D., Murphy, G. E., Levine, J. L., & Wetzel, R. D. (1985). Sustained improvement one year after cognitive and/or pharmacotherapy of depression. *Archives of General Psychiatry, 43,* 43–48.

Singer, J. L. (1990). *Repression and dissociation: Implication for personality theory, psychopathology, and health.* The University of Chicago Press.

Slade, P. D. (1972). The effects of systematic desensitization of auditory hallucinations. *Behavior Research and Therapy, 10,* 234–243.

Smith, D. P., Hayward, D. W., Gale, C. M., Eikenseth, S., & Klintwall, L. (2021). Treatment gains form Early and Intensive Behavioral Intervention(EIBI) are maintained 10 years later. *Behavior Modification, 45*(4), 581–601.

Spanos, N. P., Weeks, J. R., & Bertrand, L. D. (1985). Multiple personality: a social psychological perspective. *Journal of Abnormal Psychology, 94,* 362–376.

Spensley, S. (1995). *Frances Tustin.* Routledge.

Spiegel, D., & Cardena, E. (1991). Disintegrated experience: The dissociative disorders revisited. *Journal of Abnormal Psychology, 100,* 366-378.

Steckel, W. (1943). *The interpretation of dreams.* Liveright.

Steinberg, M. (1991). The spectrum of depersonalization: Assessment and treatment. In A. Tasman & S. M. Goldfinger (Eds.), *American Psychiatric Press review of psychiatry* (pp. 223-247). American Psychiatric Press.

Stice, E. (2001). A prospective test of the dual pathway model of bulimic pathology: Mediating effects of dieting and negative affect. *Journal of Abnormal Psychology, 110,* 124-135.

Stoller, R. J. (1975). *Perversion: The erotic form of hatred.* Pantheon.

Stravynski, A., Elie, R., & Franche, R. L. (1989). Perception of early parenting by patients diagnosed avoidant personality disorder: A test of the overprotection hypothesis. *Acta Psychiatrica Scandinavica, 80,* 415-420.

Stricker, G. (1983). Some issues in psychodynamic treatment of the depressed patient. *Professional Psychology: Research and Practice, 14,* 209-217.

Stringaris, A., Cohen, P., Pine, D. S., Leibenluft, E. (2009). Adult outcomes of youth irritability: A 20-year prospective community-based study. *American Journal of Psychiatry, 166*(9), 1048-1054.

Stroebe M., & Schut H. (1999). The dual process model of coping with bereavement: Rationale and description. *Death Studies, 23,* 197-224.

Subcommittee on Attention-Deficit/Hyperactivity Disorder, Steering Committee on Quality Improvement and Management. (2011). ADHD: Clinical practice guideline for the diagnosis, evaluation, and treatment of attention-deficit/hyperactivity disorder in children and adolescents. *Pediatrics, 128,* 2011-2654.

Sullivan, P. F., Bulik, C., & Kendler, K. S. (1998). The epidemiology and classification of bulimia nervosa. *Psychological Medicine, 28,* 599-610.

Szasz, T. S. (1961). *The myth of mental illness.* Hoeber-Harper.

Tallis, F., Eysenck, M., & Mathews, A. (1992). A questionnaire for the measurement of nonpathological worry. *Personality and Individual Differences, 13*(2), 161-168.

Tallmadge, J., & Barkley, R. A. (1983). The interactions of hyperactive and normal boys with their mothers and fathers. *Journal of Abnormal Child Psychology, 11,* 565-579.

Tandon, R., & Carpenter, W. T. (2013). Psychotic disorders in DSM-5. *Psychiatrie, 10*(1), 5-9.

Taylor, G. J., Bagby, R. M., & Parker, J. D. A. (1991). The alexithymia construct: A potential paradigm for psychosomatic medicine. *Psychosomatics, 32,* 153-164.

Telch, C. F., & Agras, W. S. (1996). The effects of short-term food deprivation on caloric intake in eating-disordered subjects. *Appetite, 26,* 221-234.

Thase, M. E. (1990). Relapse and recurrence in unipolar major depression: Short-term and long-term approaches. *Journal of Clinical Psychiatry, 51* (6, Suppl.), 51-57.

Thomas, C. S. (1984). Dysmorphophobia: A question of definition. *British Journal of Psychiatry, 144,* 513-516.

Thoren, P., Asberg, M., Bertilsssson, L., Mellstrom, B., Sjoqvist, F., & Traskman, L. (1980). Clomipramine treatment of obsessive-compulsive disorder II. A controlled clinical trial. *Archieves of General Psychiatry, 37,* 1281-1285.

Thunedborg, K., Black, C. H., & Beck, P. (1995). Beyond the Hamilton depression scores in long-term treatment of manic-melancholic patients: Prediction of recurrence of depression by quality of life measurement. *Psychotherapy and Psychosomatics, 64,* 131-140.

Tienari, P., Wynne, L. C., Läksy, K., et al. (2003). Genetic boundaries of the schizophrenia spectrum: evidence from the Finnish Adoptive Family Study of Schizophrenia. *The American Journal of Psychiatry, 160*(9), 1587-1594.

Tolchard, B. (2017). Cognitive-behavior therapy for problem gambling: a critique of current treatments and proposed new unified approach. *Journal of Mental Health, 26*(3), 283-290.

Torch, E. M. (1987). The psychotherapeutic treatment of depersonalization disorder. *Hillside Journal of Clinical Psychiatry, 9,* 133-143.

Torres-Rodriguez, A., Griffiths, M. D., & Crabonell, X. (2018). The treatment of Internet Gaming Disorder: A brief overview of the PIPATIC program. *International Journal of Mental Health and Addiction, 16,* 1000-1015.

Tsuang, M. T., & Vandermy, R. (1980). *Genes and the mind.* Oxford University Press.

Ullman, L., & Krasner, L. (1975). *A psychological approach to abnormal behavior.* Prentice-Hall.

Veale, D. (2004). Advances in a cognitive behavioural model of body dysmorphic disorder. *Body Image, 1,* 113-125.

Vecchio, J. L., & Kearney, C. A. (2005). Selective mutism in children: Comparison to youths with and without anxiety disorders. *Journal of Psychopathology and Behavioral Assessment, 27*(1), 31-37.

Venables, P. H. (1964). Input dysfunctional in schizophrenia. In B. A. Maher (Ed.), *Progress in experimental personality research.* Academic Press.

Wakefield, J. C. (1999). Evolutionary versus prototype analyses of the concept of disorder. *Journal of Abnormal Psychology, 108*(3), 374-399.

Wakil, L., Meltzer-Brody, S., & Girdler, S. (2012). Premenstrual Dysphoric Disorder: How to alleviate her suffering. *Current Psychiatry, 11*(4), 22-37.

Warren, L. W., & Ostrom, J. C. (1988). Pack rats: World class savers. *Psychology Today, 22,* 58-62.

Warwick, H. M. C., & Salkovskis, P. M. (1987). Hypochondriasis. In J. Scott, J. M. G. Williams, & A. T. Beck (Eds.), *Cognitive therapy: A clinical casebook*. Routledge.

Warwick, H. M. C., & Salkovskis, P. M. (1990). Hypochondriasis. *Behaviour Research and Therapy, 28,* 105-117.

Warwick, H. M. C., Clark, D. M., Cobb, A. M., & Salkovskis, P. M. (1996). A controlled trail of cognitive-behavioural treatment of hypochondriasis. *British Journal of Psychiatry, 169,* 189-195.

Watson, J. B., & Raynor, R. (1920). Conditioned emotional reactions. *Journal of Experimental Psychology, 3,* 1-14.

Wegner, D. M., Schneider, D. J., Carter, S. III, & White, L. (1987). Paradoxical effects of thought suppression. *Journal of Personality and Social Psychology, 53,* 5-13.

Whitlock, F. A. (1967). The aetiology of hysteria. *Acta Psychiatrica Scandinavia, 43,* 144-162.

Wiersma, J. E., Schaik, D. J. F., Hoogendorn, A. W., et al. (2014). The effectiveness of the cognitive behavioral analysis system of psychotherapy for chronic depression: A randomized controlled trial. *Psychotherapy and Psychosomatics, 83*(5), 263-269.

Wilhelm, S., Otto, M. W., Lohr, B., & Deckersbach, T. (1999). Cognitive behavior group therapy for body dysmorphic disorder: A case series. *Behaviour Research and Therapy, 37,* 71-75.

Williams, T. A., Friedman, R. J., & Secunda, S. K. (1970). *The depressive illness* (National Institute of Mental Health). U.S. Government Printing Office.

Williamson, D. A. (1990). Assessment of eating disorders: Obesity, anorxia, and bulimia nervosa. Pergamon.

Wilson, G. T., & Lawson, D. M. (1978). Expectancies, alcohol, and sexual arousal in women. *Journal of Abnormal Psychology, 87,* 358-367.

Winters, K. C., & Neale, J. M. (1985). Mania and low self-esteem. *Journal of Abnormal Psychology, 94,* 282-290.

Wolberg, L. R. (1977). *The technique of psychotherapy* (3rd ed.). Grune & Stratton.

Wong, S. E., & Woolsey, J. E. (1989). Re-establishing conversational skills in overtly psychotic, chronic schizophrenic patients: Discrete trials training on the psychiatric ward. *Behavior Modification, 13,* 415-430.

World Health Organization. (1948). *Constitution of the World Health Organization*. Author.

World Health Organization. (2005). *Promoting mental health: Concepts, emerging evidence, and practice*. Author.

World Health Organization. (2019). *The ICD-11 classification of mental and behavioural disorders: Clinical descriptions and diagnosis guidelines*. Author.

Wurmser, L. (1974). Psychoanalytic considerations of the etiology of compulsive drug use. *Journal of American Psychoanalytic Association, 22,* 820-843.

Zajac, K., Ginley, M. K., & Chang, R. (2020). Treatment of internet gaming disorder: A systematic review of the evidence. *Expert Review of Neurotherapeutics, 20*(1), 85-93.

Zanarini, M., Gunderson, J., Marino, M., Schwartz, E., & Frankenburg, E. (1989). Childhood experiences of borderline patients. *Comprehensive Psychiatry, 30,* 18-25.

Zeanah, C. H., & & Smyke, A. T. (2008). Attachment disorders in family and social context. *Infant Mental Health Journal, 29*(3), 219-233.

Zimmerman, M., & Mattia, J. I. (1998). Body dysmorphic disorder in psychiatric outpatients: Recognition, prevalence, comorbidity, demographic, and clinical correlates. *Comprehensive Psychiatry, 39*(5), 265-270.

Zubin, J., & Spring, B. (1977). Vulnerability: A new view of schizophrenia. *Journal of Abnormal Psychology, 86,* 103-126.

찾아보기

인명

내용

저자 소개

권석만(權錫萬 / Kwon, Seok-Man)

서울대학교 심리학과 학사 및 석사(임상심리학 전공)

서울대학교병원 신경정신과 임상심리연수원과정 수료

호주 퀸즐랜드대학교 철학박사(임상심리학 전공)

서울대학교 심리학과 교수(1993~현재)

서울대학교 학생생활연구소 상담부장 역임

서울대학교 사회과학대학 학생부학장 역임

서울대학교 대학생활문화원장 역임

(사단법인) 서울대학교 출판문화원장 역임

한국임상심리학회장 역임

임상심리전문가(한국심리학회)

정신건강임상심리사 1급(보건복지부)

〈저서〉

『현대 이상심리학』(대한민국학술원 선정 우수도서)

『현대 심리치료와 상담 이론』(대한민국학술원 선정 우수도서)

『긍정심리학: 행복의 과학적 탐구』(대한민국학술원 선정 우수도서)

『인간의 긍정적 성품』(대한민국학술원 선정 우수도서)

『인간 이해를 위한 성격심리학』(대한민국학술원 선정 우수도서)

『삶을 위한 죽음의 심리학』(대한민국학술원 선정 우수도서)

『사랑의 심리학』, 『젊은이를 위한 인간관계의 심리학』

『인생의 2막 대학생활』, 『이상심리학 총론』, 『우울증』

『성격강점검사(CST)-대학생 및 성인용』(공저)

『성격강점검사(CST)-청소년용』(공저)

〈역서〉

『인지치료의 창시자 아론 벡』, 『마음읽기: 공감과 이해의 심리학』

『정신분석적 사례이해』(공역), 『정신분석적 심리치료』(공역)

『심리도식치료』(공역), 『단기심리치료』(공역)

『인생을 향유하기』(공역), 『인간의 강점 발견하기』(공역)

『역경을 통해 성장하기』(공역), 『정서적 경험 활용하기』(공역)

『인간의 번영 추구하기』(공역)

이상심리학의 기초(2판)

이상행동과 정신장애의 이해

Basics of Abnormal Psychology (2nd ed.)

2014년 2월 15일 1판 1쇄 발행
2023년 1월 20일 1판 17쇄 발행
2023년 6월 30일 2판 1쇄 발행

지은이 • 권석만
펴낸이 • 김진환
펴낸곳 • (주)학지사
04031 서울특별시 마포구 양화로 15길 20 마인드월드빌딩
대표전화 • 02-330-5114 팩스 • 02-324-2345
등록번호 • 제313-2006-000265호

홈페이지 • http://www.hakjisa.co.kr
인스타그램 • https://www.instagram.com/hakjisabook

ISBN 978-89-997-2913-3 93180

정가 24,000원